인간행동과 사회환경 ^{2판}

| 정은 저 |

학지사

::: **2판 서문**

미국의 한 드라마 테라피스트는 그가 운영하는 프로그램을 HIV라고 명명했다. 바로 후천성 면역결핍증 바이러스에 감염된 청소년들을 대상으로 하는 프로그램을 운영하다가 '교육은 대화'라는 믿음에 근거하여 그들과 함께 해법을 찾아보게 된 것이었다. 먼저 h로 시작하는 단어를 찾아보았더니 home, hospital, hope, heal, hotel 등등 참으로 많았다. 다음으로 i로 시작하는 단어들을 찾아보았고, 이어서 v로 시작하는 단어들을 찾기 시작했다. 이윽고 숱한 단어들로 칠판이 가득 차게 되었다. 그는 이 단어들을 가지고 프로그램의 이름을 조합하기 시작했고, 프로그램명을 짓는 일은 아침 10시에 시작되어 다음 날 새벽 2시에 완성되었다.

Hope is Vital, 즉 '희망은 생명의 원천이다!'라는 새로운 의미로 창조된 HIV 프로그램에 참여한 청소년들의 에이즈 증상은 점차 호전되고 있다고 한다. 청중을 참여시키고 감동을 주는 드라마를 함께 창조하는 것이 목표가 된 그 순간 그들만의 삶에 능동적으로 참여하려는 욕구가 분출된 것이었다.

상상력과 공감만으로 개방하고 소통할 수 있는 우리 모두는 예술가이며 드라마는 하나의 언어이기에 함께 작업하고, 서로에 대하여 배우며,

치료하고, 성장하는 데 이보다 더 좋은 방법은 없다고 할 수 있다.

사회복지학은 개인이 생활하는 사회체계(가족, 집단, 조직, 지역사회)에 관한 이론과 지식을 포함하여 인간의 생물-심리-사회적 발달에 관한 이론과 지식을 전달한다. 특히 '인간행동과 사회환경' 교과목은 인간이 영향을 미치고 또 영향을 받는 생물학적·사회적·심리적·문화적 체계들 사이의 상호작용을 이해하는 것이다.

사회복지사는 클라이언트가 세상을 바라보는 관점을 발전시키고 삶의 힘과 아름다움을 통해 더욱 건강한 인간으로 성장할 수 있도록 적극적으로 돕는 역할모델이 되어야 할 것이다. 정의로운 사회의 실현을 위하여 갈라진 틈을 메우는 자로서의 자부심, 자신감, 헌신, 열정 또한 중요할 것이다.

저자가 사회복지실천현장에서 클라이언트들을 만났던 경험을 떠올려 보면 언제나 약간의 만족과 후회가 교차하곤 했다. 모든 사람은 나름의 가치와 생명력을 지닌 채 빛나는 존재들이다. '인간행동과 사회환경' 강의를 듣는 학생들이 서로 어깨를 부딪치며 남을 앞서려 하기보다는 걸음을 맞춰 함께 걷기를, 앞만 내다보려 하기보다는 옆을 돌아보며 공감할 수 있기를 소망한다.

2014년 12월
정 은

……좋겠다.

길은 언덕으로, 산모퉁이로 무심하게 이어지는데, 맑고 서늘한 하늘에는 무수한 별이 있고 구름이 있고 바람이 있다. 해가 있는 자리, 달이 있는 자리, 별이 있는 자리, 고즈넉한 하늘에서의 어울림, 초록 물든 산하에서의 어울림이 참으로 평온하게 느껴지는 세상이었으면 좋겠다.

사람들은 왜 그렇게 생각하고, 왜 그렇게 느낄까?

'인간행동과 사회환경'은 사회복지학의 기초과목이다. 이 과목의 목적은 사람들이 왜 그렇게 생각하고 느끼고 행동하는지를 이해하여 궁극적으로 성장과 변화를 향해 나아갈 수 있도록 사회복지사의 활동을 무궁무진하게 발전시키는 데 있다.

한국사회복지교육협의회에서는 사회복지 교과목 지침서를 통해 인간행동과 사회환경에 포함해야 할 내용으로 인간에 관한 이론과 인간의 성장발달 단계, 사회환경 체계를 포함할 것을 강조하고 있다.

사회복지사의 실천 현장인 삶이라는 무대 위에서 펼쳐지는 복잡한 인간행동을 이해하는 데 사람, 상황 그리고 그와 같은 상황을 만들어 내고 유지하는 시스템이라는 세 가지 요인이 어떻게 상호작용하며 역동적으로 작용하는지 사회복지실천의 관점을 정립해야 하기 때문이다.

벼락을 맞는다. 천벌을 받는다. 이런 말은 이제 실없는 것으로 치부된다. 하늘이 무섭지 않느냐고 하면 비웃고 하늘의 뜻을 말하면 시대착오적인 발상이라고 일축한다. 사람이 달나라에 발자국을 남긴 지가 벌써 언제인데 천벌 따위는 잠꼬대에 불과하다고 일소에 붙인다. 무릇 사회복지란 한 사회의 변동과정에서 사회 전체가 감수해야 하는 변동의 대가이기에 사회복지사는 가슴 서늘한 클라이언트에게 태양이 떠오름을 알리는 파수꾼이 되고자 한다. 그래서 온통 봄 햇살 같은 사랑으로 세상을 힘겹게 살아가는 사람들에게 용기와 힘을 주는 빛이 되었으면 좋겠다고 소망한다. 바로 세상의 빛과 소금이 되고자 하는 것이다. 한 사람의 깨달음은 가족과 친구 그리고 사회와 세상 속으로 잔잔하게 퍼져 나가 꽁꽁 얼어붙어 있던 그네들의 마음에 행복한 기운으로 따뜻한 봄을 가져다주리라고 믿는다.

사회복지실천 분야가 매력적이고 유용한 분야로 그려질 수 있도록 사회복지학의 지식과 기술을 연마하여 세상 속에 녹아드는 사회복지, 산소 같은 사회복지를 꿈꾸며 부단한 노력을 전개해 나가고자 발걸음을 뗀 열린 마음의 초보 사회복지사들에게 이 책이 길잡이가 되었으면 좋겠다.

이 책이 나오기까지 애써 준 서강대학교 신학대학원 사회복지학과 이석환 튜터에게 감사한다. 사회복지의 동량으로 커 나갈 인재를 지켜보는 스승과 제자로 만난 인연이 설렘으로 다가온다. '완전함'보다는 전문가가 되는 것에 시간을 할애하는 모습이 자랑스럽다. 또 학지사와의 인연을 감사하게 생각한다. 특히 꼼꼼하게 원고를 읽어 준 편집부 직원 분들에게 진심으로 감사드린다.

　흐르는 물은 앞을 서로 다투지 않듯이 맑은 물처럼 우리 모두 평화롭고 행복했으면 좋겠다.

2010년 2월

정 은

::: **차 례**

• 2판 서문 / 3
• 1판 서문 / 5

서 론   15

1. 인간행동 • 17
2. 사회환경 • 19
3. 사회환경 요소와 사회복지실천 • 22
4. 사회체계와 사회복지실천 • 26

제1부   인간행동의 이해

제1장 **정신분석과 정신역동이론**   33

1. 지그문트 프로이트 • 33
　　1) 프로이트의 생애 / 34 　　　　2) 주요 개념 / 36
　　3) 사회복지실천과의 연관성 / 55

2. 에릭 에릭슨 • 56
　　1) 에릭슨의 생애 / 56 　　　　2) 주요 개념 / 57
　　3) 사회복지실천과의 연관성 / 67

3. 알프레트 아들러 • 69
　　1) 아들러의 생애 / 69 　　　　2) 주요 개념 / 71

3) 사회복지실천과의 연관성 / 77

4. 칼 융 • 78
1) 융의 생애 / 79   2) 주요 개념 / 80
3) 사회복지실천과의 연관성 / 94

제2장　행동주의이론   97

1. 초기 행동주의이론 • 98
1) 고전적 조건화 / 98   2) 획 득 / 99
3) 변별자극 / 99   4) 일반화 / 99
5) 소 거 / 100   6) 자연적 회복 / 100

2. 프레더릭 스키너 • 101
1) 스키너의 생애 / 101   2) 주요 개념 / 102
3) 사회복지실천과의 연관성 / 106

3. 앨버트 반두라 • 107
1) 반두라의 생애 / 107   2) 주요 개념 / 108
3) 사회복지실천과의 연관성 / 114

제3장　인지이론   117

1. 장 피아제 • 118
1) 피아제의 생애 / 118   2) 주요 개념 / 118
3) 인지발달 단계 / 120   4) 사회복지실천과의 연관성 / 130

2. 로렌스 콜버그 • 130
1) 콜버그의 생애 / 130   2) 주요 개념 / 131
3) 도덕성 발달단계 / 132   4) 사회복지실천과의 연관성 / 135

3. 아론 벡 • 136
1) 벡의 생애 / 136   2) 주요 개념 / 137
3) 사회복지실천과의 연관성 / 143

4. 앨버트 엘리스 • 143
1) 엘리스의 생애 / 143   2) 합리정서행동치료의 주요 개념 / 144

3) 치료기법 / 147　　　　　　　　4) 사회복지실천과의 연관성 / 149

제4장 **인본주의이론**　　　　　　　　　　　　　　　　　　**151**

1. 에이브러햄 매슬로 • 152
　　1) 매슬로의 생애 / 152　　　　　2) 주요 개념 / 153
　　3) 사회복지실천과의 연관성 / 159

2. 칼 로저스 • 160
　　1) 로저스의 생애 / 160　　　　　2) 주요 개념 / 161
　　3) 사회복지실천과의 연관성 / 170

제2부　생애주기에 따른 인간의 성장과 발달

제5장 **태내기, 영아기, 유아기**　　　　　　　　　　　　**179**

1. 태내기(임신~출산) • 179
　　1) 태아의 발달 / 179　　　　　2) 임산부가 태아에게 미치는 영향 / 182
　　3) 사회복지실천 과제 / 188

2. 영아기(출생~2세) • 190
　　1) 신체 및 감각 발달 / 190　　　2) 인지적 발달 / 196
　　3) 심리 · 사회적 발달 / 199　　　4) 사회복지실천 과제 / 204

3. 유아기(걸음마기, 3~4세) • 206
　　1) 신체적 발달 / 207　　　　　2) 인지적 발달 / 208
　　3) 심리 · 사회적 발달 / 209　　　4) 사회복지실천 과제 / 212

제6장 **아동기**　　　　　　　　　　　　　　　　　　　**215**

1. 학령 전기(아동 전기, 5~6세) • 215
　　1) 신체적 발달 / 215　　　　　2) 인지적 발달 / 216

3) 심리 · 사회적 발달 / 219   4) 사회복지실천 과제 / 220

2. 학령기(아동 후기, 7~12세) • 223
   1) 신체적 발달 / 223   2) 인지적 발달 / 223
   3) 심리 · 사회적 발달 / 224   4) 사회복지실천 과제 / 227

제7장 청소년기   231

1. 청소년 전기(13~18세) • 234
   1) 신체적 발달 / 234   2) 인지적 발달 / 236
   3) 심리 · 사회적 발달 / 238   4) 사회복지실천 과제 / 243

2. 청소년 후기(19~24세) • 250
   1) 신체적 발달 / 251   2) 인지적 발달 / 251
   3) 심리 · 사회적 발달 / 251   4) 사회복지실천 과제 / 255

제8장 성인기   257

1. 성인 초기(25~39세) • 257
   1) 신체적 변화 / 258   2) 인지적 변화 / 259
   3) 심리 · 사회적 변화 / 260   4) 사회복지실천 과제 / 268

2. 중 · 장년기(40~60세) • 268
   1) 신체적 변화 / 270   2) 인지적 변화 / 272
   3) 심리 · 사회적 변화 / 272   4) 사회복지실천 과제 / 277

제9장 노년기   279

1. 노년 전기(61~75세) • 280
   1) 신체적 변화 / 280   2) 인지적 변화 / 281
   3) 심리 · 사회적 변화 / 281   4) 사회복지실천 과제 / 287

2. 노년 후기(76세 이후) • 288
   1) 신체적 변화 / 288   2) 인지적 변화 / 289
   3) 심리 · 사회적 변화 / 289   4) 사회복지실천 과제 / 292

제3부 체계 수준에 따른 사회환경의 이해

제10장 체계이론   297

1. 사회체계이론 • 297

2. 생태체계적 관점 • 302

3. 환경체계모델 • 304
   1) 미시체계 / 305   2) 중간체계 / 306
   3) 외체계 / 306   4) 거시체계 / 307

4. 사회복지실천 과제 • 307

제11장 가 족   309

1. 가족의 정의 • 310
   1) 가족의 개념 / 310   2) 가족의 기능 / 311
   3) 사회체계로서의 가족 / 312   4) 가족의 형태 / 314
   5) 가족의 생활주기 / 316

2. 우리나라 가족의 변화 • 320

3. 미래 가족에 대한 전망 • 321

4. 가족과 사회복지실천 • 322

제12장 집 단   325

1. 집단의 정의 • 325
   1) 집단의 개념 / 325   2) 집단의 유형 / 326
   3) 집단의 특성 / 329

2. 집단의 형성과 발달 • 330

3. 집단과 사회복지실천 • 331

제13장 조 직 · 333

1. 조직의 정의 • 333
   1) 조직의 개념 / 333   2) 조직의 특성 / 334
   3) 조직의 목표 / 336   4) 조직의 유형 / 337

2. 조직운영이론 • 339
   1) 관료제 / 339   2) 과학적 관리론 / 340
   3) 인간관계이론 / 340   4) X 이론, Y 이론, Z 이론 / 341

3. 조직과 사회복지실천 • 341

제14장 지역사회 · 343

1. 지역사회의 정의 • 343
   1) 지역사회의 개념 / 343   2) 지역사회의 기능 / 344
   3) 지역사회의 구분 / 346

2. 지역사회와 사회복지실천 • 347

제15장 문 화 · 349

1. 문화의 정의 • 350
   1) 문화의 개념 / 350   2) 문화의 특성 / 350
   3) 문화의 기능 / 352

2. 우리나라 문화의 특성 • 353
   1) 정 문화 / 353   2) 한 문화 / 354
   3) 눈치와 체면 문화 / 354   4) 가족주의 / 355
   5) 연고의식과 동류의식 / 356

3. 문화와 사회복지실천 • 356

• 참고문헌 / 359
• 찾아보기 / 380

서 론

1971년 스탠퍼드 대학교 짐바르도(Zimbardo) 박사의 지휘하에 '환경 조작에 따른 심리 변화 실험' 이 실시되었다. 실험 목적은 '인간에게 자유 의지가 있는가, 인간은 극한 환경을 선한 의지로 이겨 낼 수 있는 존재인 가' 하는 인간 본성에 관한 의문을 과학적으로 탐구하려는 것이었다. '스 탠퍼드 모의감옥 실험' 에서 학생들은 '교도관' 과 '수감자' 집단으로 나 뉘어 2주 동안 각각의 생활 수칙에 따라 생활해야 하며, 이를 어기면 바로 퇴소해야 한다. 수감자는 이름 대신 철저하게 번호로만 불렸다. 그러자 '수감자' 팀은 점차 정체성을 상실했고, '교도관' 팀은 절대 권력의 희열 속에 광포해졌다. 실험 참가자들은 불과 2일 차부터 자신의 실질적 현상 보다는 상황에 대한 인식에 의해 성격, 상황, 역할이 통제되었다. 결국 실 험은 6일 만에 중단되었다. 인간의 자유의지가 극한 상황에서 어떻게 변 질되는지 보여 주는 유명한 일화다. 이 실험 내용은 2001년 독일에서 '실 험(Experiment)' 이라는 영화로 제작되었고, 오랜 시간 침묵으로 일관했던 짐바르도 교수는 2007년 연구자로서의 전 과정을 공개한 '루시퍼 이펙 트' 를 내놓았다.

인간의 행동을 결정하는 역동적인 요인들에 대한 이해는 사회복지실천에 필수적인 기초 지식이며, 기초 지식의 중요성을 인식하기 위해서는 사회복지실천의 목적과 과정을 이해해야 한다. 사회복지실천은 다음 세 가지를 기본 전제로 한다(Baer & Federico, 1978). 첫째, 사회복지사는 사람들이 문제를 해결하고 상황에 적응하도록 돕는다. 둘째, 사회복지사는 사람들이 필요한 자원과 서비스에 보다 쉽게 접근할 수 있도록 사회서비스 기관이나 지역사회, 정부 조직과 같은 체계에 개입한다. 셋째, 사회복지사는 클라이언트가 자원이나 기회를 얻을 수 있도록 사람들과 체계를 연계한다.

공동체로서의 국가와 사회가 그 구성원들에게 제공해야 하는 기능과 사회복지실천은 불가분의 관계를 맺고 있다. 즉, 자녀 양육, 생산과 분배, 교육, 여가 등 인간 활동 대부분의 기능을 효과적이고 효율적으로 수행하기 위한 사회제도는 사회복지실천이 바탕이 된다. 그러므로 사회복지사는 개인이 어떻게 행동하는가뿐만 아니라 환경 내의 다른 체계나 사람들이 서로에게 어떻게 영향을 미치는지에 관심을 갖는다.

인간행동과 사회환경 과목의 목적은 사회복지 현장에서 클라이언트를 도와주고자 하는 사회복지사에게 보다 효과적인 실천을 위해 인간과 사회에 대한 과학적 기초 지식을 제공하는 데 있다. 미국 사회복지교육협의회(CSWE, 1992)의 교과과정 지침에 반영되어 있듯이 사회복지 현장에서 클라이언트를 돕고자 하는 사회복지사는 인간과 환경에 대한 이중적 관점을 유지해야 한다.

사회복지학이 추구하는 '환경 속의 인간'이라는 기본 입장에 따라 사회복지사는 전 생애에 걸쳐 발달하며, 동시에 가족, 집단, 조직, 지역사회에 속하는 개인에 관한 지식과 인간행동에 영향을 미치는 생물학적 · 심리적 · 사회적 · 문화적 요소들 간의 관계에 관한 지식을 갖추어야 한다.

다른 학문 분야와 비교하여 사회복지학은 다학문적(multi-disciplinary)이고 학제적(inter-disciplinary)인 성격을 띠고 있다. 학문적 주제가 타인을 돕는 원조 행위이며 국가, 기업, 민간단체 등이 시행하는 집합적 행위이기 때문에 사회과학의 여러 분야가 제공하는 지식의 활용이 요구되고, 아울러 인간과 환경을 이해하기 위한 과학적 지식과 문제해결에 관한 전문적 기술을 필요로 한다. 특히 사회복지실천의 전문성은 지식(knowledge), 기술(skill), 가치(value)의 통합체에서 나온다. 따라서 이것은 과학인 동시에 하나의 예술인 것이다.

이 책에서는 인간행동의 역동성을 탐구하고 실천기술을 습득하는 데 필요한 기초 지식을 어떻게 적용할 수 있는가 하는 방안에 대한 논의를 총 3부로 구성하였다. 제1부에서는 인간을 이해하기 위한 성격이론, 제2부에서는 인간발달과 사회복지실천, 제3부에서는 사회환경의 이해를 다루고 있다.

1. 인간행동

인간의 행동은 생각과 마음을 담아 표출된다. 나아가 인간의 행동은 습관과 성격을 형성하여 개인의 운명을 만들어 나간다. 이러한 인간의 행동을 보는 관점은 인간을 신체적 에너지와 특정 대상에 따른 동기에 반응하는 생물체적 관점으로 보느냐, 사회환경 간에 상호작용하는 체계적 관점으로 보느냐에 따라 그 개념이 달라진다. 어떤 관점에서 인간행동을 보든 궁극적인 목적은 사회환경 안에서 인간행동을 전반적으로 이해하고자 함이다.

심리학자인 왓슨(Watson, 1924)은 12명의 건강한 아이와 그들을 키울 수 있는 자신만의 독특한 환경만 주어진다면 어떤 아동이라도 원하는 전문가를 만들 수 있다고 했으며, 17세기에 존 로크(John Locke)는 아동은 선천적으로 어떠한 정신도 갖지 않은 백지 상태로 태어나며, 특정 형태를 갖추어 나가는 것은 전적으로 학습과 경험에 의한다고 주장했다.

그러나 유전적 관점을 주장하는 학자들은 일란성쌍둥이의 실험을 통하여 신체적 특성뿐만 아니라 정신적 특성도 유전된다는 것을 강조하고 있다.

사회학자들은 인간행동의 목적, 즉 그들이 의도하는 것과 그로 인해 나타나는 의도하지 않은 결과 사이의 구분을 중요하게 생각한다. 우리가 어떤 일을 할 때 가지는 의도와 그로 인해 발생하는 결과는 서로 다를 수 있기 때문이다. 예를 들어, 학교를 설립한 것은 읽고 쓰는 방법을 가르치고 아동으로 하여금 새로운 지식을 습득하도록 하려는 의도에서였다. 그러나 학교가 존재함으로써 발생하는 현상은 그렇게 단순한 지식 습득이나 의도된 것만이 아니다. 학교는 아동을 특정한 연령에 이르기까지 노동시장에 진입할 수 없게 만들었으며, 또한 아동의 지적인 능력에 따라 서로 다른 직업에 배치되도록 하여 불평등을 강화시켰다.

때로는 특정한 목적으로 행해진 행동이 그 목적의 달성을 방해하는 결과를 낳기도 한다. 예를 들어, 사회복지 차원에서 영구임대 아파트 단지를 조성한 초기 목적과 달리 '도심 속의 섬'으로 방치되어 지역사회의 차별로 상처받는 청소년들의 부적응 문제 등은 우리 사회의 차별의 '벽'이 얼마나 높은지를 보여 주고 있다.

사회적 삶이 유지되는 면과 변화하는 면은 모두 인간행동의 의도한 결과와 의도하지 않은 결과가 '혼합'되어 발생하는 것으로 보아야 한다. 사회학이 사회 재생산과 변형 사이의 균형을 파악하는 것이라면, 사회복지는 바람직한 사회적 기능과 사회적 조건을 창출하기 위한 개인의 능력을 향상시키거나 회복시키기 위하여 개인, 가족, 집단, 지역사회를 원조하는 전문적 활동이라고 정의된다.

그러므로 사회복지사는 개인의 생물학적 · 지적 · 정서적 · 사회적 · 가족적 · 정신적 · 경제적 · 공동체적인 것 등 상호 관련된 다양한 영역에 관

심을 가진다. 이처럼 전체로서의 인간에 대한 관심은 사회복지 전문직의
관심의 폭을 넓히는 데 기여하였다. 예를 들면, 섭식, 주택, 건강 보호 등
기본적인 신체적 욕구를 충족시키려는 개인의 능력, 생활의 요구에 대처
하고 생활비를 벌기 위해 필요한 지식과 기술 수준, 다른 사람과 자신의
생활에 대한 개인의 생각, 개인의 목적과 열망 등이다. 성격이 아니라 사
람이라는 용어를 활용하는 '환경 속의 인간'이라는 구조에 주목하는 것
도 중요하다. 성격은 사람 전체의 한 구성요소에 불과하다. 따라서 성격
에만 초점을 맞추는 것은 사회복지의 영역과는 모순되는 것이며, 심리학
영역만을 지향하는 것이다.

'환경'이라는 용어는 다수의 물리적·사회적 구조, 힘, 인간과 다른 생
활 유형에 영향을 미치는 과정과 같은 주변 상황을 가리킨다. 사회복지사
는 사람들의 인접 환경으로서 일상적인 사회 기능에 직접 영향을 미치는
체계와 구조를 비롯한 다른 요인에 관심을 갖는다. 인접 환경에는 가족,
친구, 이웃, 직장, 인간이 활용하는 서비스와 프로그램 및 생물학적·사
회적·정치적·경제적 구조도 포함된다. 티에르와 셰퍼(Teare & Sheafor,
1995)는 인접 환경과의 상호작용을 향상시키기 위한 클라이언트의 노력
이 바로 사회복지사의 주요한 관심 분야라고 설명한다.

2. 사회환경

인간에게는 개인의 능력과 성향에 따라 무엇을 가꾸어야 잘 자랄 것인
가를 판단해야 하는 자기만의 뜰이 있다. 그 뜰의 어떤 땅은 진흙땅일 것
이고, 어떤 땅은 기름진 땅, 모래땅, 습한 땅일 것이다. 이 땅에는 좋고 나
쁨이 없다. 왜냐하면 벼는 진흙땅에서 잘 자라고, 땅콩은 모래땅에서 잘
자라며, 버섯은 습한 땅에서 잘 자라고, 배추는 기름진 땅에서 잘 자라기
에 그렇다. 따라서 우리 각자가 자신의 땅의 특성을 발견하고, 그 땅에 알

맞은 것이 무엇인지를 알고, 그것을 잘 키워 나갈 수 있도록 방향을 잡아 가는 것이 중요하다.

사회복지 전문직의 기본 대상은 인간이다. 인간이 행복하게 살아갈 수 있도록 지원하기 위해서는 인간 본성에 대한 이해가 필수다. 인간에 대한 이해를 바탕으로 개인, 가족, 지역사회, 더 나아가 전체사회의 사회적 기능과 삶의 질을 향상시킬 수 있도록 사회적 서비스를 제공한다는 사회적 책임감과 사명을 충실히 이행해야 한다.

따라서 사회복지 전문직의 학문적 토대는 인간에 대한 이해에서 출발하되, 이는 환경과 분리된 실체가 아니라 하나의 통합된 총체로 이해하는 것이다. 즉, 인간과 환경 사이에 일어나는 상호작용 영역에 초점을 맞추고 양자 간의 상호 교환을 통하여 어떤 일이 진행되고 있는가에 관심을 둔다. 사회복지직의 일차적 사명은 바로 인간과 환경 사이의 상호작용을 증진시키는 것이다.

최근에 도심 빌딩 숲 귀퉁이나 주택가 한 모퉁이의 자투리땅에 마련되고 있는 자그마한 소공원인 쌈지공원은 도시 속에서 참으로 많은 것을 담아내고 있다. 어린 시절 할머니의 '보물단지' 쌈지 안에 들어 있던 온갖 것들처럼 모든 이에게 아늑하고 편안한 휴식 공간으로 자리 잡고 있는 것을 예로 들 수 있겠다.

우리는 환경 속에서 살아가고 또한 죽음에 이르기까지 끊임없이 변화하는 존재이기에 '환경 속의 인간'이라는 관점에서 인간의 성장과 발달에 대한 정확한 이해가 필요하다. 재스트로와 커스트 애쉬맨(Zastrow & Kirst-Ashman, 2001; 이인정, 최해경, 2007 재인용)은 인간행동과 발달을 평가하는 데 인간과 사회적 환경 간의 상호작용을 세 가지 측면에서 강조하였다.

첫째, 인간의 보편적 발달로, 인간의 생애에 걸쳐 보편적으로 일어나는 신체적·심리적·사회적 발달은 누구나 성장과정에서 일반적으로 경험하는 현상이다. 예를 들면, 아기가 한 살 정도 되면 걷기 시작하는 것, 청소년기에 이성에 대한 관심을 갖는 것 등이다. 이러한 인간의 보편적 발달에 대한 지식은 정상적인 발달과 병리 및 문제를 구분해 내는 데 필수적이다. 사회복지사는 신체적·심리적·사회적 차원에서 삶의 단계별 보편적 발달에 대한 이정표를 잘 알고 있어야 한다.

둘째, 인생의 특정한 시기에 공통적으로 맞게 되는 삶의 사건들(life-events)로, 예를 들면 대학 졸업 후에 경제적 독립을 하는 것이나 노년기의 정년퇴직 등이 이에 해당한다. 이러한 사건들은 그것이 일어나는 시기적 맥락에서 고려되어야 하며, 그 사건을 경험하는 사람이 갖는 개인적 의미에 초점이 맞추어져야 한다. 삶의 사건 중에는 그것에 직면한 사람들이 잘 대처할 수 있도록 사회복지사의 개입이 요구되는 것들이 있다. 그러므로 사회복지실천에서 이러한 사건들을 이해하고 초점을 맞추는 것이 필요하다.

셋째, 사회적 계층, 인종, 신체적 특징 등에서 사회의 주류에서 벗어난 소수집단의 특징을 지닌 것이 인간의 행동과 발달에 영향을 미친다. 어떤 사람이 소수집단의 특징을 갖게 되면 사회가 개인의 고유한 속성에 의해서가 아니라 소수집단에 대한 편견에 의해 반응함으로써 개인적 정체감이 상실되고, 집단의 특징에 동화된다. 대표적인 예는 여성 개개인의 개성이나 다양성을 무시한 채 동일한 특성과 능력, 기질 등을 갖고 있는 동질집단인 양 간주해 버리는 가부장적 인식을 들 수 있다. 이러한 소수집단의 특징이 개인의 행동과 발달에 미치는 영향을 이해하는 것은 사회복지실천에서 중요한 의미를 갖는다.

궁극적으로 사회복지는 '고루 잘 살자!'라는 전제하에 각자의 위치에서 사회경제적 지위 향상, 가정 기능 강화, 안정된 환경 조성을 목표로 하지만, 인간과 환경 간의 상호작용을 강조하는 것은 올바른 사회복지실천을 위한 필수 기초 지식이기 때문이다.

3. 사회환경 요소와 사회복지실천

'지니의 삶'으로 알려진 한 어린이는 미국 캘리포니아에서 태어나 18개월부터 13세까지 방에서 갇혀 지냈다. 지니의 아버지는 시력을 잃어 가는 부인을 집안에만 머물도록 했고, 가족과 외부 세계는 10대 아들을 통해서만 연결되었다. 지니는 태어날 때부터 엉덩이의 장애로 제대로 걸음걸이를 배울 수 없었으며, 아버지는 지진아로 판단하여 폐쇄된 방에 가두었다. 지니가 가족을 볼 수 있는 시간은 음식을 주러 올 때뿐이었고, 그 어떤 소리도 차단되었으며, 아버지는 지니가 소음을 내거나 주의를 끌려고 하면 가차 없이 매로 다스렸다. 1970년에 어머니가 지니를 데리고 집에서 탈출했을 때 사회사업가들이 지니를 소아병원의 재활병동에 입원시켰다. 당시 정신과 의사는 지니를 '사회화되지 않은, 원시적이고 거의 인간이 아닌' 사람으로 묘사했지만 재활병동에서 상당히 빠른 속도로 발전해 갔다. 식사 방법, 대소변 가리기, 옷 입기……. 그러나 고음으로 웃을 때를 제외하고는 대부분의 시간을 침묵한 채 보냈다. 지니는 한 의사에게 입양되어 점차 기초 수준의 어휘를 습득했지만, 3~4세 수준을 결코 넘기지 못했다. 이후 집중적인 연구와 다양한 검사, 관찰을 통하여 지니는 정신박약도, 선천적 질병도 않지 않았음이 밝혀졌지만 이미 인간적 기술을 습득할 수 있는 나이를 넘겨 버렸던 것이다. 이후 지니에게서 비인간적인 반응이 많이 나타나기는 했지만 어떤 지속적인 악행을 저지르지는 않았다. 지니는 자신을 동정적으로 대하는 사람에게 재빠르게 반응했으며 일상생활을 하는 데 필요한 최소한의 능력을 가질 수 있었다.

지니의 사례는 인간 사회와 단절된 성장, 사회와 분리된 삶, 초기 사회화 기간의 부재가 인간의 능력에 얼마나 제한을 주는지를 증명하는 한 예다. 이렇듯 인간행동은 복잡한 사회적 관계망 속에서 상호작용하는 많은 요소들의 산물이기 때문에 역동적으로 관계를 맺는 가족, 집단, 조직, 지역사회, 교육제도, 문화, 종교, 사회 서비스 등에 관한 이해를 바탕으로 다루어져야 한다.

오늘날 사회복지사는 폭넓은 지식과 기술을 갖추고 문제와 그 해결책을 포괄적으로 검토하는 일반주의 사회복지사(generalist)(Barker, 1999)로서 문제 상황을 전체 사회환경 맥락에서 다양한 시각으로 검토해야 하며, 이에 따라 여러 가지 개입 방법을 사용한다.

최근 들어 사회복지실천에서 질적 연구 방법에 특별한 관심을 갖는 것도 클라이언트가 느끼는 상호작용적이고 주관적인 경험에 대한 연구와 분석이 필요하다는 인식에서 비롯되었다. 기본적으로 사회복지실천은 클라이언트의 문제 또는 상황을 자세히 조사하고 이해하기 위하여 클라이언트와 환경 간의 상호작용에 관심을 갖는다. 폭넓은 사회적 맥락의 한 부분으로 클라이언트에 대한 정확한 사정을 바탕으로 구체적인 목적을 설정하여 행동 계획을 세우고, 계획에 따라 실제 개입하여 역할을 수행한 후 목적 달성의 정도를 평가하고 종결한다. 사회복지사는 어떤 상황이건 주의 깊게 관찰하고 사고해야 하며, 클라이언트가 해결책을 찾고 선택하는 데 도움을 주기 위해 인간발달에 관한 과학적 지식을 갖고 인간행동을 이해해야 한다.

예를 들어, 길거리에는 무수히 많은 사람들이 스쳐 지나간다. 잠시 상대방의 얼굴과 옷차림새를 훑어본다. 그러다 문득 서로의 눈길이 마주치면 그 눈길을 피해 시선을 딴 곳으로 돌린다. 인간의 행동이 공간과 시간에서 어떻게 펼쳐지는가를 확인하는 것은 이렇듯 마주침의 분석에서 시작된다. 에드워드 홀(Edward T. Hall, 1966)은 개인 영역(personal space)을 네 가지 구역(zone), 즉 친밀한 거리(intimate distance), 개인적 거리(personal distance), 사회적 거리(social distance), 공적인 거리(public distance)로 구분하였다. 일상생활에서 사람들은 저마다 친밀한 거리와 개인적 거리를 확보하려고 한다. 물론 모든 상호작용은 상황에 따라 변화한다.

세상은 점점 더 복잡해지고 예측할 수 없게 되었으며 사람들은 전례 없는 도전에 직면하고 있다. 따라서 위기와 도전에 대한 반응으로 인내하고 자정하며 성장해 가는 역동적 과정의 레질리언스(resilience)의 강화를 격려한다. 레질리언스는 역경에서 벗어나 강해지고 자원을 더 풍부하게 할 수 있는 능력을 말한다. 느긋한 기질과 높은 지능이 레질리언스를 형성하는 데 도움이 된다는 것을 많은 연구들이 밝히고 있다. 그러한 특성은 다른 사람으로부터 긍정적인 반응을 유도해 내고, 대처 전략과 문제해결 기술을 촉진하는 경향이 있다. 더 중요한 것은 높은 수준의 자존감인데, 이것은 희망과 현실적인 통제감각으로 묘사된다. 루터(Rutter, 1985)는 강한 자존감과 자기효능감은 성공적 대처를 가능하게 하지만, 무력감은 어떤 역경을 또 다른 역경으로 이끄는 가능성을 증가시킨다고 지적하였다. 대부분의 클라이언트들은 개인과 환경 사이의 균형이 깨졌을 때 사회복지사에게 도움을 청한다. 개인과 환경 사이의 부적응으로 나타나는 위기에서 사회적 지지의 중요성은 충분히 증명되고 있다.

우리를 둘러싸고 있는 직접적인 사회환경 요소, 모든 사회에서 일정한 기능을 수행하는 것은 사회제도다(Johnson, 1960; Warren, 1963).

사회제도는 다음과 같은 기능을 한다. 첫째, 생산, 분배, 소비 기능을 수행한다. 이것은 경제제도와 관련된 기능으로서 사회 구성원이 일상생활을 수행하는 데 필요한 재화와 서비스를 생산하고 분배하여 소비하는 과정과 관련된 기능을 말한다.

둘째, 사회화로서 사회가 갖고 있는 일반적 지식, 사회적 가치와 규범, 문화적 행동양식 등을 사회 구성원에게 전달하는 과정에 관련된 기능을 말한다. 이것은 주로 세대 간에 이루어지는 기능으로, 학교교육, 가정교육, 사회교육 등이 주로 담당하게 된다. 특히 유년 시절의 가족 관계를 통한 사회화는 이후 한 개인이 성장하여 가정생활이나 사회생활에 적응하는 데 기반이 되기 때문에, 사회화 기능을 수행하는 가장 일차적인 제도를 '가족제도'라고 부른다.

셋째, 사회통제는 사회 구성원들로 하여금 사회규범, 법과 질서에 순응하게 하기 위한 기능이다. 이러한 것이 지켜지지 않으면 사회가 해체되거나 붕괴되기 때문에 정부, 경찰, 사법기관 등이 법의 강제력을 집행하고, 기타 가정, 학교, 종교기관과 사회기관도 윤리, 도덕 등의 규범으로 통제한다. 그러나 가장 광범위하게 사회 구성원에게 규범의 준수를 요구할 수 있는 곳은 정부이기 때문에 사회통제를 담당하는 일차적인 제도를 '정치제도'라고 부른다.

넷째, 사회통합으로 사회체계를 구성하는 단위와 단위조직 간에 관련된 기능이다. 제도와 제도의 통합, 집단과 집단의 통합이 주요한 요소다. 정치제도, 종교제도, 복지제도 등이 이러한 기능과 관련된다.

다섯째, 상부상조 기능이다. 전통사회에서는 일차적 집단에 의해서 모든 것을 해결할 수 있었으나, 오늘날 사회 구성원은 누구나 혼자서 모든 것을 해결하거나 충족할 수 없다. 따라서 서로 돕고 나누는 것은 필연적이 되었고, 복지제도나 종교제도가 이러한 기능에 밀접하게 관련되어 있다.

궁극적으로 사회복지의 학문적·실천적 출발점은 인간과 사회환경 사이에서 나타나는 제반 문제들을 해결하거나 역기능적인 상호작용 유형이나 연쇄과정을 변화시키기 위한 것이라고 할 수 있다. 따라서 사회복지사에게 강조되는 것은 한 개인에게 국한되지 않는, 보다 폭넓은 시각이다. 국제사회의 상호 의존성을 통칭하는 세계화가 우리 삶의 시간과 거리를 재질서화하고 있지만, 여전히 제1세계와 제2세계의 삶의 모습은 분명 제3세계의 그것과는 다르다. 사회복지 기초과목으로서 인간행동과 사회환경은 인간이 행동하는 방식에 관한 근거와 인간이 환경 맥락에서 어떻게 행동하는가와 같은 평범한 진리를 확인하는 작업이 될 것이다.

4. 사회체계와 사회복지실천

20세기 말 사회복지계에서는 '환경 속의 인간(person-in-environment: PIE)'이라는 관점에서 문제를 분류할 수 있는 체계를 개발하였다(Karls & Wandrei, 1994). 이러한 PIE 체계는 사회적 기능 수행(social functioning)의 문제를 잘 사정하여 개인과 환경 모두에 초점을 맞춘 사회복지실천에 적절한 문제 분류체계를 갖기 위해 노력한 사회복지 전문직의 성과라 할 수 있다. PIE는 개인의 사회적 기능 수행의 문제와 아울러 개인 주변으로부터의 지지 상황까지 고려하여 문제를 사정하는 데 필요한 표준화된 분류체계로, 미국정신의학협회(American Psychiatric Association: APA, 1994)가 정신의학적인 문제에 대해 질병 및 병리적 개념에서 정의한 『정신장애 진단 및 통계편람(Diagnostic Statistical Manual for Mental Disorder: DSM)』과 비견될 만한 것으로 인정받고 있다.

이러한 개인과 환경 간의 상호작용 맥락 속에서 사회복지사는 개인적 특성에 관여할 경우, 개인의 한 부분만이 아니라 다차원적인 시각에서 상호 관련된 다양한 측면을 보아야 한다. 개인은 생물학적 · 신체적 · 지적 · 정서적 · 사회적 · 영적 특성과 경제 상황, 가족 상황, 문화 배경 등의 특성이 혼합되어 하나의 전인으로 표출되기 때문이다(Brill, 1985, 1997).

[그림 1]은 사회복지의 통합적 개념을 구성하는 네 가지 핵심요소를 설명한다.

첫째, 실천 영역은 사회복지실천의 핵심 목적을 규명하는 데 이용되는 '환경 속의 인간'이라는 관점을 묘사한다. 사회복지실천의 핵심 목적은 사회적인 상황과 개인의 잠재력을 발전시킬 수 있는 방법을 변화시키는 데 있으므로 전체 체계의 질에 영향을 미치는 개인과 환경 간의 상호작용에 초점을 맞추는 것이며, 이는 다른 원조 전문직이 갖지 못하는 실천 영역이라 할 수 있다.

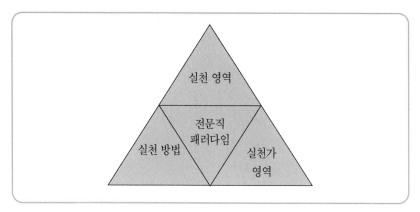

[그림 1] 사회복지의 통합적 개념

둘째, 실천 방법은 사회복지사에게 특별한 기술의 적용에 필요한 준거틀을 제시해 줌으로써 최종적인 문제해결 과정에 다른 구성요소의 경험적 관계망을 연결시킬 수 있는 개입 지도를 구성하여 원조과정의 횟수를 최소화할 수 있다.

셋째, 전문직 패러다임은 하나의 전문직이 실천이나 공동의 가치 및 윤리, 전문적 활동양식에 대해 합의된 영역을 갖춤으로써 다중 개입 접근법을 이용하는 사람들 사이의 불협화음을 최소화하는 수단이 된다.

넷째, 실천가 영역은 사회복지사의 가치, 문화적 배경, 정서적 지지, 지역사회 자원 그리고 개인적 복지 차원에서 자신의 영역을 구축함으로써 함께 일하는 사람들의 영역을 이해하고, 선택된 개입방법을 적용하는 방식에 영향을 받을 수 있다. 이러한 영향력이 환경 속의 개인체계와 서비스를 받는 환경 속의 개인체계 간에 어떻게 서로 관련되는가에 따라 사회복지의 예술성이 결정된다.

이와 같이 네 가지 구성요소는 통합된 전체로서 서로 관련되어 있으며, 점차 좀 더 복잡한 내용으로 하향 분화될 수도 있다(Ramsay, 1990).

인간의 모든 영역에 영향을 미치는 환경은 물리적 환경과 사회적 환경으로 구분되며, 체계로서의 속성을 지닌다. 체계란, 독특한 방식으로 상호작용하고 상호 의존하는 부분들로 구성된 전체, 즉 부분 간에 관계를 맺고 있는 일련의 단위다(Bertalanffy, 1968). 체계의 속성을 좀 더 세분화하면 체계의 부분 혹은 요소가 서로 관계가 있고 연결되어 있음을 의미하는 조직화(organization), 체계의 한 부분에 일어난 사건은 직 · 간접적으로 모든 부분에 영향을 미친다는 상호 의존을 의미하는 상호 인과성(mutual causality), 일정 기간 체계 내에서 안정된 구조를 유지하게 됨을 의미하는 지속성(constancy), 체계가 물리적 공간을 점유하며 관찰될 수 있다는 공간성(spatiality), 체계의 테두리로 다른 체계들과 환경을 구분하며 모든 정보와 자료는 이를 통해 여과된다는 경계(boundary)의 다섯 가지로 구분된다(Martin & O' Connor, 1989). 체계는 개인, 가족, 집단, 조직, 지역사회 등 매우 다양한 수준에 걸쳐 존재하며, 그 자체로서 하나의 완전한 체계인 동시에 다른 체계의 상위체계이자 또 다른 하위체계가 될 수 있다. 이러한 체계들은 제각기 다른 기능을 발휘하면서 상호 의존적인 관계를 가지므로 전체 체계는 하위체계의 합보다 더 큰 능력과 효과를 가지는데, 이를 '시너지(synergy)'라고 한다. 브론펜브레너(Bronfenbrenner, 1979)는 인간과 사회적 · 물리적 환경과의 상호작용을 바탕으로 상호 의존적이고 변화하는 구조를 네 가지 체계, 즉 미시체계, 중간체계, 외부체계, 거시체계로 분류하였다.

첫째, 미시체계(microsystem)는 인간이 가장 밀접하게 상호작용하는 사회적 · 물리적 환경으로서 가족, 친구, 학교, 종교단체 등이 여기에 속한다. 미시체계는 사회적 관계망으로 구성되는데, 끊임없이 변화하며 성장해 갈수록 상호작용이 점점 약화된다.

둘째, 중간체계(mesosystem)는 특정한 시점에서 미시체계 간의 상호작용을 의미한다. 즉, 하나의 미시체계에서 일어나는 일이 다른 미시체계와 상호 관련되어 있어 그들 간에 상호작용하는 것이다. 가정생활과 학교생활, 가정생활과 친구 관계, 가정생활과 종교생활 등의 상호작용을 예로 들 수 있다.

셋째, 외부체계(exosystem)는 지역사회 수준에서 기능하는 주요한 기관으로서 학교제도, 언론매체, 정부기관, 교통시설, 통신시설, 의료기관, 직업세계 등을 뜻한다.

넷째, 거시체계(macrosystem)는 개인이 속한 사회의 이념이나 제도의 일반적인 형태로서 정치, 경제, 사회, 법, 문화, 관습, 가치관 등을 말한다. 거시체계는 법과 같이 일정한 형태를 띠는 것도 있지만, 문화와 가치관처럼 총체적인 생활방식을 포함하면서도 가시적인 형태로 드러나지 않을 수도 있다.

사회복지실천 현장에서는 1970년대부터 사회체계를 2차원, 3차원, 4차원 등으로 구분하여 사회복지실천 대상에 적용하고 있다. 사회체계의 수준을 미시체계와 거시체계의 2차원으로 구분하는 모형에서 미시체계에 해당하는 사회체계는 개인, 가족, 소집단 등이고, 거시체계에 해당하는 사회체계는 공동체, 지역사회, 국가 등을 예로 들 수 있다.

사회체계를 미시체계, 중간체계, 거시체계로 구분하는 3차원 모형에서 미시체계는 개인, 중간체계는 가족과 소집단, 거시체계는 공동체와 지역사회 및 국가가 속하는 것으로 본다.

사회체계를 구분하는 것은 사회복지실천에서 다루는 대상체계의 성격과 관련 문제에 접근하는 방법을 달리하기 때문에 어떤 사회체계를 어느 수준에 포함시키는가의 차이는 문제해결에서 어떤 접근방법을 중시하느냐의 차이에 따라 결정되어야 하겠지만, 사회복지실천 현장에서는 3차원으로 구분하는 것이 바람직하다는 견해가 가장 많은 공감대를 이루고 있다. 따라서 이를 제시하면 다음의 표와 같다(정은, 최일섭, 2006).

표 1 　차원별 사회체계(예)

2차원		3차원		4차원	
구 분	예	구 분	예	구 분	예
미시체계	• 개인 • 가족 • 소집단	미시체계	• 개인	미시체계	• 개인 • 가족 • 소집단 • 직장
		중간체계	• 가족 • 소집단	중간체계	• 미시체계 간 　관계 • 가정-학교 • 가정-직장 • 학교-이웃
거시체계	• 공동체 • 지역사회 • 국가	거시체계	• 공동체 • 지역사회 • 국가 • 사회제도 • 문화	외부체계	• 학교 • 지역사회 • 지방정부
				거시체계	• 국가 • 사회제도 • 문화

제1부
인간행동의 이해

제1장 정신분석과 정신역동이론

제2장 행동주의이론

제3장 인지이론

제4장 인본주의이론

● 제1장 ●

정신분석과 정신역동이론

1. 지그문트 프로이트

지그문트 프로이트(Sigmund Freud, 1856~1939)의 이론을 살펴보지 않고 현대의 성격이론을 적절히 이해하기란 불가능하다고 할 만큼 인간 성격에 관한 프로이트의 체계적인 관심은 정신분석학계뿐만 아니라 개인과 사회를 다루는 많은 학문 분야에 영향을 미쳤다. 프로이트의 이론은 광범위한 학설이자 이에 필적할 만한 이론이 많지 않기도 하지만, 지나치게 성적 에너지에 집중하여 인간을 설명하였기 때문에 많은 비판을 받기도 한다. 특히, 정서적 갈등의 뿌리를 초기 아동기에만 두는 점과 여성에 대한 부정적 시각 때문에 많은 비판을 면치 못하고 있다.

프로이트 이론에 대한 사회복지 분야의 관심은 메리 리치먼드(Mary Richmond, 1917)의 『사회 진단(Social Diagnosis)』으로부터 시작되었으며, 프로이트의 주요 개념은 이후 사회복지 전문직 종사자들이 인간행동을 이해하는 데 큰 도움을 주었다(Hollis, 1964). 그러나 한편으로 정신 내적 현상에 대한 강조가 개인에게 관심을 갖는 사회복지사와 환경을 더 강조하는 사회복지사 사이에 분열을 낳았다는 주장(Woodroofe, 1971)처럼 사회복지실천 현장에서 정신분석과 결합하여 클라이언트를 주로 병리적 시각으로만 보았던 개별사회사업가(caseworker)들에게 작은 정신과 의사라는 비난이 있기도 했다.

그러나 프로이트의 공헌 가운데 가장 중요한 것은 정신역동 과학의 탄생이다. 이는 무의식의 발견, 자유연상을 통한 무의식에의 접근, 생활사, 꿈 해석과 같은 위대한 발견의 논리적 귀결(Freud, 1900)이라고 언급한 것처럼 과거와 현재에 프로이트가 어떻게 비판받든지 간에, 그 치료가 어떤 결과를 가져오든지 간에 프로이트 업적의 핵심은 '역동적 무의식(dynamic unconsciousness)'의 발견이며, 개인이 완전히 자각하지 못하는 무의식 상태의 힘과 반응들의 상호작용이 모든 개인에게 존재한다는 사실을 발견한 것이다.

1) 프로이트의 생애

프로이트는 1856년 5월 6일, 지금은 슬로바키아의 한 지역이 된 프라이버그 모라비아라는 작은 오스트리아 마을에서 유태인 집안의 장남으로 태어났다. 프로이트의 아버지는 세 번째 결혼으로 어머니보다 20년 연상이었다. 프로이트는 어학과 문학에서 우수한 재능을 보였으나 경제적인 어려움 때문에 직업적 성공을 위해 의학을 전공하기로 결심하고, 1873년 비엔나 대학교에 입학하여 1881년에 의학박사 학위를 받았다. 1885년은 프로이트에게 전환기였다. 프로이트는 히스테리아를 연구하는 장 샤르코(Jean Charcot)와 함께 공부하면서 마음에 관심을 갖게 되었으며, 몸으로 설명할 수 없는 신체적 증상이 심리적 원인에 의해 발생할 수 있다는 아이디어에 관심을 가졌다. 프로이트는 '히스테리 증상'이란 '억압한 기억으로부터 자신을 보호하려는 방어기제'라는 내용의 이론을 최초로 만들었다. 그는 이후 불안과 그 증상을 이야기함으로써 증상을 제거하는 방법인 '카타르시스'를 발견한 비엔나의 유명한 외과 의사인 브로이어(J. Breuer)와 공동연구를 시작하여 1895년 『히스테리에 관한 연구(Studies on Hysteria)』를 공동으로 집필하였으나 성욕이 히스테리의 주요 원인이라는 프로이트의 주장에 브로이어가 반대하면서 그들은 결별하게 되었다.

프로이트는 정신증 환자의 증상과 원인은 항상 아동기에 받은 마음의 상처(trauma)와 부모와의 관계에서 찾을 수 있다고 보았으며, 무의식 세계에 관심을 갖고 행동을 유발하는 과정을 설명하려고 하였다. 따라서 마음속에 떠오르는 생각을 있는 그대로 이야기함으로써 무의식 속의 사고와 감정에 도달하게 한다는 자유연상(free association)과 꿈의 해석 기술을 발전시켰다. 이후 프로이트의 성에 대한 감정은 성격 전체 차원에서 신경증에 미치는 사회적 요인의 영향력을 고려해야 한다고 주장한 제자 아들러(Adler)와 융(Jung)에 의하여 도전을 받았다. 아울러 세계대전 이후 전쟁에 참여한 군인이나 전쟁을 겪은 일반인들의 신경증을 더 이상 성적 요인으로만 설명할 수 없게 되자 프로이트는 공격성도 중요한 충동이라는 생각을 하게 된다. 프로이트는 자기분석을 통해 장남으로 태어난 것, 동생이 태어나면서 느꼈던 불안, 벌거벗은 어머니의 모습을 본 기억, 유태인이었던 아버지가 유태인이 아닌 것처럼 위장했던 기억 등이 자신에게 어떤 영향을 미쳤는지 고백하고 있다.

프로이트 당대나 지금이나 많은 논쟁이 있지만, 1900년과 1939년 사이에 저술한 21권의 책을 보면 마음의 작용에 대한 견해가 발전되고 변화하였다는 것을 알 수 있다. 수십 권의 저작과 그 밖의 풍부한 연구로, 그는 20세기 심리학자들 중 가장 많이 인용되는 인물이 되었다.

2) 주요 개념

(1) 성격의 구성

프로이트는 정신분석학 이론을 정립하는 과정에서 지형학적인 모형을 가지고 성격의 구조를 설명하였다. 이 모형에 따르면 정신생활은 세 가지 의식 수준으로 나타낼 수 있다. 즉, 의식과 무의식 그리고 전의식이다. 프로이트는 마음을 정신적인 '지도'로 나타내면서 사고나 공상과 같은 정신적 사건을 의식하는 수준이 개인마다 서로 다르다는 것을 설명하였다.

① 의식

어느 순간에 한 개인이 인식하는 모든 경험과 감각을 포함하며, 정신생활의 극히 일부분(사고, 지각, 느낌, 기억 등)만이 의식의 범위 안에 포함된다. 한 순간 경험하는 의식의 내용은 외부 요인에 의해 규제받는 선택적 여과과정의 결과이며, 이 경험도 단지 잠시 동안 의식될 뿐 다른 곳으로 주의를 돌리면 재빠르게 전의식이나 무의식으로 사라지는 것처럼 의식은 성격의 매우 적고 제한된 부분만을 나타내는 빙산의 일각에 불과하다.

② 전의식

'이용 가능한 기억'이라고 불리는 것처럼 현재 의식화되지는 않았지만 조금만 노력하면 곧 의식될 수 있는 경험을 말한다. 고향에 대한 기억, 어머니의 자장가, 초등학교 담임선생님의 이름, 친구들과 자주 갔던 떡볶이 집 등 어떤 자극에 의해 쉽게 기억해 낼 수 있는 과거의 경험이다. 전의식은 마음속에서 무의식과 의식 영역을 연결해 주지만, 무의식의 강력한 영향력하에 놓인 정신 영역으로 의식으로 진입하려는 무의식과 무의식의 진입을 억압하는 의식의 치열한 격전장이기도 하다.

③ 무의식

인간 정신의 가장 깊고 중요한 부분으로, 전혀 인식되지 않으면서 인간의 행동을 주로 결정하는 무의식적 내용은 위장되고 상징화된 형태로 나타난다. 인간의 보물창고로 불리기도 하는 무의식은 초기의 경험을 저장하고 있으며, 깨어 있는 동안에는 접근할 수 없다. 기억하고 싶지 않은 사람의 이름이나 사건을 기억하지 못하는 것과 같은 정신적 삶의 무의식적 요소는 인간의 행동에 영향을 미치는 의식보다 강하다. 결국 우리의 일상에서 의미 없는 의사소통은 없다는 것이다. 프로이트는 행동에 내재되어 있는 무의식 과정을 환자 연구에 활용하는 수단으로 환상과 꿈을 분석할 것을 강조했다.

(2) 성격의 구조

진화론을 확립한 찰스 다윈(Charles Darwin)처럼 생물학적 결정론자였던 프로이트의 초기 성격구조이론의 중심 개념은 무의식적 정신과정이었으나, 1920년대에 정신생활의 개념 모형을 수정하였으며 성격구조에 세 가지 기본 구조, 즉 원본능(id), 자아(ego), 초자아(super ego)를 제시하였다. 이 세 체계를 움직이는 심리적 에너지(psychic energy)는 주로 사고, 인지, 기억 등의 작용에 투입되어 신체적 에너지와 끊임없는 교환 현상이 이루어진다. 삶의 본능을 수행하는 유형의 에너지를 리비도(libido, 성적 에너지, 라틴어의 '소망' '욕구' 에서 유래함)라고 하며, 이것은 삶의 본능(life instinct)과 죽음의 본능(death instinct)으로 나누어 구분한다. 삶의 본능인 에로스(eros)는 생명을 유지·발전시키고 사랑을 하게 하는데, 배고픔, 갈증, 성욕 등이 여기에 해당된다. 죽음의 본능인 타나토스(thanatos)는 파괴적이거나 공격적인 것으로 모든 삶의 목표는 죽음이며, 유기체는 다시 무생물의 상태로 되돌아가려는 충동이 있다고 설명한다.

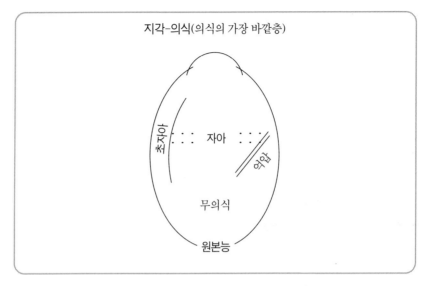

[그림 1-1] 프로이트의 성격구조모델

출처: Freud(1965). *Normality and Pathology in Childhood*. NY: International University Press.

① 원본능

원본능(id)은 신체적 에너지로부터 심리적 에너지로 전환되어 저장된 본능과 리비도의 창고라 할 수 있다. 원본능의 에너지는 쾌락원리(pleasure principle)에 따라 움직이는데, 최대한 즐거움을 느낄 수 있는 방법으로 에너지를 방출하고자 한다. 그러므로 원본능의 목표는 고통을 피하고 쾌락을 추구하는 데 있다. 원본능은 두 가지 기제(mechanism), 즉 반사작용(reflex actions)과 일차과정(primary process)을 통해 긴장으로부터 성격을 해방시키고자 한다. 원본능은 재채기, 기침, 눈 깜빡임 등의 반사작용을 통해 불안을 일으키는 자극에 반응함으로써 긴장을 제거한다. 반면에 일차과정은 심리적인 현상으로 언젠가 자신의 기본적인 욕구를 만족시켜 준 적이 있는 어떤 대상물의 심상(예: 배고플 때 맛있게 먹었던 스테이크의 시각적 심상을 떠올림으로써 배고픈 충동을 조금이나마 만족시키는 것)을 떠올림으로써 긴장을 감소시킨다.

그러나 일차과정만을 따라 행동한다면 사막에서 길을 잃은 사람이 물과 신기루를 구별하지 못하는 것처럼 실제 물체와 심상을 구별할 수 없다. 따라서 유아기에 배워야 할 과업은 일차적 욕구의 만족을 지연시키는 것이어야 하며, 만족 지연 능력과 인식이 발달될 때 성격의 이차적 특징인 자아가 형성될 수 있다.

② 자아

자아(ego)는 성격의 합리적인 면으로 원본능의 충동을 조절하면서 심리적 활동을 지배한다. 자아가 발달하면서 점차 현실원리(reality principle)를 따르며, 이차과정(secondary process)에 의해서 움직인다. 현실원리의 목표는 욕구를 만족시켜 주는 적절한 대상이나 환경조건이 성숙되기까지 본능적 만족을 지연시켜 안전을 보장하며 인지적·지각적 기술을 발달시킨다. 이차과정의 목표는 자신과 타인 모두에게 해를 끼치지 않고, 본능적인 욕구 충족의 과정을 발달시키는 데 있다. 자아는 원본능과 자아, 초자아의 세 체계를 총괄하며 조화로운 관계를 유지하기 위해 노력하는 성격의 집행자로서 기능한다.

③ 초자아

초자아(superego)는 사회규범과 행동 기준이 내면화된 형태로, 부모나 선생님 등 주변 사람들과의 상호작용을 통해 쾌락이나 현실보다는 도덕적 이상과 완전함을 추구하며 사회적 원리(social principle)에 의해 발달한다. 윤리적인 손(手)인 초자아는 아동이 옳고 그름, 선과 악, 도덕과 비도덕을 분별할 수 있게 될 때 공식적으로 등장하여 아동의 사회적 세계(학교, 교회, 또래집단 등)가 확장됨에 따라 집단이 인정하는 적절한 행동을 함으로써 초자아를 발달시킨다.

프로이트는 초자아를 양심(conscience)과 이상적 자아(ideal ego)라는 두 가지 하위체계로 나누었다. 양심은 잘못된 행위에 대한 처벌이나 비난을 통해 발달되며, 이상적 자아는 잘한 행위에 대한 칭찬(예: 우등상 수상)이나 보상(예: MP3)을 받은 경험이 기초가 되어 형성된다.

원본능이 인간의 생물학적 자질의 정신적 발견이라면, 자아는 좀 더 고차원적인 심리적 과정에 속하는 것으로 인간이 객관적인 세계와 상호작용하는 과정에서 형성되는 것이고, 초자아는 문화적 전통의 매개자로서 사회화 과정에서 생기는 것이다. 자아로부터 성장한 초자아는 자아를 통제하는 능력이 있다. 따라서 초자아는 죄의식을 불러일으키고 도덕의 검열 작용을 한다(Schriver, 1995; 이효선, Garz, 2006 재인용).

(3) 성격의 발달

프로이트는 성격발달의 세 가지 기본 원칙으로 정신적 결정론, 무의식의 중요성, 성적 에너지인 리비도를 제시하였다. 첫째, 정신적 결정론은 성인의 성격이 유아기의 여러 가지 경험(사건 및 행동)에 의해 형성된다고 보는 것이다. 둘째, 인간의 행동은 개인이 완전히 자각하지 못하는 무의식에 의해 동기가 유발된다고 보았다. 셋째, 본능적인 성적 에너지가 행동과 사고의 동기가 된다고 간주하였다. 프로이트는 '모든 본능은 근본적으로 성적인 것'이라고 믿었기 때문에 인간의 성격발달은 성적인 욕구와 밀접한 관련이 있다고 보았으며, 성격발달을 '심리·성적 발달'이라 일컬었다.

프로이트는 네 가지 보편적 심리·성적 발달단계(psycho-sexual development)로 구강기, 항문기, 남근기, 생식기를 들면서, 정상적으로 6~7세와 사춘기 초반 사이에 나타나는 잠복기는 발달의 일반적 모형에 포함시키기는 하였지만, 기술적으로 본다면 단계에 포함되는 것은 아니라고 언급하고 있다. 성격 형성에 결정적 역할을 하게 되는 발달의 첫 세 단계는 성기 부위가 성격 형성에 중요한 역할을 담당하지 않기 때문에 '전 생식기'라고 부른다. 각 단계는 리비도적인 에너지(libidinal energy)를 방출하고 신체 부위에 따라 명명된 것이다.

심리·성적 발달은 생물학적으로 결정된 단계이며 그 발달 순서와 특징은 모든 사람에게 공통적으로 나타나는 것이므로, 각 단계에서 어떤 사회적 경험을 하느냐에 따라 독특한 태도와 특성, 가치관의 형식으로 흔적을 남기게 된다. 즉, 양육자에 의해 좌절과 방임을 경험하게 되면, 그 결과 리비도의 과잉 투자(overinvestment)가 나타날 것이라고 보았다. 이와 관련된 개념으로 퇴행과 고착을 들 수 있다.

심리·성적 발달을 단계별로 정리하면 다음과 같다.

① 구강기(oral stage, 출생~18개월)

구강기 유아의 성적 쾌감은 주로 입과 관련되어 있다. 출생 후 6개월 동안은 음식을 빨고 삼키는 것으로 쾌감을 느끼지만, 6개월 이후 이가 나면서부터는 깨무는 것으로 해소하며 쾌감을 느낀다. 구강 의존 시기의 중심

표 1-1 구강기 성격 특성

고착 시기	고착 유형	
	과잉 만족	좌절
구강 성애기	수동적 낙관주의 무슨 행동을 하더라도 세상이 자신의 욕구를 만족시켜 줄 것이라 믿음 예 공부는 안 하면서 '선생님이 봐주실 거야!' 라고 생각한다.	수동적 비관주의 무슨 행동을 하더라도 자신의 삶을 향상시킬 수 없다고 믿음 예 '공부해도 난 별수 없어!' 라고 생각하면서 공부를 안 한다.
구강 가학기	능동적 낙관주의 욕구 만족을 위해 공격적으로 행동함 예 열심히 공부하고 구체적으로 도움을 구한다.	능동적 비관주의 세상에 대해 냉소적이고 적대적인 행동을 보이고 무차별적으로 타인을 공격함 예 나쁜 성적을 제도 탓으로 돌리고 선생님이나 시험제도를 비난하면서 에너지를 소비한다.

과업은 의존, 신뢰, 신용, 독립심을 확립하는 것이다. 구강기 전반기에는 자신의 욕구를 만족시켜 주는 사람과 분화되지 않은 상태이지만, 구강기 후반기에 이유(離乳)로 인한 욕구 불만 때문에 양육자(어머니)에게 애정과 동시에 적개심(적대적인 공격심), 즉 양가감정(ambivalence)을 경험하게 된다. 구강기에 부적절한 양(과잉 혹은 결핍)의 자극이 주어지면 구강 수동적(oral-passive)인 성격 형태를 보인다. 이 성격의 소유자는 세상일에 낙관적이고 타인과 신뢰 의존적(trusting dependent) 관계를 가지며 타인이 자신의 '어머니'가 되어 주기를 기대하면서 모든 것을 희생해서라도 인정을 받으려고 한다. 반면 구강기 후반기에 고착되는 구강 공격적(oral-aggressive) 혹은 구강 가학적(oral-sadistic) 성격의 특징은 논쟁적이고 신랄하게 비꼬며 타인을 이용하거나 지배한다.

② 항문기(anal stage, 18개월~3세)

리비도가 항문에 집중되어 있어 아동은 대변의 방출(letting go)과 보유(holding)에서 상당한 만족을 얻으며, 대장이나 괄약근을 조절하면서 최후의 순간까지 배설을 참아 대장이나 방광의 압력을 증가시켜 마지막 방출의 쾌감을 증진시키는 방법을 알게 된다. 배설을 통해서 긴장의 근원이 제거되면 인간은 유쾌한 긴장의 완화를 체험하게 되는데, 이 시기에 아동은 배변훈련이라는 생후 최초의 엄격한 훈련의 대상이 된다. 아동의 본능적 충동은 외부에 의해, 즉 양육자인 어머니에 의해 통제된다. 배변훈련의 전형적인 방식은 두 가지다. 부모가 강압적이거나 엄격하게 다루면 억압이 심해져 이런 성향이 다른 행동에까지 일반화되어 보유적 항문기 성격(anal-retentive)이 된다. 이 성격 유형은 성인이 되었을 때, 고집이 세고 인색하며 복종적이고, 시간 엄수, 지나친 청결 혹은 불결한 경향이 있다. 그와 반대로 만약 부모가 달래면서 정기적으로 대장운동을 하게 하고 배설을 한 후 칭찬해 주며 목욕을 시키는 경우 아동은 즐거움을 느끼고 공격적 항문기 성격(anal-aggressive)을 갖게 된다. 이 단계에 고착되면 잔

표 1-2 항문기 성격

성격 유형	성인의 행동(예)
공격적 항문기 성격	뒤죽박죽, 무질서, 비조직화, 경솔, 낭비, 무절제, 무모, 굼뜸, 반항적, 공격적
보유적 항문기 성격	깔끔함, 질서, 조직화, 세심, 절약, 저장, 꼼꼼함, 기민, 관계 회피, 수동-능동

인하고 파괴적이며 난폭하고 적개심을 나타낸다. 후에 애인과의 관계에서 상대방을 근본적인 소유의 대상으로 정의하는 경향이 있다.

③ 남근기(phallic stage, 3~6세)

리비도가 성기 근처에 집중되는 단계로, 아동은 성기에 많은 관심을 가지며, 자위행위를 하고, 출생과 성에 대한 관심을 보인다. 프로이트에 따르면 남근기 갈등은 어린 아동이 해결해야 하는 가장 중요한 마지막 갈등이다. 이 갈등에는 이성(異性) 부모를 소유하고자 하는 무의식적 바람과 동시에 동성 부모를 없애고자 하는 무의식적 소망이 담겨 있다. 이 상황을 오이디푸스콤플렉스(Oedipus complex)라 한다. 이는 그리스신화에서 유래되었는데, 영웅인 오이디푸스는 아버지를 살해하고 어머니와 결혼한다. 오이디푸스콤플렉스는 소년과 소녀에게서 약간 다르게 나타난다.

소년의 첫사랑은 어머니 혹은 어머니를 대신할 만한 사람이다. 어머니에 대한 성적이고 근친상간적인 욕구는 경쟁자인 아버지가 자신을 거세할 것이라는 불안 경험으로 나타난다. 거세불안(castration anxiety)이 어머니에 대한 소년의 사랑보다 강하기 때문에 소년은 어머니를 소유하고자 하는 욕구를 포기한다. 오이디푸스콤플렉스의 해결에는 '근친상간적 욕구의 억압'과 '아버지와의 동일시(공격자와의 동일시)'라는 두 가지 과정이 존재한다.

소년의 무의식적 추리는 아버지와의 동일시로 ① 어머니를 간접적으로 소유하고, ② 거세불안에서 벗어날 수 있으며, ③ 적절한 성역할에 동화된다. 이 동일시는 양심의 기초가 된다.

오이디푸스콤플렉스의 여성판을 엘렉트라콤플렉스(Electra complex, 그리스신화에서 엘렉트라는 오빠를 시켜 '아버지를 무참히 살해한 엄마'를 죽인다)라 한다.

소녀의 첫사랑은 아버지다. 남근기가 되면 어린 소녀는 아버지와 다른 남자들은 남근을 가지고 있으나 자신과 어머니는 없다는 사실을 알게 된다. 처음에는 어머니 때문에 남근이 없어졌다고 비난하면서 아버지를 사랑하게 되고 남근 선망(penis envy)을 경험한다.

영화 속으로

미녀와 야수

부친이 괴물의 성에 갇히게 되자 그의 딸이 괴물에게 접근해 속으로 품고 있는 반감을 숨기고 사랑을 나눈 뒤 부친을 위험에서 구하고 괴물은 왕자로 변신시킨다는 줄거리를 갖고 있다. 저명한 심리학자 브루노 베텔하임은 이 영화를 엘렉트라콤플렉스를 묘사한 대표적 작품으로 손꼽는다.

프로이트는 남근 선망을 거세불안의 대응 개념으로 생각했으며 "소년에 비해 더 늦게 해결되고, 덜 완전하게 해결된다."라고 말했기 때문에 여성해방론자들의 비난의 대상이 되고 있다. 프로이트는 오이디푸스콤플렉스의 해결이 성격발달에서 매우 중요하다고 보았으며, 성공적으로 해결되지 못하면 정신병리를 야기한다고 주장하였다. 남근기에 고착된 남자는 친밀함과 사랑을 두려워하여 용감하게 보이려 하고 과시하려는 경향이 있으며, 여자는 유혹적이고 난잡하며 경박하다.

프로이트는 남근기를 거치면서 여성이 얻게 되는 특성(feminity)으로

피학성, 수동성, 질투심, 수치심, 허영심, 자기도취, 정의감 부족 등을 지적하였다.

- **피학성**   피학성이란 고통의 체험과 더불어 쾌감을 얻는 것으로 소녀가 아버지에게서 엘렉트라콤플렉스를 느끼게 될 때 그것이 주는 죄책감의 고통과 신체적으로 아버지에게서 상처를 입고 싶어 하는 욕구는 여성의 피학성을 결정하는 요인이라는 것이다. 이러한 피학성은 결혼생활에서도 남성에 의해 고통을 겪으면서도 쾌감을 느끼게 되는 것이나, 여성만이 경험하는 출산의 경험도 고통을 수반하는 기쁨의 체험으로 피학성의 일종이라고 설명한다.

- **수동성**   본래는 소년, 소녀 모두 능동적일 수도 수동적일 수도 있으나, 남근기에 이르러 소녀는 남근 선망과 함께 열등감을 갖고, 엘렉트라콤플렉스를 갖게 되면서 아버지의 사랑을 받고자 하는 수동적 자세로 변한다는 것이다. 이런 수동성은 결국 성장한 후에도 남성의 사랑을 받고자 하는 여성 특유의 소극성으로 나타난다. 상대방에게 적극적으로 사랑을 구하는 것은 남성의 특성이며, 거기에 수동적으로 응하는 여성의 특성은 이미 남근기에 결정된다는 것이다.

- **질투심, 수치심, 허영심, 자기도취**   일반적으로 여성이 남성보다 질투심이 강한 것은 남근 선망의 체험 때문이라고 설명한다. 그러나 그 부러움이 열등감(inferiority complex)으로 나타나면 여성은 자신의 몸을 장식해서 그 열등감을 보상하고자 하는 허영심을 갖게 된다는 것이다. 다만 그러한 열등감을 허영심으로 보상하려 하지 않고 소극적으로 그것을 숨기고자 할 때, 그것은 여성의 수치심으로 작용한다고 본다. 자기도취 또한 아버지의 사랑을 필요로 한 데서 기인한다고 본다.

- **정의감 부족**   여성이 일반적으로 사회정의에 관심이 적은 것은 초
자아의 형성이 강하지 못하기 때문이라고 설명한다. 초자아의 발달
은 부모에 대한 성적인 욕구나 적대감 같은 것에 필요했던 심리적 에
너지가 그 작용의 대상을 바꿈으로써 가능해지는 것인데, 남근 거세
콤플렉스를 극복하기 위해 엘렉트라콤플렉스를 갖게 되었기 때문에
그것을 억제하려는 힘이 약하게 작용함으로써 초자아의 발달이 미약
하다고 본다. 남성은 오이디푸스콤플렉스를 억제하기 위하여 훨씬
더 강한 심리적 에너지를 필요로 하며 그것은 결과적으로 더 강한 초
자아의 발달을 가능하게 한다는 것이다.

④ 잠복기(latency stage, 6~13세)

'잠복'이라는 말은 리비도가 숨어 있다는 뜻으로 이 시기에는 리비도가
승화되어 학교생활이나 인지적 발달, 운동, 친구 간의 우정으로 전환된다.
잠복기는 마지막 심리 · 성적 발달단계에서 일어나게 될 중요한 성장을 준
비하는 시기로 프로이트는 성적 관심의 저하를 생리학적인 현상으로 설명
한다. 그러나 과도한 성적 억압은 수치심, 도덕적 반동 형성, 혐오감에 빠
트린다. 잠복기에 고착되면 성인이 되어서도 이성에 대한 친밀감을 갖지
못하고, 동성애 혹은 공격적인 성적 행동을 하기도 한다.

⑤ 생식기(genital stage, 사춘기~성인기 이전)

생식기가 되면 리비도가 다시 성기 근처에 집중된다. 그러나 리비도가
자위보다는 이성과의 관계를 지향하는 것이 특징이며, 처음에는 자기애
적 행동(narcissistic behavior)으로 출발하여 점차 사회화된다. 생식기 이전
에 고착된 리비도의 양이 크지 않고 생식기 단계에 성공적으로 도착할수
록 '정상적으로' 신경증 없이 이성과의 관계를 즐기는 능력이 발달한다.
프로이트는 성인기에 대해 별로 언급하지 않았으며, 이는 '생후 5년이 성
격을 결정한다.'는 그의 믿음과 일치한다. 그러므로 적절하고 조화롭고

행복한 결혼생활을 유지해 나가려면 상대방과 아동기 감정 양식을 함께 나누는 작업이 필요하다. 심각한 정서적 외상(trauma)으로 조건화되어 있다면 이 단계에서의 적응이 어렵기 때문이다. 프로이트는 정신건강을 '즐기고 일하며 사랑할(play, work, love) 수 있는 능력' 이라고 정의하였다.

(4) 불안과 자아방어기제

프로이트는 불안을 닥쳐올 위험에 대한 신호라고 했다. 위험의 원천은 외재적일 수도 있고, 내재적일 수도 있다. 그는 불안은 내적인 것의 결과(원본능 충동 추구 표현)라고 생각했으며, 성인의 불안을 세 유형으로 구분하였다.

① 신경증적 불안(neurotic anxiety)

원본능과 자아 간의 갈등으로 발생한다. 원본능은 충동을 발산하려 하고, 자아는 충동에 대해 현실적 제약을 가하고자 한다. 예를 들어, 수업 중 교수에게 야단맞았을 때 맞서고 싶은 충동을 참는 것 등이다.

② 도덕적 불안(moral anxiety)

원본능과 초자아 간의 갈등으로 발생한다. 원본능 충동(예: 커닝하기)은 사회의 도덕적이고 이상적인 규준(예: '커닝은 안 돼!')과 대립되므로 수치심, 죄책감, 자기 혐오감을 일으킨다. 그러므로 도덕적 불안은 자기 양심에 거리끼지 않은 방향으로 개인의 행동을 이끈다.

③ 현실적 불안(objective anxiety)

위험에 대한 정서반응 또는 외부 환경(독사, 맹견, 화재, 강도 등)에서 위협을 지각하는 것을 현실적(객관적) 불안이라고 한다. 현실적 불안은 두려움과 같은 뜻이며 위협의 원인이 감소하면 작아진다.

④ **자아방어기제**(ego defense mechanism)

불안은 닥쳐올 위험에 대한 신호다. 현실적 불안에서 위험은 외재적인 것이기에 실제적 위협을 없애거나 줄이기 위한 현실적 단계를 취함으로써 이를 처리할 수 있지만, 신경증적 불안과 도덕적 불안은 닥쳐올 내적 위험이므로 이것은 내적인 방법, 즉 자아방어기제로 대처할 수 있다. 마음이 입는 옷이라 할 수 있는 자아방어기제는 무의식적 자아과정으로 혼란스럽고 무의식적인 사고가 직접적으로 표현되는 것을 막는다. 개인의 내부에서 이것이 작동하는 과정에 대해서는 무의식적 작용이기 때문에 자신이 알 수가 없다. 그러나 타인에게서 일어나는 작동은 탐지할 수도 있다. 프로이트는 방어기제를 '인간 사회에서 생존하기 위해 절대적으로 필요한 조건'으로 보았다. 그는 인간의 기본적 관심이나 욕구는 문명사회의 욕구와 갈등을 일으킬 수밖에 없다고 믿었다. 따라서 완전한 무질서를 막기 위해서는 개인의 욕구가 제한되고 사회적으로 승인된 출구를 통해서만 표현되어야 한다고 보았다.

- **억압**(repression)　　위협적인 사고를 의식에서 적극적으로 철저히 배제하는 것이다. 억압된 사고는 무의식이기 때문에 자신이 직접적으로 인식하지 못한다. 억압의 특징은 '원래의 바람을 이루기 위한' 계속적 투쟁이라는 점이다. 위협적인 정보를 억압하기 위해서는 정신에너지를 엄청나게 투자해야 한다. 무의식적 충동을 성공적으로 억압하지 못하는 경우, 억압이 의식적 인식으로 '누수(예: 꿈, 농담, 말실수)'되기도 한다. 억압은 모든 신경증적 행동, 신체화장애(예: 위궤양), 성심리적 장애(예: 불감증)의 근본 원인이 된다.

- **부정**(denial)　　고통스러운 경험과 생각에 대한 부정은 비교적 초기에 발달되는 방어기제 중 하나다. 어린 자식을 잃은 부모가 죽은 자식이 여전히 살아 있다고 믿고 행동하는 태도가 그 예다. 좀 더 흔한

형태의 부정으로는 공상이나 놀이가 있으며, 우리 대부분이 자주 사용한다.

- **퇴행(regression)** 초기 발달 시기의 쾌감 또는 만족과 연합된 행동을 하는 것을 말한다. 퇴행은 손톱 물어뜯기, 어린아이 말투, 과식, 자제력 상실 등으로 나타나는 경우가 많다.

- **취소(부정적 상 지우기, undoing)** 받아들일 수 없는 충동이나 행동에 대해 상징적 복구를 하는 것으로, 동생이 태어나 사랑을 빼앗겼다고 생각하는 형이 동생을 쥐어박거나 꼬집어 놓고서 이내 어머니가 보는 앞에서 뽀뽀를 하며 안아 주고 보살피는 것으로 부정적 상을 지울 수도 있다. 명예 회복은 '자아를 위협하는 원본능 충동'에 대해 상징적으로 보상하는 의식행동으로 나타난다.

- **반동 형성(reaction formation)** 자아는 때로 반대행동을 함으로써 오히려 금지된 충동이 표출되는 것으로부터 자신을 조절하거나 방어한다. 반동 형성은 두 단계를 거친다. 첫째는 받아들일 수 없는 충동을 억압하는 것이며, 둘째는 그 반대적 행동이 의식적 차원에서 표현되는 것이다. 반동 형성 방어기제의 전제는 사랑과 증오, 지배와 복종, 능동과 수동처럼 모든 본능이 서로 상반되는 한 쌍으로 이루어져 있다. '미운 놈 떡 하나 더 주기' '예쁘다고 하면서 꿀밤 주기'를 예로 들 수 있다.

- **투사 (projection)** 자신의 인정할 수 없는 충동이나 바람을 다른 사람이나 사물에게로 돌리는 것을 말한다. 예를 들어, '나는 ○○가 좋다.'를 '그가 나를 좋아한대!'로 바꾸는 것이다. 방어적 투사는 자신이 부적 특성을 가졌다는 사실을 모를 때 일어난다. 스스로에게 용인되지 않는 충동이 인식되는 것을 막기 위해 이 특성을 다른 누군가에게 뒤집어씌우며, 그 대상은 대개 자신이 싫어하는 사람이다. 희생양

은 집단에서 보이는 방어적 투사의 한 예다.

- **치환(displacement)**   강하고 위협적인 대상이 촉발한 충동을 약하고 덜 위협적인 대상에게 돌리는 것을 말한다. 어머니에게 야단맞은 맏이가 동생에게 화풀이하고, 동생은 지나가는 강아지를 발로 찼다면 강아지는 '치환된 공격'으로 억울하게 피해를 당한 것이다. 결론적으로 사람은 보복당할 가능성이 덜한 누군가에게 분노를 돌린다. 반면 타인에게 향하는 적대적 충동을 자신에게로 전환하게 되면 우울증과 자기 멸시의 원인이 된다. "종로에서 뺨 맞고 한강에서 눈흘긴다"라는 속담과 같은 맥락이라고 할 수 있다.

- **합리화(rationalization)**   받아들일 수 없는 행동을 하거나 위협적인 생각을 하는 사람은 충동에 대한 '완벽하게 합리적인' 변명을 찾음으로써 불안이나 죄책감을 경감시킨다. 사람은 자존심을 지키기 위해 합리화를 사용하는데 '키 큰 남자랑 결혼해야지!' 했던 여자가 키 작은 남자랑 데이트하면서 '작은 고추가 매운 법이야!' 라고 생각을 바꿀 수 있다. 이러한 합리화는 달콤한 레몬(sweet lemon) 현상이라고도 하며, 데이트를 신청했다가 거절당한 남학생이 '그녀는 내게 맞지 않았어!' 라고 생각하는 경우 신포도(sour grapes) 현상이라고 한다. 합리화는 의식적으로 변명하는 것과는 다른 무의식적인 과정이다.

- **승화(sublimation)**   받아들일 수 없는 충동을 '완전히 수용할 수 있는, 심지어 존경받을 수 있는' 출구로 바꾸는 것이다. 공격적 충동을 외과 의사가 되어 사회적으로 인정받을 수 있는 출구로 승화시키거나, 성적 충동을 연애 소설로 승화시켜 표현하는 소설가처럼, 프로이트는 '인간의 최고 덕목은 가장 기본적인 특성을 승화하는 것' 이라고 믿었다. 승화는 바람직하지 않은 충동을 바람직한 방향으로 돌리는 것이기 때문에 가장 성공적인 방어기제다.

- **동일시(identification)**　　자신이 이상화하는 사람의 행동, 태도, 속성을 자신의 것으로 취하는 것이다. 가톨릭의 성체성사에서 빵과 포도주를 함께 나누는 것을 예로 들 수 있다. 경우에 따라서는 '흉보면서 닮는다.'는 말처럼 가장 닮지 않았으면 하는 사람의 속성을 닮는 적대적 동일시도 있다. '나는 엄마처럼 살지 않을 거야!'라고 생각하던 딸의 일상이 어머니의 삶을 재현하고 있는 경우도 같은 예다.

- **격리(isolation)**　　힘든 기억이나 위협적인 충동에서 감정을 배제하는 것이다. 지적으로 감정을 엄격하게 배제함으로써 어떤 생각에 대한 불안을 갖지 않도록 하는 것이다. 어린 시절 학대받았던 일을 이야기하면서 애써 태연하게 아무렇지도 않은 듯 감정이 의식에 떠오르지 않도록 하는 경우를 예로 들 수 있다.

- **보상(compensation)**　　어떤 분야에서 인정을 받음으로써 다른 분야에서의 약점을 보충하고자 하는 것으로, 영화 '말아톤'의 자폐아 수영선수 김진호, 역도 금메달 수상자 전병관 등이 좋은 사례다. 또 친부모에게 효도하지 못한 안타까움을 노인복지관에서 자원봉사 활동을 함으로써 보상받고자 하는 경우도 예가 될 수 있다.

♬ 불안 해소를 위해 억압을 지나치게 사용하면……

　억압된 충동은 무의식에 활동적으로 남아 있기 때문에 의식으로 나타나지 못하도록 억제하는 심리적 에너지가 필요하다. 무의식적 충동이 의식으로 떠오르지 못하도록 계속 에너지를 사용하면 자아가 사용해야 할 에너지 자원을 많이 소모하여 더 건설적이고 창조적이며 자기 향상적인 행동을 하는 데 필요한 에너지의 양이 심각하게 줄어들 수 있다.

> **사 례** **결혼 한 달 만에 이혼을 결심한 여성**
>
> 4년이나 연애한 끝에 결혼한 신부는 퇴근해 집에 들어서는 신랑이 현관에서부터 양말, 셔츠, 바지를 모두 벗어 거실에 던져 놓고 화장실로 들어가 손만 씻고 나와서 '밥 먹자!' 하는 습관에 기겁했다. 그 모습이 마치 뱀이 허물을 벗는 것 같아 딱 싫어지는 감정을 어찌할 수 없다는 것이었다.
>
> 그녀는 어린 시절의 기억을 떠올렸다. 늘 아파서 아랫목에 누워 계시던 어머니를 대신해 초등학교 3학년 때부터 가사를 책임져야 했던 꼬마는 어두운 방안에 누워 계시는 어머니가 꼭 뱀이 똬리를 틀고 있는 것 같았다. 차라리 저렇게 힘들게 앓는 것보다 돌아가시는 것이 나을지도 모른다는 생각을 했고, 정말로 몇 년 뒤 돌아가신 어머니를 두고 그런 자신의 생각 때문에 돌아가셨다는 죄책감 속에서 그 누구에게도 마음을 열지 못하고 기억의 저편으로 억압해 왔던 자신을 발견했다. 애처로움과 안타까움, 사랑이 가득한 신랑과 함께 그동안 억압했던 자신의 감정을 애도하는 작업을 통해 그녀는 부부 관계를 회복하였다.

(5) 치료법

정신분석의 기본 목적은 무의식을 의식화하는 것이다. 무의식적 소원과 투쟁이 고통과 기능적 어려움을 일으키는 현실의 문제를 치료하는 접근법에는 자유연상, 저항, 전이, 해석과 통찰의 네 가지 기본과정이 있다.

① 자유연상(free association)

정신분석의 초석 중 하나다. 클라이언트의 마음속에서 일어나는 모든 것을 말할 수 있도록 북돋워 준다. 인습, 논리와 순서에 얽매이지 않고 생각과 감정을 표현하게 한다. 치료자는 클라이언트가 누워 있는 카우치(couch) 뒤에 앉는다.

② 저항(resistance)

치료과정을 방해하는 것으로 의식적 저항과 무의식적 저항이 있다. 의식적 저항은 클라이언트가 분석과정을 방해할 때 일어난다. 불안한 꿈을 이야기하지 않기로 결정하는 것 등이다. 무의식적 저항은 클라이언트의 치료 '노력'을 인식하지 못한다. 그러므로 무의식적 저항은 의식적 저항보다 극복하기가 더 어렵다. 저항은 종종 치료를 방해하기도 하나 클라이언트에 관한 핵심 정보의 원천이므로 변화를 위한 도구로 사용되기도 한다.

③ 전이(transference)

치료과정에서 클라이언트가 치료자에게 반응하는 것으로 중요한 타인과의 미해결된 문제를 치료자가 마치 과거의 주요 인물인 것처럼 투사하는 것을 말한다. 역전이는 클라이언트에 대한 치료자의 사적인 반응과 개인적인 감정을 뜻한다. 치료의 기본 원칙은 전이와 역전이의 상호 관계를 심리적인 무균 상태로 유지하는 것이다. 그러므로 치료자는 치료과정에서 객관성을 잃지 않도록 교육분석 훈련을 받아야 한다.

④ 통찰(insight)

분석가의 해석은 클라이언트의 신경증에 관한 특성과 근원을 통찰하게 돕는다. 통찰은 지적인 이해 이상의 것(Aha!라고 깨닫는)으로서 감정적 수용이 포함된다. 클라이언트의 새로운 자기 인식은 개인적으로 '옳거나' 혹은 '타당'하다고 느껴야 한다. 정신분석의 최후 목표는 통찰이다.

사례 **정신분석이론의 발전에 기여한 소년 한스**

이 사례는 프로이트가 어느 다섯 살 아동의 공포증 분석(1909)으로 보고한 아동 분석의 첫 번째 사례다.

프로이트와 한스라는 소년은 단 한 번 만났을 뿐, 치료는 아버지를 통해 이루어졌다. 내과 의사인 아버지는 프로이트의 강의를 들은 적이 있어 정신분석에 대한 지식을 갖고 있었다. 한스의 치료는 그의 아버지가 기록한 것을 프로이트에게 보고하고 그때마다 해석을 받는 형태를 취했다.

한스는 말에게 물릴 것 같은 공포 때문에 외출을 못하는 상태였는데, 어느 날 무거운 짐을 끌던 말이 쓰러져 있는 것을 본 것이 계기가 되었다. 불안해진 한스는 그 후 어머니에게서 떨어지지 않으려고 했는데, 이 공포증의 배경으로 다음과 같은 것을 들 수 있다.

한스는 세 살이 채 되기 전부터 성기에 관심을 보였고, 어머니에게도 있느냐고 묻곤 했다. 정신분석에 대한 지식을 가지고 있는 데다 자유로운 육아법을 추구했던 부모는 한스의 이러한 관심에 대해 솔직하게 대응했다. 그런데 한스가 세 살 반이 되던 무렵, 페니스를 만지는 모습을 본 어머니가 "A 선생님이 잘라 버린다!"라고 말하면서부터 한스는 거세 콤플렉스를 갖게 되었다. 게다가 그 무렵에 여동생이 태어났는데, 동생에게는 페니스가 없었다. 그것을 보며 한스는 '어른이 되면 틀림없이 생길 거야!'라며 여동생에게 페니스가 없는 것을 인정하지 않았다. 또한 아버지의 보고를 들은 프로이트는 한스가 몹시 두려워했다는 것, 주위의 검은 것과 눈앞에 붙어 있는 것은 아버지의 수염과 안경이 직접 치환된 것이라고 해석했다.

이것을 근거로 프로이트는 한스가 어머니에 대한 강한 애착 때문에 아버지(그리고 여동생)를 경쟁 상대로 생각하고 없어지기를 바라며, 그 갈등으로 인해 말 공포증에 빠지게 된 것이라고 해석했다.

딱 한 번 한스를 면접했던 프로이트는 그에게 이렇게 말했다. "너는 엄마를 너무 좋아해서 그 때문에 아빠가 네게 화를 낼 것이라고 생각하고 아빠를 무서워하지만, 그것은 틀린 생각이다. 아빠는 너를 좋아하니까 두려워하지 말고 무엇이든 이야기하렴." 어머니에 대한 애착과 아버지에 대한 증오라는 오이디푸스콤플렉스가 불완전하게 억압되어 한스의 불안이 강해졌다고 해석한 것이다.

3) 사회복지실천과의 연관성

프로이트의 정신분석이론은 사회복지실천의 전문성을 확립하기 위한 과학적 토대를 마련하는 과정에서 주요 지식으로 활용되어 진단학파를 구성하였으며, 임상사회사업의 근간을 이루기도 하였다. 그러나 인간행동이 무의식적인 힘에 의해 영향을 받고 결정되는 것으로 보았기 때문에 인간의 자유의지와 능력, 발달에 대한 기본적인 신뢰에서 출발하는 사회복지 분야의 인간관과는 뚜렷이 구분된다.

사회적 상황에 따른 인간행동을 이해하기보다는 인간의 심리 내적인 문제에 초점을 두어 '정신역동은 운명'이라고 강조한다. "세 살 버릇 여든 간다"라는 우리나라 속담도 있듯이, 정신분석이론은 특히 생후 5년이 일생의 성격을 결정한다는 믿음으로 원인에 따른 결과라는 단선적 인과관계에 근거해 클라이언트를 진단하였다. 성인의 정신병리는 유아기의 경험에 근원을 두고 있다는 프로이트의 가정은 '지금-여기(here-now)'에서 살아 숨쉬는 미해결된 문제를 해결하는 데 필요한 정신분석적 과거력이 환자 내에 있는 본질적 요소를 신속하고 정확하게 통찰하는 데 유용한 길잡이가 된다고 전제한다. 그는 또 개인을 지배하던 무의식적 동기에 대한 통찰이 이루어졌다 하더라도 실제 생활에서 꾸준한 훈습과정을 거쳐야만 정서적 성숙에 이르게 되어 일하고 사랑할 수 있는 능력을 발달시키게 된다고 정의했다. 프로이트에게 클라이언트는 환자이며, 전문가는 질병을 치료하는 사람이다.

사회복지 영역에서 '원인을 발견함으로써 치료방법을 찾을 수 있다.'는 리치먼드의 전제는 프로이트의 의료적 모델에 근거한 것이며, 이후 개별사회사업 영역에서 많이 활용되었다. 임상 현장에서 일하는 사회복지사에게 요구되는 교육 분석 또한 클라이언트의 의자에 앉아 본 경험이 있는 사회복지사가 더 유능한 사회복지사로서 기능할 것이라는 믿음을 시사하는 것이다.

그러나 정신 내적 현상에 대한 사회복지 전문직의 지나친 강조가 환경의 영향을 경시하는 경향으로 나타나기도 하고, 클라이언트를 병리적인 시각으로 바라보게 하는 한계성도 지니기 때문에 사회복지사는 여러 모델을 비판적으로 주의 깊게 분석하면서 통합적인 접근을 시도할 필요가 있다.

2. 에릭 에릭슨

1927년 여름, 유럽을 돌아다니던 한 젊은 예술가가 환자와 그 가족들을 위해 프로이트가 설립한 학교에 들어가 심리학에 매진하였다. 그가 바로 에릭 에릭슨(Erik H. Erikson, 1902~1994)이다. 그는 정신분석학자들과 친분을 쌓게 되고, 이들로부터 훈련까지 받게 된다(Burger, 2000; 엄신자, 2007 재인용). 후에 에릭슨은 대학의 학위를 받지 않았음에도 정신분석가로서뿐만 아니라 인류학자로, 의과대학 교수로 명성을 얻었다. 프로이트의 정신분석에 거의 모든 것을 의존하던 초기 정신역동이론과 달리 에릭슨은 자신만의 성격이론을 확장해 나갔다. 에릭슨은 생애주기이론을 세우면서 프로이트의 이론을 기초로 했음에도 불구하고, 프로이트와 달리 자아, 사회와 역사적 영향 그리고 청소년, 성인 초기, 성인기, 노년기의 발달단계를 강조하였다(Feist & Feist, 2006; 엄신자, 2007 재인용).

1) 에릭슨의 생애

에릭슨은 독일 프랑크푸르트에서 1902년에 태어났다. 덴마크인인 아버지와 유태인인 어머니는 에릭슨이 태어나기도 전에 이혼하였고, 이후 독일로 돌아갔던 어머니는 에릭슨을 치료해 주었던 소아과 의사와 재혼하였다. 그는 유태인과 달랐던 외모 때문에 이방인으로 취급되었고, 학교생활에도 적응하지 못했지만 고대사와 미술 분야에서 뛰어난 능력을 보였다. 계부는 에릭슨이 자신과 같은 길을 가기를 원했지만 그는 고등학교를 졸업한 후 7년간 유럽을 돌아다니며 그림 공부를 하였다. 에릭슨은 이 기간을 '불만, 혼동, 반항의 심리적 유예기'라고 불렀다. 25세 때 안나 프로이트(Anna Freud)와 도로시 벌링엄(Dorothy Burlingham)이 설립한 비엔나의 아동연구소에서 아동을 가르치기 시작하면서 오랜 방황을 끝냈다. 에릭슨은 정신분석적 심리학과 몬테소리 교육을 받았고, 안나 프로이트에게서 분석훈련을 받았다.

이후 정신분석 훈련을 받은 무용가인 교사와 결혼하여 세 아들과 딸을 두었다. 첫딸은 전문직을 가졌고, 둘째 아들은 노동자로 일하며 부모와 정서적으로 가깝게 지내지 못했다. 막내아들은 다운증후군으로 태어나 시설에서 머물다가 20세에 생을 마감했다. 그러나 다른 형제들에게는 막내가 태어나자마자 죽었다고 말했으며, 나중에 맏아들에게만 사실대로 털어놓았다. 정신분석가로서 "가족의 문제를 정직하게 다루어야 하고, 가족 중 한 사람을 다른 사람에게 숨겨서는 안 된다."라고 강조했던 그의 딜레마를 엿볼 수 있는 일화다.

1933년 미국에 정착한 에릭슨은 예일 대학교에서 2년간 근무했다. 그 후 여행을 시작하여 인디언 보호지역에 들어가 함께 생활하며 수우족(Sioux)을 연구하였고, 유록족(Yurok) 어부에 대해 연구하기도 하였다. 헨리 머레이(Henry Murray)와 함께 일하기도 했던 그는 생활주기의 관점에서 성격발달을 분석한 이론을 개발하였다.

2) 주요 개념

에릭슨은 행동이 기본적으로 생물학적 요인에 의해 발생하며, 성적 및 공격적 충동을 표출하려 함으로써 동기화된다는 프로이트의 관점을 받아들여 인간의 행동이 세 가지 사회적 충동(사회적 관심에 대한 욕구, 유능성에 대한 욕구, 사회적 사건의 구조와 질서에 관한 욕구)에서 비롯된다고 보았다.

(1) 자아와 자아정체감

① 자 아

개인이 환경에 성공적으로 적응하는 데 필수적인 기본적 기능을 수행하는 성격의 일부분으로, 인간이 사회 속에서 적극적인 태도로 자신만의 자율성을 갖고 활동을 조절하는 것을 말한다. 에릭슨은 특히 사회와의 상호작용의 중요성과 자아(ego)의 뿌리는 사회조직에 있다는 것을 강조하였다. 초기 아동의 경험이 개인의 성격 형성을 결정짓는 것이 아니라 일평생 지속적으로 형성되며, 초기 경험의 상처 또한 좋은 환경과 사회적 관계를 통해 회복될 수 있다는 전 생애 자아발달을 제시함으로써 프로이트의 심리·성적 발달단계의 대안으로 자리 잡았다. 발달단계의 위기 해결이 건설적이고 만족스러우면 건강한 발달을 촉진하는 긍정적인 자아가 형성되고, 각 단계에서 위기 해결이 잘 안 될 때 갈등을 겪으면 발달을 방해하는 부정적인 자아가 형성된다고 보았다.

② 자아정체감

에릭슨은 정체감이 전 생애에 걸쳐 발달한다고 보았으며, 이것을 심리·사회적 정체감(psycho-social identity)과 개별적 정체감(individual identity)으로 나누어 생각했다. 심리·사회적 정체감은 개인이 속해 있는 집단에 대한 구속감 내지는 일체감을 뜻하며, 개별적 정체감이란 집단에 속해 있지만 타인과는 독립되고 고유한 존재로서 갖는 정체감으로, 이것은 다시 개인적 정체감(personal identity)과 자아정체감(ego-identity)으로 구분된다. 개인적 정체감은 어떠한 상황의 변화에도 근본적으로 변함없이 갖게 되는 자신에 대한 동질성과 연속성을 의미하며, 자아정체감은 동질성과 연속성이 유지되고 있다는 사실을 아는 동시에 자기 존재의 동일성과 고유성을 지속시키고 고양시켜 나가는 자아의 자질을 의미한다(Erikson, 1956; 이효선, Garz, 2006 재인용). 자아정체감이 확립된 경우 자신을 다른 사람과 분리된 고유한 개인으로 자각하여 자기 일관성 내지는 전체감(feeling of wholeness)을 이루고자 하며, 전체와 조화를 이루고자 하는 의지와 능력을 갖게 된다.

(2) 점성원칙

점성원칙(후생적 원칙, epigenetic principle)이란 성장하는 모든 것은 기본 계획이 있으며, 이 기본 계획으로부터 부분이 발생하고, 각 부분이 특별히 우세해지는 시기가 있으며, 이 모든 부분이 발생하여 기능하는 전체를 이루게 된다는 것이다(Erikson, 1968). 에릭슨이 말하고자 하는 것은, 첫째 원칙적으로 인간의 성격은 점점 확장되는 사회환경을 지향하고 이를 인식하며 이와 상호작용하려는 이미 결정된 단계에 따라 발달하고, 둘째 원래 사회란 그러한 잠재력이 성공적인 상호작용을 하도록 구성되었으며, 잠재력은 적절한 속도와 적당한 결과를 가져온다는 것을 전제함과 동시에 이를 격려하는 경향이 있다는 것이다. 에릭슨이 제시한 8단계는 유전된 성격의 기본 계획이 점차적으로 전개되어 나타난 결과라고 주장한다. 점성적 개념(epigenetic conception)이란 인생주기의 각 단계는 우세하게 출현하는 최적의 시간(즉, 극적인 시기)이 있고, 모든 단계가 계획대로 전개될 때 완전히 기능하는 성격이 형성됨을 의미한다.

(3) 심리 · 사회적 자아발달의 8단계

에릭슨(1963, 1968)은 '인생에는 여덟 가지 주요 발달 사항이 있다.' 고 생각했다. 각 사항은 특정 기간에 관심의 초점이 되고, 이에 따라 심리 · 사회적(psycho-social)인 8단계의 발달이 이루어지며, 각 단계의 이름은 주요 과업에 따라 붙여진다.

각 단계에서는 주요 과업에 대한 적응과 부적응의 갈등이 생겨난다. 갈등은 '그 단계에서' 해결되어야 하며, 성공적 해결은 '다음 단계의 갈등 해결에 대한 준비' 가 된다. 성공적 해결은 상대적인 것이고, 적응과 부적

	유아기	초기 아동기	학령 전기	학령기	청소년기	성인 초기	성인기	노년기
VIII 성숙기								자아 통합 대 절망 지혜 : 경멸
VII 성인 중기							생산성 대 침체감 배려 : 거절	
VI 성인 초기						친밀감 대 고립 사랑 : 배척		
V 사춘기					정체감 대 정체감 혼란 성실 : 거부			
IV 잠복기				근면성 대 열등감 유능성 : 무력감				
III 남근기			주도성 대 죄책감 목적 : 억제					
II 항문기		자율성 대 수치심 의지 : 강박						
I 구강기	신뢰감 대 불신감 희망 : 철회							

[그림 1-2] 심리 · 사회적 발달단계

응의 바람직한 비율(예: 불신보다 신뢰가 더 강한 것)이 중요하다. 에릭슨의 자아발달의 8단계는 프로이트의 심리·성적 발달단계와 달리 '생애 초기부터 전 생애 동안'에 대한 것으로, 각 단계에서 개인의 내적 욕구와 사회적 기대가 상충될 때 심리·사회적 위기를 해소하는 과정에서 새롭게 자아를 획득하거나 수정하게 된다.

'각 단계의 중심 갈등을 자신이 처리하는 방법'을 강조하는 에릭슨의 심리·사회적 발달이론의 8단계는 [그림 1-2]와 같다.

① 유아기(신뢰감 vs 불신감, 희망 vs 철회)

유아기는 출생부터 18개월까지의 시기다. 유아들은 '음식과 평안을 제공하는 어머니'가 보이지 않아도 불안이나 분노를 느끼지 않을 정도의 충분한 신뢰를 가장 먼저 발달시켜야 한다. 신뢰는 어머니에 대한 믿음이기도 하지만 자신에 대한 믿음(inner certainty)이기도 하다. 유아가 타인과 외계로부터 신뢰감을 얻을 수 있는 능력은 어머니로부터 받는 양육의 질(quality)에 의존한다. 신뢰감은 단순히 유아가 얻는 음식의 양이나 애정 표현에 의존하는 것이 아니라, 유아에게 베풀어 주는 친밀감, 일관성, 지속성, 동일성의 경험을 제공하는 어머니의 능력과 관련되어 있다. 생애 첫 심리·사회적 위기가 유아에게 어떻게 야기되느냐 하는 문제에 대해 에릭슨은 신뢰감의 중요성을 강조하면서도 인간의 성장을 위해서는 어느 정도의 불신감도 필요하다고 보았다. 그러나 기본적 신뢰감의 발달에 심한 결함이 있으면, 유아는 급성 우울증이, 성인은 편집증(paranoia)이 나타난다. 기본적 신뢰 대 불신의 갈등이 성공적으로 해결됨으로써 획득된 심리·사회적 능력은 희망이며, 실패의 결과는 철회(withdrawal)(예: 아들 귀한 집의 셋째 딸 신드롬)다. 이 단계는 프로이트의 구강기에 해당한다.

② 초기 아동기(자율성 vs 수치심, 의지 vs 강박)

초기 아동기는 2~3세로 프로이트의 항문기에 해당한다. 유아기에 기본적 신뢰감이 획득되면 자율성과 자기통제(self-control)의 획득이 가능해진다. 따라서 괄약근을 조절할 수 있게 되어 변의 방출(letting go)과 보유(holding on)가 가능해진다. 보유는 파괴적인 보유 또는 구속도 되고 보살핌의 형태도 된다. 방출 역시 적대적인 해방 또는 이완된 해방으로 나타날 수 있다. 따라서 이 단계에서 호의와 고집의 비율이 결정된다. 이 시기의 아동은 독립적으로 환경을 탐색하고 상호작용하기 시작하면서 모든 것을 스스로 하려고 한다. 옷을 입을 때나 밥을 먹을 때 '내가 할 거야!'라는 식으로 탐색하고 조작하려는 욕구가 강하게 나타난다. 이 단계의 심리 · 사회적 위기를 만족스럽게 넘기느냐의 여부는 아동이 자기 삶에 영향을 미치는 활동을 자유롭게 조절하도록 허용할 것인가 하는 부모의 의지(예: 성급한 보살핌은 금물)에 달려 있다. 자율성이 아동에게 무제한 자유를 준다는 의미는 아니다. 아동의 특정 생활 영역에 대해서는 합리적이고 엄격한 제한을 유지해야 한다. 아동의 수치심은 자율성을 행사하는 것이 허용되지 않았을 때 내면으로 향한 분노에서 비롯된다. 부모가 과잉보호하거나 무관심하면 아동은 타인에 대해 뚜렷한 수치심과 자기통제력에 대해 의구심을 갖게 된다. 에릭슨은 이 시기의 심리 · 사회적 위기를 잘 극복하면 '의지'라는 긍정적 자아 특질을 얻게 되지만, 극복하지 못하면 강박적 행동(예: 시간, 청결, 돈에 집착을 보임)을 보이거나 피해망상에 사로잡힌 편집증으로 나타난다고 보았다.

③ 학령 전기(주도성 vs 죄책감, 목적 vs 억제)

학령 전기는 4～5세로 프로이트의 남근기에 해당한다. 주도성 대 죄책감은 학령 전기 아동이 마지막으로 경험하는 심리적 갈등이다. '어머니의 관심에 대한 경쟁심'을 참는 방법을 배워야 하고, 도덕적 책임 능력을 발달시켜야 한다. 아동은 자신과 자기 세계를 구성하는 것(인형, 애완동물, 동생 등)에 대해 책임감을 갖기 시작하면서 행동반경과 사회의식이 확장된다. 아동은 계획을 세우고 목표를 설정하며 그것을 달성하고자 노력하는 주도성(initiative)이 뚜렷이 나타난다. 또한 성적 호기심, 성기의 흥분, 성적인 문제에 대해 지나친 관심이 생기는 단계이므로 아동의 주도적인 행동은 때때로 제재를 받을 수 있다. 이때 과도한 체벌은 아동에게 강한 죄책감을 갖게 한다. 죄책감은 아동으로 하여금 주도적인 실행 능력을 떨어뜨리고, 자기 주도적인 삶의 에너지를 축소시키며, 자신에 대한 무가치감을 느껴 소극적 성격을 보이고, 체념에 사로잡혀 목적의식이나 용기가 부족해진다. 아동이 죄책감을 바람직하게 극복하고 주도성을 확보할 수 있는가의 여부는 부모의 반응에 달려 있다. 이 시기의 심리·사회적 위기를 극복하면 목적(purpose)이라는 자아 특질을 얻게 되지만, 극복하지 못하면 자유로운 사고와 표현을 제한하는 억제(inhibition)의 특질을 갖게 된다.

이후 점차 자아가 발달하면서 어린 시절에 죄책감을 갖게 했던 어머니에게 같은 방법으로 되돌려 주는 양식을 형성하게 된다(예: '네가 부산을 떨어서 엄마가 정신없이 휴대전화를 놓고 왔잖아.' '제시간에 밥을 차려 주면 조금이라도 먹을 것 아니에요!' 처럼 문제의 책임을 상대방에게 전가하여 죄책감을 갖게 함)

④ 학령기(근면성 vs 열등감, 유능성 vs 무력감)

6~11세의 학령기는 인지적·사회적 기술이 숙달되는 자아발달의 가장 결정적인 시기로 프로이트의 잠복기에 해당한다. 이때부터 아동은 형식적 교육을 통하여 문화에 대한 기초 기능을 배우게 된다. 근면성(industry)과 열등감(inferiority)의 갈등은 학교생활에 뿌리를 두고 있다. 건전한 한 인간으로서 성장하기 위해서는 이 단계에서 학업에 잘 적응해야 하고, 또래와의 관계가 원만해야 하며, 자기 한계를 인식할 수 있어야 한다. 이 시기에 근면성이 순조롭게 발달하지 못하고 실수나 실패를 거듭하면 아동은 부적절감과 열등감을 갖게 된다. 특히 아동기에 중요한 학교생활에서의 열등감은 가족이 아동의 학교생활에 준비되지 않았을 때나 학교나 교사가 아동에 대한 편견적 태도를 취할 때 나타나기 쉽다.

　　사회적 가치를 결정하는 것이 아동 자신의 소망과 의지보다 피부색, 부
모의 사회적·경제적 지위, 옷차림새와 같은 것으로 평가된다고 느끼게
되면 정체감에 상처를 받아 자신의 능력과 활동의 범위를 제한할 수 있
다. 따라서 아동에게 성취 기회를 부여하고, 성취한 과업에 대해 인정해
주며, 실패했을 경우 '실패는 성공의 어머니' 라는 입장에서 다시 시도해
보도록 격려하고, 개인의 특수한 재능을 발견함으로써 기쁨을 느끼게 해
주어야 한다.

　　이 시기의 심리·사회적 위기를 잘 극복하면 자아는 유능성(compe-
tence)이라는 특질을 얻게 되지만, 극복하지 못하면 생산적 일원으로 사
회문화에 합류하는 데 어려움을 겪을 수 있는 무력감(inertia), 비활동성
(inert, 생산적 작업을 방해하는 사고와 행동의 마비)에 빠지게 된다.

⑤ 청소년기(정체감 vs 정체감 혼란, 성실 vs 거부)

　　12~20세에 해당하는 청소년기는 에릭슨의 인생 주기에서 개인의 심
리·사회적 발달상 매우 중요한 시기로 간주된다. 사춘기가 되면 관심이
정체감 형성으로 기운다. 정체감은 '자신이 자신을 보는 것처럼 다른 사
람도 자신을 그렇게 보는 것' 에 대한 확신을 말한다.[1] 정체감은 직업 선택
이나 직장생활에 많은 영향을 미친다. 정체감을 형성하지 못하면 역할 혼
란이 일어난다. 역할 혼란은 직업 선택이나 교육 목표를 제대로 이루는
능력이 없을 때 혹은 영웅에 대한 과잉 동일시가 있을 때 생긴다. 역할 혼
란은 청소년기를 넘어서 초기 성인에게로 연결된다. 초기 성인들도 정체
성이 완전하게 형성되지 않은 채 부모의 집에 계속 머무르는 경우도 많다
(예: not in education, employment or training: NEET).

－－－－ ···

1) 정체감의 3요소
 • 자신을 과거로부터 현재까지 내적 동일성(inner sameness)과 일관성 있는 존재로 지각
 • 사회적 환경 속에 있는 타인이 자신의 동일성과 일관성을 지각한다는 확신
 • 타인과의 경험에서 얻은 피드백에 의해 타당화된 일관성에 대한 자신감

이 시기에 청소년들은 무엇보다 '나는 누구인가'에 대답할 수 있어야 하는데, 그들의 사회적·정서적 성숙은 이상적인 가족, 직업, 종교, 사회를 향해 확장되어 나가기 때문이다.

또한 남성과 여성에 대한 적절한 동일시가 일어나면 건강하고 조화된 성적인 특질을 갖춘 성격이 발달하게 되지만, 적절한 성적 정체감을 발달시키지 못하면 '양성 혼란(bisexual diffusion)'을 초래하여 정체성 구조를 약화시키게 되고, 불행한 어린 시절이나 현재의 사회환경 때문에 정체감 발달에 실패하면 '정체감 위기'를 초래한다. 청소년들은 수많은 스트레스 상황에서 무력감, 혼란감, 허무감을 경험하기도 하고, 결핍감, 비인간화, 소외감을 느끼며, 부모나 또래가 기대하는 것과는 정 반대의 부정적인 정체감을 추구하기도 한다. 에릭슨이 '인생은 계속적인 변화'라고 강조했듯이 자아정체감은 일생에 걸친 투쟁임과 동시에 지속적으로 확장된다. 대부분의 사회에서 청소년들은 성인의 역할과 책임을 대개 지연시키는데, 에릭슨은 청소년기와 성인기의 간격을 심리·사회적 유예 기간(psycho-social moratorium)이라고 칭했다. 미국에서는 심리·사회적 유예 기간을 고등교육의 형식으로 제도화하여 청소년으로 하여금 '인생을 어떻게 살아갈 것인가'를 결정하기 전에 사회적·직업적 역할을 탐색하도록 한다. 이 시기의 심리·사회적 위기를 잘 극복하면 자아는 성실성(fidelity)이라는 특질을 얻게 되지만, 극복하지 못하면 익숙하지 않은 역할과 가치를 거부(repudiation)하게 된다.

⑥ 성인 초기(친밀감 vs 고립, 사랑 vs 배척)

21~34세에 해당하는 성인 초기는 공식적인 성인생활이 시작된다. 에릭슨은 친밀감을 '자신의 정체성을 잃지 않으면서 다른 사람과 관계하는 능력'이라고 말한다. 진실한 관계를 맺기 원하는 성인 초기에는 다른 사람과 협동적·사회적·직업적 관계를 발달시켜야 하고, 배우자를 선택해야 한다. 이러한 관계를 발달시키지 못한 사람들은 고립감을 느끼게 된

다. 에릭슨이 이야기하는 '친밀감을 획득한 사람'은 프로이트의 '정신적으로 건강한 사람이란 즐기고 일하며 사랑할 수 있는 사람이다'라는 정의와 비슷하다. 이 단계에서 위험한 것은 자기도취(self-absorption)에 빠지거나 친밀감이나 사회적 관계 맺기를 회피하는 것이다. 친밀한 인간관계를 맺을 수 없으면 사회적 공허감이나 소외감을 느끼게 된다. 자기도취에 빠진 사람들은 직업도 무의미하다고 느끼고, 지극히 공식적이고 피상적인 인간관계를 추구한다. 정체감이 친밀감보다 앞서야 한다는 에릭슨의 주장처럼 청소년기와 성인 초기에 정체감이 부족한 사람은 다른 사람과 완전한 관계를 이루지 못하는 경우가 대부분이다.

이 시기의 심리·사회적 위기를 잘 극복하면 자아는 사랑(love)이라는 특질을 얻게 되지만, 극복하지 못하면 타인을 밀쳐 내는 배척(exclusivity)을 하게 된다. 사랑이란 자신을 타인에게 관여시키고 유지하려는 능력으로, 다른 사람에 대한 보호, 존경, 책임의 태도를 가질 때 나타난다.

⑦ 성인기(생산성 vs 침체감, 배려 vs 거절)

35~65세에 해당하는 성인은 친밀감 형성 이상의 것을 이루어야 한다. 또한 젊은 사람을 비롯해 다른 사람들을 도와줄 수 있어야 한다. 생산성(generativity)은 양육, 가르침, 시민활동 등을 통하여 다음 세대를 인도하는 것이다. 생산성의 확립에 실패한 사람은 개인적 욕구나 안위를 주된 관심으로 삼아 자기도취에 빠진다. 그러나 사회의 일원으로서 기능을 다하지 못했다는 침체감과 박탈감으로 오로지 자기 확대와 자기만족을 위해서만 에너지와 기술을 사용함으로써 인간관계는 점점 황폐해지고 절망하며 인생이 무의미해지는 '중년의 위기'를 겪게 된다.

이 시기의 심리·사회적 위기를 잘 극복하면 자아는 타인을 돌보는 능력, 즉 '배려'라는 특질을 얻게 되지만, 극복하지 못하면 타인에게 충분한 관심을 표현하지 못하는 거절을 나타낸다.

⑧ 노년기(자아 통합 vs 절망, 지혜 vs 경멸)

심리 · 사회적 발달단계의 마지막 단계는 개인이 자신의 완성에 대한 노력과 성취에 대해 반성하는 시기다. 체력과 건강의 악화에 대한 적응, 퇴직과 수입의 감소, 배우자와 친구들의 죽음을 맞이하여 과거를 돌아보며 '후회 없이 최선을 다해 뛰었다.'고 확신하게 되면 자아 통합을 경험하지만, '그때 ○○했었더라면……'하는 후회와 회한으로 이전 단계의 갈등을 적절히 해결하지 못하면 인생 후기에 절망이 찾아온다. 어떤 사람들은 자신을 혐오하고, 다른 삶을 시작하기에는 너무 늦었음을 지각한다. 이런 경우 자책감으로 남은 삶을 살아가게 된다. 인생의 쓴맛과 혐오를 느끼는 노인은 인생을 다시 살 수 없다는 후회와 자신의 부족함과 결함을 외부 세계로 투사함으로써 그것을 부인하려는 뚜렷한 두 가지 태도를 갖게 된다고 에릭슨은 묘사하고 있다. 그러나 앞서 7단계에서 잘 적응하게 되면, 심리 · 사회적으로 잘 적응하고 후에 지속적인 통합감을 가질 수 있게 된다. 에릭슨은 '사람들의 능력에 관계없이 이런 적응을 이룰 수 있다.'고 생각했다.

이 시기의 심리 · 사회적 위기를 잘 극복하면 자아는 '삶에 대한 적극적인 관심과 지혜'라는 특질을 얻게 되지만, 극복하지 못하면 나약함, 즉 자신에 대한 경멸을 경험하게 된다.

에릭슨과 프로이트의 이론을 비교하여 정리하면 〈표 1-3〉과 같다.

3) 사회복지실천과의 연관성

프로이트의 심리 · 성적 발달 개념을 현대사회학적 · 인류학적 · 생물학적 자료에 비추어 체계적으로 확대한 에릭슨은 사회복지실천의 대부로 불리기도 한다. 인간의 성격이 전 생애에 걸쳐 생물학적 요인과 개인의 심리, 사회문화의 상호작용에 의해 결정되고, 개인의 부모와 자녀 관계, 가족 관계 및 사회적 관계에 관심을 가져야 한다는 입장은 아동복지에서

표 1-3 프로이트와 에릭슨 이론의 비교

	프로이트	에릭슨
이론의 출발	폐쇄체계: 아동기 감정 양식. 꿈, 사고, 기억의 분석을 기반으로 형성된 이론	개방체계: 사회적 경험을 통해서 이루어진 자아 분석을 기반으로 형성된 이론
인간행동과 기능의 기초	원본능이 지배적: 방어기제로 표출되는 행동 뒤에 숨어 있는 원본능의 파악	자아가 지배적: 인간의 현실적 행동에서 보이는 모습, 즉 자아의 분석에 초점
발달단계	리비도가 집중되는 신체 부위가 구분의 기준	활동 양식, 대인관계에서 일어나는 사회적 상호작용의 양상으로 구분
영향	충동과 사회적 기대의 모순 때문에 갈등	역사적·민족적 집단의 결속력과 강화가 기반
자아	불안이나 무의식적 욕구에 의해 위협받음	자율적 성격구조로 봄
주된 관심	심리·성적 요소, 생물학적 결정론	심리·사회적 요소, 사회문화적 설명, 사회적 지지에 의한 건강한 사회 구성원
발달적 관심	초기 아동기에 형성된 성격은 초기 성인기에 절정에 이름	전 생애에 걸쳐 형성
강조점	부모나 양육자가 아동의 성격발달에 미치는 영향 강조	아동의 자아가 형성되는 심리·사회적 환경 강조

노인복지까지 전 생애발달에 관심을 갖는 사회복지의 이론적 배경이 되었으며, 개인발달에서 사회환경을 강조했다는 점에서 의미가 크다. 클라이언트의 욕구와 문제를 정확히 파악하고자 할 때 에릭슨의 8단계 생애발달 주기는 개입의 유형을 결정하는 데 사용할 수 있다. 이러한 강점이 있는 반면 이론의 과학적 검증이 용이하지 않고, 개념이 너무 추상적이어서 실증적 검증이 어렵다는 것과 한 단계에서 다른 단계로 어떻게 전환하는지에 대한 설명이 없다는 점이 지적되고 있다.

3. 알프레트 아들러

프로이트의 초기 이론과는 매우 다른 인간동기이론을 개발한 알프레트 아들러(Alfred Adler, 1870~1937)는 프로이트와 마찬가지로 생후 5년간의 경험이 인간에게 매우 중요한 영향력을 미친다는 점에 동의하였으나, 단순히 과거의 사건 자체가 아니라 개인이 과거 사건을 어떻게 지각하고 해석하며, 이것이 어떻게 지속적인 영향을 미치는지에 대해 더 큰 관심을 가졌다. 인간을 환경과 유전에 의해 결정되는 결정론적 존재가 아니라, 스스로 사건을 해석하고 서로에게 영향을 미치는 창조적 능력을 지닌 존재로 인식하여 낮은 곳에서 높은 곳으로, 열등에서 우월로의 상향 이동을 추구한다고 보았다. 개인심리학이라고 불리는 아들러의 이론은 인간을 유일하고 분해할 수 없으며, 자아 일치적이고 통합된 실체로 보았다. 아울러 인간은 창조적인 능력이 있기 때문에 인생의 목표를 달성할 수 있고, 현실과 세상을 고유하게 해석하는 자기만의 눈을 가지고 있으며, 목적과 가치에 일치되는 삶의 방식을 선택할 수 있는 합리적인 존재, 즉 사회에 기여할 수 있는 사회적 존재로 보았다.

1) 아들러의 생애

아들러는 1870년 2월 7일 유태인 곡물상의 5남 2녀 중 셋째이자, 둘째 아들로 오스트리아의 비엔나 교외에서 태어났다. 그는 첫째인 형을 극복하기 위해 부단한 노력을 했다고 한다. 아들러는 어린 시절을 불행하게 보냈다고 고백했다. 아들러는 병약한 아동이었다. 도로에서 두 번이나 수레에 치였고 홍역으로 죽을 고비를 넘기기도 했으며 구루병으로 고생했다. 그래서 친구들과 어울려 운동도 하지 못했다. 아들러(1957)는 자신의 열등감에 대해 "나는 구루병 때문에 꼼짝없이 벤치에 앉아 있고, 건강한 형은 전혀 그렇지 않았던 일이 기억난다. 형은 힘들이지 않고도 달리고 뛰고 움직일 수 있었지만, 나는 조금만 움직이려 해도 힘이 들었고 노력해야 했다."라고 언급했다. 이러한 아동기 경험의 결과로 아들러는 질병과 죽음의 공포를 극복하기 위해 외과 의사가 되기로 결심했다. 아들러는 정신의학을 전공하기 전에 약학을 공부했다. 1907년 그는 사람들의 질병이나 기능장애가 가장 취약한 기관이나 신체 부위에서 일어난다는 이론을 제시하여 흥미를 끌었다. 더욱이 그는 인간이 취약함에 대해 보상 혹은 과잉보상을 한다고 생각했다. 예를 들어, 약한 다리를 가지고 태어난 사람은 다리 근육을 발달시키기 위해 많은 시간을 보낸다(보상). 이렇게 하여 장거리 달리기 선수가 된다(과잉보상). 1895년 의사학위를 수여받고 안과의로 의사생활을 시작하였으나 곧 일반의로 바꾸었다가 그 후 정신과 의사로 활동을 시작하면서 자신의 이론을 '심리적 열등감이나 대인관계에서의 열등감 등 모든 열등감'에 적용하였다. 1902년부터 1911년까지 프로이트와 '비엔나 정신분석학회'를 결성하고 연구활동을 하였지만, 프로이트와 대립하게 되면서 1911년 '자유정신분석학회'를 결성하여, 1912년 자신의 이론을 '개인심리학'으로 명명하면서 학회 또한 '개인심리학회'로 변경하였다.

제1차 세계대전 중 오스트리아군에서 내과의로 근무하면서 전쟁이 가져오는 직접적인 폐해를 보고 그는 사회적 문제에 더욱더 관심을 갖기 시작했다. 이후 아동상담소를 운영하면서 아동에 대한 집단치료와 가족치료를 실시하였으며, 자신의 성장과정 경험을 토대로 열등감과 보상, 우월을 향한 노력, 출생 순위, 사회적 관심 등을 주요 개념으로 한 이론체계를 확립했다. 1926년 미국으로 건너가 컬럼비아 대학교에서 강의하였고, 뉴욕의 롱아일랜드 대학교의 초청교수로 임명되었다. 그리고 1937년 강연여행 중 스코틀랜드의 애버딘 대학교에서 심장마비로 생을 마감하였다.

2) 주요 개념

(1) 열등감과 보상

아들러는 인간이 태어나면서부터 갖는 열등감은 결코 약점이나 비정상적인 것이 아니며 개인이 어떤 상황에 대하여 잘 적응하지 못하거나 준비가 미흡하여 그것을 해결할 수 없음을 스스로 확신할 때 나타난다고 보았다. 또한 모든 인간의 본능은 열등감을 극복하고 환경을 개선하려는 우월을 향해 나아가고자 하기 때문에 언제나 보상받을 수 있다고 주장했다. 그는 생물학적 · 심리학적 · 사회적 열등이 지각되면, 이를 보상하기 위해 우월을 추구하는 것이며 '두 힘(열등을 극복하려는 욕구와 우월을 추구하는 욕구)의 순환작용이 인간을 동기화한다.' 고 생각했다(1964). 정상발달에서 우월 추구는 열등에 대한 보상으로 개인의 보상적 생활방식은 아동기의 열등감을 잊게 해 준다. 열등감을 보상하기 위한 시도가 실패했을 때 열등 콤플렉스(inferiority complex)에 빠져들게 하는 어린 시절의 환경 요인을 다음의 세 가지로 설명했다.

① 신체적 결함에서 오는 열등감(organ inferiority)

아들러는 신체적 열등감 자체로는 어떤 의미나 중요성이 없지만 신체의 결함이 주관적인 열등감을 자극할 때 중요성이 생긴다고 보았다. 영화 '말아톤' 의 주인공은 자신의 결함을 연습이나 훈련을 통해서 보상받은 경우지만, 이 과정이 실패하면 신경장애나 정신장애를 초래하게 된다.

② 응석받이(spoilt)

응석받이는 자신이 세상에서 가장 중요한 인간이며 자신이 원하는 것은 무조건 다 충족되어야 한다고 생각한다. 받는 것에 익숙하여 어려운 난관에 부딪혔을 때는 자신에게 해결 능력이 없다고 믿기 때문에 깊은 열등감에 빠지게 된다. 또한 협동 능력의 부족으로 타인과의 관계에서 실패감을 경험하면서 열등 콤플렉스에 빠진다.

③ 방임(neglect)

방임된 아동은 자신의 능력을 인정받고 애정을 얻거나 다른 사람에게서 존경받을 수 있다는 자신감을 잃고 사회에서 고립되거나 타인을 적대시하고 공격적인 성격이 되기 쉽다.

이와 반대로 과잉보상으로 우월 콤플렉스(superiority complex)에 빠져든 사람은 과장되고, 건방지고, 자만하고, 이기주의적이고, 냉소적이며, 남을 업신여겨 자신을 중요한 인물로 부각시키려는 행동을 한다.

(2) 우월성의 추구

아들러 이론의 핵심은 우월성의 추구다. 아들러는 초기에 인간행동을 좌우하는 역동적 힘은 공격성, 즉 방해물을 극복하기 위한 강한 동기라고 믿었다. 공격성은 우월을 향한 추구다. 모든 개인은 위대한 향상의 동기를 지니고 있기 때문에 마이너스(−)에서 플러스(+)로, 아래에서 위로, 미완성에서 완성으로 나아가고자 한다. 우월이나 완성을 향한 추구의 동기는 선천적인 잠재력으로 존재하지만, 현실화하는 것은 각 개인에게 달려 있다. 현대 아들러 학파는 열등 콤플렉스를 초기 아동기에 발달되어 생활방식의 기초가 되는 것, 잘난 형제자매 등 가족과 비교한 자기 지각, 신체적·사회적 목적이나 기준 등 세 가지 차원에서 이루어진 비교 때문에 발생한다고 정의한다. 결국 우월을 향한 목표는 긍정적 혹은 부정적으로 작용하게 되는데, 긍정적 경향은 사회적 관심이나 타인의 행복을 지향하는 이타적 목표이고, 부정적 경향은 개인적인 우월성을 추구하는 자기도취, 권력, 개인적 허세 같은 이기적인 목표라고 보았다.

(3) 사회적 관심

인간을 사회적인 존재로 보는 개인심리학에서는 인간을 타인과 협력할 줄 알며, 이상적인 공동사회의 목표를 달성할 수 있도록 원조하려는 존재로 규정한다. 사회적 관심은 선천적으로 타고난 것이지만 의식적인 개발을 필요로 한다고 보아 적절한 지도와 훈련이 필요하며, 개인의 사회적 관심의 발달은 일차적으로 어머니에 의해 그리고 아버지를 비롯한 가족 구성원과 학교생활에 의해 발달한다. 아들러는 사회적 관심과 어머니의 양육 방식이 밀접하게 관련되어 있기 때문에 아동의 행복과 신체적·감정적 발달을 도와주는 어머니의 진실한 사랑은 아동이 협동심, 연대감, 동료의식 등의 사회적 관심을 갖도록 발전시킨다고 생각했다. 또한 사회적 관심의 수준이 한 개인의 심리적 건강을 측정하는 유용한 척도이며, 사회적 관심이 부족한 사람은 적응을 잘할 수 없다고 주장하였다.

(4) 생활양식

생활양식은 인생의 목표뿐만 아니라 대인관계와 문제해결 태도, 세상을 향한 관점 등을 포함한 한 개인의 독특한 특징을 포괄하는 개념으로, 각 개인은 생활양식에 따라 인생 과업에 대한 이해의 틀을 선택하게 된다고 보았다. 이러한 생활양식은 4~5세경에 형성되어 성장하면서 환경적인 요소에 영향을 받지만 큰 변화는 일어나지 않고, 단순히 구체화되고 확장하는 것에 지나지 않는 것으로 보았다. 모든 생활양식은 그것을 창조하는 개인에 따라 다른 것이므로 아들러는 사회적 관심과 활동 수준에 따라 인생 과업에 접근하고 해결하는 태도를 다음의 네 가지 유형으로 분류하였다.

① 지배형(ruling type)

지배형은 외부 세계를 지배하려는 태도를 가지며 독단적, 공격적, 활동적이지만 사회적 인식이나 관심이 거의 없다. 이들은 타인의 복지에 대한 고려가 없으며, 활동 수준이 낮으면 스스로에게 공격적이 되어 알코올중독자, 약물중독자, 자해 시도 등 반사회적인 방법으로 대처해 나간다.

② 획득형(getting type)

획득형은 기생적인 방법으로 외부 세계와 관계를 맺으며 대부분의 욕구를 다른 사람에게 의존하여 충족하려 한다. 부모가 자녀를 지나치게 과잉보호할 때 나타나는 태도로 활동 수준이나 사회적 관심이 낮은 수준이므로 위험하지는 않다. 공포, 망상, 강박증, 불안, 히스테리, 기억상실증 등이 개인적 생활양식에 따라 나타난다.

③ 회피형(avoiding type)

부모가 자녀의 기를 꺾어 버리는 방식으로 지속적으로 반응할 때 나타날 수 있는 생활양식이다. 회피형은 성공을 지향하기보다는 실패하지 않으려고 실제 생활에 참여하지 않으려 한다. 에너지 수준이 가장 낮으며 다른 사람과의 접촉을 피한다. 한계 상황에서 신경증, 정신증으로 도피하여 자신만의 세계에 갇힌다.

④ 사회적 유용형(socially use type)

심리적으로 건강한 사람의 표본이다. 사회적 관심과 활동 수준이 모두 높고, 일, 우정, 사랑과 같은 사회적 이슈를 완수해야 할 중요한 과업으로 여겨 기꺼이 다른 사람과 협동한다. 사회문제를 해결하기 위해서는 협동, 개인의 용기, 타인의 복지에 공헌하려는 의지가 필수적임을 인식한다.

아들러는 사람마다 제각기 독특한 생활양식을 가지는 존재이기에 이 같은 분류는 사회적 관심이 하나의 차원이 되고 활동 수준이 다른 차원이 되는 2차원적 모형으로, 개인의 생활양식을 이해하려면 긴박한 상황에서 드러나는 모습을 보아야 본래의 모습을 알 수 있다고 강조하였다.

(5) 인생 과업

아들러는 아동에게 사회적 관심을 키워 주는 능력은 세 가지 중요한 인생 과업, 즉 일, 우정, 사랑과 결혼에서 만족감을 느끼는 사람만이 갖게 된다고 보았다. 일이란 인간이 지구상에서 살아가는 동안에 자연의 한계로부터 계속 살아남기 위해 하는 행위다. 우정은 서로 다른 사람들이 함께 살아가면서 발생하는 과제를 상호 협력적으로 해결해 나가면서 쌓게되는 감정이다. 사랑은 남자와 여자라는 두 이성이 인류 존속을 위해 사랑에 의지하여 적응시키는 방법을 말한다.

(6) 창조적 자기

아들러가 오랫동안 추구해 왔던 개념인 '창조적 자기'는 목표에 대한 수단으로 인생의 목표를 조정한다. 인간은 유전적인 조건과 환경, 경험 등에 의해 결정되는 존재가 아닌, 스스로의 관점에서 해석하며 자신의 삶을 만들어 가는 '삶의 창조자'다. 그러므로 생활양식은 자신의 환경을 독특하게 해석한 개인의 창조적 행위이며, 인간은 자신의 운명을 통제한다. 따라서 성격 형성은 유전과 경험이라는 원료를 사용하여 각자 나름대로 창조적 자기를 만들어 가는 것이기에 개인마다 성격적 차이가 생기게 되는 것이다.

(7) 가상적 목적론

아들러는 인간의 궁극적 목적을 현실에서 검증되거나 확인될 수 없는 가상적 목적으로 보았다. 아들러는 프로이트와 결별한 후 철학자 한스 파이잉거(Hans Vaihinger)에게서 많은 영향을 받았다. 그는 『마치 ~인 것처럼의 철학(The Philosophy of 'As If')』의 저자로 궁극적인 진리는 항상 우리가 미치지 못하는 곳에 있지만, 실용적인 목적으로 우리는 불완전한 진리를 창조할 필요가 있다고 믿었다. 즉, 많은 사람들이 진실에 의해 행동하는 것이 아니라 진실이라고 믿는 것에 의해 동기가 유발되어 실제적인 근거가 없음에도 불구하고 믿고 행동하며 살아간다는 데 착안하여 아들러의 가상적 목적론이 만들어졌다. 가상적 목적은 미래에 실재할 것보다는 주관적으로 또는 정신적으로 현재의 행동에 영향을 주는 이상으로 지금 여기에 존재하는 것이다. 예를 들어, '간절히 원하는 마음과 노력을 통해 내 꿈은 이루어질 것이다.'라는 목적 설정은 그것을 성취하기 위해서 얼마나 열심히 노력해야 하는가를 잘 알게 한다. 지능이 동일하다면 학교 성적을 결정하는 것은 희망의 힘이듯이, 희망이란 목표가 무엇이든 간에 성취할 수 있다는 의지력과 달성할 수 있는 방법을 함께 갖고 있다고 자신을 믿는 것처럼, 가상적 목적은 허구이기는 하지만 바로 사람들이 추구하는 이상이다.

(8) 출생 순위

아들러는 가족 구성원 사이의 상호작용이 아동의 성격 형성에 가장 중요한 요인으로 작용하는 것으로 보았다. 같은 부모 밑에서 성장하더라도 개인마다 가정환경을 어떻게 지각하느냐가 중요하다고 본 것이다. 아들러는 네 가지 출생 순위를 집중적으로 연구했다.

맏이는 처음 태어나서 독자인 시기에는 부러울 것이 없다. 동생이 태어나기 전까지 가족의 중심이 되어 관심과 보호와 애정 속에서 안전하고 평화로운 생활을 즐긴다. 그러나 동생의 출현으로 폐위된 왕이 된 맏이는 부모의 사랑을 되찾기 위해 퇴행적인 행동을 하거나 동생과 싸우는 것으로 관심을 끌어 보지만 부모는 맏이의 문제행동을 벌로 다스린다. 이와 같은 투쟁의 결과 맏이는 가족들의 애정이나 인정, 관심을 받지 못한다는 느낌 속에서 스스로 고립된 것처럼 가족을 대하거나 초연해지는 등 자신만의 생활양식을 형성해 나간다. 가부장적인 우리나라의 3대 독자 집안에서 첫째가 여아이고 둘째가 남아인 경우라면 첫째에게 더욱 어려운 상황이 될 것이다.

둘째는 맏이라는 '속도 조정자'를 가지고 있으므로 그들의 장점을 능가하기 위한 자극과 도전을 받는다. 둘째는 맏이보다 월등해져야 부모의 사랑을 받기 때문에 항상 맏이를 추월하고 정복하기 위해 자신을 훈련시킨다. 그 결과 둘째 아이는 강한 경쟁심과 야망을 갖게 된다. 우리나라 벤

처회사 사장의 89%가 둘째였다는 사실은 매우 흥미롭다.

막내는 가족 내에서 항상 귀염받는 응석받이로 자라난다. 집안이 점점 몰락해 간다면 자기 것이라고는 하나도 없고 다른 가족으로부터 물려받는 억울한 위치로 전락하지만, 가세가 점점 융성해지는 가정이라면 모든 좋은 것을 독차지하고 사랑을 받기만 하기 때문에 자신이 노력해서 성공하겠다는 결심보다는 받는 것에 길들여질 수 있다. 그럼에도 불구하고 아들러는 성(性)에 상관없이 독특한 위치에 있는 막내는 손위 형제들을 능가하려는 강한 동기가 작용하여 형제들 가운데서 가장 성공할 가능성이 많다고 보았다.

외동아이는 성인과의 상호작용에 길들여져서 성인과의 의사소통이 또래집단보다 훨씬 편하게 이루어지며, 어머니가 응석받이로 키울 가능성이 높은 경우다. 외동아이의 생활양식에서는 의존성과 자기중심성이 현저하게 나타나며 언제나 관심의 초점이 되어야 한다. 건강하게 성장하면 외동아들은 아버지와의 동일시, 외동딸은 어머니와의 동일시가 가능하게 된다.

아들러는 출생 순위에 따른 생활양식의 구분에서 단순히 출생 순위만이 아닌 출생 당시의 상황과 상호작용에 의해 생활양식이 형성된다고 보았으며, 성격은 아동기 경험을 어떻게 이해하는가에 따라 결정된다고 보았다.

3) 사회복지실천과의 연관성

아들러의 사회 · 목적론적(social-teleological) 접근은 인간 이해를 위한 방법에서 기존의 인과론적 내지 유물론적 입장에서 벗어나 인간의 주체성에 입각한 개인의 결정 능력과 자기통제 및 조정 능력을 인정하는 전제하에 인간을 바라보았다. 사회복지학에서 인간을 기본적으로 자신의 삶을 스스로 창조해 나갈 수 있는 능동적이고 적극적인 존재로 바라보는 것과 동일한 입장이라고 할 수 있다. 아들러가 강조한 사회적 관심 또한 사회복지실천에서 추구하는 심리·사회적 기능(psycho-social function)의 향상과 일치하는 개념이다. 생활양식에 관한 개념은 사회복지실천에 서 각 개인의 문제 및 성격을 이해하는 데 기본적인 틀을 제공한다. 다양한 클라이언트에게 진정한 서비스를 제공하기 위해 사회복지사는 개인의 고유한 생활양식에 맞추어 적절한 개입을 전개해야 하듯이, 아들러의 주요 개념은 사회복지의 가치와 실천원리를 뒷받침해 주고 이론적 근거를 제시해 준다.

4. 칼 융

인간의 모든 심리적 특성이 남녀의 성 차이에 의해서 완전히 결정되어 버리는 것 같은 인상을 주는 프로이트의 결정론적 이론은 분명히 논란의 여지가 있다. 일반적으로 인간의 모든 심리 현상을 성(性)에 관한 문제로 설명하려는 프로이트의 범성론(汎性論)을 그 당시 처음으로 비판한 사람들 중에는 그의 후배였던 칼 융(Carl G. Jung, 1875~1961)이 있었다. 융은 프로이트의 범성론에 대한 분석적 비판을 일보의 양보 없이 강력히 주장했기 때문에 두 사람 간의 오랜 친분을 깨뜨리는 결과를 초래했다. 프로이트가 인간 심리의 결정요인으로 생물학적 원인 조건(causal conditions)에 지나치게 큰 비중을 두었다면, 융은 인간 심리의 결정요인을 종교와 예술 같은 문화적 측면에서의 인간의 창조 능력과 표현 양식에서 찾고자 하였다. 프로이트의 인간은 생물학적 내지는 심리학적 조건에 의해서 결정되는 존재지만, 융의 인간은 그러한 결정요인을 이용해서 자신의 삶을 창조해 나가는 존재로서의 인간이다. 융에 따르면 인간은 누구나 모든 인간적인 자질을 타고나며, 누구나 자기실현을 향하여 끊임없이 움직이는 목적론적 존재다. 그는 이 자기실현의 목적을 향한 창조적 과정이 인간의 삶이라고 보았다.

1) 융의 생애

융은 1875년 스위스의 투르가우 주의 케스빌에서 목사의 아들로 태어
났다. 두 명의 형은 융이 태어나기 전에 죽었기 때문에 여동생이 태어나
던 아홉 살까지 융의 유년 시절은 고독하고 불행했다. 융이 기술한 아버
지는 독단적이기는 하지만 신뢰할 수 있는 분이었으며, 어머니는 정서장
애와 우울증이 심했지만 신비스럽고 통찰력이 있었으며 실제적이고 세속
적이며 직선적이었다. 어린 시절 융은 여러 가지 질병에 시달렸으며, 어
떤 병은 신체화장애에 근거한 것이기도 했다. 그는 학교생활의 적응이 어
려웠고 대인관계도 원만하지 못했다. 급우에게서 예기치 못한 공격을 당
해 넘어지면서 머리를 부딪친 후 발작 등의 증세를 보이면서 학교를 피할
수 있는 기제로 사용하다가 아버지가 친구에게 "남아 있는 보물을 잃게
되었네."라고 말하는 것을 엿듣고 나서 깜짝 놀란 융은 병에서 회복되었
고 재발하지도 않았다. 그는 바젤 대학교의 의과대학에 입학했다. 1900년
에 융은 정신의학을 전공하기로 결심하고 취리히에 있는 부르크횔즐리
정신병원의 조교 자리를 얻었다. 1902년에 첫 저서를 발간했고, 1905년
에 취리히 대학교 정신과의 강사가 되었다. 프로이트 초기 저작의 가치를
평가한 융은 정신병 연구에 정신분석의 개념을 적용한 최초의 정신과 의
사 중 하나였다. 그는 또 1906년에 정신분열증을 정신분석의 방법으로 해
석한 『조발성 치매의 심리학(The Psychology of Dementia Praecox)』을 발
표했다. 이 책을 프로이트에게 보내면서 1907년에 프로이트를 처음 만났
고, 1909년 프로이트와 미국 클라크 대학교에서 강연을 했지만 이후 두 사
람은 1913년에 결별했다. 융은 1913년 『무의식의 심리학(The Psychology
of the Unconscious)』을 발간했다. 이 책은 융의 독자적인 관점을 명백하
게 기술한 최초의 저서였고, 이로써 정신분석과 분석심리학(Analytical

Psychology) 사이에 뚜렷한 차이점이 정립되었다. 1913~1917년까지 융은 정신적인 대격변의 시기를 거치면서 자기분석을 수행하는데, 이것을 계기로 대학 강사직을 사임했다. 1921년 융은 그의 대표 저서인『심리적 유형(Psychologic Type)』을 발표하면서 날로 명성이 높아졌다. 융은 거의 평생을 취리히 호반에 있는 퀴스나흐트의 집에서 살다가 18권의 저작집을 남기고 1961년 6월 6일 세상을 떠났다.

2) 주요 개념

(1) 정신

융은 인격 전체를 '정신(psyche)'이라고 불렀다. '프시케'라고 부르는 이 라틴어는 본래 '영(spirit)' 또는 '혼(soul)'을 의미했으나, 근대에 와서 정신의 과학을 심리학(psychology)이라고 말하는 것처럼 '정신(mind)'을 의미하게 되었다. 정신은 의식적, 무의식적인 모든 생각, 감정, 행동을 포함한다. 정신은 개인을 규정하고 그가 속한 사회적 · 물리적 환경에 적응하게 하는 지침 역할을 한다. 융이 '정신'이라고 부른 인간의 인격은 이미 전체성을 가지고 태어나기 때문에 전체성을 추구하지 않는다. 분열된 인격이란 왜곡된 인격인 것이다. 정신분석학자로서 융은 환자가 잃어버린 전체성을 되찾고 정신을 강화하여 분열에 저항할 수 있도록 돕는 역할을 해야 한다고 보았다. 융은 정신이 분리되어 있지만 통합된 세 가지 부분, 즉 의식(conscious), 개인 무의식(personal unconscious), 집단 무의식(collective unconscious)으로 구성되어 있다고 보았다.

(2) 의식

정신 가운데 개인이 직접 알고 있는 것은 의식뿐이다. 의식은 출생 이전에 나타나는 것으로 사고, 감정, 감각, 직관이라고 부르는 네 가지 심적 기능의 적용을 통해서 날마다 성장해 간다. 네 가지 기능 중 어떤 기능을 우선적으로 사용하느냐에 따라 기본적인 성격이 달라진다. 개인의 의식이 타인에게서 분화되거나 개성화(individuation)되는 과정은 심리적인 발달에서 중요한 역할을 한다. 개성화의 목표는 완전히 자기 자신을 아는 것, 즉 자기 의식에 있다. 융은 "결정적 요인은 언제나 의식이다."라고 말하였다. 의식의 개성화 과정에서 '자아'라고 부르는 새로운 요소가 생겨난다.

◆ 자아(ego)

자아는 의식적인 지각, 기억, 사고, 감정으로 이루어져 있다. 자아는 의식에 이르는 문지기로서 자아가 그 존재를 인정해야 관념, 감정, 기억, 지각 등이 자각될 수 있다. 자아는 인격의 동일성과 연속성을 보장한다. 오늘의 자신이 어제의 자신과 같은 인간이라고 느끼는 것도 자아 덕분이다. 인간은 자아가 경험의 의식화를 허용하는 한계 내에서만 개성화를 달성할 수 있다. 고도로 개성화된 인간의 자아는 더욱 많은 경험의 의식화를 허용하며, 경험의 강도에 의해 결정된다. 약한 경험은 자아의 문 앞에서 좌절하지만 강한 경험은 그 문을 돌파할 수 있다.

(3) 개인 무의식

개인 무의식은 의식적인 개성화나 기능과 조화되지 않은 모든 정신적 활동과 내용을 받아들이는 저장소다. 자아로부터 인정받지 못한 경험은 개인의 무의식에 저장된다. 어린 시절의 억압된 기억과 충동, 미해결된 문제, 잊힌 사건들처럼 의식에 도달할 수 없거나 의식에 머물러 있지 않은 경험은 모두 개인의 무의식에 저장된다. 무의식적 재료를 인식하지 못하는 것은 '다른 재료에 마음을 쓰고 있기 때문'인 경우도 있다. 융의 개인 무의식은 프로이트의 '무의식 및 전의식'과 비슷하다. 융의 개인 무의식은 세 가지 점에서 프로이트의 그것과 다르다. 첫째, 융은 개인 무의식이 '엄청나게 크다'고 생각하지 않았다. 둘째, 융은 개인 무의식이 과거 경험을 저장할 뿐만 아니라 미래를 예측하기도 한다고 믿었다. 셋째, 융은 개인 무의식이 '한 방향으로 치우쳐 있는 의식적 태도'의 균형을 잡아주는 적응적 기능을 한다고 생각했다. 그는 꿈이나 공상에서 적절한 수준의 반대 경향성이 일어나게 함으로써 이러한 수정이 이루어진다고 보았다.

◆ 콤플렉스(complex)

콤플렉스는 특수한 감정을 띤 콤플렉스(feeling-toned complex)로 이루어진 무의식 속의 관념 덩어리로 이것이 응답 시간을 지연시킨다고 보았다. 여러 차례 실험 후 콤플렉스와 개인적 속성은 융의 사상체계에서 핵심적인 요소가 되었다. 콤플렉스는 무엇인가에 크게 마음을 빼앗기고 있어 다른 것은 거의 생각할 수 없다는 의미다. 예를 들어, '모성 콤플렉스'에 지배되고 있는 사람은 어머니가 말하고 느끼는 것에 언제나 민감하며, 어머니 상(像)이 언제나 마음의 중심을 차지한다. 이들은 때와 장소를 가리지 않고 언제나 어머니와 관련된 것을 화제로 삼으려 한다. 분석치료의 목적은 콤플렉스를 해소하고 그 지배로부터 해방시키는 데 있다. 그러나 콤플렉스가 개인의 적응에 항상 방해가 되는 것은 아니며, 오히려 뛰어난 업적을 쌓는 데 영감과 추동의 원천이 될 수 있다. 아름다움에 매혹된 예술가의 걸작이 그 예다. 완전을 향한 추동은 '강한' 콤플렉스 때문이다.

(4) 집단 무의식

융에 의하면 성격은 개인적 경험이나 기억의 생산물 그 이상의 것이다. 모든 인간이 진화과정에서 공통적으로 경험한 것에서 형성된 방식에 따라 인간은 사고하고 행동한다. 융은 성격의 이 부분을 '집단 무의식'이라고 불렀다. 집단 무의식은 '원시적 이미지'라고 부르는 잠재적 이미지의 저장고다. '원시적'이란 '최초의' '본래의'라는 의미다. 따라서 원시적 이미지는 정신의 제일 첫 발달단계와 관련이 있으며, 인간은 이러한 이미지를 조상 대대로 물려받고 있다. 예를 들어, 뱀이나 어둠에 대한 인간의 공포는 우리가 배워서 갖게 된 것이 아니다. 이미 유전적으로 이어받아 뇌리에 새겨진 것이다. 집단 무의식이 조직적으로 구성되어 있는 형태를 '원형'이라 하는데, 이는 세계 여러 민족의 신화, 예술, 종교 등에서 발견되는 공통된 이미지에서 그 존재를 찾을 수 있다. 원형 자체가 직접 나타날 수는 없지만 활성화되면서 꿈, 환상, 망상으로 표현된다. 원형은 수많은 세대를 거치면서 지속적으로 반복되어 온 경험이 마음속에 저장되면서 집단 무의식으로 자리 잡은 것이다. 따라서 집단 무의식의 모든 측면을 개성화(의식화)하기 위해서는 풍부한 환경과 교육, 학습의 기회가 필요하다.

① 원형(archetype)

원형은 보편적이다. 융은 출산, 재생, 죽음, 권력, 마법, 영웅, 신, 악마, 대지, 자연계의 대상(나무, 태양, 달, 바위 등) 같은 무수한 원형이 있으며, "인생의 전형적인 장면과 같은 수(數)만큼의 원형이 있다. 무한한 반복에 의해 이들 경험은 정신적 소질 속에 새겨진다. 그것은 단지 내용이 없는 형식이며 어떤 유형의 지각과 행동의 가능성을 나타낼 뿐이다."라고 설명하였다. 원형은 과거의 기억상(記憶像) 같은 완전히 발달한 심상(心像)이 아니다. 어머니의 원형은 '양육하는' 모습으로 나타날 수 있고 어머니나 할머니 등 실제 인물이나 성모마리아, 교회, 고향 등 어머니의 상징이 있을 수 있다. 어머니의 원형은 이중적 성질을 가진다. 긍정적인 것(선, 밝음)과 부정적인 것(악, 어두움)이나 악녀 어머니는 신화나 동화에서 고약한 마녀로 등장한다. 어머니의 원형은 어머니의 실제가 아니라 오랜 세월 동안 경험에 의해 축적된 이미지라고 할 수 있다. 따라서 잠재적 이미지는 현실에서 부합되는 대상과 동일시됨으로써 의식적 실재가 된다.

② 페르소나(persona)

페르소나는 라틴어로 '배우의 가면'이란 뜻으로, 연극에서 자신의 역할을 나타내며 인물(person)이나 인격(personality)과 어원이 같다. 페르소나란 개인이 사회적 요구에 대한 반응으로 내보이는 모습으로 개인이 공개적으로 보여 주는 가면 또는 외관이며, 사회의 인정을 받을 수 있도록 좋은 인상을 보여 주려고 한다. 그러나 페르소나를 지나치게 강조하는 사람은 자신을 상실하게 되고, 사회적 역할과의 지속적이고 맹목적인 동일시는 무의식으로부터 단절을 가져와 정신적 해리를 일으킬 수 있기 때문에 무의식적인 내적 인격을 의식화하는 데 주력해야 한다.

③ 아니마(anima)와 아니무스(animus)

융에 의하면 인간은 본질적으로 양성적 동물(bisexual animal)이다. 페르소나가 세계를 향한 정신의 외면이라면, 정신의 내면에 대하여 남성 속에 내재되어 있는 여성적 원형을 '아니마(anima)', 여성 속에 내재되어 있는 남성적 원형을 '아니무스(animus)'라고 한다. 따라서 융은, 여성은 자기 속에 있는 아니무스 때문에 남성을 이해할 수 있게 되고, 남성 또한 자기 안에 있는 아니마 때문에 여성을 이해할 수 있게 된다고 했다. 자기 안에 잠재되어 있는 속성을 인정하고 받아들이지 않을 때는 지극히 여성적인 사람은 지극히 남성적인 사람과의 관계에서 자신에게 부족한 점을 보완하고자 한다고 보았다. 그러나 인간은 그 누구도 완전히 남성적이거나 완전히 여성적이지 못하기 때문에 건전한 인간성의 발달은 자기 안에 내재해 있는 특성을 받아들여 여성적 성격은 남성적 영혼(animus)과 남성적 성격은 여성적 영혼(anima)과 조화를 이루게 될 때 가능하다는 것이다.

④ 그림자(shadow)

그림자의 원형은 성격의 어두운 면을 나타낸다. 사람들은 이 부분을 자신에게서 인식하는 것을 좋아하지 않는다. 인간은 기본적으로 동물적 본성을 가지고 있어서 가장 강력하고 잠재적으로 가장 위험하다. 인간은 사회생활을 무리 없이 하기 위해 그림자에 포함된 동물적 본성을 자제하느라 페르소나를 발달시킨다. 따라서 인간이 동물적 본성을 억제하면 문명인이 될 수 있지만 자발성, 창조성, 통찰력, 깊은 정서 등 인간성에 필수적인 원동력을 잃어버릴 수 있다. 반면 자아와 그림자가 조화를 이루면 생기와 활력이 넘친다. 그림자에 대한 통찰은 자기 자각과 성격 통합의 첫걸음이 된다. 그러나 투사 때문에 그림자를 인식하기가 쉽지 않다. 융은 인간관계의 모든 갈등은 그림자 투사에 의해 발생한다고 보았다. 자신의 일부임에도 불구하고 외면했던 그림자가 상대방에게서 발견될 때 질투심이나 적개심을 느끼게 된다는 것이다. 그림자 이미지는 신화에서 악마와 괴물, 악 등으로 등장한다.

⑤ 자기(self)

자기는 중심성, 전체성, 의미를 무의식적으로 추구하는 원형이다. 그러나 그것은 본래 처음부터 존재하는 것으로 질서, 조직, 통일의 원형이다. 자기는 인격을 통일하고 일체성(oneness)과 불변성의 감각을 제공한다.

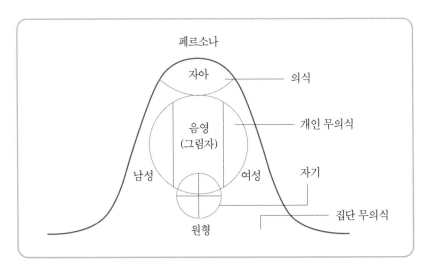

[그림 1-3] 융 이론에서의 성격구조

출처: Crain(1985). *Theories of Development: Concepts and Applications*. Engle-Wood Cliffs, N. J.: Prentice-Hall.

모든 인격의 궁극적인 목표는 자기다움(selfhood)과 자기실현을 달성하는 것이다. 그러나 그것은 오랜 시간을 필요로 하는 어렵고도 복잡한 과제로서 완전히 달성한 사람은 극히 드물다. 예수나 석가가 이 목표에 근접했다고 볼 수 있겠다. 자기의 원형은 중년기까지 거의 드러나지 않는데, 이는 인격이 개성화를 통해 충분히 발달해야 하기 때문이다. 융은 자기실현을 달성하는 것보다 자기를 인식하는 데 중점을 두어야 한다고 보았다. 자아가 자기의 원형으로부터의 메시지를 무시한다면 자기에 대한 이해가 불가능해지므로 자기실현 여부는 자아의 협력에 달려 있는 것이다.

(5) 성격의 발달단계

발달은 인생에서 연속적인 과정이지만 중대한 고비가 몇 차례 있으며, 두드러지는 변화가 일어나는 단계를 융은 아동기, 청년기, 중년기, 노년기의 네 단계로 나누어 태양이 떠서 지는 과정에 비유하였다. 이른 아침의 해는 아동기로서 왕성한 잠재력을 가지고 있지만 아직 광채(의식)가 부족하고, 아침 해는 청년기로서 천정을 향해 기어오르지만 내리막이 닥쳐온다는 것을 깨닫지 못한다. 이른 오후에 떠 있는 태양은 중년기로서 늦은 아침의 태양처럼 찬란하지만 일몰을 향하고 있다. 저녁 해는 노년기로서 한때 분명했던 의식이 두드러지게 희미해진다(Feist & Feist, 2006; 엄신자, 2007 재인용).

① 아동기(childhood)

이 단계는 출생에서부터 사춘기까지의 시기를 말한다. 출생 후 정신이 본능에 의해 지배되는 몇 해 동안 아동은 전적으로 부모에게 의존하여 부모에 의해 조성된 정신적 분위기에 휩싸여 살아간다. 행동은 규율과 통제가 없고 무질서와 혼란 상태에 있다. 본능 덕분에 약간의 질서는 있다. 아직 자아가 형성되지 않았기 때문에 심리적 문제나 의식의 연속성, 자아정체감에 대한 감각이 없다. 아동기 후반에 이르러서야 어느 정도 기억이 지속되고 동일성 감각과 결부된 지각이 쌓여 자아가 형성되기 시작한다. 학교에 들어가면서 부모로부터 심리적 분리가 시작된다.

② 청년기(youth)

이 단계가 시작되는 것을 보여 주는 것은 사춘기에 일어나는 생리학적 변화다. "생리학적 변화는 정신적 혁명을 가져온다." 융은 이 시기를 '정신적 탄생(psychic birth)'이라고 불렀다. 청년기는 본인도 부모도 감당하기 어려운 시기다. 개인의 각오, 자각, 적응이 충분히 발달된다면 큰 어려움 없이 보낼 수 있지만, 아동기의 환상에 매달려 현실을 인식하지 못하면 많은 문제에 부딪히게 된다. 청년기는 활동량이 증가하고, 성적으로 성숙하며, 의식이 증대되고 걱정거리가 없는 아동기는 영원히 돌아오지 않는다는 것을 인정하는 시기라고 융은 지적했다. 인생의 두 번째 단계에서 개인이 직면하는 문제는 외향적인 가치와 관계가 있다. 세상에서 자신의 위치를 구축해야 하는 이들에게는 굳센 의지가 필요하다.

③ 중년기(middle life)

세 번째 단계로 35~40세에 해당된다. 대체로 외적 환경에 적응하고 있고, 안정된 지위와 가정을 배경으로 사회 구성원으로서 적극 참여하며 지낼 수 있을 것이라 생각하지만, 새로운 가치체계를 중심으로 하여 생활을 변화시켜 나갈 준비가 아직 되어 있지 않다. 융은 35세가 지나서 인식해야 하는 가치를 '정신적인 가치'라고 보았다. 중년기의 심리를 이해하려는 소수의 심리학자 중 한 사람으로서 그는 중년기의 남성은 여성적 측면을, 여성은 남성적 측면을 나타낸다고 지적하였다. 융은 중년기 이전에는 전형적으로 외적인 사회체계에 적응하는 데 온 힘을 기울이지만, 중년기에 들어서면서 무의식으로부터 오는 내면의 소리, 즉 자신의 다른 측면에 주의를 기울이게 되고 점차 내면세계로 향하게 되면서 중년의 위기를 경험하게 된다고 보았다.

④ 노년기(old age)

융에게는 거의 흥미가 없었던 시기가 바로 노년기다. 이 시기에 개인이 무의식 속에 빠져드는 것은 아동기와 비슷하다. 그러나 아동기에는 의식으로 떠오르지만, 노년기에는 무의식 속으로 가라앉아 마침내 그 속에서 소멸된다. 융은 사람들이 나이가 들어 명상과 반성을 많이 하게 되면 자연적으로 내적 이미지가 이전과 달리 큰 비중을 차지하게 되며, 노년기에는 쌓아 둔 기억을 마음의 눈앞에 펼치기 시작하면서 죽음 앞에서 생의 본질을 이해하려고 애쓴다고 보았다. 또한 내세에 대한 이미지를 가지고 있지 않다면 '웰 다잉(well dying, 준비된 자세로 죽음을 맞이함)'에 직면할 수 없다고 믿었다. 죽음에서 인간이 추구할 수 있는 목표를 발견하는 것이 건전하며, 죽음을 회피하는 것은 인생 후반부의 목적을 상실하는 것으로 불건전하고 비정상적이라는 것이다. 융의 관점에서 죽은 사람의 영혼은 생의 의미에 대한 진리를 깨닫기 위해 넋을 잃고 귀 기울이는 청중과 같다. 사후의 삶도 인생의 연속인 것이다.

(6) 심리적 유형

① 자아의 태도

자아의 기본적 태도는 외향성(extroversion)과 내향성(introversion)이다. 인간은 누구나 성격의 지향성에서 이 둘의 양면성을 가지게 된다고 보았다. 즉, 인간의 외적이고 객관적 세계(objective world)로 지향하는 태도를 외향성이라 하고, 그와 대조적으로 인간의 내적이고 주관적 세계(subjective world)로 지향하는 태도를 내향성이라 한다. 두 가지 상반되는 태도는 모든 인간의 성격 속에 내재되어 있는데, 보통 그중 하나가 의식적으로 또는 지배적으로 나타나게 되면 다른 하나는 무의식적으로 또는 종속적인 관계로 나타나게 된다고 보았다. 그러므로 자아의 형성이 현실적인 관계 속에서 매우 지배적으로 외향성이 된다면 무의식 속에는 내향성이 자리 잡게 된다는 것이다.

② 자아의 기능

융은 네 가지 심리적 기능으로 사고(thinking), 감정(feeling), 감각(sense), 직관(intuition)을 가정했다. 그리고 사고와 감정을 합리적 기능으로, 감각과 직관을 비합리적 기능으로 묶었다. 평가 혹은 판단에 사용되는 기능인 사고와 감정은 실제로 정반대되는 기능이지만, 양쪽 모두 경험에 대해 판단하고 평가하며 체계화하고 분류하는 속성을 갖고 있다. 사고 지향적인 사람은 일상적인 경험의 의미를 이해하는 데 논리와 이성을 추구한다. 반면 감정 지향적인 사람은 선 혹은 악, 유쾌 혹은 불쾌, 좋음 혹은 싫음 등 감정적인 측면에 관심의 초점을 둔다. 사고형은 모든 중요한 행동이 지적인 동기로부터 나오며 감정을 억누르는 경향이 있어 감정의 문제를 잘 다루지 못한다. 반면 감정형은 주로 감정 판단에 근거해 생활을 영위하며 사고 기능이 열등하다.

비합리적 기능인 감각과 직관은 평가 혹은 해석을 하지 않으며 이성을 필요로 하지 않는다. 두 기능이 모두 개인에게 작용하는 자극으로 발생하는 심리적 상태이기 때문이다. 감각은 외부 세계에 대하여 판단하지 않고 직접적으로, 현실적으로 인지하는 것이다. 감각 지향적인 사람은 맛, 냄새 등 자극에 대한 느낌을 예민하게 받아들인다. 반대로 직관 지향적인 사람은 일상적인 경험에 대하여 무의식적으로 인식하여 생활 속에서 일어나는 사건의 의미를 예감과 순간적인 직관에 의존한다. 감각형은 사물의 현재 있는 그대로에 관심을 갖지만, 직관형은 사물의 가능성, 무의식적 이미지, 상징하는 의미에 관심을 갖는다. 감각형은 나무를 보고, 직관형은 숲을 본다. 개인은 성장하면서 네 가지 심리적 기능을 같은 비중으로 사용하지 않지만, 통합된 혹은 개별화된 사람이나 건강한 노년기의 통합과정에 이르게 되면 모든 반대되는 기능을 실제 상황에서 균형을 이루며 활용하게 된다고 보았다.

③ 심리적 유형: 태도와 기능의 조합

- **외향적 사고형**   이 유형의 사람들은 객관적 규준에 따른 사고 기능에 의하여 생활한다. 객관적 세계에 대해 가능한 한 많이 배우고자 전력투구하는 과학자가 그 전형이다. 자연현상의 이해, 자연법칙의 발견, 이론 구성이 이들의 목적으로, 대표적인 인물은 찰스 다윈(Charles R. Darwin), 알베르트 아인슈타인(Albert Einstein)이다. 외향적 사고자는 자신의 감성적 측면을 억압하므로 다른 사람들에게는 인간미가 없고 냉혹하며 교만하게 보이기도 한다. 억압이 너무 심하면 감정은 곁길로 벗어날 수밖에 없고, 편향된, 때로는 이상한 이론의 소유자가 된다. 이들은 독선적이고 완고하며, 허세를 부리고 미신적이며, 다른 사람의 비판을 받아들이지 않는 경향이 있다. 감정이 결여되기 쉽기 때문에 사고 역시 공허해지기 쉽다.

- **내향적 사고형**   이 유형의 사람들은 사고가 내면을 향하고 있다. 자기 존재의 현실을 이해하려고 하는 철학자나 심리학자가 그 전형이다. 이들의 탐구 결과는 때로 현실과 거의 무관할 수 있으며, 현실과 연결고리를 끊고 정신분열 증상을 나타낼 수도 있다. 때로 외향적 사고 유형과 같은 특성을 보이기도 하는데, 무의식 속에 억압된 감정으로부터 자신을 지켜야 하기 때문이다. 인간에게 가치를 부여하지 않기 때문에 무감동하고 쌀쌀하게 보이기도 한다. 소수의 열성적인 지지자가 있을 수 있으나 타인으로부터 인정받는 것에 관심이 없다. 완고하고 고집이 세며, 인정이 없고 교만하며, 짓궂고 냉담한 경우가 많다. 이 유형이 강화되면 억압된 감정 기능에 따라 사고가 점점 비실행적이고 독특한 경향이 나타날 수 있다.

- **외향적 감정형**   융에 의하면 이 유형은 여성에게서 많이 나타나며 사고보다 감정을 우위에 둔다. 이들은 변덕스러워 보일 수 있으나 이

것은 상황이 약간만 변해도 감정이 변하기 때문이다. 대체로 감정적이며 과시적이고 기분파다. 사람들에게 강한 애착을 느끼지만 쉽게 변할 수 있고, 사랑이 미움으로 변하기도 한다. 감정은 의식적이며 최신 유행을 추구한다. 사고 기능이 크게 억압되어 있을 경우, 사고 과정은 원시적이고 발달되어 있지 않다.

• **내향적 감정형**　감정을 과장해서 표현하는 외향적 감정형과는 달리 자신의 감정을 사람들에게 감춘다. 말이 없고 가까이 하기 어려우며, 무관심하고 마음속을 헤아릴 길이 없다. 우울 또는 억울함 속에 빠져 있는 것처럼 보일 때가 많다. 그러나 한편 조화를 추구하며 침착하고 자신감 있는 인상을 주기도 한다. 다른 사람들에게 때때로 신비적인 힘 또는 카리스마를 발휘하는 것처럼 보인다. 이들은 "조용한 물이 깊다"라는 말에 비유되기도 하며, 때로 깊은 곳에 자리한 격한 감정이 폭발해서 가까운 사람들을 놀라게 하기도 한다.

• **외향적 감각형**　주로 남성에게서 많이 나타나며 외계에 관한 사실을 수집하는 데 흥미를 느끼는 현실주의자다. 이들은 실제적이고 빈틈이 없지만, 사물이 무엇을 의미하는가에 대한 관심은 별로 없다. 또 미래에 대한 고민이 별로 없으며 있는 그대로 세상을 받아들인다. 한편 세상의 쾌락과 긴장감을 찾아다니기도 한다. 감정은 가볍고 단순하며 단지 인생에서 느낄 수 있는 감각을 위해 산다. 극단적인 경우, 호색가 혹은 의젓한 탐미주의자가 된다. 관능적 성향 때문에 여러 가지 중독, 도착, 강박관념에 사로잡히기 쉽다.

• **내향적 감각형**　모든 내향자와 마찬가지로 이 유형도 대상과 거리를 두고 자기 자신의 정신적인 감각에 몰두한다. 자신의 내적 감각에 비하면 외계는 평범하고 재미없는 것으로 받아들인다. 예술을 통해 표현하는 경우를 제외하고는 자신을 표현하는 데 어려움을 느낀다.

그러나 정작 이 유형이 만들어 내는 것은 무의미하고 공허한 경우가 많다. 타인에게는 조용하고 수동적이며 자제심이 있는 듯이 보이지만, 사고와 감정에 결함이 있기 때문에 사실은 무관심한 것이다.

- **외향적 직관형**   일반적으로 여성에게서 많이 나타나며 엉뚱함과 불안정성이 특징이다. 주로 외계에서 새로운 가능성을 발견하기 위해 이곳저곳을 돌아다닌다. 또한 지나간 것을 모두 섭렵하기도 전에 새로운 세계를 추구한다. 사고 기능에 결함이 있으므로 자신의 직관을 오랫동안 끈기 있게 추구하지 못하고 새로운 직관에 매달린다. 새로운 기업이나 대의(大義)의 추진자로서 남달리 열성을 보이기도 하지만 오래가지 못한다. 평범한 일에 싫증을 잘 느끼는 이들에게는 기발한 아이디어가 생명의 양식이다. 연이어 일어나는 직관에 목숨을 걸고, 호기심을 갖고 열광적으로 새로운 일에 뛰어들지만 믿을 만한 친구는 못된다. 그의 관심은 오래 지속되지 못하기 때문에 본의 아니게 사람들을 곧 잘 실망시킨다. 다양한 취미가 있지만 쉽게 싫증을 느껴 한 가지 일을 진득하게 하지 못한다.

- **내향적 직관형**   예술가, 몽상가, 예언자, 괴짜, 기인들이 이 유형에 속한다. 때때로 친구들에게 수수께끼 인간으로 보이고, 자기 스스로를 다른 사람들이 이해할 수 없는 천재라고 생각한다. 외적 현실이나 일반 통념과 접촉하지 않으므로 같은 유형의 사람들도 잘 이해하지 못한다. 주로 원시적인 이미지의 세계에 고립되어 있지만, 정작 자신도 그 이미지의 의미를 잘 알지 못하는 경우가 많다. 외향적 직관형과 마찬가지로 새로운 가능성을 추구하여 이미지에서 또 다른 이미지를 찾아다니지만 실제로는 자신의 직관을 발전시키지 못한다. 즉, 하나의 이미지에 오래 흥미를 느끼지 못하므로 내향적 사고형처럼 정신 과정의 이해에 크게 공헌하지는 못한다. 훌륭한 직관을 가질 수는 있지만, 그것을 쌓아 올리고 발전시키는 것은 다른 사람들이 맡는다.

(7) 동시성

융은 정신과학의 패러다임으로 쉽사리 설명이 불가능한 과거와 미래의 뒤섞임, 인과율의 파괴, 꿈과 현실의 모호한 경계를 진지하게 고민한 끝에 여든 가까운 나이에 「동시성: 비인과적인 연결원리(Synchronizitat als ein Prinzip akausaler Zusammenhange)」라는 논문을 발표하였다. 융의 '동시성(synchronicity)' 이라는 개념은 오스트리아의 생물학자인 파울 카메러(Paul Kammerer, 1880~1926)의 논문에서 많은 통찰을 얻었다. 카메러는 20~40세까지 동시성 현상에 관련한 경험 사례를 정리하여 『연속성의 법칙(Das Gesetz der Serie)』(Stuttgart, 1919)에 백 가지의 사례를 수록하여 물리적인 인과법칙과 독립적으로 작동하는 자연의 원리에서 비롯되는 우연의 일치를 설명하였다. 동시성에 대한 카메러의 단초를 바탕으로 하여 융은 인과율에 따른 자연법칙을 단숨에 넘어서는 회귀한 경험에 대한 나름대로의 해명을 시도하였다. 다시 말해서, 우리 세계에는 특히 정신세계에는 인과율의 파괴가 일어나고 있음을 밝히고, 그럼으로써 인과율의 법칙을 넘어서는 또 다른 '법칙' 이 존재할 수 있음을 보여 주고 있다.

융은 자신의 삶 가운데 죽음을 매우 깊게 체험하기도 했다. 실제로 융은 죽은 자를 만나서 대화를 나누기도 했다고 한다. 어느 날 융은 기이한 환상을 체험한다. 밤중에 깨어 전날 죽어 장례를 치른 친구를 곰곰이 생각하고 있었는데, 문득 그가 방 안에 있는 듯한 느낌을 받았다. 친구는 수백 미터 떨어진 자신의 집으로 융을 데려갔다. 그리고 서재에서 빨간색 표지의 책 한 권을 가리켰다. 너무도 기이한 체험이어서 다음 날 융은 친구의 서재를 찾아갔고 빨간 표지의 책을 꺼내 보았다. 그 책의 제목은 『죽은 자의 유산(Legacy of the Dead)』이었다.

동시성 현상은 세 가지 유형으로 분류된다. 첫째, 관찰자의 의식 상태와 외부 사건이 동시에 일치를 보이는 경우로, 융은 여자 환자를 분석하고 있었다. 환자는 누군가가 황금색 풍뎅이 모양의 고귀한 보석을 선물로 주는 꿈을 이야기하고 있었는데, 그때 융의 등 뒤에서 창문을 두들기는 소리가 들려 돌아보니 황금색 풍뎅이가 방으로 들어오려는 것이었다. 융은 그 풍뎅이를 잡아 환자에게 "여기 당신의 풍뎅이가 있습니다."라며 건네주었다. 이후 냉철한 합리주의 입장에서 지적인 저항을 하던 환자의 치료가 매우 원활하게 진행되었다고 언급하고 있다. 둘째, 관찰자의 의식 상태와 지각 영역에 통합되지 못한 외부 사건이 동시적으로 일치를 보이는 경우로, 스베덴보리(Swedenborg)는 스톡홀름에서 큰 화재가 나는 환상을 보았는데, 실제 그 순간에 스톡홀름에서는 대 화재가 일어났다. 이러한 환상에는 투시 혹은 텔레파시라 명명할 수 있는 것들이 깊이 관여되어 있다고 융은 해석하였다. 셋째, 관찰자의 의식 상태와 앞으로 일어날 미래의 사건이 일치를 보이는 경우로, 산악인인 남자 환자가 '높은 산의 정상에서 허공으로 발을 내딛는' 꿈을 꾸었다. 융은 그에게 닥쳐올 위험을 감지하고 등산을 자제하도록 경고하였으나, 자신의 미래를 감지하고 그것이 꿈으로 전달된다는 엄연한 사실을 믿지 않았던 그 산악인은 결국 등산 중에 발을 헛디뎌 허공으로 낙하하고 말았다.

이렇듯 동시성은 보완기제의 산물로 우리 주변에서도 흔히 발견된다. 어느 날 저녁시간 라디오 프로그램 진행자가 "아, 배고파! 삶은 계란 딱 두 알만 먹었으면 좋겠다!"라고 중얼거렸는데, 그 순간 "얘, 찜질방에 들렀다가 네 생각이 나서 맥반석 계란 두 알 사 왔어!"라는 어머니의 말이 신기했다는 에피소드, 문득 친구의 얼굴이 떠오르는 순간 그 친구로부터 전화나 이메일이 오는 등 수많은 체험담을 찾아볼 수 있을 것이다.

3) 사회복지실천과의 연관성

융은 "나는 무엇보다도 의사이며 실천적 정신치료자다. 나의 치료적 공식은 모두 일상에서 얻은 경험에 의거하고 있다."라고 언급하였다. 그는 경험적 관찰을 할 때도 한 가지 방법만을 주로 사용하는 것은 바람직하지 않다고 강조하였다. 이것이 융 학파의 정통적인 치료방법이 없는 이유다. 그는 면담 중 환자에게 필요하다고 생각되면 프로이트의 방법, 아들러의 방법, 융 자신이 개발한 꿈의 해석, 환자의 정신을 집중시켜 이미지를 형성하거나 그림을 그리거나 확충하고자 하는 적극적인 상상법, 언어 연상 실험 등 어떤 방법이라도 사용했다. 그가 말년에 제창한 인과론도, 목적론도 아닌, 동시성의 원리는 거의 대부분의 사람들이 경험하고 있는 것이기도 하다.

　융의 이론은 중년기와 노년기를 다루고 있어서 이 시기에 발생할 것으로 예상되는 생활 사건에 대한 이해와 준비를 하는 데 도움이 된다. 융의 이론이 신비스럽고 이해하기 어려운 개념을 사용하며, 환자로 하여금 현실을 떠나 신비하고 어느 정도 종교적인 환상적 생활을 하게 한다는 비판을 받기도 하지만, 그의 심리적 유형 이론을 활용한 성격유형검사(Myers-Briggs Type Indicator: MBTI)는 모든 사회복지실천 영역에서 효과적으로 활용되고 있다. 융은 정신치료의 첫 번째 목적이 환자를 완전한 상태로 복귀시키는 것이 아니라, 고난에 직면하고도 무너짐 없이 이성적으로 인내할 수 있도록 돕는 것이라고 강조한다. 융 학파의 치료자는 각각의 환자를 올바로 이해하기 위해 인간에 관한 '보편적 지식'을 가져야 한다. 융의 이러한 접근이 바로 사회복지실천 분야에서 추구하는 통합성과 동일한 맥락에 있다.

영화 속으로

포레스트 검프

새하얀 깃털이 바람 따라 왔다 바람 따라 사라지는 것으로 시작과 끝이 멋지게 표현되는 이 영화에서 주인공인 포레스트 검프와 그 친구들은 서로 다른 삶의 방식을 보여 준다. 검프의 여자 친구 제니는 인기가수가 되겠다는 다부진 인생의 그림을 그렸지만 가수는커녕 '눈탱이가 밤탱이'가 되고, 오히려 유명해지는 것 혹은 부자가 되는 것은 꿈도 꾸지 않았던 '아무 생각 없이 사는' 꺼벙이 검프에게 희망을 나눌 수 있는 삶이 펼쳐진다. 어디든 흘러가는 깃털 같은 포레스터 검프를 받쳐 주고 있는 힘은 어디에서부터 비롯되었는지, 여러분 자신을 받쳐 주는 힘은 어디에서 비롯되었는지 추적해 보자.

● 제2장 ●

행동주의이론

　행동주의이론(Behavioral Theory)에서는 외현적 행동과 그 행동에 영향을 미치는 환경에 대한 연구를 강조한다. 행동주의이론은 인지, 감각, 의지, 본능과 같은 내성적이며 관념적인 것을 배제하고, 인간의 모든 행동은 학습되거나 학습을 통해 수정될 수 있다고 보기 때문에 '학습이론' 이라고도 한다. 행동주의자들은 인간의 행동은 인간의 자유의지가 아닌 환경에 의해서 결정되며, 강화가 학습과 행동에 큰 영향을 미친다고 주장한다. 파블로프(Pavlov)의 고전적 조건형성에 깊은 인상을 받았던 왓슨(Watson)은 '행동주의(behaviorism)' 라는 용어를 처음 사용한 사람으로 "나에게 12명의 건강한 아기를 주어 모든 조건이 충족된 세계에서 기를 수 있게 해 준다면, 나는 그들 중 누구라도 선택하여 재능, 취미, 성향, 능력, 적성, 인종에 상관없이 의사, 법률가, 예술가, 사업가뿐만 아니라 심지어 거지와 도둑에 이르기까지 내가 원하는 어떤 유형의 전문가라도 만들 수 있다." 라고 장담했다. 이후 스키너(Skinner)와 반두라(Bandura) 등에 의해 행동주의는 더욱 확장되었다. 행동주의에서 인간은 환경의 자극에 반응하는 존재(S-R 이론)임을 강조하며, 심리치료 접근 또한 관찰할 수 없는 추상적 내부과정의 변화를 시도하기보다는 행동주의의 원리에 입각하여 전개되어야 한다고 강조한다.

1. 초기 행동주의이론

1) 고전적 조건화

고전적 조건화는 자동적이고 반사적인 반응을 일으키는 자극과 연합된 중립자극도 나중에 반응을 유발한다는 자극 연합을 말하는 것으로, 이 과정은 아주 우연하게 발견되었다. 19세기 말 러시아 심리학자인 파블로프는 개의 소화과정 연구에서 타액 분비를 유발하기 위해 개의 혀에 고기 가루를 놓았다. 어느 날 그는 개가 음식이 주어지기도 전에 타액을 분비하는 것을 발견했다. 이 우연한 발견에 큰 관심을 갖고 그는 오랜 시간 이 현상을 연구하였다. 이는 후에 고전적 조건화로 알려지게 되었다. 이후 파블로프의 계속된 고전적 조건화 연구에서 네 가지 기본 원리인 획득, 변별, 일반화, 소거가 밝혀졌다.

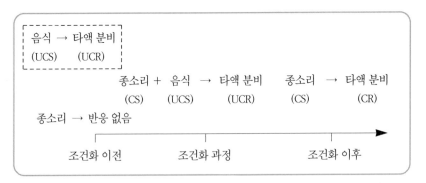

[그림 2-1] 파블로프의 고전적 조건화

＊무조건자극(Unconditioned Stimulus: UCS)　＊조건자극(Conditioned Stimulus: CS)
＊무조건반응(Unconditioned Response: UCR)　＊조건반응(Conditioned Response: CR)

2) 획득

획득(acquisition)은 조건반응이 처음으로 나타나는 과정을 말한다. 연구 결과를 살펴보면, 조건자극(CS)과 무조건자극(UCS)의 연합이 반복되면 조건자극(CS)(UCS가 없는 검사 시행)의 제시만으로 조건반응(CR)이 나타난다는 것을 알 수 있다.

3) 변별자극

변별자극(discriminative stimulus)은 특정 자극에 조건화된 반응이 비슷한 자극이 주어졌을 때는 반응하지 않는 것이다. 즉, 어떤 행동이나 반응을 보여야 원하는 결과를 얻을 수 있을 것인지를 알려 주는 신호 또는 단서로 작용하게 되는 자극이다. 예를 들어, 개에게 두 가지 소리를 들려주고 첫 번째 소리가 날 때만 강화를 반복해 주면 개는 두 가지 소리를 변별할 수 있게 되고, 결국은 첫 번째 소리에만 조건반응을 나타낸다. 변별자극이 인간의 행동을 완전히 통제할 수 있는 것은 아니다. 그러나 어린 손자가 할아버지의 구두를 닦아 드리면 용돈을 받을 수 있다는 경험을 통해 원하는 결과를 성취하는 것처럼 행동을 선택하는 기준을 제공해 주기 때문에 변별자극을 통해 인간은 자신의 외부 세계를 더 잘 관리하고 예측하며 통제할 수 있게 된다.

4) 일반화

특정 소리에만 조건화되었음에도 불구하고, 그와 유사한 소리에 대해서 공포반응을 일으킨다면 일반화가 일어났다고 한다. 강아지가 자기를 예뻐해 주는 삼촌이 신은 운동화와 비슷한 운동화를 보고 주인의 얼굴은 확인하지도 않은 채 졸졸 따라가는 것처럼 두 가지 자극이 유사할수록 일반화(generalization)의 정도는 더욱 커진다. "자라 보고 놀란 가슴 솥뚜껑 보고 놀란다"라는 우리 속담도 비슷한 자극에 일반화된 반응의 예라고 하겠다.

5) 소 거

특정한 조건반응이 획득된 후 조건반응이 계속 유지되기 위해서는 조건자극과 무조건자극과의 계속적인 연합이 있어야 한다. 계속적인 연합 없이 검사 시행만 반복되면 조건반응이 소멸하게 되는데, 이를 '소거(extinction)'라고 한다. 애정에 대한 갈구를 말로 표현 못하고 징징 우는 것으로 증상을 삼던 아이가 처음에는 달래 주기도 하고 야단도 치던 어린이집 선생님이 '우는 행위'에 대해서는 일체의 관심조차 보이지 않자, 결국 문제 행동이 점차 사라지고 학습놀이에 참여하게 되는 것은 소거의 결과다.

6) 자연적 회복

소거(조건자극에 대한 조건반응이 중단되는 것)가 일어난 뒤 시간이 경과한 후에 조건자극을 제시하면 다시 조건반응이 나타날 수 있는데, 이를 '자연적 회복(spontaneous recovery)'이라고 한다. 즉, 소거가 일어난 후에도 조건반응이 다시 나타나기도 한다. 이것은 일정 시간이 경과했을 때 주로 일어나며 그 시간 동안 조건자극은 제시되지 않는다.

> **사 례** **고전적 조건화**
>
> 교수는 모자와 스카프, 부츠, 청바지 차림의 카우보이 복장에 45구경 연발 권총을 옆구리에 차고 강의실로 들어왔다. 실탄이 장전되지는 않았지만 권총은 강의실에서 엄청난 소리를 냈다. 교수는 처음에 'CS'라고 외쳤다. 아무도 특별한 반응을 보이지 않았다(아직 고전적 조건화가 이루어지지 않았음). 교수는 복도를 돌아다니며 CS라고 외치는 동시에 총을 쏘았다. '빵' 하는 총소리는 처음부터 아주 뚜렷한 반응을 유발했다. 놀람의 반응은 총을 쏘는 동시에 CS라고 외치는 것을 반복할수록 더 강하게 일어났다. 이 과정은 고전적 조건화의 획득 단계다. 다음으로 교수는 총을 쏘지 않고 CS를 외치며 복도를 오르락내리락했다. 처음에는 학생들 대부분이 CS에 놀라는 반응을 나타냈지만, CS만을 계속 외쳐 대자 CS에 대한 반응은 격감되고 마침내 사라졌다. 이것은 소거 절차다. 교수는 강단으로 가서 고전적 조건화에 관한 짧은 강의를 했다. 강의를 마치고 강의실 문을 막 나서려는 순간 교수는 갑자기 강의실 쪽으로 돌아서서 CS라고 외쳤다. 모든 학생들이 다시 놀랐다. 자연적 회복을 보여 주는 확실한 시범이었다.
>
> (조현춘 외, 2002)

2. 프레더릭 스키너

1) 스키너의 생애

프레더릭 스키너(B. Frederic Skinner, 1904~1990)는 1904년 3월 미국 펜실베이니아 주의 작은 마을인 서스쿼해너에서 태어났다. 그는 변호사인 아버지와 자애롭지만 엄격하고 확고한 규범을 가진 어머니 슬하의 안정된 가정환경에서 성장하였다. 보상과 벌이 주어지는 적절한 훈육을 받으면서 생활한 스키너는 학습을 중시하게 되었다. 롤러스케이트, 스쿠터, 연, 모형비행기 같은 움직이는 기계를 디자인하고 만드는 데 열중했던 그의 경험이 후에 관찰한 행동을 변형시키는 것에 대한 관심으로 연결되었다. 그는 해밀턴 대학에서 영문학을 전공한 후 로버트 프로스트(Robert L. Frost)에게서 극찬의 편지를 받고 작가가 되고자 했으나, 1927년 「뉴욕타임스(The New York Times)」에 파블로프의 업적을 칭송한 웰즈(H. G. Wells)의 기사를 읽고 나서 심리학으로 방향을 전환하여 하버드 대학교 대학원에 입학하였다. 그는 1928년에 입학하여 1930년에 심리학 석사학위를, 1931년에 심리학 박사학위를 받았다. 1945년 인디애나 대학교 심리학과 과장이 되었고, 1948년 하버드의 초청을 받아 이후 그곳에서 남은 생애를 보냈다. 1948년 인간의 행동과 성격이 환경에 의해 조정이 가능하다는 것을 보여 주는 이상향을 담은 소설 『월든 투(Walden Two)』를 출간했으며, 『자유와 존엄을 넘어서(Beyond Freedom and Dignity)』 등 풍부한 집필 활동을 통하여 환경의 영향을 강조하고 인간의 행동이 예측 가능하고 통제할 수 있다는 행동주의 심리학에 지대한 공헌을 하였다. 1990년 8월 백혈병으로 사망하였다.

2) 주요 개념

(1) 조작적 조건화와 조작적 행동

스키너는 인간의 행동을 반응적 행동과 조작적 행동으로 구분하였다. 반응적 행동은 햇살이 눈부시면 눈을 깜빡이듯이 구체적 자극에 의해 유발되는 구체적 행동을 말하며, 조작적 행동은 조작된 조건화에 의해 습득된 행동을 말한다. 즉, 유기체가 원하는 것을 얻기 위해 선택적으로 환경에 작용하는 것으로 "우는 아이 젖 준다"는 속담을 예로 들 수 있겠다. 조작적 조건화는 에드워드 손다이크(Edward L. Thorndike)가 실시한 도구적 조건화(instrumental conditioning)의 실험에서 유래되었다. 음식물을

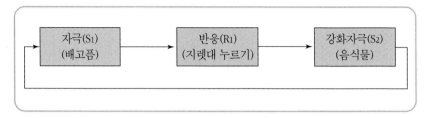

[그림 2-2] 손다이크의 도구적 조건화

얻기 위해서는 지렛대를 조작해야만 빠져나올 수 있는 미로상자에 담긴 굶주린 고양이는 미로 속에서 즉각적으로 지렛대를 조작하여 미로상자를 빠져나오는 방법을 학습하였다. 이 과정에서 만족스럽거나 만족스럽지 못한 행동을 포함한 모든 행동의 효과는 앞으로 유기체가 취할 행동의 원인이 되기 때문에 '효과의 법칙(law of effect)'이라 한다. 스키너는 조작적 조건화를 입증하기 위해 '스키너 상자'라고 불리는 실험 장치를 고안하였다. 조작적 조건화가 이루어지기 위해서는 강화가 결정적인 역할을 한다. 스키너는 인간의 행동 역시 자극과 반응의 결합을 통해 나타난다고 보았으며, '조작적 조건화' 하면 스키너라는 이름이 가장 먼저 떠오를 만큼 조작적 접근에 대한 기본 원리를 마련했다.

(2) 강 화

조작적 조건화에서 행동의 발생 가능성을 높여 주는 강화(reinforcement)는 주관적인 소망보다는 관찰되는 효과—행동 발생 경향성의 증가—에 달려 있기 때문에 경험적 정의(empirical definition)다. 대부분 강화물(reinforcers)—행동을 증가시키는 것—은 유쾌한 것이지만 어떤 사람에게는 강화물인 것이 다른 사람에게는 처벌이 될 수도 있다. 강화의 형태는 일차적 강화물과 이차적 강화물이 있다. 일차적 강화물은 무조건자극으로 학습이 필요하지 않은 것이지만, 이차적 강화물은 일차적 강화물과 연결되어 강화력을 가지게 된 자극으로 갓난아이에게 젖을 주면서 보여 주는 어머니의 미소 등을 예로 들 수 있겠다.

강화는 정적강화(positive reinforcement)와 부적강화(negative reinforce-ment)로 구분된다. 정적강화는 행동이 수행된 후에 강화하는 자극이 제시될 때 일어난다. 예를 들면, 방을 깨끗이 청소한 아이에게 어머니가 칭찬을 해 주는 것이다. 부적강화는 행동에 수반되는 불쾌한 자극을 없애 주는 것이다. 아이가 자기 방을 청소할 때 어머니는 꾸지람하는 것을 멈춘다. 강화는 목표 행동의 발생 경향성을 증가시키는 것으로 정적(positive)이라는 말은 자극을 제시하거나 더하는 것을 말하고, 부적(negative)이라는 말은 자극을 제거하는 것을 말한다.

(3) 처 벌

처벌(punishment)은 행동의 재발 경향성을 감소시키는 것으로, 특정한 행동(조작)에 수반하여 불쾌한 자극을 제시하는 것을 말한다. 처벌 또한 두 가지 형태가 있다. 첫 번째는 불쾌한 자극을 가하는 것으로, 아이가 한 말에 대해 어머니가 얼굴을 찌푸리는 것이 될 수 있다. 두 번째는 유쾌한 자극을 없애는 것으로, 아이가 학교 과제를 하지 않았을 때 약속된 컴퓨터 게임을 못하도록 하는 것을 예로 들 수 있다. 이것은 타임아웃(time out)으로도 불린다. 조처는 '강화물로부터의 퇴장' 이라고 할 수 있다. 즉, 잠시 동안 강화물에 접근하지 못하게 하는 것이다. 그러나 이러한 처벌의 효과를 유지하기 위해서는 지속적인 감독이 필요하다. 왜냐하면 처벌은 반응을 감소시키는 것이 목적이지만, 처벌자에 대한 부정적인 기억이 대인 기피로 나타날 수도 있기 때문이다.

(4) 강화계획

강화계획(schedule of reinforcement)은 강화하는 순서나 시간 등의 형식을 말하는 것으로, 목표 행동을 수행할 때마다 강화를 주는 '연속강화계획' 과 예측이 불가능한 간격을 두고 강화하는 '간헐강화계획' 으로 구분된다. 간헐강화계획은 다음의 네 가지 형태로 다시 나뉜다.

- **고정간격계획**(fixed-interval schedule)　정해진 시간 간격을 두고 첫 번째 반응에 대해 강화물이 주어진다.　**예** 근로자의 임금

- **고정비율계획**(fixed-ratio schedule)　정해진 수의 반응 후에 강화물이 주어진다.　**예** 성과급제

- **변동간격계획**(variable-interval schedule)　목표 행동은 시간에 근거해서 강화되는 것으로 강화물 사이의 간격은 일정한 시간 근처에서 무작위로 변화한다.　**예** 낚시

- **변동비율계획**(variable-ratio schedule)　강화에 필요한 반응의 수가 일정 비율 근처에서 무선적으로 변동하는 계획이다.　**예** 슬롯머신

　강화계획이 다양함에 따라 그 효과도 뚜렷한 차이를 보인다. 일반적으로 비율강화가 간격강화보다 더 효과적이다. 특정한 행동을 하도록 시작하는 데 필요한 비율은 일대일이다. 그러나 이 비율은 조건화 과정이 진행되면 낮아져도 된다. 이와 같이 '빈도가 낮은' 강화계획이 반응을 유지하는 방법으로 가장 효율적이지만, 처음에 반응을 시작하도록 하기 위해서는 연속 강화가 필요하다.

(5) 변별자극

　학습은 어떻게 그 행동을 하고, 어떤 조건에서 그 행동이 강화받을 것인가 하는 것을 아는 것이다. 변별자극(discriminative stimulus)은 반응이 언제 강화될지를 알려 주는 환경자극으로 강화받을 때가 되었다는 것을 개인에게 알린다. 변별자극을 통해 인간은 외부 세계를 예측하고 통제하는 것이 가능하다. 그러나 변별자극을 배경 사상(setting events)과 혼동해서는

안 된다. 예를 들어, 갈증은 마시기에 대한 배경 사상이고, 마시기는 조건이 가능할 때 일어난다. 마시기에 대한 변별자극은 개인에게 물이 있고 마실 수 있다고 알려 주는 어떤 것이라도 될 수 있다. 따라서 마시는 행동은 변별자극(물)보다는 배경 사상(갈증)에 의해 더 잘 일어난다. 변별자극에 의해 유발된 행동을 자극통제(stimulus control)하에 있다고 한다. 많은 일상의 행동이 자극통제하에 있다. 전화벨이 울리면 자동적으로 "여보세요"라고 말하는 것, 속도제한 구역의 경찰차는 서행에 대한 변별자극이다.

(6) 행동조성

비둘기에게 벽면의 한 지점을 쪼도록 학습시키는 것도 점진적으로 비둘기의 행동이 조성(shaping)되어야 가능하다. 비둘기의 행동을 조성하기 위해 처음에는 비둘기가 그 지점을 향해 돌아설 때 먹이를 준다. 그러면 그 행동의 빈도가 증가한다. 다음에는 그 방향으로 약간 움직일 때까지 먹이 주는 것을 보류한다. 이렇게 하여 비둘기가 벽면 앞에 다가갈 때까지 계속 강화한다. 처음에는 앞으로 움직이기만 해도 먹이를 주다가 결국에는 실제로 그 지점을 쪼았을 때만 강화함으로써 점차 원하는 바를 조성한다. 조성은 '점진적 접근법'이라고도 하는데, 이는 원하는 반응에 점점 더 접근할 때마다 강화가 주어지기 때문이다. 예를 들어, 배변훈련의 경우도 이와 같다.

3) 사회복지실천과의 연관성

과학과 실천의 통합이라는 관점에서 행동주의는 학문의 실용성을 보여 주었다. 행동주의이론은 인간을 이해하는 데 환경의 중요성을 부각시켰고 신체적·심리적 발달에 환경이 얼마나 중요한가를 제시하였다. 또한 학습이론의 폭을 확장시켰으며, 그 방법의 하나인 행동강화는 사회복지실천 현장 및 일상생활에서 적용되고 있다. 대부분의 인간행동은 내적 충동보다는 외적 자극에 의해 이루어진다고 보았기 때문에 스키너는 욕구, 동기, 갈등, 특성 등에 관한 추측을 회피하였다. 이전의 성격이론에서는 인간행동을 설명하는 전제가 선행조건이었으나 스키너는 행동의 예측과 통제가 가능하다고 주장한 것이다. 그러나 비록 그가 고전적 조건화와 더불어 조작적 접근에 대한 기본 원리를 마련했지만, 인간의 모든 행동이 조작을 통해 변화할 수 있다는 주장은 사회복지실천 현장에서나 심리학에서 전적으로 받아들이기 힘든 한계이기도 하다. 그럼에도 불구하고 사회복지사는 사회복지실천의 원칙인 인간의 자율성, 자기 결정권 존중과 아울러 인간의 성격, 심리, 정서 등에 충분한 관심을 가지고 짧은 시간 내에 개입 효과를 낼 수 있는 스키너 이론의 장점을 충분히 활용할 수는 있을 것이다.

3. 앨버트 반두라

1) 반두라의 생애

앨버트 반두라(Albert Bandura, 1925~)는 1925년 12월 캐나다의 앨버타 주의 문데어에서 태어났다. 그는 2명의 교사와 20명의 학생이 초등학교에서 고등학교까지 통합되어 있는 전형적인 시골학교를 다녔다. 교사와 자원이 부족한 환경에서 친구들과 스터디 그룹을 만들어 학습한 것이 성공적인 직업 경력을 쌓는 데 도움이 되었다고 반두라는 회상하고 있다. 이때의 경험이 반두라에게 자기관리 능력에 대한 신념의 원천이 되었다. 이후 밴쿠버의 브리티시컬럼비아 대학교에 진학하여 학위를 취득한 후 미국의 아이오와 대학교에서 학습이론가인 케네스 스펜스(Kenneth Spence)의 영향을 받고, 행동수정, 모델링, 관찰학습, 자기규제, 자기효능감 등을 연구하여 석사학위(1951)와 박사학위(1952)를 취득하였다. 그 후 위치타 캔자스 가이던스 센터(Wichita Kansas Guidance Center)에서 일 년간 인턴

생활을 한 후 스탠퍼드 대학교 심리학과에 현재까지 재직하고 있다. 그는 1972년에 미국심리학회가 수여하는 우수 과학자상(Distinguished Scientist Award)을 받았다. 그는 '전문적인 연구자, 교사, 이론가의 탁월한 모델, 혁신적인 실험자, 도덕적 발전을 포함한 원리의 주인공, 관찰을 통한 연구, 공포 습득, 처리방법, 자기통제, 행동의 인식적 규제 등을 통해 학생들에게 많은 영감을 주었다.'고 소개되었다. 반두라의 대표적인 저서로는 『청소년의 공격성(Adolescent Aggression)』(1959), 『사회학습과 성격발달(Social Learning and Personality Development)』(1963), 『공격성: 사회학습 분석(Aggression: A Social Learning Analysis)』(1973) 등이 있다.

2) 주요 개념

(1) 모 방

반두라는 성격의 상당 부분이 고전적 조건화 혹은 조작적 조건화만으로 설명될 수 없다는 입장에서 관찰학습 개념을 도입했다. 관찰학습이란 한 사람(관찰자)의 행동이 다른 사람(모델)의 행동을 접한 결과로 변하는 과정이다. 모델행동의 특정한 요소를 모델링 단서(modeling cues)라고 하는데, 이 중 실재 모델링(live modeling)은 물리적으로 존재하는 살아 있는 모델을 직접 관찰하는 것을 말한다. 상징적 모델링(symbolic modeling)은 모델에 대한 간접적 노출을 말하는 것으로 영화, 텔레비전, 독서, 다른 사람의 행동을 본 사람에게 전해 듣는 것으로 일어나는 모델링이다. 상징적 모델링은 현대사회에서 모델링 단서를 접하는 비율이 높게 나타난다.

반두라의 실험적 연구에 의하면 아동은 ① 위대하다고 생각하는 사람의 행동을 그렇지 않다고 생각하는 사람의 행동보다 더 잘 모방하고, ② 동성 모델의 행동을 이성 모델의 행동보다 더 잘 모방하며, ③ 사회경제적 지위가 높은 모델의 행동을 더 잘 모방하고, ④ 처벌을 받은 모델의 행동은 거의 모방하지 않으며, ⑤ 연령이나 지위에서 자신과 비슷한 모델의 행동을 더 잘 모방한다(Bandura & Walters, 1963).

반두라는 모델링을 효과적으로 사용하기 위한 원칙을 다음과 같이 제시하였다(Bandura, 1977; 전석균, 2007 재인용).

- 바람직한 행동은 가능한 한 많은 사람들이 여러 번 시범을 보인다.
- 모방의 내용은 쉽고 간단한 것에서 시작하여 점차 복잡하고 어려운 것으로 옮겨 간다.
- 각 단계에서 설명 혹은 지도해 주는 과정이 필요하다.
- 가르치는 내용을 시연해 주어야 한다.
- 각 단계마다 잘하면 칭찬을 해 주어야 한다.

모델링에 대한 반두라의 '보보인형 연구'에서 아동은 강화가 없을 때보다 강화가 있을 때 더 많이 모방하는 결과를 보여 주었다. 이 연구의 가장 주목할 만한 발견 중 하나는 아동에게 행동을 재현하도록 하는 유인물이 제공되었을 때 모델의 행동을 얼마나 정확히 모방하는가 하는 것이었는데, 이 결과는 행동의 학습에 대한 모델링의 영향력을 보여 준다.

(2) 관찰학습

반두라의 사회학습이론의 중요한 가정은 모델링이 주는 정보적 기능을 통해서 학습이 발생한다는 것이다. 즉, 모델링 단서에 노출(exposure)되어 있는 동안 개인은 모델의 행동을 관심 있게 관찰하면서 모델링 단서를 습득(acquisition)한다. 습득은 자동적으로 일어나지 않기 때문에 모델링 단서에 주의를 기울여 기억과정(retention process)을 거쳐야 한다. 다음 단계인 수용(acceptance) 여부는 관찰에 의한 학습을 통해 관찰자가 자신의 행위 지침으로 모델링 단서를 사용하느냐에 따라 측정할 수 있다. 수용은 모방과 역모방의 형태로 일어나는데, 반두라는 관찰학습의 구성과정을 다음의 네 가지로 요약하였다.

① 주의집중 과정: 모델의 지각

사람은 단순히 모델과 모델의 행동을 보는 것만으로는 불충분하고 모델을 모방하는 데 필요한 관련 정보를 이끌어 낼 수 있도록 주의를 기울여야 한다. 주의집중 과정은 노출된 모델의 어느 것을 선택적으로 지각하고 어느 것을 습득할 것인가를 결정한다. 공인된 전문가나 명사, 슈퍼스타와 같이 유능하게 보이는 모델들은 이러한 속성이 결여된 모델보다 주의를 많이 끌기 때문에 상품을 홍보하는 데 활용되고 있다. 이처럼 학습효과를 높이기 위해서는 모델의 특성을 잘 활용할 필요가 있다.

② 기억유지 과정: 모델의 기억

관찰학습에 포함된 두 번째 과정은 모델의 행동을 장기간 기억하는 것과 관련된다. 모델의 행동이 더 이상 존재하지 않는 경우에도 모델의 행동으로부터 영향을 받으려면 모델의 반응을 단어(words)나 심상(image)과 같은 상징적인 형태로 저장해야 한다. 반두라는 두 가지 주요한 내적 표상체계(internal representational system)로 심상화와 언어적 부호화를 제시한다. 심상이 형성되면 생생한 물리적 자극의 영상으로 기억된다. 예를 들어, 즐거웠던 여행지의 이미지나 백건우의 베토벤 연주회의 이미지를 떠올리는 것 등이다. 언어적 부호화는 모델이 행하는 것을 스스로 말로 되뇌이면서 내적으로 연습하는 것으로, 예를 들어 운전면허를 취득하기 위해 복잡한 기술을 하나하나 말로 암송하면서 시험에 앞서 예행연습을 하게 되면 효과가 커진다.

③ 운동재생 과정: 기억에서 행동으로

상징적으로 부호화된 기억을 적절한 행동으로 전환하는 것을 말한다. 단순한 관찰만으로 모델의 행동을 올바르게 수행할 수는 없다. 자전거, 운전, 스키, 골프 등 고도로 숙달된 운동행위를 요구하는 경우에는 더욱 그러하다. 단순한 관찰은 부드럽고 조화된 행동을 수행하기에는 충분치 않으며 완전한 행동을 수행하려면 운동 동작의 지속적인 실천과 정보의 환류(informative feedback)에 근거한 자기 교정적 조정(self-corrective adjustment)이 필수적이다.

④ 강화와 동기 과정: 관찰에서 행동으로

사람들이 모델의 행동에 주의를 기울이고 아무리 잘 기억한다 해도 충분한 유인책(incentive)이나 동기가 없으면 행동을 수행하지 않는다. 일반적으로 긍정적인 자극이 주어지면 모델링이나 관찰학습의 결과가 빠르게 행동으로 전환된다. 예를 들어, 친구가 운전하는 차에 편승해서 갔던 길을 혼자 찾아갈 때 헤매게 되는 상황은 이전 상황에서는 굳이 주의를 기울일 필요가 없었기 때문이다. 그러나 자신이 원하는 장소를 스스로 찾아갔다면 그 길을 분명하게 기억한다. 모델의 행동에 주의를 기울여 그것을 기억해 두고, 행동으로 옮기려는 동기에 영향을 미칠 수 있는 한 가지 방법은 강화나 처벌을 예상하는 것이다.

(3) 상호 결정론

반두라(1986)의 사회인지이론에 의하면 인간의 행동은 사고와 감정을 포함한 인간 변인과 환경의 영향을 받는다. 게다가 세 요인(행동, 환경, 인간 변인)은 각각 다른 두 요인과 영향을 주고받을 수 있다. 행동(B), 환경(E), 인간 변인(P)의 쌍방향적 상호작용 방식을 예로 들면, 학교에서 SPSS를 적절한 수강료(E)로 강의해 주기 때문에 배우는(B), 학생의 통계처리 기술의 향상(B)은 자신의 능력(P)에 대한 확신을 증가시킨다.

인간행동에 관한 반두라의 기본 가정에 따르면 인간은 단순히 환경 속에서 사건에 반응하는 것이 아니라 자신의 환경을 창조하고 변화시키기 위해 행동한다. 환경은 사람이 행동하는 상황이나 사건을 제공하고, 사람은 인지와 지각을 통해 사건을 해석하고 조직화하며 어떻게 다룰 것인가를 선택한다. 행동은 사건분석과 관련된 정보를 제공하고 환경을 수정한다. 그러므로 성격이란 개인적·행동적·환경적 요소들 간의 상호작용에 의해 발달한다. 예를 들어, 부모에게서 인정받고자 하는 아동의 기대는 아동의 행동에 영향을 미치고 행동의 성과는 기대를 변화시키며, 부모로부터의 피드백도 인지요인과 환경을 변화시키려는 아동의 행동 방식에 영향을 미친다.

(4) 자기규제

자기규제(self-regulation)란 자신의 행동을 감독하고 스스로 자부심을 가지는 것으로 자기관찰(self-observation) 과정, 판단(judgement)과정, 자기반응(self-response) 과정으로 이루어진다. 인간의 행동은 전형적으로 수많은 자기관찰적 차원, 즉 개인의 반응에 따라 달라진다. 자신이 수행한 행동이 내재적 기준 이상이면 자부심을 느끼지만 기준 이하로 평가되는 행동은 부정적으로 판단한다. 반두라는 인간의 행위가 자기만족, 자부심, 자기 불만족, 자기비판으로 표현되는 자기평가적 결과를 통해 규제된다고 주장한다. 그러므로 긍정적 자기평가는 보상적 자기반응을 일으키고, 부정적 자기평가는 처벌적 자기반응을 일으킨다. 적절성에 대한 절대적 기준이 없는 경우에는 타인의 활동과 비교해 상대적으로 평가하지만, 가치를 두지 않는 행동에 대해서는 별 관심이 없다. 자기규제의 판단요소 중 하나인 가치 기준에 맞을 때는 자기강화로서 보상하지만 기준에 맞지 않을 때는 불일치를 줄이거나 더 낮은 수준으로 기준을 재설정하도록 동기화된다. 반두라는 사람들은 자기강화를 통해 행동에 대한 자기통제력을 증진시키며, 자기보상 혹은 자기칭찬이 자기규제의 핵심적 측면이라고 주장하였다.

(5) 자기강화와 자기효능감

자신의 행동을 모니터링하여 스스로에게 보상을 주어 자신의 행동을 유지하거나 변화시키는 과정을 '자기강화(self-reinforcement)'라고 한다. 개인은 수행 또는 성취와 관련한 내적 기준에 따라 자기보상 혹은 자기처

벌로 자기강화를 증진시킨다. 예를 들면, 한 달 동안 목표한 다이어트에 성공했다면 하루쯤 먹고 싶은 것을 허용한다거나 갖고 싶었던 만년필을 구입하는 등으로 보상한다.

자기효능감(self-efficacy)은 강력한 자기규제 과정의 하나로, 어떤 행동을 성공적으로 수행할 수 있다는 신념을 말한다. 이것은 행동을 시도하는 것뿐만 아니라 행동의 질을 결정하는 데 영향을 준다. 자기효능감은 개인으로 하여금 더 높은 목표를 설정하게 하거나 좀 더 도전적인 환경을 추구하도록 할 수 있다. 자기효능감이 높은 사람일수록 더욱 높은 수준의 활동을 추구하게 되어 개인적 발달에 긍정적인 영향을 미치며 자신에 대한 통합적 관점을 제공한다. 반두라는 자기효능감이 어떤 행동을 해야 할지에 대한 상황을 예측하거나 몰입할 때의 정서반응에 영향을 미치지만, 아주 우연한 사건이 한 사람의 인생에서 중요한 전환점이 될 수도 있다는 사실에 관심을 두기도 했다.

(6) 대리적 강화

반두라는 학습이 직접적 강화보다 대리적 경험을 통해 이루어진다고 보았다. 대리적 강화(vicarious reinforcement)는 모델이 얻은 결과를 말하며, 관찰자는 이 결과를 바람직한 것으로 보아 모방할 기회를 증가시킨다. 대리적 처벌(vicarious punishment)은 관찰자가 바람직하지 않다고 여기는 결과로, 관찰자가 모델을 모방할 기회를 감소시킨다(Schnake & Dumler, 1990). 일상에서 사람들은 대리적 결과로부터 이득을 본다. 우리는 자신이 하려고 하는 행동을 누군가가 먼저 할 때 그에게 무슨 일이 일어나는지를 검토한다. 예를 들면, 수업시간에 한 발표에 대해 교사가 칭찬을 하면 다음 시간 발표 팀에 강화로 작용하여 교사의 선호 방식에 주의를 기울이게 된다. 벌도 마찬가지다. 모델이 한 행동에 대해 강화를 받거나 처벌받는 것을 본 아동은 분명한 결과가 제시되지 않는 장면을 본 아동에 비해 행동을 더 잘 습득한다(Cheyne, 1971; Liebert & Fernandez, 1969; Spiegler &

Weiland, 1976). 일반적으로 사람들은 다른 사람의 행위를 관찰함으로써 자신이 자발적으로 나타내는 것보다 더 많은 것을 학습하며, 어떤 유형의 대리적 결과(강화/처벌)라도 모델행동의 습득을 증가시킨다.

3) 사회복지실천과의 연관성

개인의 인지와 환경의 상호작용에 초점을 맞춘 반두라의 사회학습이론은 사회복지실천 분야에서 많은 관심을 받았다. 그의 이론은 인간을 낙관적으로 바라보며 과거보다는 '지금-여기'에서와 미래지향적인 관점을 취한다는 것이 강점으로 작용하며, 모델링을 통한 관찰과 모방이 클라이언트의 문제행동을 제거하는 데 유용하게 활용됨으로써 인간의 행동에 대한 명확한 인지와 어떤 연관이 있는지 파악할 수 있게 하였다. 어떤 과정을 통해서 사회학습이 일어나고, 누가 사회학습 과정에서 중요한 역할을 담당하며, 어떤 성격 특성이 사회학습을 통해 습득되는가에 대해 사회복지실천의 다양한 문화환경에서 전수되는 행동과 성격 특성을 고려하여 활용해야 할 것이다. 인간의 활동 배경은 문화적 가치가 전달되는 환경적 맥락이기 때문이다.

표 2-1 　스키너와 반두라의 이론 비교

공통점	스키너	반두라
장점	• 치료기법의 효과성을 중시하고 발전시킴 • 치료기법에 대한 정밀한 측정을 강조 • 비교적 짧은 시간 내에 개입 효과를 기대할 수 있음	• 자극-반응 모델을 벗어나 학습의 핵심 요소인 인지과정 강조
한계점	• 실제 생활의 적용 가능성이 낮음 • 주요 개념 중 '처벌'은 비인간적인 면을 정당화함	• 인간의 모든 행동이 아닌 단순한 행동적 문제만을 다룸

초점	•과거 행동 결과가 현재 행동에 어떠한 영향을 미치는가에 초점을 둠	•문제행동의 변화를 일으키는 사고를 파악하여 변화시키고자 함
공통점	•문화적 현상과 성적 현상에 대한 설명력을 갖추지 못함 •드러난 증상 행동을 제거할 때의 문제가 존재함 •조건화는 보편적 과정이지만, 문화의 영향 또한 큼 •사회학습이론, 인지행동치료에서 자기통제나 자기효능감'의 증진에 목표를 둔 치료가 확산됨	

표 2-2 **스키너와 반두라의 인간관 비교**

	스키너	반두라
인간행동의 결정요인	•자율적 인간이란 존재할 수 없다고 보고 인간의 자기결정, 자유의 가능성을 완전 배제함 •기계적 환경 결정론: 환경적 요인에 의해 인간 본성이 결정됨	•인간은 자신의 환경을 산출해 내는 주체자 •상호적 결정론: 인간행동은 인지 특성, 행동, 환경의 상호작용 결과임
합리적 존재로서의 인간	•인간의 내면세계, 즉 성격, 심리 상태, 느낌, 목적, 의도 등은 연구할 필요가 없음 •인간 본성의 합리성에 대한 논의 자체를 거부함	•인간은 자신의 인지적 능력을 활용하여 사려 깊고 창조적인 사고를 할 수 있음 •합리적 행동을 계획할 수 있는 능력이 있음
인간 본성에 대한 주관적 혹은 객관적 관점	•인간행동을 객관적인 자극-반응 관계로만 설명할 수 있다고 전제함 •인간 본성에 대해 객관적 관점이 강함	•환경으로부터의 객관적 자극에 반응할 때 인간 내면의 주관적인 인지적 요소가 관여함 •인간 본성에 대해 주관적·객관적 관점을 동시에 지님

사 례 **모델링**

두 살 터울의 형제를 키우고 있는 젊은 부부는 두 사람 모두 원가족에서 둘째다. 초등학교 1학년생인 형은 '주의력결핍장애'로 진단을 받았다. 일상생활에서 큰 애만 보면 짜증이 난다며 가족치료를 청해 온 부부와 면담을 하고 있는데, 형과 놀고 있던 둘째가 갑자기 "으앙!" 울음을 터뜨리며 "아빠, 형이 가위를 안 줘요!"라고 반응을 보이자, 즉시 아버지가 "이 자식아 빨리 안 줄래? 조용히 하라고 했잖아!"라며 소리를 지른다.

사회복지사는 잠시 아버지의 반응을 중단시키고 작은 아이를 불러들여 "가위가 필요하면 선생님이 다른 가위를 줄게! 그런데 형이 가지고 있는 가위가 필요하면 둘이서 해결했으면 좋겠네."라고 말한다.

밖에서는 형이 사회복지사의 대처를 귀 기울여 듣고 있다. 동생은 가위가 필요한 것은 아니었는지 "뭐…… 그냥……."이라고 말하며 부모 곁에서 어리광을 부린다. 사회복지사는 이 모습을 지켜보다가 "지금 엄마 아빠는 선생님과 이야기하셔야 하거든. 그러니까 잠시 형이랑 밖에서 있었으면 좋겠어."라고 말한다.

둘째 아이를 내보낸 사회복지사는 아이들이 만들어 내는 상황에서 부모가 관찰한 '객관적'이고 '중립적'인 입장을 적용하도록 설득한다. 사랑받고자 하는 큰 아이의 '주의력결핍장애' 행동에도 변화가 기대된다.

제3장

인지이론

　인지이론은 인간의 발달에 있어 인지발달적 측면에 초점을 둔 이론으로 환경과의 상호작용을 통한 경험으로부터 인지구조를 조정해 가는 단계와 매우 밀접한 관계가 있다. 사실상 인지성격심리학의 역사는 놀라울만큼 오래되었으나 궁극적으로 인지과정에 해당하는 작업모델에 기여한 새로운 힘은 20세기 중후반에 급격히 성장한 컴퓨터 기술이었다. 컴퓨터는 인간의 인지과정을 유추하는 데 도움을 주며, 이러한 성공은 정신적 현상의 경험적 연구라는 정당성을 갖는다. 오늘날 인지적 개념은 인공지능의 영역에서 응용한 것이며, 인간의 마음의 사적인 작용에 대한 가설을 제공한다. 성격에 대한 인지의 역할을 논의한 최초의 심리학자 줄리안 로버트(Julian Robert, 1954)는 켈리(Kelly)와 함께 빈번히 인용되고 있다. 또한 장 피아제(Jean Piaget)는 생물학, 심리학, 철학, 수학의 개념을 사용하여 어린아이가 세상을 알아 가는 과정을 조사하여 논리 정연하고 통합된 인지발달이론을 제공하였다. 인지이론가에 의하면 인간은 환경적 자극에 능동적으로 대처하고 지속적으로 성장·발달할 수 있는 잠재력을 지닌 적극적인 존재다(정옥분, 2007).

1. 장 피아제

1) 피아제의 생애

장 피아제(Jean Piaget, 1896~1980)는 1896년 스위스의 뇌샤텔에서 출생하였다. 중세문학 교수였던 아버지의 학구열을 이어받은 피아제는 10세 때 첫 번째 과학논문을 출간할 정도로 동물학에 뛰어난 재능을 보였다. 뇌샤텔 대학교에서 동물학으로 박사학위를 받고 오이겐 블로일러(Eugen Bleuler)의 클리닉에서 블로일러와 융(Jung)의 밑에서 연구하였다. 그는 또 파리의 소르본느 대학교 비네(Binet) 실험실에서 아동용 지능검사(Binet-Simon Test)를 만들면서 오답에 주목하여 아동의 사고가 독특한 특성을 가지고 있으며, 성인과 전혀 다른 방식으로 사고한다는 것을 발견하였다. 그는 스위스로 돌아와 제네바의 루소 연구소의 소장으로 일했으며, 1929년 제네바 대학교 아동심리학과 교수가 되었다. 그리고 이후 사망할 때까지 아동의 논리발달, 인과관계의 추론, 사고, 도덕성 발달, 아동세계에 대한 인식 등 영아기와 아동기 초기 동안의 아동심리 연구에 전념하였다. 피아제의 방법론이 객관성이 결여되었다는 비난에도 불구하고, 그의 연구는 아동의 지적 발달에 대한 이해에 큰 기여를 했다고 평가받고 있다.

2) 주요 개념

(1) 도식

도식(schema)은 인간이 인지발달 수준에 따라 자신의 경험적 활동에 의해서 조직화한 행동양식이다. 인간은 도식으로 현실을 바라본다. 생각이란 도식을 통해 현실을 구성한 결과다. 따라서 우리의 생각은 있는 그대로의 현실의 반영일 수 없으며, 개인의 주관적 현실(subjective reality)은 객관적 현실(objective reality)과 다를 수밖에 없다. 특히, 현실이 미지의 것, 모호한 것일수록 현실보다는 믿음이 우리의 생각에 더 많은 영향을 미친다.

(2) 적 응

적응(adaptation)은 환경과의 직접적인 상호작용을 통해 도식이 변화하는 과정으로, 모든 유기체는 자신에게 주어진 환경에 적응하는 동안 동화(assimilation)와 조절(accommodation)을 경험하게 된다. 동화는 새로운 환경자극에 반응함으로써 기존의 도식을 사용해 새로운 자극을 이해하는 것을 말한다. 예를 들어, 음식을 먹을 때 알맞게 씹어 삼키거나 위에 들어간 효소분이 소화를 도와 유기체의 일부로 흡수하는 것 등이다. 조절은 기존의 도식을 가지고는 새로운 사물을 이해할 수 없을 때 그 도식을 변경하는 것을 말한다. 우리가 상추쌈을 먹을 때 입을 크게 벌려 물체의 모양에 자신의 입을 조절하는 것을 예로 들 수 있다.

(3) 평 형

평형(equilibration)은 동화와 조절의 균형을 의미한다. 평형은 사고의 균형을 의미하며, 유기체는 환경과의 상호작용을 통해서 균형을 추구하면서 발전해 나간다. 여기에서 균형은 정지된 상태가 아니라 지속적으로 움직이는 동적인 상태다. 예를 들어, 하늘에 날아다니는 물체를 '새'라고 인지하고 있는 아동이 비행기를 보았을 때, 이 새로운 사물은 아동이 기존에 가지고 있는 '새'라는 개념에 부합하지 않는다. 따라서 아동은 기존의 체계를 변경해야 하는 과정(조절)을 거치는데, 이 불평형의 상태에서 어머니의 설명을 통해 새와 비행기의 차이를 터득하게 되는 상태를 '평형'이라 한다.

3) 인지발달 단계

피아제에 의하면 인지발달 과정에는 네 단계가 있으며, 질적으로 서로 다른 단계들은 정해진 순서대로 진행되고, 단계가 높아질수록 복잡해진다.

(1) 감각운동기

인지발달의 첫 번째 단계는 감각운동기(sensory motor stage)로서 신생아의 단순한 반사로 시작하여 유아의 상징적 사고가 시작되는 2세경에 끝난다. 아동의 행동은 자극에 대한 반응으로 나타나며, 이때의 자극은 감각이고, 반응은 운동이다. 피아제는 감각운동기를 6개의 하위 단계로 나누었다.

① 반사 활동기(reflex activity, 출생 ~ 1개월)

영아는 세상에 대한 지식을 습득하는 일차적 자원으로서 빨기, 잡기, 큰 소리에 반응하기와 같은 반사적 행동에 의존한다. 이 시기에 가장 우세한 반사는 빨기반사인데, 영아는 입에 닿는 것은 무엇이든 빨려고 한다. 이 단계의 중요한 특징은 첫째, 자신과 외부 세계 간의 구분이 없으며 둘째, 다양한 반사도식을 사용함으로써 영아는 환경의 요구에 보다 잘 적응할 수 있게 된다.

② 일차 순환반응(primary circular reactions, 1 ~ 4개월)

영아의 관심은 외부 대상보다는 자신의 신체에 있기 때문에 '일차 순환반응'이라 불린다. '순환반응'이란 용어는 빨기, 잡기와 같은 감각운동의 반복을 의미한다. 즉, 영아가 우연한 행동을 통해 재미있는 결과를 초래하게 되면 계속해서 그 행동을 반복하는 것이다. 예를 들어, 우연히 손가락을 빠는 경험을 한 영아는 손가락을 자꾸만 입속에 넣으려고 한다. 순환반응의 목적은 기존 도식에 대한 수정이며, 이 도식의 수정은 지적 발달에 대한 입증이다. 이 단계의 영아는 다양한 반사에 숙달하며, 이들 반사는 서로 협응하게 된다. 영아는 눈으로 흥미 있는 물체를 추적하면서 한편으로는 그 물체를 잡으려고 팔을 뻗치기 시작한다. 빨기-잡기 도식과 보기-잡기 도식은 이 단계에서 획득되는 중요한 도식 간의 협응이다.

③ 이차 순환반응(secondary circular reactions, 4~8개월)

이 단계의 영아는 자신의 외부에 있는 사건과 대상에 열중한다. 일차 순환반응과 이차 순환반응 간의 주된 차이점은 행동의 초점에 있다. 일차 순환반응은 영아의 신체 부분들이 서로 협응하는 것을 말하고, 이차 순환반응은 영아가 그 자신이 아닌 외부에서 흥미로운 사건을 발견하고 이를 다시 반복하려고 할 때 일어난다. 예를 들어, 우연히 딸랑이를 흔들어 소리가 났을 경우 영아는 잠시 멈추었다가 다시 한 번 그 소리를 듣기 위해 딸랑이를 흔드는 행위를 되풀이하게 된다. 그러한 행동이 되풀이되는 것은 피아제 이론의 중요한 구성요소인 의도성(intentionality)이 나타나는 증거이며, 이 단계에서 영아는 외부 세계에 있는 어떤 사건들이 자신의 통제하에 있다는 것을 이해하기 시작한다.

④ 이차 순환반응의 협응(coordination of secondary circular reactions, 8~12개월)

이 단계에서 영아의 관심은 자신의 신체가 아니라 주위 환경에 있으며, 목표를 달성하기 위해 두 가지 행동을 협응시킨다. 피아제의 아들 로랑(Laurent)이 성냥갑을 잡으려 했을 때 피아제가 손으로 그것을 가로막았다. 처음에 로랑은 피아제의 손을 무시하고 성냥갑을 재빨리 잡으려고만 했지 손을 치우려고는 하지 않았다. 그러다가 마침내 로랑은 성냥갑을 잡기 전에 방해가 되는 손을 치우고 성냥갑을 잡는 데 성공하였다(Piaget, 1936). 이것은 영아기의 인지발달에서 중요한 의미를 갖는 인과(원인과 결과) 개념과 대상 영속성(object permanence, 어떤 물체가 눈앞에서 사라진다고 해서 물체가 없어진 것은 아니라는 인식) 개념을 획득하기 시작했다는 사실을 보여 준다.

⑤ 삼차 순환반응(tertiary circular reactions, 12 ~ 18개월)

이 단계의 유아는 외부 세계에 대한 실험적 사고에 열중하며, 새로운 원인과 결과 간의 관계에 대해 가설화한다. 탁자를 손바닥으로, 숟가락으로, 장난감으로 두드려 보기도 하면서 매우 적극적이고 시행착오적으로 탐색하는 특성을 보인다. 시행착오 학습의 결과 새로운 대상이 제시되면 그 대상을 다각도로 탐색해 보고, 정해진 목표를 달성하기 위해 전 단계와는 다른 새로운 수단을 발견하게 된다. 예를 들어, 원하는 것을 잡기 위해 팔을 뻗었는데, 닿지 않으면 막대기를 활용하여 시도할 수 있다.

⑥ 정신적 표상(mental representation, 18 ~ 24개월)

유아의 지적 능력이 크게 성장하는 시기로, 눈앞에 없는 사물이나 사건을 정신적으로 그려 내기 시작하고, 머릿속에서 먼저 생각을 한 후에 행동으로 옮긴다. 또 이전 단계처럼 시행착오를 거쳐 문제를 해결하는 것이 아니라, 행동하기 전에 상황에 관한 사고를 하기 때문에 더 빨리 문제를 해결할 수 있다. 피아제는 딸 뤼시엥(Lucienne)이 좋아하는 구슬을 성냥갑 속에 집어넣었다. 루시엔은 성냥갑 틈새로 손가락을 넣어 구슬을 꺼내려고 시도했지만 구슬을 꺼낼 수가 없었다. 그러자 루시엔은 자기 입을 벌렸다 다물었다 하더니 재빨리 성냥갑을 열고 구슬을 꺼냈다(Piaget, 1936). 이 예에서 루시엔이 입을 벌렸다 다물었다 하는 것은 성냥갑의 구조를 정신적으로 표상하고 있음을 반영하는 것이다. 정신적 표상이 가능해지면서 어떤 행동을 목격한 후 그 행동을 그 자리에서 곧장 모방하지 않고 일정한 시간이 지난 후에 재현하는 지연모방(deferred imitation)이 가능하게 된다. 어느 날 "엄마 잠옷 멋지다!"라고 칭찬한 아빠가 퇴근해 들어오는데, 어머니의 큰 잠옷을 걸치고 나오는 어린 자녀의 경우를 예로 들 수 있다. 또한 이 단계에서 대상 영속성 개념이 완전하게 발달한다.

(2) 전조작기

인지발달의 두 번째 단계는 전조작기(pre-operational stage)로서 감각운동적 인지구조에서 조작적 인지구조로 전환되는 과도기다. 2~7세가 해당되며, 두 가지 하위 단계, 즉 2~4세인 전개념적 사고단계(pre-conceptual period)와 5~7세인 직관적 사고단계(intuitive period)로 나뉜다.

① 전개념적 사고단계

개념이란 사물의 특징이나 관계, 속성에 대한 생각으로 정의할 수 있다. 주어진 대상에 대한 정확한 개념을 가지고 있다면 어떤 상황에서도 동일한 대상으로 인식할 수 있으나, 이 단계의 유아는 환경 내의 대상을 상징화하고 내면화하는 과정에서 아직 성숙한 개념을 발달시키지 못하므로 전개념적 사고단계라 부른다. 전개념적 사고의 특징은 자기중심성, 물활론적 사고, 인공론적 사고, 전환적 추론 등이다.

- **자기중심성(egocentric thought)** 자기중심적 사고는 다른 사람의 관점을 고려하지 못하거나 내면세계의 현실을 정확하게 판단하지 못하는 데서 기인한다. 즉, 유아는 다른 사람의 생각, 감정, 지각, 관점 등이 자신과 동일하다고 생각하여 엄마 생일 선물로 자신이 좋아하는 초콜릿을 고르거나, 숨바꼭질할 때도 자신이 볼 수 없으면 술래도 자신을 보지 못한다고 생각하여 얼굴만 가린 채 엉덩이는 다 드러내 놓고 숨었다고 생각한다. 유아들의 자기중심적 사고를 보여 주는 피아제의 '세 산 모형 실험'에서 색깔, 크기, 모양이 각기 다른 세 가지 산 모형을 만들어 탁자 위에 올려놓고 각기 다른 방향의 의자에 아동과 인형을 앉혀 놓고 관찰하게 한다. 그다음 자신이 본 것과 인형이 본 것의 사진을 고르라고 하면 똑같은 사진을 선택한다. 유아들의 자

기중심성은 자기중심적 언어(egocentric speech)에서도 잘 드러난다. 즉, 자신이 하는 말을 상대방이 이해하든 못하든 상관없이 자기 생각만을 전달한다. 피아제는 이러한 대화 형태를 집단적 독백(collective monologue)이라 부른다.

[그림 3-1] 피아제의 '세 산 모형 실험'

출처: 정옥분(2007). 전생애 인간발달의 이론(개정판). 서울: 학지사.

- **상징적 사고(symbolic thought)**   상징은 어떤 것을 나타내는 징표를 말한다. 상징의 사용은 문제해결 속도를 증가시키고, 시행착오를 감소시킨다. 단어나 대상을 통해 어떤 다른 것을 표현하게 하는 상징적 사고 능력은 정신적으로 과거와 미래를 넘나들게 해 준다. 유아들은 상징적 사고를 통해 가상놀이를 즐긴다. 소꿉놀이, 병원놀이, 학교놀이 등이 그 예다. 아동의 연령이 증가하면서 가상놀이는 점점 더 빈번해지고 복잡해진다.

- **물활론적 사고(animism)**   이 시기의 유아들은 모든 사물은 살아 있고 각자의 의지에 따라 움직인다고 생각한다. 탁자에 부딪쳐 넘어진

아동은 생명이 없는 탁자에 생명을 부여하여 탁자를 때리며 "때찌"라고 말씀하시던 할머니의 모습을 내재화하여 탁자가 자기를 밀어뜨렸다고 생각한다. 물활론적 사고는 4단계로 진행되는데, 이 시기에는 1~2단계까지 발달한다.

- 1단계: 사람에게 영향을 주는 모든 사물은 살아 있다고 생각한다.
- 2단계: 움직이는 것은 살아 있고, 움직이지 않는 것은 죽었다고 생각한다.
- 3단계: 움직이는 것 가운데서도 스스로 움직이는 것은 살아 있다고 생각한다.
- 4단계: 생물학적 생명관에 근거해서 생물과 무생물의 개념을 파악하게 된다.

- **인공론적 사고(artificialism)**　　물활론과 인공론은 자기중심성의 특별한 형태라고 할 수 있다. 유아는 세상의 모든 사물이나 자연현상이 사람의 필요에 의해서 개인의 목적에 맞게끔 사용하기 위해 만들어진 것이라고 믿는다. 해와 달도 우리를 비추게 하려고 사람들이 하늘에 만들어 둔 것이며, 하늘이 파란 것은 파란 물감으로 칠했기 때문이다. 유아들의 자기중심성은 모든 것이 자신을 위해 존재한다고 생각한다.

- **전환적 추론(convertible reasoning)**　　전환적 추론의 특징은 한 특정 사건으로부터 다른 특정 사건을 추론하는 것이다. 예를 들어, 늘 낮잠을 자던 유아가 어느 날 낮잠을 자지 않고 저녁을 맞이했을 때, 낮잠을 자지 않았기 때문에 아직도 낮이라고 생각한다든가, 갓난 동생이 아프면 자신이 동생을 미워해서 아프게 되었다는 인과관계로 연결시킨다.

② 직관적 사고단계

직관적 사고란 어떤 사물을 볼 때 그 사물의 두드러진 속성을 바탕으로 직관적으로 파악하는 것을 의미한다. 판단이 직관에 의존하기 때문에 전체와 부분의 관계를 정확하게 파악할 수 없으며, 과제에 대한 이해나 처리 방식이 그때그때의 직관에 좌우되기 쉽다.

- **보존**(conservation)   보존 개념은 어떤 대상의 외양이 바뀌어도 그 속성이 바뀌지 않는다는 것을 이해하는 능력이다. 전조작기의 유아에게는 보존 개념이 획득되지 않는다. A와 B의 컵에 담겨 있는 똑같은 양의 물을 C와 D의 컵에 부은 다음 어느 잔의 물이 더 많은지 물어보면 대부분의 유아는 D의 컵에 담긴 물이 더 많다고 대답한다. 물의 높이에만 관심을 두고 있는 유아에게 물의 양에 대한 보존 개념이 아직 형성되지 않았다는 것을 보여 준다. 수, 길이, 부피 등의 보존 개념 실험에서도 유사한 결과가 나타난다. 전조작기의 유아가 보존 개념을 획득하지 못하는 이유에 대해 피아제는 자기중심성, 직관적 사고, 전환적 사고, 비가역성 때문이라고 설명하였다.

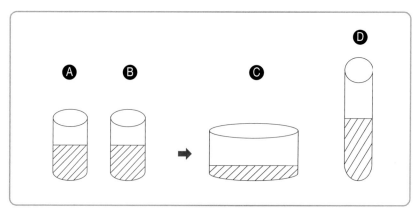

[그림 3-2] 보존 개념 실험

- **유목화(classification)**　　유목화는 상위 유목과 하위 유목 간의 관계, 즉 전체와 부분의 관계를 이해하는 능력을 말하는데, 유아에게 빨간 장미 열 송이와 노란 장미 다섯 송이를 보여 주고 "빨간 장미가 더 많니? 노란 장미가 더 많니?"라고 물으면 유아는 빨간 장미가 더 많다고 대답한다. 빨간 장미와 노란 장미(하위 유목)가 모두 장미라는 상위 유목에 포함된다는 사실을 이해하지 못하고 장미꽃의 색깔이라는 지각된 특성에만 주의를 집중하는 것이다.

- **서열화(seriation)**　　유아에게 길이가 다른 여러 개의 막대기를 주고 길이가 짧은 것부터 순서대로 나열해 보라고 하면 3~4세의 유아들은 차례대로 나열하지 못한다. 유아는 구체적 조작기에 이르러서야 서열화 개념을 완전히 획득하게 된다.

(3) 구체적 조작기

인지발달의 세 번째 단계는 구체적 조작기(concrete operation stage)로서 8~12세의 아동이 해당되는데, 사고가 안정되고 일관성이 있으며 가역성이라는 특성을 갖는다.

① 보존 개념

전조작기와 구체적 조작기의 중요한 차이는 아동이 문제해결 과정에서 직관보다는 논리적 조작이나 규칙을 적용하기 시작한다는 사실이다. 보존 개념은 물체의 외형상 변화에도 불구하고 이로부터 빼거나 더하지 않으면 그 물체의 특정한 양은 그대로 보존된다고 판단할 수 있는 능력이다. 이러한 보존 개념의 획득에는 가역성, 보상성, 동일성이라는 세 가지 개념의 획득이 전제가 된다. 가역성(reversibility)은 어떠한 상태의 변화가 그 변화의 과정을 역으로 밟아 가면 다시 원상으로 복귀될 수 있다는 것이고, 보상성(compensation)은 높이의 감소가 폭이라는 차원으로 보상된다는 것이며, 동일성(identity)은 어떤 방법으로든 더하거나 빼지 않았다면 양은 동일하다는 것이다. 이와 같이 아동이 가역성, 보상성, 동일성을 이해할 수 있기 때문에 보존 개념의 획득이 가능해진다.

② 조망 수용

아동기에는 자기중심적인 사고에서 벗어나 타인의 입장, 감정, 인지 등을 추론하고 이해할 수 있는 조망 수용(perspective taking) 능력을 습득하게 된다. 피아제의 '세 산 모형 실험'에서 아동은 이제 인형이 보는 산의 모양, 즉 타인의 위치에서 바라보는 공간의 모습을 추론할 수 있다. 또한 특정 상황에서 타인의 감정을 추론하는 것이 가능하다. 나아가 타인의 사고과정이나 행동의 원인을 추론하고 이해하는 조망 능력도 획득하게 된다.

③ 유목화

아동기에는 물체를 공통의 속성에 따라 분류하고 한 대상이 하나의 유목에 속하는 것으로 분류할 수 있다. 물체를 한 가지 속성에 따라 분류하는 단순 유목화(simple classification), 물체를 두 가지 이상의 속성에 따라 분류하는 다중 유목화(multiple classification), 상위 유목과 하위 유목 간의 관계를 이해하는 유목 포함(class inclusion)의 개념을 습득하게 된다.

④ 서열화

아동기에는 특정한 속성에 따라 유목화하면서 동시에 시행착오 없이 상호 관계에 따라 막대를 순서대로 배열하는 것이 가능하다. 한 가지 속성에 따라 대상을 비교하면서 순서대로 배열하는 단순 서열화(simple seriation)뿐만 아니라, 두 가지 이상의 속성에 따라 대상을 비교해서 순서대로 배열하는 다중 서열화(multiple seriation)도 가능하다. 이러한 서열화의 개념은 수학을 배우는 데 필수적이다.

(4) 형식적 조작기

마지막 단계는 형식적 조작기(formal operational stage)로 청년기가 이 단계에 해당한다. 청년기에는 구체적이고 현실적인 세계를 넘어서 추상적으로 사고할 수 있게 되며, 연역적 추리와 조합적 사고가 가능해진다.

① 추상적 사고(abstract thinking)

추상적 사고란 구체적인 자료 없이 추론하고 생각하는 것으로, 융통성 있는 사고, 효율적인 사고, 복잡한 추리, 가설 설정, 체계적 검증은 물론 직면한 문제에서 해결 가능한 모든 방법을 종합적으로 고려해 볼 수 있다.

② 가설-연역적 추론(hypothetic-deductive reasoning)

가설-연역적 추론은 제시된 문제에 내포된 정보로부터 하나의 가설을 설정하여 일반적인 원리를 바탕으로 특수한 원리를 논리적으로 이끌어 내는 것을 말한다. 가설적 추론이 가능한 청년들은 문제해결 방안과 관련된 가설을 설정하고 체계적인 검증을 통해 문제해결의 원리를 도출해 낸다.

③ 체계적-조합적 사고(systematic-combinative thinking)

체계적-조합적 사고는 하나의 문제를 해결하기 위해 여러 가지 가능한 해결책을 논리적으로 구성하여 문제를 해결하는 능력으로, 청년들은 과학자처럼 문제를 해결하기 위해 사전에 계획을 세우고 체계적으로 해결책을 구하려고 한다.

④ 이상주의적 사고(ideal thinking)

청년들은 자신과 다른 사람들을 대상으로 이상적인 어떤 특성에 대해 사고하기 시작한다. 그들은 이상적인 부모상에 대해 생각하고, 이 이상적 기준과 자신의 부모를 비교한다. 그리고 자신이 생각하는 이상적인 기준에 맞추어 자신과 다른 사람을 비교하기도 한다.

4) 사회복지실천과의 연관성

피아제의 이론은 일상생활에서 실제로 아동이 하는 행동을 중심으로 개발한 이론으로서 아동을 대상으로 하는 사회복지사가 아동의 나이에 적합한 놀이기구, 게임, 학습방법 등을 그들의 관점에서 바라볼 수 있어야 한다는 점을 인식시켜 주고 있다. 그러나 아동 스스로 학습한다는 자율성에 근거하여 훈련이나 연습의 효과를 무시한다는 것과 아동에 대한 직접적인 관찰을 통해서 수집한 자료이기 때문에 과학적인 방법으로 증명되기 어렵다는 점에서 비판받고 있다. 피아제의 이론은 가치 지향적인 사회복지실천 분야보다는 교육학적 측면에서 이론적 토대를 이루고 있으므로, 아동 클라이언트 개개인을 사정하여 서비스를 제공하며 기능을 촉진하고 회복하고 유지하고 향상시키고자 하는 사회복지실천의 궁극적 목적을 위해 활용할 수 있을 것이다.

2. 로렌스 콜버그

1) 콜버그의 생애

로렌스 콜버그(Lawrence Kohlberg, 1927~1987)는 1927년 10월 25일 뉴욕 브롱스빌의 부유한 가정에서 태어나 고등학교를 졸업하자마자 자신의 꿈인 선원이 되어 20세까지 세계를 여행하였다. 그는 유럽의 유태인을 이스라엘로 피난시키는 위험한 작전에 참여했다가 영국 군대에 체포되어 키프로스에 2년간 감금되었다. 이때의 경험은 나중에 도덕성 발달이론의 기초가 되었다. 이후 시카고 대학교를 2년 만에 졸업한 후 박사과정에 들어가 임상심리학과 아동발달 문제에 관심을 가지게 되었다. 그는 모리스(Morris)로부터 철학을, 베텔하임(Bettelheim)과 로저스(Rogers)로부터 임상심리학을, 헤비거스트(Havighurst)로부터 발달심리학을 교육받았다. 이후 정신분석적 관점에 회의를 품게 되면서 이론적 갈등과 방황 끝에 피아제의 이론을 접하고 심취하게 된다. 피아제의 이론에 흥미를 갖게 된 콜버그는 아동과 청년의 도덕발달에 관한 자료를 모아 도덕적 추론의 전개와 발달에 대한 연구로 박사학위 논문을 끝낸 후에도 그 피험자들이 중년이 될 때까지 그들의 도덕성 발달에 관한 종단연구를 계속하였다. 예일 대학교, 시카고 대학교를 거쳐 하버드 대학교의 교수로 부임하면서 도덕교육센터를 설립하였으며, 이 센터는 콜버그의 사망으로 문을 닫을 때까지 세계적 명성을 떨친 교육 중재 활동과 그에 관한 연구의 온상이 되었다(정옥분, 2007).

2) 주요 개념

콜버그는 1956년부터 10~16세의 아동과 청소년 75명을 대상으로 도덕성 발달에 대한 연구를 30년 이상 계속하였다. 그는 피험자들에게 가상적인 도덕적 갈등 상황을 제시하고서 그들이 어떤 반응을 나타내는가에 따라 여섯 단계로 도덕성 발달 수준을 구분하였다. '하인츠와 약사' 이야기는 콜버그의 도덕적 갈등 상황에 관한 가장 유명한 예다. 피험자는 이야기를 다 읽고 나서 도덕적 갈등 상황에 대한 질문을 받게 된다. 하인츠는 약을 훔쳐야만 했는가? 훔치는 것은 옳은 일인가, 나쁜 일인가? 왜 그러한가? 만약 다른 방법이 없다면 아내를 위해 약을 훔치는 것이 남편의 의무라고 생각하는가? 좋은 남편이라면 이 경우 약을 훔쳐야만 하는가? 약사는 가격의 상한선이 없다고 해서 약값을 그렇게 많이 받을 권리가 있는가? 있다면 왜 그러한가?

콜버그 이론의 핵심은 인지발달이다. 각기 상이한 도덕성 발달단계에서는 각기 다른 인지 능력이 필요하다는 것이다. 콜버그의 도덕성 발달단계는 개인의 도덕성이 1단계부터 6단계까지 순서대로 진행한다고 주장한다. 그러나 모든 사람이 최고의 도덕 수준까지 도달하는 것은 아니고, 매우 소수의 사람만이 6단계까지 도달할 수 있으며, 한 단계에서 다음 단계로 진행하는 데 상당한 시간이 필요하다.

하인츠와 약사

유럽에서 한 부인이 암으로 죽어 가고 있었다. 의사가 생각하기에 그 부인을 살릴 수 있을지도 모르는 한 가지 약이 있었는데, 그 약은 일종의 라듐으로 같은 마을에 사는 약사가 개발한 것이었다. 그 약은 재료비도 비쌌지만 약사는 원가의 10배나 비싸게 그 약을 팔았는데 아주 적은 양의 약을 2천 달러나 받았다. 그 부인의 남편인 하인츠는 그 약을 사려고 이 사람 저 사람에게서 돈을 빌렸지만 약값의 절반인 천 달러밖에 구하지 못했다. 하인츠는 약사에게 약을 조금 싸게 팔거나 아니면 모자라는 액수는 나중에 갚겠다고 사정해 보았지만 끝내 거절당했다. 하인츠는 절망한 나머지 그만 약방 문을 부수고 들어가 약을 훔쳤다.

3) 도덕성 발달단계

콜버그의 이론은 도덕성 발달의 세 가지 기본 수준, 즉 전인습적 수준, 인습적 수준, 후인습적 수준으로 구분된다. 도덕성 발달은 어린 아동에게서는 미분화되고 이기적이며 자기중심적인 개념으로 시작되지만, 성숙과 더불어 도덕적 사고의 연속적인 단계들을 거치면서 정교해지고 사회 중심적이 된다. 어떤 개인의 경우 도덕적 판단은 정의의 보편적 가치와 윤리적 원칙 모두를 인식하는 수준에 도달할 수도 있다.

(1) 전인습적 수준

전인습적 수준(pre-conventional level)에서는 사회규범이나 기대를 제대로 이해하지 못한다. 전인습적 수준에 있는 아동의 도덕적 판단의 기초가 되는 추론은 더 높은 수준에 있는 사람들의 추론과는 다르다. 이들은 자기중심적이고 쾌락주의적이며, 다른 사람의 입장을 이해하지 못하고 자신의 욕구 충족에만 관심이 있다.

- **1단계: 벌과 복종 지향**　이 단계에서 아동은 벌을 피하기 위해 복종한다. 보상을 받는 행동은 좋은 것이고, 벌받는 행동은 나쁘다고 생각하며 결과만 가지고 행동을 판단한다. 그러므로 기본적인 의도보다는 어떤 행위로 발생하는 실제적인 물리적 손실이 선이나 악의 평가에서 매우 중요한 역할을 한다.

- **2단계: 상대적 쾌락주의**　이 단계에서 아동의 도덕적 행동은 자신의 개인적 욕구를 충족시키는 데 기초한다. 아동의 동기를 유발하는 주요한 힘은 보상을 획득하기 위해 타인을 이용하는 것이다. 자신이 원하는 선물을 얻기 위해 크리스마스 전에 선행을 하는 것을 예로 들 수 있다. 모든 것이 자신이 어떻게 보느냐에 따라 상대적으로 달라질 수 있다고 보며, 자신의 욕구와 쾌락에 따라 도덕적 가치를 판단한다.

(2) 인습적 수준

인습적 수준(conventional level)에 있는 아동은 다른 사람의 입장을 좀 더 잘 이해하게 되고, 도덕적 추론은 사회적 권위에 기초하며 보다 내면화된다. 이제 사회 관습에 걸맞은 행동을 도덕적 행동이라고 간주한다.

- **3단계: 착한 아이 지향**　다른 사람의 기대를 만족시키고 인정받기 위해 착한 아이로 행동한다. 이 단계에서는 동기나 의도가 중요하며

신뢰, 충성, 존경, 감사의 의미가 중요한 것이 된다. 타인의 기대에 따라 행동하는 것이 '선(善)'보다 더 중요한 것이 된다. 아동은 어떤 행위가 옳기 때문이 아니라 사회적 승인을 얻기 위해 그 행동을 하려고 한다.

- **4단계: 법과 질서 지향**　이 단계에서는 사회질서를 위해 법을 준수하는 행동이 도덕적 행동이라고 생각한다. 개인은 합법적인 권위가 부과할 수 있는 처벌을 피하기 위해 법을 따르고 존중한다. 법을 어기는 것은 죄악이라고 생각한다. 그러므로 개인적인 죄악과 합법적인 검열에 대한 두려움이 도덕적 행동의 동기가 된다. 도덕적 지향은 현존하는 권위를 인정하고, 법에 복종하며, 자신의 의무를 행하고, 어떤 희생을 치르더라도 사회적 질서를 유지하는 것을 의미한다.

(3) 후인습적 수준

이 단계에서는 사회규범을 이해하고 인정하지만, 법이나 관습보다는 개인의 가치 기준에 우선을 둔다. 일반적으로 20세 이상의 성인 중 소수만이 이 수준에 도달한다. 후인습적 수준(post-conventional level)에서 추론하는 사람은 법의 변화가 여론을 반영하고, 사회적 유동성에 대해 이성적으로 숙고하고 고려한 경우에 한해서는 변경될 수 있는 것으로 보고 법을 바꾸기 위해 노력한다.

- **5단계: 민주적 법률**　법과 사회계약이 '최대 다수의 최대 행복'이라는 전제하에 만들어졌다는 것을 이해하고, 모든 사람의 복지와 권리를 보호하기 위해 법을 준수한다. 그러나 때로는 법적 견해와 도덕적 견해가 서로 모순됨을 깨닫고 갈등 상황에 놓인다. 법이란 인간의 권리를 보호하고 다수의 사람들이 화목하게 살기 위해 공동체가 동의한 장치라고 이해하기 때문에 불공평하거나 불공정한 법은 바꾸어야

한다고 생각한다. 즉, 법이 사람들이 필요로 하는 바를 충족시키지 못하게 되면 상호 동의와 민주적인 절차를 통해서 언제든지 변경시 킬 수 있는 유동적인 것이라고 본다.

• **6단계: 보편적 원리** 법이나 사회계약은 보편적 윤리 기준에 입각한 것이기 때문에 정당하다고 믿는다. 따라서 만일 이러한 원칙에 위배 될 때는 관습이나 법보다 보편적 원리에 따라 행동한다. 보편적 원리 란 인간의 존엄성과 평등성, 정의 등을 말한다. 시민으로서 보편적 원리에 위배되는 법에 불복종하는 행동을 할 때, 정의의 원칙, 인간 의 권리, 인류의 존엄성 등이 법보다 더 중요하다는 점을 사회에 충 분히 전달하기 위해 처벌을 기꺼이 받아들인다. 이 단계에서 도덕성 발달은 최고 수준에 이르게 되며, 보통 사람들이 도달하기 어려운 단 계이지만 각 개인이 지향해야 할 목표 단계라 할 수 있다.

4) 사회복지실천과의 연관성

콜버그는 피아제의 이론을 기초로 하여 자신만의 독자적인 이론을 정 립하였다. 콜버그의 도덕성 발달이론은 인간의 발달 가능성에 대하여 긍 정적이다. 그의 이론은 도덕적 판단의 결과보다 도덕적 판단과정의 논리 를 중요시하여 상황에 따른 인간의 자율적인 판단을 최대로 고려하고 있 다. 콜버그의 도덕성 발달이론은 가치 지향적이고 인간 중심적이며 규범 주의적인 사회복지의 근간이 된다고 할 수 있다. 더불어 사회복지 현장에 서 만나게 되는 다양한 클라이언트의 상황에 따라 사회복지사의 다양한 접근방법은 항상 일반성과 보편성을 지녀야 한다는 측면에서 사회복지사 의 도덕성 발달 수준은 그 무엇보다 중요할 것이다. 아울러 도덕적 사고 는 지나치게 강조한 반면 도덕적 행동이나 감정은 무시했다는 점, 문화적 편견을 보인다는 점, 여성에 대한 편견을 담고 있다는 점(대부분의 남성은

4단계, 여성은 3단계에 머문다) 등은 콜버그의 도덕성 발달이론의 한계와 문제점으로 지적되고 있다.

3. 아론 벡

1) 벡의 생애

아론 벡(Aaron T. Beck, 1921~   )은 1921년 미국 로드아일랜드 주의 프로비던스에서 러시아계 유태인 이민자의 막내아들로 태어났다. 그는 문학과 교육을 중시하는 가정에서 주관이 뚜렷하고 정치적 관심이 많은 부모에 의해 양육되었다(권석만 역, 2007). 어린 딸의 죽음으로 인한 어머니의 우울증은 벡의 출생으로 호전되었지만, 벡의 우울증에 대한 관심은 어머니로부터 비롯되었다고 하겠다. 어린 시절 팔이 부러진 사건이 치명적인 상태까지 진전된 경험으로 벡은 불안 증세와 공포증을 지니게 되었다. 벡은 학교를 자주 결석하면서 자신이 무능하고 어리석은 사람이라고 생각하게 되었으나, 그 후 스스로 노력해서 또래보다 일 년 먼저 졸업하면서 자신의 그러한 생각에 불일치하는 증거들에 의해 극복될 수 있었다. 1953년 정신과 의사 자격증을 취득한 벡은 정신분석 수련을 받았으나 과학적 근거가 부족하다며 불만이 많았다. 벡(1976)은 환자들의 억압된 사고를 분석하면서 세 가지 일반 논제—① 외부 사건의 부정적 해석, ② 미래에 대한 비관적 관점, ③ 자기혐오—를 밝혔다. 그는 이러한 왜곡된 관점은 모두 중복되는 논리적 오류 때문이라고 주장했다. 그리고 자신과 주변에서 경험하였던 부정적 신념을 가진 사람들에 대한 관심으로 우울, 자살, 불안, 공황장애, 물질 남용, 성격장애, 결혼 문제 등에 관해 연구하였다.

2) 주요 개념

(1) 벡의 인지모델

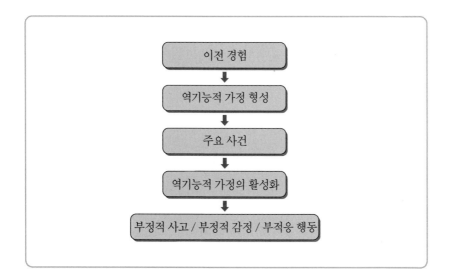

(2) 자동적 사고

자동적 사고(automatic thought)란 한 개인이 어떤 구체적인 상황에서 자동적으로 떠오르는 생각이나 영상, 상황이나 사건에 대한 즉각적인 해석으로 어떤 의도나 의지에 의해서가 아닌 자발적으로 나타나는 사고를 말한다. 자동적 사고는 일부 현실을 반영하면서도 일부 역기능적 도식에서 기원하기 때문에 현실을 정확하게 반영할 수 없다(비현실적 사고). 예를 들어, 조금만 소화가 안 되어도 '위암에 걸린 것은 아닐까?' '저 사람이 내게 기분 나쁜 게 있나?' '나를 무시하나?' '나를 만만하게 보나?'라고 생각한다.

(3) 역기능적 가정 혹은 믿음

역기능적 가정 혹은 믿음(dysfunctional assumption or belief)이란 개인

이 경험을 통해 자신과 세상에 대해서 갖는 일반적인 가정이나 믿음 중에서 지나치게 경직되고 극단적이며 절대화된 것으로, 그 내용보다는 형식의 경직성이 더 문제가 된다. 경직된 믿음은 어떤 상황에서는 필연적으로 역기능을 초래한다. 그러나 믿음은 일반적이고 추상적이어서 그 내용을 파악하기가 쉽지 않다. 예를 들어, '그 누구도 나 같은 사람을 사랑할 리 없어!' '다른 사람에게 언제나 좋은 평가를 받아야 해!' '다른 사람에게 폐를 끼치거나 불편하게 해서는 안 돼!' 라고 생각한다.

(4) 도식, 핵심 신념, 인지적 오류

일반적으로 도식(schema)이란 마음속에 있는 인지 구조이며, 핵심 신념(역기능적 믿음, 태도, 가정, 이면 기제 등)이란 그 구조의 구체적인 내용으로 이해된다. 도식은 정보처리와 행동의 수행을 안내하는 비교적 안정적인 인지적 틀이다. 과거의 경험을 통해 형성된 한 개인의 인지 도식은 상황 속의 풍부하고 다양한 자극 중에서 특정 자극에 선택적으로 주의를 기울이게 하고, 어떤 정보를 특정 방향으로 해석하게 하며, 그 도식에 일치하는 특정한 행동양식을 만들어 낸다. 도식에 의한 정보처리와 행동의 수행은 도식의 내용을 확증하고 강화함으로써 도식은 지속적으로 유지된다.

한 개인 내에서 여러 도식이 위계적인 구조를 이루고 조직화되어 있을 수 있다. 어떤 도식은 상위의 핵심적인 위치를 차지하는 반면, 또 어떤 도식은 하위의 주변적인 위치에 머문다. 이때 어떤 도식이 활성화되느냐에 따라서 경험을 구조화하는 방식이 달라진다. 어떤 도식은 오랜 기간 활성화되지 않고 있다가 특정한 스트레스 상황에 의해 촉발되어 활성화된다. 이때 개인이 보이는 정보처리 방식과 행동 양식은 당시에 활성화된 역기능적 도식에 의해 유도된다.

일단 하나의 도식이 활성화되면, 이 도식은 원시적 사고 형태로서 인지적 오류를 포함하는 정보처리를 유발하며 그 결과는 자동적 사고로 표현된다. 도식이 좀 더 강력해짐에 따라 사고의 체계적인 오류와 현실에 대한 왜곡된 해석이 심해지면, 개인은 자신의 해석과정이 잘못되었다는 사실을 받아들이기 어려워진다. 이렇게 되면 자신과 세상을 포함하는 현실을 지각하고 해석할 때, 부정적 도식에 부합하는 부정적 경험만을 동화 (assimilation)하게 된다. 벡의 인지적 오류(cognitive error) 혹은 잘못된 정보처리는 이렇듯 도식에 부합하는 부정적 경험의 동화과정을 일컫는 말이다. 다른 시각에서 이해하자면, 원초적인 정서적 도식이 활성화되면 그 도식이 형성되었던 시기의 인지발달 단계에 전형적인 미성숙한 사고과정이 나타나게 되는데, 이것을 곧 '인지적 오류'라고 이해할 수 있을 것이다. 인지적 오류라는 왜곡된 정보처리 과정을 통해 개인의 부정적 도식은 점차 강화된다.

(5) 인지적 오류

인지적 오류의 결과로, 자동적 사고는 현실에 대한 부정확한(왜곡된) 지각과 해석을 포함하며 논리적 추리상의 비논리성을 포함하게 된다. 클라이언트가 지니고 있는 인지적 왜곡을 밝혀내고, 클라이언트가 자신의 생각의 비합리성에 동의함으로써 보다 현실에 가까운 합리적인 생각을 할 수 있도록 돕는 것은 인지치료에서 중요한 작업이다. 클라이언트의 생각에 인지적 오류가 포함되어 있을 때, 이를 밝히기 위해 가장 자주 사용되는 표준적인 질문은 '어떻게 해서 그렇게 생각하게 되었지요?' '무슨 근거로 그런 생각을 할 수 있지요?' '그렇게 생각하는 근거가 뭐지요?' 등이다. 이 질문을 통해서 클라이언트가 자신의 경험을 해석하는 논리를 검토해 보는 가운데 논리적 오류를 발견할 수 있게 된다.

① 과잉일반화(over generalization)

한두 차례의 경험이나 증거에 비추어 모든 상황에서 그러할 것이라고 과도하게 일반화하여 결론을 맺는 오류를 말한다. 여자 친구에게서 한 차례 데이트를 거절당한 후 '그녀가 나를 싫어하는 게 틀림없어.' '앞으로

나는 결코 데이트 같은 건 못해 볼 거야.' '나는 여자와의 관계에서 분명 어떤 문제가 있어.' '여자들이 나 같은 사람을 좋아할 리 없어.' 라고 생각 하는 경우를 예로 들 수 있다.

② 이분법적 사고(dichotomous thinking)

흑백논리(black or white thinking) 혹은 실무율적 사고(all or nothing thinking)라고도 불린다. 완벽주의(perfectionism)의 바탕에서 흔히 발견되 는 사고의 오류다. 흑과 백 사이에는 무수한 회색지대가 존재하는데도 새 하얀 백색이 아닌 바에는 모두가 흑색, 전부가 아니면 전무, 100점이 아 니면 빵점, 성공이 아니면 실패와 같이 극단적인 사고를 한다. 이분법적 사고라고 명명하는 이유도 세상을 이처럼 오로지 두 가지로만 구분하기 때문이다. 이분법적 사고는 현실 파악의 왜곡을 초래한다. 이분법적 사고 를 극복하도록 하기 위해 가장 많이 사용되는 기법은 척도화 기법(scaling technique)이다. 예를 들어, '날씬함 대 뚱뚱함' '가까운 사람 대 완전한 타인' '도덕적인 사람 대 부도덕한 사람' 으로 양분된 개념을 여러 수준 의 개념으로 척도화하여 사고하게끔 한다.

(6) 치료방법

① 최근의 정서적 경험을 구체적으로 이야기하게 한다

아직 선명하게 기억에 남아 있는 최근의 경험을 가급적 자세하고 생생 하게 기술하도록 한 후, 부정적 감정이 언급되는 시점에서 '그때 어떤 생 각이 들었는가?' '당시 머릿속을 스치고 지나가는 생각이 무엇이었는 가?' '그때 어떤 이미지가 떠올랐는가?' 등의 질문을 통해 자동적 사고 를 이끌어 낸다.

② 심상기법을 사용하여 당시의 상황에 몰입시킨다

말로 상황을 설명하는 것이 자동적 사고를 이끌어 내는 데 불충분하다면, 클라이언트에게 그 상황이 마치 지금 일어나고 있는 것처럼 상상하도록 요청한다. 먼저 눈을 감게 하고, 가능한 한 상세하게 기억 속의 심상을 떠올리도록 격려하면서 그 심상을 현재 시제로 말하도록 한다. 이처럼 '그때 그곳'에서의 상황을 '지금-여기'에서 다시 체험하도록 유도하면서 자동적 사고에 접근해 간다.

③ 정서적 경험을 재현하기 위해 역할연기를 사용한다

자동적 사고를 파악하는 것이 어려운 클라이언트의 경우, 만약 그때의 상황이 대인관계 장면이었다면 때로 역할연기를 통해 정서적 경험을 재현한 후, 그때 떠오르는 생각을 파악하도록 하는 것이 도움이 된다. 이때 우선 클라이언트로부터 실제 있었던 상호작용의 내용을 자세히 들은 후, 치료자가 상대방의 역할을 연기한다.

④ 상담 중에 일어나는 클라이언트의 정서 변화에 주목한다

가령 어떤 주제에 대해서 이야기를 시작하자 클라이언트의 표정이 변하면서 긴장된 빛이 역력하면 '방금 어떤 생각이 스치고 지나갔는가?'라고 질문함으로써 자동적 사고를 파악할 수 있다.

⑤ 치료자가 클라이언트와 같이 직접 현장에 참여하여 자동적 사고를 파악한다

클라이언트가 자동적 사고를 얼마나 잘 포착할 수 있느냐 하는 것은 정서적 경험을 얼마나 생생하게 떠올릴 수 있느냐에 좌우된다. 최근의 경험일수록 자동적 사고를 파악하기가 용이하다. 따라서 정서를 경험하는 그 순간이 자동적 사고를 구체적으로 정확하게 파악하는 가장 좋은 기회일 수 있다.

⑥ 자동적 사고에 대한 현실 검증: 언어적 기법

일련의 소크라테스식 질문을 통해 클라이언트로 하여금 자신의 자동적 사고가 현실적으로 타당한가를 평가하고 좀 더 현실적인 생각을 갖도록 만드는 방법이다. 치료 회기 중에 자동적 사고에 대해 치료자와 논답식 탐색을 되풀이하게 되면, 치료 시간 외에도 자신의 자동적 사고에 대해 스스로 논답을 하며 평가할 수 있게 되어 강력한 치료 효과가 나타난다. 한편으로는 잠시 도식을 뒤로 접고 현실을 좀 더 있는 그대로 볼 수 있도록 권하고('그렇게 생각하는 근거가 무엇인가?'), 다른 한편으로는 어떤 도식으로 보느냐에 따라 같은 상황이 다르게 보일 수 있음을 깨닫게 함으로써('달리 설명할 수는 없는가?'), 자신이 현실을 있는 그대로 보기보다는 도식을 통해서 보고 있음을 알려 준다. 그리고 자동적 사고의 진실성에 대한 확신을 깨뜨리면서 자동적 사고에 대해 거리를 둘 수 있도록 한다.

사회복지사가 클라이언트의 비합리적 사고방식을 변화시키기 위한 다음의 방법에 충분히 숙달되어야만 클라이언트에게 합리적으로 생각하는 체계적인 방식을 전수할 수 있다는 사실을 반드시 명심할 필요가 있다. 클라이언트가 자신의 자동적 사고의 타당성을 스스로 평가해 볼 수 있도록 하기 위해서 다음의 질문이 자주 사용된다.

- 그렇게 생각하는 근거가 무엇인가?
- 달리 설명할 수는 없는가? (대안적 사고 찾기)
- 실제 그 일이 일어난다면 과연 얼마나 끔찍할 것인가?

표 3-1 자동적 사고와 대안적 사고(예)

상 황	자동적 사고	대안적 사고
전철에서 옆 사람이 자리를 옮긴다.	• '나한테서 냄새가 나니까 불편해서 자리를 옮겼나 봐!'	• '내릴 때가 되어 출입문 근처로 갔을 거야.' • '좀 더 한산한 곳을 찾아갔나 봐.'
주말에 연락한 친구가 한 명도 없다.	• '나를 싫어하나?' • '나를 왕따시키나?'	• '모두들 바쁜 일이 있었나 봐.' • '내가 늘 바쁘다고 생각한 친구들이 주말에도 바쁠 것이라고 생각했겠지!'

3) 사회복지실천과의 연관성

환경적 요인을 어떻게 지각하느냐에 초점을 두어 인지 왜곡이나 비합리적 신념을 바꿈으로써 문제가 되는 정서와 행동을 통제할 수 있다고 가정하는 벡의 이론은 사회복지실천의 '상황 속의 인간(person in situation)'에 대한 개입과 맥을 같이한다. 따라서 벡의 이론은 인간의 사회적 기능을 증진시키기 위해서 인간과 환경과의 상호작용을 이해하고 평가해야 하는 사회복지사가 실천 현장에서 적절하게 적용할 수 있을 것이다.

4. 앨버트 엘리스

1) 엘리스의 생애

앨버트 엘리스(Albert Ellis, 1913~2007)는 피츠버그에서 태어나 4세 때 뉴욕으로 이주, 여생을 뉴욕에서 보냈다. 어린 시절 신장염으로 9번이나 입원했었고 40세에 당뇨병으로 고생했던 경험 때문에 건강을 챙

기기로 결심하였던 그는 93세로 세상을 떠날 때까지 강건하고 활력적인 삶을 살았다. 엘리스는 심리학자가 되기로 결심하고 정신분석가로부터 정신분석과 지도감독을 받았으나, 내담자의 치료과정에 참으로 많은 시간이 요구된다는 것에 실망을 하면서 내담자가 자신과 문제에 대한 생각하는 방식을 바꿈으로써 치료과정이 훨씬 빨리 진전된다는 것을 발견하게 되었다. 즉, 엘리스는 청년기에 자기 문제를 해결하면서 자신만의 접근법을 개발한 것이다. 사람들 앞에서 말하는 것을 두려워하고 여성이 주변에 있기만 해도 부끄러워했던 그는 19세 때 스스로 용기를 내서 한 달 동안 거리에서 100명의 여성들에게 억지로 말을 걸면서 여성의 거절에 대한 공포를 둔감하게 만들기도 했다. 엘리스는 인지행동기법을 적용하여 자신이 가진 최악의 정서적 어려움을 극복했던 것이다(Ellis, 1962).

2) 합리정서행동치료의 주요 개념

(1) 인간관

합리정서행동치료(rational emotive behavior therapy)는 인간이 합리적이고 올바른 사고와 비합리적이고 올바르지 못한 사고를 할 수 있는 가능성을 모두 가지고 태어난다는 가정에 근거를 두고 있다. 인간이 실수를 할 수 있다는 것을 인정함으로써 실수를 계속하면서도 더 평화롭게 사는 것을 배우는 창조물로서의 자신을 수용하도록 돕는다.

(2) 정서장애에 대한 관점

합리정서행동치료는 아동기에 의미 있는 타인으로부터 비합리적 신념을 배운다 하더라도 우리 스스로 비합리적 독단이나 미신을 만들어 낸다는 가정에 근거한다. 자기암시와 자기반복의 과정을 통해서 자기 패배적 신념을 강화하면서 마치 유용한 것처럼 반복하여 행동함으로써 만들어진다. 인간은 보편적으로 누구나 타인에게 인정과 사랑을 받고 싶어 하지만 반드시 인정과 사랑을 받아야만 하는 것은 아니다. 정서장애의 핵심은 비난이다. 자신과 타인에 대해 비난하지 않고 불완전하더라도 자신을 완전히 수용하는 것이 중요하다. 엘리스는 우리가 소망하거나 선호하는 것에 대해서 '하지 않으면 안 된다' '반드시 해야 한다'와 '당연히 해야 한다' 등에 편승하려고 한다는 가설을 세웠다. 필연적으로 자기패배감을 일으키는 내면화된 비합리적 사고는 다음과 같다.

- 나는 반드시 잘해야 하고, 내가 한 것에 대해 다른 사람들의 인정을 받아야만 한다. 그렇지 못하면 나는 잘못된 것이다.
- 사람들이 나를 사려 깊고, 공정하게, 친절하게 대우해 주기를 원하기 때문에 사람들은 반드시 나를 이렇게 대우해 줘야 한다. 이렇게 대우해 주지 않는다면 그들은 나쁜 사람이고 비난과 벌을 받아야 한다.
- 내가 원하는 것이 있으면 반드시 가져야 한다. 내가 원하지 않으면 가져서는 안 된다. 원하는 것을 갖지 못하는 것은 끔찍한 일이며 견딜 수 없는 일이다.

(3) 사건-신념-결과 이론
우리의 역기능적 성격을 변화시키는 철학적 재구성하기는 다음 단계

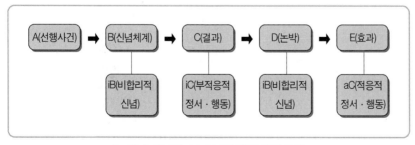

[그림 3-3] 엘리스의 ABCDE 성격모델

들을 포함한다.

① 자신의 정서적 문제를 만들어 내는 책임이 자신에게 있다는 사실을 충분히 인식하기
② 이 혼란을 변화시킬 수 있는 능력을 가진 사람은 자신뿐이라는 사실을 충분히 인식하기
③ 정서적 문제가 대부분 비합리적 신념으로부터 기인한다는 것을 인식하기
④ 이 신념들을 명백히 지각하기
⑤ 자기패배적 신념 등을 논박할 만한 가치 찾아내기
⑥ 변화를 위하여 신념과 역기능적 감정/행동을 반박할 수 있는 정서적, 행동적 방식으로 노력해야 한다는 사실을 수용하기
⑦ 남은 생애 동안에도 혼란스러운 결과를 근절하거나 변화시키는 합리정서행동치료 기법을 실행하기

어느 젊은이가 입사시험에 두세 번 실패한 후에 말할 수 없는 우울증에 빠져들어 매사에 의욕을 상실하고 자살을 기도한 적이 있다고 하자. 이때에 흔히들 '계속해서 시험에 떨어졌다'는 사건이 우울증을 가져오게 했다고 생각하기 쉽다. 그런데 엘리스가 주창한 합리정서행동치료 기법에서는 연속적으로 시험에 떨어졌다는 사건이 우울증의 원인이 아니고 '연속적으로 시험에 떨어졌으니 이제 나는 끝장이다. 나는 불효자식이고, 사람들 보기에도 정말 수치스럽다. 내 인생은 이제 절망이다. 나는 무가치한 인간이다!'라고 비합리적으로 생각하기 때문에 자살까지 기도하게 된 것이라고 보고 있다.

시험에 떨어진 상황을 놓고서 모든 사람이 이 젊은이처럼 우울증과 좌절에 빠지는 것은 아니다. 어떤 이는 '계속해서 시험에 떨

어져서 기분이 몹시 좋지 않다. 그렇지만 할 수 없는 일. 다른 사람들도 여러 번 떨어지는데 나라고 그러지 말라는 법은 없지. 부모님께는 정말 죄송하지만, 좀 더 열심히 해서 다음에 합격이라는 보답을 드리자.'와 같이 대응할 수도 있다.

몇몇 사람은 이처럼 심각한 실의와 자포자기에서 헤어 나오지 못하고 매일을 비관하며 소일하는가 하면, 또 어떤 사람들은 비교적 쉽사리 상심을 떨쳐 버리고 재기하여 건전한 삶의 자세를 되찾을 수 있다.

무엇이 이러한 차이를 가져 오는가?

엘리스에 의하면 그건 두말할 것도 없이 사고방식의 차이 때문이라는 것이다. 다시 말해서 합리적인 사람들은 시험에 실패한 경험을 대단히 불편한 사건으로 지각하고, 자신의 처지가 처량하고 서글프다는 감정을 느끼기는 하나, 그것을 가지고 자기 자신이 '무가치한 인간이어서 견딜 수 없다'고까지 자학하지는 않는다.

3) 치료기법

(1) 인지기법

- 비합리적 신념 논박하기: 비합리적 신념을 버릴 때까지 '해야 한다' '하지 않으면 안 된다' '당연히 해야 한다' 등의 당위 명제를 적극적으로 논박하여 검토한다.
- 인지적 과제 부여하기: 문제 목록을 만들어 절대적 신념을 찾고 그 신념을 논박한다. 내면화된 자기 메시지의 일부인 절대적으로 '하지 않으면 안 된다' '해야 한다'를 밝혀내기 위해 과제를 부여한다.
- 내담자 언어를 변화시키기: '해야 한다' '당연히 해야 한다' '하지 않으면 안 된다'를 '~하고 싶다! 하겠다!'로 대체하는 것을 배운다. '~한다면 정말 끔찍할 텐데……'라 말하기보다는 '~한다면

좀 불편할 텐데……' 라고 말하는 연습을 한다.

(2) 정서기법

- 합리정서 상상: 실생활에서 생각하고 느끼고 행동하고자 하는 바로 그 방식으로 생각하고 느끼고 행동하는 자신을 상상한다.
- 유머 사용하기: 우울하거나 불안할 때도 유머는 변화를 만들어 낸다. 정서적 혼란이 자신을 너무 심각하게 받아들이는 것으로부터 빠져나와 삶을 조망하게 만든다.

사 례   **어느 초보 운전 차량에 붙은 글귀**

운전은 초보
마음은 터보
건드리면 람보!!!

- 역할연기: 취업을 위한 면접에서 긴장하여 실패했던 경험 때문에 번번히 포기할 수는 없는 일이다. 취업준비동료들과 역할연기를 통해 미리 연습하면서 당시의 불안과 비합리적 신념을 조사하고, 반드시 합격해야 한다는 생각과 시험에 실패하는 것은 자신이 어리석고 무능한 인간임을 의미한다는 내용의 비합리적 신념에 도전한다.
- 수치심-공격 연습: 누군가가 나의 행동에 대해 어떤 평가를 하더라도 수치심이나 굴욕감을 느끼지 않고, 자신이 하고 싶은 행동을 타인의 반응이나 불인정 때문에 못할 이유가 없다는 것을 알게 하는 것이다. '나는 나'이기 때문이다.

• 힘과 정열의 사용: 엘리스는 지적 통찰에서 정서적 통찰로 가는 방법으로 힘과 에너지의 사용을 제안했다. 비합리적 신념을 표현하고 그것들을 논박할 때 강력한 자기대화를 행하는 방법으로 힘과 에너지는 수치심 공격 연습의 기본적인 부분이다.

(3) 행동기법

실생활에서 행동하도록 자기관리원칙, 체계적 둔감법, 이완기법, 모델링 등을 사용하여 기록하게 한다. 엘리스가 청년기 때 사용했던 것처럼 늘 이성에게 거절당한다는 두려움을 가진 젊은이에게 학교 앞 카페 앞에서 지나가는 불특정 10명의 이성에게 '차 한 잔 하실래요?' 하고 접근해 보는 방법을 시도하게 할 수도 있다.

4) 사회복지실천과의 연관성

합리정서행동치료의 기본 가설은 정서가 신념과 평가, 해석, 생활 상황에 대한 반응에서 주로 유발된다는 것이므로 치료의 강조점은 감정표현보다는 사고와 행동에 있으며, 치료를 교육과정으로 본다. 사회복지실천현장에서 클라이언트의 욕구나 문제를 해결하기 위해 사회복지사는 권위적 인물 또는 교사의 역할을 수행해야 한다. 그러므로 일관된 사고전략을 가르치며 개입할 필요가 있는 청소년을 대상으로 할 때 합리정서행동치료 기법을 유용하게 활용할 수 있다.

⎘ 조용필의 〈킬리만자로의 표범〉

…… 짐승의 썩은 고기만을 찾아다니는 산기슭의 하이에나
나는 하이에나가 아니라 표범이고 싶다.
바람처럼 왔다가 이슬처럼 갈 순 없잖아.
내가 산 흔적일랑 남겨 둬야지……
너는 귀뚜라미를 사랑한다고 했다. 나도 귀뚜라미를 사랑한다……

주인공은 다른 동물이 먹다 남긴 시체를 뜯어먹고 사는 하이에나(하이에나도 그 자체로 자연이지만) 같은 신세다.

그럼에도 불구하고 '굶어서 얼어' 죽더라도 정상에 올라가는 산의 왕자 표범을 꿈꾼다.

킬리만자로의 산정은 하늘에 닿아 있고 주인공은 '산기슭'에서, '야망에 찬 도시'에서 산정을 지향한다.

어두운 모퉁이, 땅 위에 서 있는 주인공의 도식체계처럼 자신은 어떤 도식체계를 가지고 있는지 돌아보는 시간을 가져 보자.

● 제4장 ●

인본주의이론

　인본주의이론은 무의식적 결정론에 근거한 정신분석이론과 환경 결정론에 근거한 행동주의이론에 반대하는 '제3세력의 심리학'에 속한다. 인본주의이론에서 인간은 근본적으로 선하며 존경받을 만하고 환경조건이 적당한 경우 잠재 능력을 실현해 나가려는 존재라고 전제한다. 에이브러햄 매슬로는 미국 심리학계에서 인본주의의 정신적 대부라 불린다. 건전하고 창조적인 인간을 연구의 기초로 한 그의 자아실현 성격이론은 인본주의적 견해를 명백히 하고 있다. 인간의 삶은 그것이 지닌 가장 고상한 포부를 고려하지 않고서는 결코 이해할 수 없다. 성장, 자아실현, 건강에 대한 열망, 정체성과 자율의 추구, 우월성을 향한 노력은 보편적이고 일반적인 경향으로 인정해야 한다(Maslow, 1970). 각 개인의 독특성, 가치와 의미 그리고 자기통제와 개인적 성장의 잠재력을 강조하는 매슬로의 인본주의이론은 인간의 행동에 대한 현대 사조에 중요한 영향을 미쳤다.

　인본주의이론에서는 치료자와 클라이언트의 관계를 중시함으로써 인간 존재의 핵심 문제(사랑, 창의성, 외로움, 죽음 등)에만 초점을 맞추고 동물의 행동에는 관심을 두지 않는다. 특히 개인의 개인적·주관적 세계관이 객관적인 현실보다 더 중요하다고 가정하는 현상학적 접근을 취한다.

칼 로저스(Carl R. Rogers)는 이러한 현상학적 심리학의 대변자로서 영향력을 가지고 있다. 로저스는 개인이 어떻게 행동하느냐는 그가 세계를 어떻게 지각하느냐에 달려 있다고 생각한다. 즉, 행동이란 개인이 세계를 지각하고 해석한 직접적인 사건의 결과로 생긴다. 이러한 접근의 성격학에서는 자기(self)와 개인의 특성이 중요시된다. 로저스의 성격이론을 흔히 자기이론으로 일컫는 것은 행동을 가장 잘 이해하기 위해서는 각자 자신의 내적 준거체계(internal frame of reference)가 필요하다고 보기 때문이다.

1. 에이브러햄 매슬로

1) 매슬로의 생애

에이브러햄 매슬로(Abraham H. Maslow, 1908~1970)는 1908년 4월 1일 미국 뉴욕 브루클린에서 태어났다. 그의 부모는 러시아에서 이민 온, 교육받지 못한 유태인으로 자신들보다는 아들의 행복한 삶을 꿈꾸는 사람들이었다. 7남매의 장남인 매슬로가 학문적으로 성공하기를 바라면서 강한 지지를 보냈으나 매슬로의 소년 시절은 외롭고 불행했다. 그는 친구도 없이 도서관의 책에 묻혀 자랐다. 사람들이 보다 풍요로운 삶을 살도록 도와주려던 매슬로의 바람은 사실은 그 자신이 더 나은 삶을 살고자 하는 갈망에 그 기원이 있을지 모른다. 아버지의 압력으로 처음에는 법학을 전공했으나 법률가가 될 수 없음을 확신한 매슬로는 코넬 대학교를 거쳐 존 왓슨(John Watson)의 행동주의로부터 결정적인 영향을 받아 심리학을 전공하기로 결심하고 위스콘신 대학교에 간다. 그러나 학교 안내서에 나와 있는 학자들이 단지 초빙교수 기간을 마치고 학교를 떠나 버린 상황에 심한 실망과 환멸을 느낀다. 결국 원숭이의 애착행동에 관한 실험으로 유명한 해리 할로우(Harry Harlow)의 지도하에 1930년에 학사, 1931년에 석사, 1934년에 박사학위를 취득했다. 그는 위스콘신 대학교에서 교수 경력을 쌓은 후 1935~1937년까지 컬럼비아 대학교의 카네기 연구원으로 저명한 학술가인 에드워드 손다이크(Edward L. Thorndike) 아래서 공부했다.

그러나 매슬로의 행동주의에 대한 열정은 첫딸이 태어나면서부터 사그라지기 시작했다. 아이들이 나타낸 복잡한 행동은 그로 하여금 행동주의 심리학이란 사람보다는 쥐나 다람쥐 같은 설치류 동물의 이해에 더 적절한 것으로 믿게 한 것이다. 제2차 세계대전 또한 매슬로의 학문적 방향을 전환하는 데 큰 영향을 미쳤다. 매슬로가 진주만 공격 사건 직후 열병식을 목격한 경험은 평화에 기여하는 심리학을 발전시키겠다는 결심으로 발전하였다. 그는 선천적으로 선한 인간의 타고난 잠재력을 환경이 돕는다면 사람들은 건강한 방식으로 충분하게 발달할 수 있다고 믿었다. 매슬로는 1951년 브랜다이스 대학교의 심리학과 과장으로 임명되어 1961년까지 재임하면서 미국 심리학계의 인본주의 운동의 가장 유명한 인물로 활동했다. 그리고 이후 1970년 6월 8일 심장마비로 사망했다.

2) 주요 개념

(1) 내적 본성

인간의 내적 본성의 일부는 모든 인간에게 보편적이지만 일부는 개인마다 고유하며, 생물학적으로 결정된 인간의 내적 본성은 기본적 욕구, 정서, 능력 등으로 이루어진다. 인본주의적 견해를 가진 사람들은 인간의 본성은 본질적으로 선하고 아무리 못하다 할지라도 중간의 위치에 있다고 주장한다. 그러므로 내적 본성에 따라 인생을 살게 되면 건강하고 풍요로우며 행복한 삶을 살 수 있다. 이러한 중요한 속성이 부인되거나 억압되면 병이 된다. 또한 내적 본성은 미묘하고 섬세하며 약하므로 습관, 문화적 기대, 그릇된 태도 등에 의해 쉽게 압도된다. 즉, 인간의 악하고 파괴적이며 폭력적인 요소들은 인간의 내적 폐단보다는 좋지 않은 환경으로부터 발생한다. 매슬로에 의하면 내적 본성을 드러내고 촉진하며 충족하는 경험은 성취감과 함께 개인의 성장과 발달을 가져오며 건강한 자존감과 자신감을 낳는다.

(2) 성장 동기

매슬로는 자기실현 욕구를 인간의 욕구 단계의 최상위에 놓았다. 그러나 이 욕구는 위계 속에 꼭 맞아 들어가지는 않는다. 자기실현 단계는 전 단계의 네 가지 욕구와는 근본적으로 다르다. 매슬로는 네 가지 욕구 수준은 결핍 동기(deficit motivation)에 의한 것이지만, 자기실현 욕구는 성장 동기(growth motivation)에 의한 것이라고 하였다.

음식, 물, 쾌적한 온도, 신체적 안전, 애정, 존경 등의 기본적 욕구는 다섯 가지 객관적 특징과 두 가지 주관적 특징—① 결핍되면 병이 생긴다. ② 충족되면 병이 예방된다. ③ 충족시키면 병이 회복된다. ④ 자유롭게 선택할 수 있는 상황이라면 결핍된 사람은 우선적으로 그것을 충족하려고 한다. ⑤ 건강한 사람에게는 결핍성의 욕구가 기능적으로 존재하지 않는다. ⑥ 의식적 또는 무의식적 소망이다. ⑦ 부족감 혹은 결핍감으로 느껴진다.— 을 지닌다(Maslow, 1968; 이인정, 최해경 재인용, 2007).

결핍 동기는 긴장을 줄이거나 허전함을 채우려는 것으로 목표 지향적이다. 이와 반대로 성장 동기는 과정 지향적이다. 성장 동기는 사회적으로 결정된 가치보다는 아름다움, 진실, 정의와 같은 '본질적인 가치'와 관련되어 있다. 성장 동기가 충족될 때 긴장이 증가하는 경우가 많으며, 결핍 동기가 충족되면 긴장이 감소한다. 예를 들어, 등산을 하며 아름다움에 대한 성장 동기를 만족시킬 때 자연에 대한 감흥과 경외감이 증가된다. 이와는 대조적으로 안전에 대한 결핍 동기는 단순히 집안에 머무르는 것으로 만족될 것이다. 매슬로가 밝혀낸 성장 동기의 전형적인 예는 진실, 정의, 선함, 질서, 아름다움, 단순성, 전체성, 부유함, 독특성, 즐김, 완벽, 자기 충실,

성취, 의미심장함 등이다.

(3) 욕구단계이론

매슬로는 기본적인 인간 동기의 다섯 가지 수준을 가정하였다. 욕구는 강도와 중요성에 따라 위계적으로 배열된다. 강도의 순서에 따라 욕구의 위계는 생리적 욕구(예: 음식), 안전 욕구(예: 보호), 소속감과 애정에 대한 욕구(예: 우정), 자존감 욕구(예: 유능함), 자기실현 욕구(예: 창의성) 순이다. 욕구 위계가 낮을수록 생존을 위한 가장 기본적인 것으로서 인간의 행동에 폭넓은 영향을 미친다. 반대로 욕구 위계가 높을수록 덜 기본적인 것으로 잠재적 영향력이 약하다. 높은 단계의 욕구를 달성한 사람은 소수다. 또 인간과 고등동물의 종 모두는 소속감과 애정 욕구를 가지고 있지만 오로지 인간만이 자존감과 자기실현 욕구를 가지는 것으로 보인다.

인간은 낮은 수준의 욕구가 충족되면 다음 수준으로 나아가게 된다. 특정 수준의 욕구가 완전하게 충족되어야만 보다 높은 수준의 욕구 충족이 이루어지는 것은 아니지만 일반적으로 기본욕구가 충족되어야만 더 높은

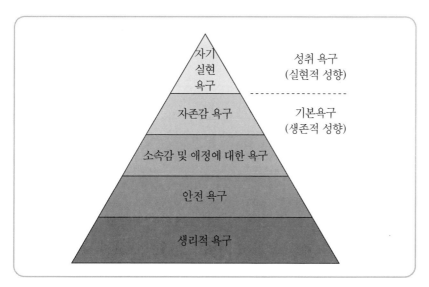

[그림 4-1] 매슬로의 5단계 욕구 모형

수준의 욕구 충족에 관심을 갖게 된다. 삶을 살다 보면 필연적으로 기본 욕구 충족이 좌절되는 경험을 하게 되는데, 이때 우리는 결핍된 욕구가 충족될 때까지 고차적인 욕구는 일시적으로 지연시켜야 한다. 가장 흔한 예로 어떤 질환으로 수술을 받았다면 우리는 회복될 때까지 생리적 욕구 수준에 머무르게 된다.

① 생리적 욕구

인간의 가장 기본적인 욕구인 생존 욕구는 음식, 물, 산소, 휴식 등의 생리적인 것에 대한 욕구다. 생리적 욕구는 생존과 직접 관련이 있으므로 가장 강력한 인간의 욕구다. 기본욕구가 충족되지 못한다면 개인의 관심 은 전적으로 그곳에 쏠리게 된다. 음식은 배고픈 사람의 삶에서 가장 중 요한 관심거리가 되며, 그 사람의 행동, 사고 및 정서에 영향을 미친다.

② 안전 욕구

안전 욕구는 신체적 안정과 심리적 안정을 모두 포함한다. 안전성, 예 측 가능성, 일상생활의 친밀감에서 오는 심리적 안정뿐만 아니라 안전한 장소와 따뜻함 같은 기본적인 요소도 포함한다. 대부분의 안전 욕구는 사 회적 시설(예: 법정, 경찰, 소방서, 보험정책)을 통해 충족된다. 일반적으로 안전 욕구가 인간행동을 동기화하지는 않지만 아동에게는 안전 욕구가 지배적인 욕구로 작용한다. 특히 유아는 혼란스럽거나 큰 소리에 놀라거 나 어머니의 팔에서 갑자기 떨어질 때처럼 위험을 느낄 때 온갖 수단을 동원해서 반응한다.

③ 소속감과 애정에 대한 욕구

생리적 욕구 및 안전 욕구가 충족되면 친밀감이나 사랑과 같은 애정에 대한 욕구와 소속감을 추구하게 된다. 수많은 사람들이 친구나 가족과 같 은 사회적 연결고리가 없으면 심한 외로움을 느낀다. 그래서 핵가족과 같

은 일차 집단에서 친밀한 관계와 안전한 장소를 찾게 된다. 전통적 대가
족이 쇠퇴하고 가족 간의 거리가 멀어지면서 충족되지 못한 소속감에 대
한 욕구가 현대사회의 중요한 이슈로 등장하기도 한다.

④ 자존감 욕구

위계의 세 수준에서 욕구들이 적절하게 만족되면 개인은 자존감의 욕
구 충족에 대해 관심을 가지게 된다. 매슬로(1970)는 자존감 욕구를 두 가
지 형태로 구분하였다. 먼저 타인에 의한 자존감(esteem from others)에는
인정, 칭찬, 주목, 명성, 평판, 지위, 명예에 대한 욕구가 포함된다. 개인
은 자신의 성취와 공헌을 타인으로부터 존경받고 가치 있는 사람으로 인
정받고 싶어 한다.

그리고 자존감(self-esteem)은 능력, 숙달감, 성취, 자신감, 독립심에 관
한 개인적 욕구다. 이러한 욕구들이 충족되면 사람들은 자신을 가치 있
고, 자신감이 있으며, 유능하고, 필요한 사람으로 느낀다. 이러한 욕구가
좌절되면 열등하고, 나약하고, 무력하다고 느낀다. 건강한 자존감은 단순
한 지위나 명예가 아니라 개인의 노력으로 자신과 타인으로부터 존중받
는 것으로써 이루어진다.

⑤ 자기실현 욕구

대부분의 사람들은 생리적 · 안전 · 소속감 및 애정 · 자존감 욕구를 충
족시키기 위해 살아간다. 이러한 욕구를 만족스럽게 충족하는 것은 상당
히 어렵지만 하위 4단계 욕구까지 충분히 충족된 일부 사람들은 자기실현
욕구에 의해 동기화된다. 매슬로(1970)는 자기실현(self-actualization)을
'개인이 가진 잠재력을 모두 실현시키기 위해 자기 특유의 모습으로 되고
자 하는 욕구'라고 하였다. 자기실현은 어떤 상태라기보다는 하나의 과
정이다. 자기실현 욕구의 구체적 본질은 개인마다 상당히 다르다. 이와
반대로 낮은 수준의 욕구는 비교적 단일하다. 또한 자기실현 그 자체는

특별한 재능이나 능력을 요구하지 않는다.

(4) 자기실현자의 특징

매슬로는 성인 인구의 1퍼센트 미만의 사람들만이 자기실현을 이룬다고 추정하였다. 즉, 자기실현을 하는 사람들은 어떤 힘이 질적으로나 양적으로나 일반인과는 다르다는 사실을 인식하였다. 매슬로는 부정적인가 혹은 긍정적인가를 기준으로 충분히 기능하거나 자기실현화의 이상에 근접한 사람들을 대상으로 연구하였다. 그는 사례연구법을 사용하여 비교적 적은 수의 클라이언트 집단을 선택한 후 면접과 역사적 인물로부터 자료를 수집하였다. 최종 60명의 클라이언트를 선정하였는데, 현재는 역사적 인물[1]의 이름만 알려져 있다. 매슬로는 역사적 인물의 축적된 전기적인 자료를 철저하게 분석하여 그들을 상세하게 기술한 질적 자료속에서 자기실현을 이룬 사람의 15가지 특성을 확인하였다. 그러나 염두에 두어야 할 것이 있다. 첫째, 자기실현은 최종 상태가 아니라 하나의 과정이라는 것이다. 어느 누구도 실제로 자기실현을 이룬 사람은 없다. 둘째, 이러한 특성은 종종 중복된다. 셋째, 매슬로의 클라이언트들 중 15가지 주요 특성을 모두 가진 사람은 없었다. 그러나 자기실현을 이룬 사람은 시간이 지남에 따라 또는 동시에 이런 특성들 중 상당 부분을 보이는 경향이 있다. 매슬로가 정리한 자기실현자의 특징은 다음과 같다.

- 현실에 대해 효율적으로 지각하여 편안해하며 자기가 원하거나 필요한 방식으로 세계를 보지 않고 있는 그대로 본다.

---

1) Martin Buber(1878~1965), 신학자; William James(1842~1910), 심리학자; Harriet Tubman(1821~1913), 노예제도 폐지론자; Thomas Jefferson(1743~1826), 정치철학자; George Washington Caver(1864~1943), 농화학자; Abraham Lincoln(1809~1865), 정치인; Albert Einstein(1879~1955), 물리학자; Jane Addams(1860~1935), 평화운동가; Ralph Waldo Emerson(1803~1882), 작가; Abert Schweitzer(1875~1965), 의료봉사 활동가; Benjamin Franklin(1706~1790), 발명가

- 자기 자신과 타인, 자연에 대해 있는 그대로 받아들인다.
- 내적 생활, 사고, 충동, 행동에 꾸밈이 없으며 순박하고 자연스럽다.
- 자기중심적이지 않으며 문제 중심적으로 사고한다.
- 보통 사람들보다 훨씬 초연하며, 개인적이고 사적인 생활을 즐긴다.
- 물리적 · 사회적 환경으로부터 비교적 독립성을 유지하며 자율적이다.
- 어린아이와 같은 경외, 기쁨, 경이, 환희를 느끼며 사물에 대한 인식이 항상 새롭다.
- 절정 경험을 한다.
- 인간 원조에 대한 깊은 욕구를 가지며, 인본주의를 지지한다.
- 깊은 대인관계를 맺는다.
- 민주주의적 철학과 성격 특성을 지니며 누구에게나 우호적이다.
- 목적과 수단, 선과 악에 대한 구분을 한다(도덕성, 윤리의식).
- 유머에 대한 철학적 감각이 있다.
- 어린아이와 같이 순진무구하고 무한한 창조성을 지닌다.
- 문화와 환경으로부터 독립적이다.

3) 사회복지실천과의 연관성

매슬로가 인간 본성을 긍정적으로 바라보는 관점은 사회복지실천에 중요한 시사점을 제공한다. 인본주의이론은 인간에 대하여 희망적이고 낙관적인 견해를 가지며, 인간의 내면에는 건전하고 창조적인 성장을 위한 가능성이 존재한다고 믿는다. 또한 인간을 전체로서 다루고 환경과 상호 작용하는 존재로 보며 개인의 경험에 대한 해석과 이해를 존중하는 클라이언트 중심의 개입은 사회복지실천의 주된 원리와 맥을 같이한다. 특히, 인간의 욕구를 체계적으로 설명함으로써 사회복지기관에서 클라이언트의 욕구가 무엇인지를 파악하여 적합한 서비스를 제공하고, 클라이언트의 욕구 수준을 고려한 프로그램을 개발하는 데 적용 가능성이 높다.

2. 칼 로저스

1) 로저스의 생애

칼 로저스(Carl R. Rogers, 1902~1987)는 1902년 1월 8일 미국 일리노이 주의 시카고 근교 오크 파크에서 5남 1녀 중 넷째로 태어났다. 경제적으로 안정된 기독교 가정에서 가족 외에는 가깝게 지내는 친구도 없이 비교적 사회적 영향을 받지 못한 채 외롭게 자랐다. 로저스는 위스콘신 대학교를 다니던 시절에 농업과 역사를 전공했으며, 중국에서 개최하는 세계기독학생연맹(World Student Christian Federation Conference) 집회에 미국 대표 10명 중 한 명으로 참석하게 된 경험을 통해 새로운 전환점을 맞이하게 된다. 위스콘신 대학교를 졸업하고 뉴욕의 유니온 신학교로 옮겼다가 후에 컬럼비아 대학교에서 임상심리로 박사학위를 받은 로저스는 뉴욕의 로체스터에 있는 아동학대방지협회의 심리학 연구원으로 10년간 일한 후 오하이오 주립대학교의 심리학과 교수로 부임하였다. 1939년 그는 첫 번째 저서인 『문제 아동의 임상치료(The Clinical Treatment of the Problem Child)』를 출간하였다. 1945~1957년까지 시카고 대학교의 심리학 교수와 상담소의 행정 책임자가 되어 카운슬링센터를 관리하면서 클라이언트 중심의 심리치료와 재활법을 정교화하였다. 1957년에는 모교인 위스콘신 대학교의 심리학 및 정신의학 교수로 돌아와 정신분열증으로 고통받는 클라이언트에게 자기 고유의 접근방법과 기술을 사용하였지만 기대했던 성과를 얻지는 못했다. 1964년 교수직을 사임한 로저스는 캘리포니아 주로 옮겨 서부행동과학연구소와 인간연구소에서 인간관계 능력의 향상에 대한 연구와 실천에 전념하였다.

85세 때 고관절 수술로 갑자기 사망할 때까지 로저스는 끊임없이 자신의 관심과 상담심리학의 영역을 확장시켰다.

2) 주요 개념

로저스는 현상학적 심리학의 대변자다. 현상학적 관점은 개인의 독특한 주관적 관점을 강조한다. 현상학적 이론가들은 한 개인을 이해하려면 '개인이 자신의 경험을 해석하는 방법'을 가장 먼저 이해해야 한다고 생각한다. 현상학적 이론은 전체론적이다. 전체론적 관점에 따르면, 성격은 통합적인 것이며 각각의 부분은 하나의 조직화된 전체에 맞아 들어가는 일치성이 있다고 생각한다. 로저스는 스스로 자신을 어떻게 생각하는가와 타인에게 자신이 어떻게 비치는가의 조화를 중요하게 생각하였다.

성격심리학 분야에 정신분석학밖에 없었던 때에 로저스는 프로이트의 이론에 대한 주요 대안이론을 처음으로 제시한 사람이다. 로저스는 클라이언트와의 지속적인 임상 경험을 통하여 치료의 의미, 대인관계의 역동성, 성격의 구조와 기능에 대하여 정리하면서 인간은 누구나 현실을 다르게 지각하고 이러한 주관적인 경험이 행동을 지배하게 된다고 믿었다(Hill & O'Brien, 1999; 이효선, Garz, 2006 재인용). 이를 토대로 한 로저스의 성격이론은 두 가지 기본 가정에 근거한다. 첫째, 인간의 모든 행동은 그 개인의 독특한 실현 경향성에 따라 일어난다. 둘째, 모든 인간은 긍정적 관심에 대한 욕구를 가진다.

(1) 인간에 대한 관점

로저스의 인간관은 성선설이다. 그는 기독교 정신이 '인간은 본래 악하고 죄가 많다.'는 믿음을 조장했다고 주장했다. 더욱이 이러한 인간성에 대한 부정적 관점은 인간상을 살인, 강간, 도둑질, 기타 끔찍한 행위를 자행하는 본능과 무의식으로 가득 찬 존재로 제시했던 프로이트에 의해 강화되었다고 주장했다.

로저스는 인간이 스스로 자기 이해와 자기개념, 기본적인 입장, 자기 행동을 바꿀 수 있는 광대한 자원을 가지고 있다고 보았으며, 훌륭한 삶

(good life)이란 어떤 목적을 달성하는 것이 아니라 방향을 추구하는 것이라고 생각했다. 유기체가 어떠한 방향으로 자유롭게 움직일 수 있는 내적 자유가 있을 때 좀 더 완전히 기능하는 방향으로 움직인다. '완전히 기능하는 사람'이란 자신의 잠재력을 인식하고 능력과 자질을 발휘하여 완벽한 이해와 경험을 풍부히 하는 방향으로 나아가는 개인을 지칭하기 위하여 사용된 용어다. 로저스는 '완전히 기능하는 사람'이 공통적으로 갖는 특성을 다음과 같이 설명하고 있다.

- **완전히 기능하는 사람은 경험에 대하여 개방적이다**   경험에 대하여 개방적인 사람은 자신의 내면의 목소리를 들을 수 있고, 자신의 내부에서 무엇이 일어나고 있는가를 이해하며, 자신의 감정을 민감하게 인식하고 억압하지 않는다. 그들은 감정에 민감하지만 합리적인 사리판단으로 상황에 반응한다. 그러므로 완전히 기능하는 사람에게는 어떤 내적 경험이나 감정도 위협이 되지 않는다. 그들은 모든 것에 대해 진정으로 개방적이다.

- **완전히 기능하는 사람은 실존적인 삶을 사는 사람이다**   실존적인 삶이란 인간 존재의 매 순간을 풍부하게 체험하는 전반적인 능력이다. 그렇게 함으로써 인생의 매 순간은 기존의 모든 것과 구별되어 새로운 것으로 지각된다. 현재의 자기나 미래의 자기는 그 순간으로부터 나오는 것이며, 자기나 타인에 의해 예측될 수 없다. 실존적 삶의 또 다른 특징은 자기와 성격이 경험으로부터 나타난다는 것이다. 따라서 완전히 기능하는 사람은 실존적인 삶을 살아가는 과정에서 자신의 경험구조를 발견하며 유동적이고 적응적이며 관용적이고 자발적이다.

- **완전히 기능하는 사람은 자신의 유기체적 경험을 신뢰한다**   대부분의 사람들은 지금까지 지켜져 내려온 사회적 규범이나 타인의 판단 및 익숙한 방법에 의존한다. 그러나 완전히 기능하는 사람은 자신의 유기

체적 경험을 통해 자신이 해야 할 것과 하지 말아야 할 것을 결정하며, 옳다고 느끼는 것을 행하는 것은 만족을 주는 행위의 지침이 무엇인가를 자신 있고 신뢰롭게 판단한다는 것을 증명한다.

• **완전히 기능하는 사람은 경험적 자유가 있다**   경험적 자유란 자기 세계를 형성하는 데 자신이 중요한 역할을 담당한다는 개인의 의지를 나타내는 것으로 자기가 선택한 인생을 자유롭게 살아간다는 의미를 포함한다. 인간의 행위가 생물학적 신체구조, 사회적 압력, 과거 경험으로부터 영향받는 것을 부정하지는 않지만, 완전히 기능하는 사람은 자유로운 선택자로서 '자신의 행동과 결과에 책임을 지는 것은 자신뿐'이라는 내적 준거를 따른다. 실제로 그들은 인생에서 많은 선택을 하며, 자신이 원하는 것은 어떤 것이든지 행할 수 있다고 믿는다.

• **완전히 기능하는 사람은 창조적이다**   창조적인 삶을 사는 사람은 자신의 문화 내에서 건설적으로 내면적인 욕구를 만족시키며 살아가지만, 그 문화에 완전히 적응하거나 얽매여서 살아가지는 않는다. 인간의 본성을 존중하는 로저스에 따르면 분화, 책임감, 협동과 성숙의 방향으로 나아가려는 선천적인 인간의 본질이 발현됨으로써 개인과 그 종(species)의 지속과 향상이 이루어진다고 본다.

(2) 자기

자기(self) 또는 자기개념은 다른 사람들이 자기 자신을 어떻게 생각하는지에 대한 이론적 구성개념이다. 자기를 구성하는 지각은 응집된, 단일화된 방식으로 조직화되고, 양립 가능하며(불일치나 모순이 없고), 전체적이고 통합되어 있다. 로저스는 자기를 두 가지 기본 측면으로 구분한다. 먼저 실제적 자기(actual self) 또는 현실적 자기는 개인이 자기 자신을 실제로 바라보는 방식을 일컫는다. 그리고 이상적 자기(ideal self)

는 사람들이 자기 자신을 어떠한 모습으로 봐 주기를 바라는 형태를 일컫는다.

심리적 문제를 겪는 사람들은 실제적 자기와 이상적 자기가 불일치해서 삶의 만족이나 행복을 잘 느끼지 못한다. 삶의 만족은 자신의 목표와 이상을 얼마나 성취했는가에 달려 있는 경우가 많다. 때문에 개인의 실제적 자기와 이상적 자기 개념 간의 일치성이 삶의 만족 지표로 사용되고 있다.

(3) 자기실현

로저스는 성격이 타고난 실현 경향성(actualizing tendency), 즉 '유기체를 유지하고 증진시키려는 방향으로 모든 능력을 발달시키는 유기체의 선천적 경향성'에 따라 형성된다고 믿었다. 실현 경향성은 생물학적 기능과 심리적 기능 모두에 영향을 미친다. 기본적인 생물학적 욕구를 충족시킴으로써 개인이 유지되고, 신체적 성숙을 이끈다. 심리적인 면에서 실현 경향성은 개인의 자율성과 자기 충족감을 증진시키고, 경험을 확대시키며, 개인적 성장을 촉진한다. 실현 경향성은 두 가지 측면을 지닌다. 첫 번째는 개인을 신체적으로 보호하고 유지하려는 공통된(대체로 생물학적인) 경향성이다. 그리고 두 번째는 자율성, 자기 충족감, 개인적 성장을 증진시키려는 개인의 고유한(심리적인) 경향성이다. 이러한 고유한 심리적 측면은 로저스 이론의 중심 개념인 자기 유지와 향상을 내포하며, 이는 곧 자기실현을 뜻한다.

(4) 긍정적 관심

모든 인간은 수용, 존중, 연민, 온정, 사랑의 형태로 나타나는 긍정적 관심(positive regard)에 대한 욕구를 가지고 있다. 로저스는 긍정적 관심이 개인의 건강한 발달과 성공적인 대인관계를 위해 필수적이라고 믿었다. 유아나 어린 아동의 경우 외적 원천(부모 혹은 중요한 타인)으로부터 긍정적 관심을 얻게 되지만, 자율성과 자기개념이 발달함에 따라 아동은 스스로에게 긍정적 관심을 제공할 수 있다. 이러한 긍정적 자기 관심(positive self-regard)은 타인으로부터 받았던 긍정적 관심의 형태를 모방함으로써 이루어진다. 또한 특정 행동에 대해서 긍정적 관심을 주고받는 것을 조건적 긍정적 관심(conditional positive regard)이라고 한다.

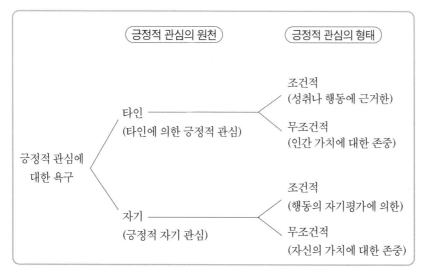

[그림 4-2] 긍정적 관심

▶ 긍정적 관심에의 욕구는 자기 자신이나 타인에 의해서 충족될 수 있다. 긍정적 관심이 자신에 의한 것이든 타인에 의한 것이든지 간에 무조건적일 수도 있고 조건적일 수도 있다.

(5) 무조건적 긍정적 관심

인간은 존재 자체만으로도 가치가 있다. 무조건적 긍정적 관심(unconditional positive regard)이란 개인의 행동과 무관하게 주어지는 것으로, 개인의 타고난 실현 경향성이 발현될 수 있는 최적의 조건을 제공해 준다. 무조건적 긍정적 관심은 내부로부터 비롯될 수도 있고, 외부에서 주어질 수도 있다. 무조건적 긍정적 관심은 자신이 소중하다는 느낌과 자존감을 갖게 해 주기 때문에 이상적(ideal)인 것으로 간주된다. 무조건적 긍정적 관심의 대표적인 예가 자녀에 대한 부모의 사랑이다. 부모는 '자녀가 특정 조건을 충족시키거나 특정 기대에 맞게 행동하기 때문이 아니라 단지 자신들의 아이이기 때문에' 자녀를 수용한다(예: '네가 한 행동은 옳지 않지만, 나에게 너는 여전히 소중하단다.'). 물론 대부분의 부모들도 무조건적 긍정적 관심을 자신의 자녀들에게 제공하는 경우가 드물며, 스스로에게 그런 관심을 주는 경우도 드물다. 대부분의 사람들은 긍정적 관심에 대한 지속적 욕구 때문에 조건적 긍정적 관심에 주의를 기울이게 된다. 무조건적 긍정적 관심을 제공하려면 다른 사람의 관점에서 그 사람의 행동을 보는 것이 필요하다.

(6) 가치의 조건

일상생활에서 우리가 받는 조건적 긍정적 관심은 행동에 대한 외적 표준과 기대에 따른 것이다. 일반적으로 사람들은 어떤 형태로든 긍정적 관심을 받고자 한다. 의미 있는 타자가 자신을 가치 있는 사람으로 여긴다고 느낄 때 그 느낌이 얼마나 긍정적으로 작용하는가를 생각해 볼 수 있다. 인간은 긍정적 관심과 상반되는 비난, 힐책, 처벌에 의해서도 영향을 받는다. 긍정적 관심을 일으키는 행동을 적극적으로 추구하는 것과는 반대로 부정적 관심을 일으키는 행동은 회피하는 경향이 있다. 이러한 개인의 특정 행동에 대한 외적 가치를 '가치의 조건(conditions of worth)'이라고 한다. 가치의 조건은 조건적 긍정적 관심 또는 조건적 부정적 관심에 의해 드러난다. 따라서 외적 기준에 근거한 가치의 조건은 실현화를 통해 자기실현을 추구하는 최적의 기능을 방해한다.

(7) 자기실현의 방해 요인

개인의 심리적 적응은 가치의 조건이 아니라 실현 경향성이 얼마나 개인의 행동을 지배하는가에 달려 있다. 심리적 장애는 가치의 조건이 행동을 지배하고 이끌 때 발생한다. 개인의 행동에서 이러한 두 기준 간의 갈등과 경쟁은 개인의 최적 발달과 기능을 방해한다.

① 위협

로저스는 자기개념 내의 불일치에 대한 지각(의식적이든 무의식적이든)을 '위협'이라고 정의하였다. 갈등이 적절하게 해결되지 못하면 개인의 성격은 분열되고 와해될 수 있기 때문에 이러한 갈등은 위협적이다. 위협은 모호한 걱정이나 긴장으로, 즉 불안으로 경험된다. 불안은 통합적인 자기개념이 위협받고 있다는 경고로서 작용하며, 자기개념의 불일치를 감소시키는 방어과정을 이끌어 낸다.

② 방어과정

방어과정은 자기개념의 일치성을 유지시킨다. 로저스는 자기개념에 대한 방어과정을 두 가지의 범주(지각적 왜곡과 부정)로 구분하였다.

- **지각적 왜곡(distortion)**　지각적 왜곡은 받아들이기 어려운 경험을 자신의 현재 자아상과 일치하는 형태로 변형하여 받아들이는 것을 의미한다. 즉, 위협적인 경험을 자기개념과 양립할 수 있도록 수정한다. 자신이 꽤 인기 있다고 생각했던 K는 주말에 아무도 연락을 안 했다는 것에 기분이 상했지만, 스스로에게 '난 주말에 바쁠 것 같으니까 아예 연락을 안 했나 보지?'라고 말함으로써 이러한 불일치를 납득시킨다. 이러한 이해는 K가 스스로 지각하는 자신의 현실이다. 지각적 왜곡은 지각된 형태로서 경험을 다른 방식으로 이해한다.

- **부정(denial)**　부정은 자신을 위협하는 경험이 의식화되는 것을 회피함으로써 자기구조를 유지하는 것을 말한다. 즉, 여러 가지 방식으로 자신에게 이러한 불일치 경험이 존재하지 않는 것으로 확신한다. K는 자신이 친구들과 어울리기에는 너무 바쁘고, 연락받지 못했다는

사실에 신경 쓰지 않는다고 믿음으로써 친구들에게 초대받지 않았다는 위협적인 경험을 부정할 것이다.

표 4-1   지각적 왜곡과 부정에 의한 방어과정 및 방어기제(예)

가정: 직장에서 하루에 12시간씩 일하는 사람이 자신을 헌신적인 남편과 아버지로 지각하고 있다.

지각적 왜곡	• 나는 내 가족의 욕구를 충족시키기 위해서 열심히 일해야만 한다(합리화). • 나는 항상 가족을 위해 일하고 있다(반동 형성).
부 정	• 나는 직장에서 일하는 시간만큼 가족들과 시간을 보낸다(부정). • 남편들은 자신이 얼마나 가족들과 시간을 같이 보내지 못하는지 정말 모른다(억압).
지각적 왜곡과 부정	• 나는 가족들과 많은 시간을 보내고 있기 때문에 내 일에 소홀히 하고 있다(반동 형성). • 가장이 열심히 일만 하느라 가족과 함께 저녁시간을 보낼 수 없다면 끔찍한 일이다(투사).

출처: 조현춘(2002). 성격심리학. 서울: 시그마프레스.

(8) 자기개념의 일치와 재통합

심리적으로 잘 적응된 사람일지라도 가끔은 자기개념과 불일치하는 경험에 의해 위협받을 때가 있다. 이때 방어과정은 불일치를 인식하지 못하게 만든다. 그러나 자기개념과 경험 간에 불일치가 너무 클 때는 방어가 부적절할 수 있다. 이때 개인은 위협적인 경험을 의식적으로 인식하게 되고, 자기개념은 와해된다. 자기개념이 와해된 사람들의 행동은 '그 사람 같지 않아' 보이기 때문에 타인에게 소원해 보일 수 있다. 에드바르 뭉크(Edvard Munch)가 그린 '절규'(1895)는 로저스가 말한 개인의 전체적 와해에 따른 극단적 절망감을 보여 준다.

개인의 자기개념과 경험 간의 모순은 재통합 과정을 통해 감소되거나 제거될 수 있다. 재통합(reintegration)은 방어과정을 변화시켜 자기개념의 일치성을 회복한다. 즉, 개인이 과거에 왜곡하고 부정했던 경험을 인

식하는 것이다. 예를 들어, 시험에
실패했다 해도 그럴 수도 있다고
인식하는 것을 의미한다. '내가
하고자 하는 모든 일에서 성공할
필요는 없다.' 고 생각함으로써 이
것을 자기개념에 통합할 수 있다.
이러한 재통합은 수많은 노력을
통해 실패에 대한 위협을 감소시
킬 수 있으며, 심리적 고통이나 불
안 없이 폭넓은 경험을 자유롭게
즐길 수 있게 한다.

절 규

그러나 자기 자신에 대한 재통합은 자기개념과 경험 간의 불일치성이 사
소한 것이고 최소한의 위협을 일으킬 때만 가능한 것이라고 로저스는 지적
하고 있다. 만약 자기개념의 부조화가 커지면 무조건적 긍정적 관심으로
자신을 수용해 줄 수 있는 타인과의 안정된 관계가 필요하게 된다.

(9) '~이면, ~일 것이다(if~ then~)' 의 가설

사람들은 상을 받거나 무조건적인 인정을 받을 때, 자신이 매력적인 존
재라고 받아들인다. 마찬가지로 치료자가 무조건적으로 인정하고 수용할
때 클라이언트는 치료자가 자신에게 공감하고 있다고 인식하게 된다. 인
간중심치료의 성공적인 결과는 클라이언트가 덜 방어적이 되고 경험에
대해 보다 개방적인 태도로 세상에 대한 현실적인 관점을 갖게 되는 것이
다. 따라서 치료자의 태도가 일치하고, 긍정적 관심과 공감으로써 이해
한다면 클라이언트에게 큰 변화가 일어날 것이다.

다음은 로저스의 치료이론에 대한 설명이다(Feist& Feist, 2006; 엄신자,
2007 재인용).

표 4-2   **로저스 치료의 변화과정**

만약 다음과 같은 상황이라면……	클라이언트에게 치료적 증진이 일어난다면 ……
상처를 입기 쉽거나 불안한 클라이언트는 다음과 같은 특성을 가진 치료자를 찾아야 한다. 클라이언트는 치료적 증진을 위해 다음과 같은 조건이 필요하고 또 충분해야 한다는 것을 알아야 한다. • 일관적인 관계 패턴을 보이는 치료자 • 무조건적 긍정적 관심을 갖는 치료자 • 클라이언트 내면의 준거 틀에 대해 공감적 이해를 갖는 치료자	• 보다 더 일치하게 된다. • 덜 방어적이다. • 경험담을 더 많이 공개한다. • 세상에 대해 현실적인 견해를 갖는다. • 긍정적 자기 관심을 개발한다. • 이상적 자기와 현실적 자기 간의 괴리가 줄어든다. • 위협에 상처를 덜 받는다. • 덜 불안하게 된다. • 경험한 것을 충분히 자기 것으로 받아들인다. • 다른 사람들을 더 많이 수용하게 된다. • 다른 사람들과의 관계에서 더 많이 일치하게 된다.

3) 사회복지실천과의 연관성

클라이언트의 경험과 자극에 대한 클라이언트의 인식이 자신의 실제를 구성한다는 로저스의 개념은 사회복지에서 '클라이언트가 처한 곳에서부터 시작하라.'는 원리와 일치한다. 또한 로저스의 인간에 대한 존엄성과 가치, 자기 결정권, 사회적 책임과 상호 관계에 대한 소신은 사회복지실천의 철학과 조화를 이루는 원칙이 되고 있다. 원조과정에서 온정과 관심은 인간이 변화하도록 도울 수 있음을 전제로 한다. 따라서 원조과정에서 진실함과 일관성, 무조건적인 긍정적 관심으로 클라이언트의 내적 준거틀에 공감할 수 있어야 한다는 주장은 사회복지실천에 있어 서비스를 제공하는 사람들의 실천적 자세 측면에서 사회복지의 토대가 되고 있다. 그러나 클라이언트 스스로에 대한 인식과 이해를 증가시키려는 통찰 지향적 접근은 대안 제시나 개입의 효과성을 파악하기가 어렵고, 성격발달에 관한 정보를 제공해 주지 못한다는 점, 클라이언트에게 진실해야 하는 치료자의 입장이 곤란에 처할 수도 있다는 점 또한 객관적이고 과학적인 평가가 모호하기 때문에 실천 현장에서 직접적으로 활용되기 어렵다는 점 등이 한계로 지적되고 있다.

인본주의 입장에서의 자기평가

다음은 사회복지사 스스로 클라이언트와 촉진적인 관계를 형성할 수 있는 자질을 갖추고 있는지를 점검할 수 있는 평가 문항이다.

① 나는 다른 사람을 믿을 수 있고, 일관성이 있는 존재로 보는가?
② 나는 현재 있는 그대로의 내 모습을 명확하게 전달할 수 있을 만큼 표현적인가?
③ 나는 다른 사람에게 온화함, 보호, 흥미, 존경 등 긍정적인 태도를 보이고 있는가?
④ 나는 다른 사람과 분리될 수 있을 만큼 충분히 강한가?
⑤ 나는 다른 사람의 분리를 허용할 수 있을 만큼 충분히 안정되어 있는가?
⑥ 나는 다른 사람의 감정과 그 개인의 의미 속으로 들어갈 수 있으며, 그 사람이 바라보는 대로 볼 수 있는가?
⑦ 나는 다른 사람의 모든 면을 있는 그대로 수용할 수 있는가?
⑧ 나는 나의 행동이 다른 사람에게 위협으로 인식되지 않는 선에서 충분히 민감하게 반응할 수 있는가?
⑨ 나는 외적인 평가의 위협으로부터 자유로운가?
⑩ 나는 다른 사람을 형성되어 가는 존재로 보며, 나 자신과 다른 사람을 과거에 묶어 놓지는 않는가?

제2부
생애주기에 따른
인간의 성장과 발달

제5장 태내기, 영아기, 유아기

제6장 아동기

제7장 청소년기

제8장 성인기

제9장 노년기

인간은 누구나 태어나서 발달과 성숙의 과정을 겪게 된다. 이렇게 연령이 증가함에 따라 나타나는 모든 신체적·심리적 변화를 발달적 변화라고 한다. 발달의 의미를 이해하기 위해서는 발달적 변화에 기초가 되는 성숙(maturation)과 학습(learning)의 개념을 이해해야 한다. 발달적 개념은 연속적이고 체계적인 성숙과정 혹은 성장과정으로 정의되었으나, 현대적인 발달 개념의 발달심리 대상은 연령과 관계된 의미 있는 변화로 정의된다. 발달은 변화하려는 주체가 변화의 사건을 스스로 의미 있게 만들어 나갈 때 가능한 것으로 이해한다. 이러한 인간의 발달은 다음과 같이 보편적 원칙과 특성을 가진다.

- 인간의 발달은 일정한 순서와 방향이 있다.
- 인간은 유전적 요인 및 환경과 상호작용하며 발달한다.
- 인간의 발달은 분화와 통합의 과정을 거치며 이루어진다.
- 인간의 발달은 연속적 과정을 통해 이루어진다.
- 인간의 발달에는 개인차가 있다.
- 인간의 발달에는 결정적 시기(critical period)가 있다.

발달의 속도는 연령에 따라 다르며, 개인차가 있고, 발달의 각 측면은 서로 밀접한 관련이 있어서 일반적인 발달을 설명할 때 연령에 따라 신체적·지적·정서적·사회적 발달 등 발달의 각 영역을 다루게 된다(박성연, 2006: 9-11). 이러한 인간의 발달에 대해 뉴먼과 뉴먼(Newman & Newman, 1987: 4)은 다음과 같이 가정하였다.

- 성장은 태아기부터 노년기까지 매 단계마다 일어난다.
- 개인의 생활은 지속성과 변화를 나타내며, 이 양자는 인간발달의 이해를 위한 핵심이 된다.
- 신체적·지적·정서적·사회적 발달을 포함하는 인간의 전체적 특

성을 이해할 필요가 있다.

• 인간은 그가 존재하는 환경과의 관계 내에서 연구되어야 한다.

인간의 발달단계에 대한 구분은 많은 학자들에 의해 이루어져 왔으며, 학자마다 그 정의와 기준이 조금씩 다르다. 최초로 인간의 발달단계의 구체적인 시기를 기술한 사람은 아리스토텔레스(Aristoteles)로 그는 발달단계를 유년기(생의 최초 7년), 소년기(7세~사춘기), 청소년기(사춘기~21세)로 나누었다. 스탠리 홀(G. Stanley Hall) 또한 인간의 발달단계를 4단계, 즉 유아기(출생~4세), 아동기(4~8세), 전 청년기(8~22세), 청년기(22~25세)로 구분하였다. 재스트로(Zastrow)는 인간의 발달단계를 8단계로 나누었는데, 태아기(임신~출산), 영유아기(출생~3세), 학령전기(4~5세), 아동기(6~11세), 청소년기(12~18세), 청년기(19~29세), 장년기(30~64세), 노년기(65세~)로 전 생애를 다루었다. 한편 뉴먼과 뉴먼(1987: 28)은 인간의 발달단계를 11단계, 즉 태아기(임신~출산), 유아기(출산~2세), 걸음마기(2~4세), 초기 학령기(4~6세), 아동기(6~12세), 청소년기(12~18세), 청년기(18~24세), 성인 초기(24~34세), 성인 중기(34~60세), 노년기(60~75세), 노년 후기(75세 이상)로 더욱 세분화하였다.

각 발달단계는 그 단계에서 반드시 성취해야 할 발달과업(developmental task)을 가지고 있다. 따라서 발달단계는 발달상에서 어떤 과제의 성취와 특정한 측면의 발달이 강조되는 삶의 기간을 말한다고 볼 수 있다. 각 발달단계는 고유한 특징이 있고, 그 이전 단계나 이후 단계와 구분되며 새로운 단계는 그 이전 단계까지 이루어진 발달을 통합한다. 이 책에서는 인간의 발달단계를 다음과 같이 나누어 다루고자 한다.

구 분		기 간
태내기		임신~출산
영유아기	영아기	출생~2세
	유아기	3~4세
아동기	학령 전기	5~6세
	학령기	7~12세
청소년기	청소년 전기	13~18세
	청소년 후기	19~24세
성인기	성인 초기	25~39세
	중·장년기	40~60세
노년기	노년 전기	61~75세
	노년 후기	76세 이후

　　인간발달에 대한 지식과 단계별 주요 발달의 개념은 사회복지실천에 직접 적용할 수 있다. 인간의 욕구와 행동을 정확하게 평가하기 위해서 사회복지사는 무엇이 정상이고, 무엇이 적합한지를 알아야만 한다. 사회복지사는 적절한 개입 시기를 판단할 수 있어야 하며, 이것은 정상적 행동의 인식에 대한 중요성을 뒷받침해 준다.

　　실천 현장에서 문제해결을 위한 프로그램이나 서비스를 고안할 때 발달단계에 입각해서 접근하게 되면, 특정 발달단계에 속한 클라이언트의 욕구에 대한 이해도를 높일 수 있고, 욕구를 충족시킬 수 있는 자원의 파악이 더욱 용이할 것이다.

제5장

태내기, 영아기, 유아기

1. 태내기(임신~출산)

1) 태아의 발달

인간은 보통 38주(평균 임신 기간은 266일)의 임신 기간을 거쳐 태어난다. 이 시기에는 유전인자가 성장에 지배적인 영향을 미치며, 이에 따라 개인적 특성이 결정된다. 그러나 태아의 신체적 변화는 단독적으로 발생한다기보다는 생물적 · 사회적 · 심리적 요인에 따른다. 산모의 심리 상태, 연령, 유전적 특질, 약물 복용, 음주, 흡연 등 다양한 요인들이 태아의 성장에 영향을 미친다. 태아의 발달은 발생기(germinal period), 배아기(embryonic period), 태아기(fetal period)로 나누어 볼 수 있다. 각 단계마다 구분되는 특징과 내용을 살펴보기로 한다.

(1) 발생기

발생기는 수정된 후 자리를 잡기 시작하는 시기로 수정 후 약 2주간을 말한다. 수정란은 수정이 이루어진 난관에서 착상하게 될 자궁으로 이동하는 동안 세포분열을 계속한다. 수정란이 자궁에 도착할 때쯤이면 수십 개의 세포로 이루어져 있다. 세포군은 외부 세포층과 내부 세포층으로 이루어져 있는데, 외층은 영양막이라고 하며, 후에 태아를 보호하고 영양을 공급하면서 내부 세포층으로 발달하게 된다. 이러한 발달이 계속되어 수정 후 10~14일쯤 되면 수정란이 자궁벽에 착상하게 된다. 일반적으로 수정란의 약 25%는 유전적 결함 등으로 손실되거나 착상에 실패하는데, 여성은 그 사실을 감지하지 못한다. 또 다른 약 25%는 착상에 성공하더라도 자궁 외임신 등 비정상적인 임신으로 임신 후반기에 유산이 되므로 결국 수정란의 절반 정도는 생존하지 못하게 된다. 남아가 여아보다 생존율이 더 낮은 경향이 있다. 한편 자궁은 수정란을 받아들이기 위해 변화하기 시작한다. 착상 시 영양막의 융모가 자궁의 점막을 뚫고 들어가 모체의 혈관에 이른다. 이때 발생기가 끝나고 태내 발달 시기인 6주간의 배아기가 시작된다.

(2) 배아기

배반포의 착상이 성공적으로 이루어지면 2~8주까지의 배아기가 시작된다. 이 시기에 배반포의 세포분열이 왕성하게 이루어지면서 2~3주 후에는 배아가 이미 형체를 갖추기 시작한다. 임신 4주가 되면 입, 위장, 간이 발달하기 시작한다. 심장이 보다 발달하고 머리와 뇌 부분이 보다 분명하게 분화된다. 임신 2개월 말경에 이르면 태아의 형태는 현저하게 제 모습을 찾아간다. 신장은 약 3cm가 되고 얼굴, 눈, 귀, 사지가 상당한 꼴을 갖춘다. 손가락과 발가락이 생겨나고 피부, 손발, 머리카락, 눈이 발달하며 초보적인 순환 계통, 척수 등이 형성된다. 심장박동이 규칙적으로 이루어지고, 태아는 정해진 시간에 일어나며, 엄지손가락을 입에 넣기도 한다. 이 기간에는 머리가 다른 신체기관에 비해 상당히 크다. 이 시기에 발달에 인위적인 방해를 주면 다른 어느 시기보다도 신경계통에 심각한 손상을 입히게 될 가능성이 높다.

(3) 태아기

배아기가 끝난 후인 9주부터 출산까지의 기간을 태아기라고 한다. 이 시기의 아기를 태아(fetus)라 칭하며, 이 기간에는 신체기관의 분화는 더 이상 일어나지 않고, 여러 기관이 초보적인 형태에서 벗어나 상당히 발달하여 기능을 발휘하기 시작한다. 태아는 출생 후의 모습과 거의 같아진다. 임신 8주 말경에 생식선(난소 또는 고환)이 처음으로 나타나기 시작하여 외부 성기의 분화가 지속된다. 12주 말경이 되면 인간의 형체를 갖추기 시작한다. 근육이 발달하고 눈꺼풀과 손톱 등이 생기며 태아의 성(性)도 보다 쉽게 식별이 가능하다. 그러나 신경계통은 여전히 불안하다. 13~26주 사이에는 임신의 징후가 확실해지면서 산모의 몸에 여러 가지 변화가 나타난다. 우선 하복부가 불러오면서 피부가 갈라지기도 하고, 성호르몬의 자극에 의해 유방이 커지면서 경우에 따라서는 초유가 분비되기도 한다(하재청 외, 1997: 107). 16주 말이 되면 산모는 태아의 움직임을 느낄 수 있다. 이때 태아는 인간의 모습에 가깝고 신체에 털이 생기며, 눈의 깜빡임이나 손을 쥐거나 잡을 수 있게 된다. 20주가 지나면 피부가 성인의 그것과 비슷해지며, 머리카락, 손톱, 발톱이 자란다. 26주경이 되면 임산부는 입덧이 대부분 사라지고, 호르몬이 균형을 잡아 가면서 정서적으로 안정된다. 이때는 태아가 조기 출산이 되어도 생존이 가능하다. 28주부터 출산 시까지는 기본적인 신체조직과 기능이 더욱 발달한다. 피부의 지방조직이 형성되고, 내부기관을 비롯하여 두뇌와 신경계 등 신체조직이 완전히 발달한다. 태아의 체중과 신장은 급격히 증가하여 키는 50cm, 몸무게는 3.2kg 정도로 자라게 된다. 이 시기 이후에는 태아가 모체로부터 분리되어도 생존이 가능하다. 임산부에게 이 시기는 많은 무리를 가져오는데, 불편증과 소화불량을 겪기도 하고 손발에 수분이 많이 남아 있는 현상인 부종을 겪기도 한다. 몸무게의 증가는 산모의 근육과 골격에 무리를 가져오고 통증과 근육 경련을 일으킬 수 있다.

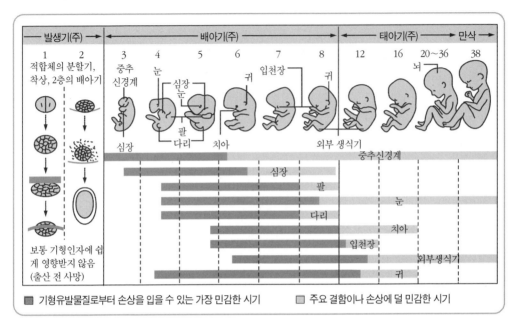

[그림 5-1] 태내기 과정

출처: Moore(1983). *Before We Are Born*. W.B. Saunders Co.

2) 임산부가 태아에게 미치는 영향

(1) 유전적 요인

① 터너증후군(Turner's syndrome)

여성의 성염색체의 이상으로 X 염색체가 하나밖에 없는 XO형으로 인해 전체 염색체 수가 45개가 된 경우다. 외관상 생식기관은 여성적이고 외견상 여성이기는 하나 생식선의 발달이 불완전하기 때문에 제2차 성징의 발육이 부진하다. 그러나 여성 호르몬인 에스트로겐을 복용함으로써 더 '여성적' 인 외모를 가질 수 있다. 지능이 낮고 키가 작으며, 언어 지능은 정상이지만 공간지각 능력은 평균 이하인 경우가 많다. 여성 10,000명 중 4명의 빈도로 발생한다.

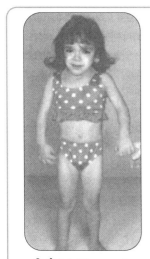
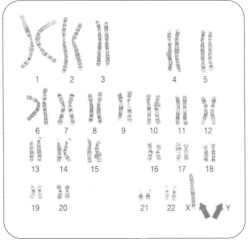

출처: http://personal.
telefonica.terra.es

출처: http://images.clinicaltools.com/images/
gene/turnersyndromexnoy.jpg

② 클라인펠터증후군(Klinefelter's syndrome)

46개의 염색체가 아니라 47개 이상의 염색체(예: XXY, XXXY, XXXXY)를 가짐으로써 나타나는 증후군이다. 성적으로는 남성이지만, 정소의 발육이 불완전하기 때문에 정상적인 정자 생산이 불가능하다. 이 증후군을

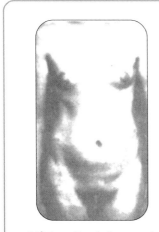
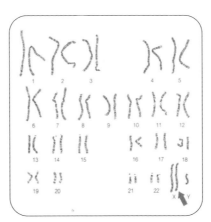

출처: http://cas.bellarmine.deu

출처: http://images.clinicaltools.com

가진 아동은 제2차 성징 발현 시기인 사춘기에 여성적인 제2차 성징이 나타난다. 고환이나 전립샘이 작고 체모나 음모가 덜 발달하며, 남성임에도 불구하고 유방의 발달이 두드러짐을 볼 수 있다. 이들의 25%가량은 정신박약이나 정신병리학적인 증상이 나타난다. 또한 이러한 결함은 여분의 X 염색체가 많을수록 더욱 현저하게 나타난다.

③ 다운증후군(Down's syndrome)

다운증후군은 1886년 영국의 의사 다운(John Langdon H. Down)에 의해 발견된 증후군으로 보통 21번 염색체가 3개가 될 때 발견된다. 여성이 21번 염색체에 이상이 있는 아기를 출산할 가능성은 출산 연령의 증가와 함께 현저하게 증가한다. 30세 이하의 여성은 1,000명당 1명의 비율로 다운증후군 아기를 출산할 가능성이 있으나, 45세 여성은 30명당 1명의 비율로 다운증후군 아기를 출산할 수 있다. 아버지도 다운증후군 사례에서 20~30% 여분의 염색체에 기여한다. 서양인의 경우, 특히 다운증후군 환자의 눈이 몽고족과 같은 가느다란 타원형을 하고 있다고 해서 '몽고증'이라고 불리기도 한다. 다운증후군 환자는 IQ가 70 이하로 지능이 낮고, 질병에 대한 저항력이 약해 심장질환, 호흡기 질환 혹은 백혈병 등에 감염될 확률이 높다.

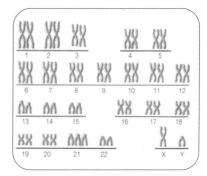

출처: http://medgen.genetice.utah.edu   출처: www.valleyhealth.com

④ **혈우병(hemophilia)**

혈우병이란 혈액이 혈관 밖으로 나와 일정 시간이 경과해도 응고되지 않고 계속 출혈하는 증상으로 성염색체인 X 염색체에 자리 잡고 있는 유전자 이상에서 기인하는 유전병이다. 인구 10,000명당 0.2명의 빈도로 발생한다.

(2) 환경적 요인

① **임신 연령**

여성은 첫 월경 시작 후 1년경부터 폐경기까지 약 35년 동안 임신이 가능하다. 가장 이상적인 임신 연령은 18~35세이며, 특히 첫 출산의 경우 더욱 그러하다. 35세 이상의 임산부는 진통 시간이 더 길고, 그 결과 신생아나 산모 중 어느 한쪽의 사망을 초래할 확률이 높다. 40세 이상의 임산부는 다운증후군 아기를 출산할 확률이 높고, 15세 이하의 임산부가 출산한 아기의 6%가 태어난 첫해에 사망하며, 그 비율은 20대 초반 여성이 낳은 아기의 사망률보다 1.5~2배 더 높다. 미숙아를 낳을 확률도 16세 이하, 35세 이상의 임산부에게서 높게 나타나며, 특히 10대의 산모는 보다 큰 신경학적 결함을 갖는 미숙아를 출산하는 경향이 높다. 연령이 높아짐에 따라 자궁을 형성하는 세포 역시 노화하기 때문에 자궁의 기능이 퇴화하여 노산의 경우 염색체 이상이 있는 아기를 낳을 확률이 높아진다.

② **영양 상태**

태아의 정상적인 발달을 위해서는 임산부의 균형 있는 음식물 섭취와 함께 태아가 섭취할 수 있는 형태로 변형시키는 태반의 기능이 요구된다. 여러 연구에 의하면 적절한 영양 섭취를 한 산모보다 그렇지 못한 산모에게서 유산(사산, 조산), 출생 직후의 사망이 더 많이 발생한 것으로 나타났다. 영양 부족의 정도는 출생 당시 신생아의 체중으로 판단될 수 있는데,

저체중 신생아들은 보다 높은 영아 사망률을 나타내고, 정신적 혹은 신체적 손상이 더 크게 나타나며, 양육 시에도 다양한 문제점을 나타낸다. 또한 태내기에서는 물론 출생 후에도 영양이 결핍될 때 심각한 성장 지체가 발생하였다(김태련 외, 1997: 68; Brasel, 1974).

③ 약물 복용

임산부에 의해 사용되는 약물의 범위는 대단히 광범위하다. 임산부가 약물을 복용하면 태반을 통해서 그 영향이 그대로 태아에게 미친다. 약물의 종류에 따라 일시적으로 태아에게 영향을 미치기도 하지만, 영구적이고 치명적인 영향을 미치는 경우도 있다. 흔히 복용하는 약물로서 비타민 A의 과용은 선천적 기형이나 언청이를 만들며, 다량의 아스피린 복용은 태아의 순환계에 이상을 야기한다. 1960년대 탈리도마이드는 임산부의 입덧을 경감시키기 위해 투여하던 약물로 주로 임신 3개월 이전에 투여되었다. 그러나 이 약물은 태아에게 심각한 악영향을 미쳐 사지가 없거나 청각 손상을 가져오는 것으로 알려졌다. 마리화나나 헤로인 같은 환각제의 복용은 태아의 생존에 위협을 줄 만큼 복합적인 질병과 장애를 야기한다. 헤로인은 청각 결함, 심장이나 관절의 결함, 구개 파열, 사지 기형이나 행동장애를 유발한다. 키니네는 아이를 귀머거리로 만드는 것으로 밝혀졌으며, 항생제도 태아에게는 상당히 해로운 것으로 알려지고 있다. 코카인의 사용은 뇌 손상, 생식기 이상, 갑상선 이상, 뇌출혈, 성장 지체나 사산, 태반조기박리와 같은 출산과정의 문제를 야기하며, 감기약이나 카페인도 태아에게 안 좋은 영향을 주는 것으로 밝혀졌다. 약물 복용은 음주와 흡연 등과 복합적으로 작용했을 때 상승작용을 일으켜 태아에게 인지·언어·정서 발달 등 여러 영역에 심각한 결함을 초래하는 것으로 알려져 있다.

④ 흡연과 음주

흡연 임산부는 비흡연 임산부보다 유산이나 사산 혹은 출산 직후에 사망하는 신생아를 낳을 가능성이 약 28% 더 높게 나타났다. 임산부의 흡연은 임신 2~4주 동안 태아가 급속하게 성장하는 시기에 심각한 영향을 미치는 것으로 밝혀졌다. 흡연은 임산부의 혈액의 산소 요구량을 증가시키기 때문에 태아는 만성적인 산소 부족을 경험하게 된다. 산소 부족은 태아의 뇌 이상을 초래하고, 작은 두개골과 언청이, 저체중을 유발한다 (김태련 외, 1997: 71). 임산부의 알코올 복용은 태아알코올증후군을 발생시킬 수 있는데, 태아의 중추신경장애, 저체중, 안면 기형, 소두증, 심장결함 등을 초래한다. 특히, 임산부가 태아기에 알코올을 복용하는 경우 태아의 대뇌피질의 성장을 방해하고 키와 몸무게의 성장을 저해한다.

⑤ 방사선

임신 이전의 방사선 투과도 생식세포의 염색체를 변화시킴으로써 유해한 영향을 미칠 수 있기 때문에 특별한 경우를 제외하고는 가능한 한 임산부의 하복부나 골반에 방사선을 투과하지 않아야 한다. 방사선에 노출되면 임신 직후, 수정란이 착상되기 이전에는 수정란이 파괴되어 죽게 되고, 그 이후에도 기형을 야기하거나 성장에 심각한 문제를 초래한다. 가임 여성에게 방사선을 이용한 검사나 치료가 필요할 경우 의사는 반드시 월경 직후 2주 동안만 사용할 것을 권장해야 한다.

⑥ 정서적 상태

원하지 않은 임신이나 준비되지 않은 상태에서의 임신은 임산부에게 임신에 대한 부정적인 태도를 갖게 한다. 또한 임신에 대한 주변의 부정적 태도나 부부 사이의 문제 혹은 생활상의 어려움 때문에 임산부에게 정서적 스트레스가 쌓여 임신 기간에 지속되면 태아에게 악영향을 미친다. 스트레스가 많고 우울증을 겪는 임산부에게서 태어난 아기는 극도로 활동적이거나 과민하고 몸부림을 많이 친다. 또한 임산부의 정서적 긴장은 분만 시 어려움을 가중하고, 조산 가능성을 높이며, 태아의 저체중을 유발한다.

3) 사회복지실천 과제

(1) 생물학적 문제

태아와 임산부의 건강을 위협하는 조건에 대한 철저한 의료적 진단과 그에 대한 개입이 이루어져야 한다. 임산부의 연령, 만성질환, 유전적 질병, 약물중독 등에 대해서도 관심을 가져야 한다. 사회복지사는 임산부에게 필요한 정보와 적절한 교육을 제공해 줄 수 있으며, 여러 가지 프로그램을 통해 임산부와 태아가 겪을 수 있는 다양한 문제점을 사전에 예방할 수 있다. 또한 문제 발생 시에도 개입을 통해 임산부에게 필요한 자원을 연결해 주고 지원해 줄 수 있다.

임신 전에 시행하는 혈액검사는 열성 유전인자의 보유 여부를 알게 해 주는 중요한 검사다. 유전적 요인에 의한 발달장애의 조기 예방을 위한 다음과 같은 방법이 있다. 첫째, 가족 병력을 포함한 가계도를 분석하여 사전에 미리 대비할 수 있게 한다. 둘째, 부모의 연령 및 유전병 등 부모에 대한 조사를 한다. 셋째, 임신 14~16주경에 양수에 포함된 태아의 세포를 검사하는 양수채취법을 통해 발달장애 여부를 검사한다. 넷째, 가는 튜브를 자궁에 삽입하여 융모막 조직을 채취하여 검사하는 융모막검사법을 활용한다. 그 밖에 초음파검사를 실시하기도 한다. 가임 여성에게 정보를 제공하여 가능한 한 이상적인 시기에 임신을 하도록 권장해야 할 것이다.

임산부의 질병은 태아에게 여러 가지 심각한 영향을 미칠 수 있는데, 대표적인 것이 당뇨병과 Rh 인자의 부조화다. 당뇨병에 감염된 어머니의 경우, 높은 혈당 수치와 그에 따른 인슐린 처방으로 유산이나 사산의 가능성이 높아지며, 태아가 살아남는다 하더라도 신체적인 결함을 갖게 되는 것이 보통이다. 적절한 의학적 도움과 산모의 식이요법을 통해서 어느 정도 위험을 감소시킬 수 있다. Rh 인자는 인구의 약 85%의 적혈구에서 발견되는 단백물질이다. Rh 인자의 부조화는 Rh+ 남성과 Rh- 여성이

Rh+ 자녀를 임신하게 될 때 발생한다. 이 문제는 둘째 아이에게서부터 치명적인 결과를 초래한다. 비록 첫째 아이가 Rh+라고 할지라도 태아와 모체는 분리가 되어 있어 별다른 문제가 발생되지 않는다. 그러나 분만과정 중의 출혈로 태아와 모체의 혈액이 섞이면서 그 과정에서 모체의 혈액은 Rh+ 인자에 대항하기 위한 항체를 생성하게 된다. 이 항체는 둘째 Rh+ 아이를 임신했을 경우, 태아의 몸으로 흘러 들어가 태아의 적혈구를 파괴하기 때문에 조산하거나 사산하게 된다. 살아남은 태아는 빈혈 증세와 파괴된 적혈구에 의해 분비된 독성물질로 황달 증세를 보이며 정신지체를 나타내는 것으로 보고되고 있다. Rh- 임산부에게 매번 임신할 때마다 임신 즉시 Rh 면역 글로불린(RhoGam)을 주사하면 Rh 항체 형성을 막을 수 있다.

그 외에 임산부의 인플루엔자 감염은 태아 기형을 초래할 수 있으며, 풍진(rubella)은 감염 시기에 따라 태아에게 영향을 주는 정도가 다르다. 임신 초기에 감염되면 태아의 약 50%가 시각장애, 청각장애, 심장장애, 정신지체를 갖게 되며, 그 비율은 감염 시기가 늦춰질수록 감소된다. 풍진에 대한 면역력이 형성되지 않은 임산부는 적어도 임신 6개월 이전에 예방접종을 받아야 한다. 한편, 부부가 임신을 하지 못하는 경우에는 가족 간에 갈등이 발생하고, 이로 인해 이혼으로까지 이어지는 경우도 있다. 특히 자식을 가계의 혈통을 잇는 존재로 보는 시각이 강한 우리나라에서 불임이나 유산으로 인한 무자녀 문제는 가족 전체에 심한 스트레스를 일으킨다. 사회복지사는 불임의 원인과 문제점, 대책 등에 대한 기본적인 정보를 제공하고, 가족 갈등의 해소를 위한 부부 및 가족 치료를 제공해야 한다.

(2) 심리적 문제

임산부 자신과 주변인이 원했던 임신을 한 여성은 임신을 축복받은 사건으로 받아들이고, 임신 중에도 신뢰와 자부심을 나타내는 경향이 있다.

그러나 원하지 않았던 임신이거나 부부 혹은 가족 간의 갈등이 있는 경우에는 임신 기간에 불안해하고 정서적 혼란을 겪게 되며 우울증에 걸릴 가능성이 높다. 특히 성폭력에 의한 임신이거나 임산부가 미성년자 또는 미혼모인 경우에는 그 문제가 더욱 심각해진다. 이러한 경우 사회복지사의 개입이 필요하다. 사회복지사는 임산부가 선택할 수 있는 다양한 대안을 제시하여 현명한 판단을 할 수 있도록 돕고, 관련 기관을 연계해 주며, 육아 양육에 대한 제반 도움을 주기 위해서 지원체계를 구축해야 한다.

(3) 재정적 문제

경제적인 어려움으로 인해 임신 중에 필요한 영양 섭취를 하지 못하고 적절한 의료 혜택을 받지 못하는 임산부의 경우, 적절한 도움과 자원을 연결시켜 주어야 한다. 특히, 혼전 임신의 경우 임신 사실을 숨기는 과정에서 임산부가 충분한 영양과 의료적 보호를 받지 못하는 경우가 많다. 우리나라도 미국이나 스웨덴 등에서 이루어지는 산전보호 서비스를 보다 체계적으로 제공할 수 있는 정책 마련이 시급하다.

2. 영아기(출생~2세)

1) 신체 및 감각 발달

영아기는 출생 후부터 만 2세까지의 기간을 말한다. 영아기의 신체발달 및 감각발달과 신생아의 반사에 대해 살펴보기로 한다.

(1) 신체의 발달

① 체중과 신장

출생 후부터 1개월간의 아기를 '신생아'라고 한다. 우리나라 신생아의 평균 신장은 남아가 약 51.4cm, 여아가 50.5cm이고, 평균 체중은 남아가 3.39kg, 여아가 3.23kg으로 남아가 여아보다 약간 큰 경향이 있다. 신생아의 특징은 머리가 몸통에 비해 크다는 것이며, 이러한 현상은 출생 후 1개월부터 차차 변화되기 시작한다. 신생아의 머리 크기는 신장의 약 1/4을 차지하며, 이는 성인의 머리가 신체의 약 1/8이라는 점을 감안했을 때 상당히 큰 비율을 차지한다는 것을 알 수 있다.

② 체온 조절

임신 기간에 태아는 모체의 조절에 의해 항상 36.5℃의 체온을 유지한다. 출생 시 신생아는 갑자기 온도가 낮은 환경을 접하게 되면서 체온이 떨어졌다가 약 8시간 이후에 정상으로 돌아온다. 그러나 아직 체온 조절 기능이 떨어지고 성인이 가지고 있는 지방질이 거의 없기 때문에 체온 유지가 불안정하다.

③ 호흡

출생 즉시 신생아는 울음을 터트리며 허파 벽에 있는 공기주머니를 팽창시켜 산소를 흡입한다. 최초의 호흡은 울음을 통해서 이루어지며, 이는 매우 중요하다. 휴식 상태에서 신생아의 호흡은 1분당 30~60회 정도로 성인보다 약 2배 빠르게 호흡한다. 신생아의 맥박은 1분에 약 140회 정도로 빠르나 혈압은 낮다.

④ 골격과 근육

성인의 연골은 약 206개이지만, 신생아는 약 270개의 연골을 가지고 있다. 이 연골은 신생아의 출생과정에서 일어나는 마찰을 줄여 주고 방지해 준다. 신생아는 출생 직후에는 아직 두개골이 완전한 구조를 형성하지 못한 상태이고, 6개의 숫구멍(fontanel)을 가지고 있다. 두개골에는 2개의 숫구멍이 존재하는데, 전방에 있는 것을 대천문이라고 하며 생후 16~18개월경에 밀폐된다. 후방에 있는 것은 소천문이라고 하는데, 이는 생후 6~8개월경에 완전히 밀폐된다.

(2) 감각의 발달

① 시 각

눈 신경근육의 기능은 출생 시에는 완전하지 못하지만, 출생 후 36시간이 지나면 아기는 동공반응을 잘할 수 있다. 생후 하루가 지나면 눈꺼풀과 안구가 활발하게 움직이고, 이삼일이 지나면 신생아는 움직이는 물체를 눈으로 추적할 수 있다. 응시와 깊이 지각에 필요한 눈의 협응과 집중작용은 출생 시부터 발달하기 시작하여 생후 7, 8주 무렵이면 완성된다. 시력은 생후 몇 개월 동안 빠르게 향상되지만 영아가 성인만큼 볼 수 있기 위해서는 6~12개월 정도 걸린다.

② 청 각

일반적으로 신생아는 출생 후 이틀간은 귓속에 점액이 차 있기 때문에 소리에 대해서 별로 반응을 보이지 않다가 사나흘이 지나면 소리에 대해서 조금씩 반응을 보이기 시작한다. 영아의 청각은 생후 4~6개월 사이에 크게 향상되어 아동 후기에 이르면 작은 소리도 탐지해 낼 수 있게 된다.

③ 미 각

미각의 발달은 신생아마다 개인차가 나타난다. 출생 후 2주가 지나면 보통 맛의 차이에 대한 반응을 보인다. 신생아는 단맛을 선호하며, 짠맛과 단맛, 신맛과 쓴맛을 구별한다.

④ 후 각

신생아의 후각은 실험적으로 발달 정도를 파악하기 어려우나 자극적인 냄새에 대해서 신체적 반응을 나타내는 것으로 미루어 잘 발달되어 있는 것으로 보인다. 모유를 먹는 신생아는 2주쯤 후에 어머니와 타인의 체취를 구별할 수 있는 것으로 밝혀졌다.

⑤ 통 각

통각은 출산 후 사나흘이 지나면 급속히 발달하는 것으로 보인다. 통각에 대한 반응은 통증이 오는 곳으로부터 피하려는 행동으로 나타났다가 며칠이 지나고 나면 피부의 자극에 민감하게 반응하기 시작한다. 여아가 남아보다 통증에 더 민감하게 반응한다.

(3) 영아의 반사작용

① 젖 찾기 반사(rooting reflex)

탐색 반사라고도 불리는 젖 찾기 반사는 영아의 입 부근에 부드러운 자극을 주면 자극이 있는 쪽으로 입을 벌리는 반사운동이다. 뺨이나 입술 근처에 손가락이나 젖꼭지를 대면 자극이 있는 쪽으로 얼굴을 자동적으로 돌리고 입으로 찾는다.

② 빨기 반사(sucking reflex)

영아는 입에 닿는 것은 무엇이든 빠는 반사운동을 한다. 이는 신생아가 음식을 받아먹을 수 있는 능력을 촉진한다.

③ 모로 반사 혹은 놀람 반사(Moro reflex or startle reflex)

모로 반사는 껴안는 반사운동으로 놀람 반사라고도 한다. 영아가 갑자기 큰 소리를 듣거나 물리적인 충격이 가해지면 팔다리를 뻗치고 손가락을 펼치며 머리를 뒤로 젖히는 반응을 보이는 것으로, 생후 3~4개월이 지나면 자연적으로 사라진다.

④ 바빈스키 반사(Babinski reflex)

영아의 발바닥을 자극하면 성인의 경우와는 반대로 발가락을 부채처럼 폈다가 다시 오므리는 반사운동을 하는데, 이를 바빈스키 반사라고 한다. 생후 1년경에 사라진다.

⑤ 잡기 반사(grasping reflex)

파악 반사라고도 불리는 잡기 반사는 영아의 손바닥에 무엇을 올려놓으면 마치 막대기나 손가락을 쥐는 것과 같은 반응을 보인다.

⑥ 걷기 반사(stepping reflex)

영아의 발이 바닥에 닿게 될 때 걷는 동작을 취해 보이는 것으로 이 동작은 2~3주가 지난 후에 사라진다.

(4) 영아의 운동 능력

운동 능력의 발달은 신체적 성장, 뼈와 근육 그리고 신경계의 성숙의 결과로 획득된다. [그림 5-2]에 생후 22개월 동안의 정상적인 운동 능력의 발달과정을 제시하였다.

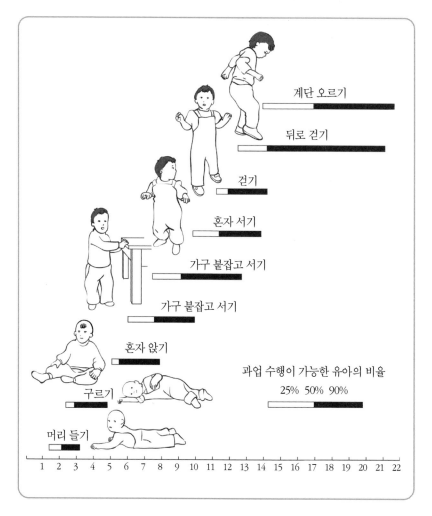

[그림 5-2] 운동 능력의 발달

출처: Frankenburg & Dodds(1976). *The Denver Developmental Screening Test*. New York: Basic Books.

유아마다 발달 순서와 시기에 어느 정도 차이는 있지만, 일반적으로 출생 후 첫해에 머리 들기, 몸 뒤집기를 하며, 손을 뻗쳐 물건을 잡으며, 앉고, 기고, 서고, 걷고, 계단을 오르는 과정을 순차적으로 거친다.

2) 인지적 발달

피아제(Piaget, 1954)의 인지발달 단계에서 영아기는 감각운동기(출생~2세)에 해당하며, 간단한 반사반응에서부터 환경을 기본적으로 이해하는 시기다. 영아는 생후 2년 동안 복잡하고 의도적인 인과적 행동이 점차적으로 발달된다. 피아제와 인헬더(Piaget & Inhelder, 1969)는 생후 2년간 감각운동적 지능의 발달을 6단계로 구분하였다.

(1) 인과관계 도식의 발달

① 반사운동기(출생~1개월)

신생아는 출생 당시 빨기 반사, 잡기 반사, 울음 반사 그리고 미소 반사 등의 몇 가지 반사만을 가지고 세상에 태어난다. 출생 후에는 약 1개월 동안 특정 자극과 반사적 행동을 연결시킴으로써 외부 환경에 적응한다. 이 과정은 이후의 인지발달을 위한 초석이 된다.

② 1차 순환반응(1~4개월)

순환반응이란 영아가 우연히 어떤 행동을 했을 때 흥미 있는 결과를 얻게 되면 그것을 다시 얻기 위해 같은 행동을 반복하는 것을 말한다. 이는 빨기, 잡기 등 감각운동의 반복을 통해서 이루어지며, 이 과정을 통해 영아는 감각체계를 조절하고 통합하며 상이한 동작들을 조직화해 나간다.

③ 2차 순환반응(4~8개월)

이 시기의 영아는 활동에 의해 일어난 환경의 변화에 흥미를 가지고 그 활동을 반복하게 된다. 자신의 행위와 예상되는 결과를 연결시킬 수 있지만 특정 행동에 대해서는 결과를 예상하지 못하여 영아는 종종 놀라는 반응을 보인다.

④ 2차 도식의 협응(8~12개월)

영아는 생후 8개월이 되면 새로운 목적을 성취하기 위해 익숙한 행동을 사용한다. 영아의 행동은 이제 분명하게 의도적이고 목적적이다. 영아는 어머니를 놀라게 하기 위해서 딸랑이를 흔들거나, 아버지의 시선을 끌기 위해서 옷자락을 잡아당긴다.

⑤ 3차 순환반응(12~18개월)

생후 12개월의 영아는 목적을 성취하기 위해서 행위를 수정할 수 있다. 영아는 실험을 통해 새로운 수단을 발견할 수 있게 된다. 제3차 순환반응 시기는 감각운동적 문제해결 시기로서 시행착오적 행동이 나타난다.

⑥ 통찰기(18~24개월)

영아는 이 시기에 지적 능력이 놀라울 만큼 성장한다. 외부적 혹은 물리적 시행착오뿐만 아니라 행동하기 전에 사고함으로써 돌연한 이해나 통찰을 얻을 수 있다. 이제 영아는 수단과 목적 간의 관계를 정신적으로 조작할 수 있으며, 신체를 동원한 실제적인 행동 대신에 마음속으로 결과를 예상할 수 있다.

(2) 언어발달

영아기의 언어 획득과 발달은 매우 중요한 발달과업이다. 언어발달의 첫 번째 시기는 언어 이전의 시기로, 영아는 출생 후 약 1개월까지 분화되지 않은 울음을 운다. 영아의 울음이 배가 고파서인지 혹은 공포나 고통 때문인지 식별이 어려우며, 이 시기의 울음은 반사적인 울음으로 분류된다. 1개월이 지나면서 울음의 분화가 이루어진다. 이때 어머니는 유아의 울음소리의 음조와 강도로 유아가 배가 고픈 것인지, 고통스러운 것인지 식별할 수 있다. 옹알이는 출생 후 2개월부터 시작되는데, 이것은 영아에게 일종의 음성적 놀이이면서 동시에 언어 연습이다. 이러한 옹알이는 의사소통의 분명한 형태는 아니지만, 언어발달의 기반을 형성하기 때문에 매우 중요하다. 옹알이 이후인 약 6개월 이후에는 점차 영아 스스로 소리를 만들어 반복적으로 내는 자기 소리 모방이 나타난다. 영아는 '마마' '바바'와 같은 소리를 반복적으로 내어 의사 전달을 위한 음을 내기 시작한다.

　출생 후 8개월이 되면 영아는 자신의 소리와 타인의 소리를 구분하게 되고, 타인의 소리를 그대로 따라 하는 반향어(echolalia)를 내기 시작한다. 두 번째 시기는 본격적인 언어 획득의 시기로, 생후 9개월에서 2세까지 언어 획득의 과도기를 거치게 된다. 이 시기에는 '엄마' '아빠' 혹은 '아빠 좋아'와 같이 한 단어 혹은 몇몇 단어로 구성된 짧은 문장으로 의사소통을 한다. 영아의 언어활동은 성별과 개인에 따라 차이가 있지만, 대부분 여아가 남아보다 빨리 말하는 경향이 있다.

표 5-1　영아의 언어발달 단계

월 령	특 성
1개월	분화되지 않은 울음을 운다.
2개월	울음의 강도, 지속 정도 등이 달라져 울음이 분화된다.
3~6개월	옹알이를 한다.
6~9개월	음성을 모방하려고 하며, 소리 변별이 부분적으로 가능해짐에 따라 단어 간의 구별이 시작된다.
9~12개월	주위 사람들의 소리를 모방한다. 이를 반향어라고 한다. '엄마' '아빠'를 말할 수 있다.
12~15개월	'엄마' '아빠' 외에 두세 단어를 사용한다.
15~18개월	다양한 단어를 사용한다. 자신의 신체를 가리키며 말할 수 있다.
20~24개월	두세 단어로 이루어진 문장을 사용한다.

출처: Sigelman(2003). *Life Span Human Development*. Wadsworth Publishing, p. 21.

3) 심리 · 사회적 발달

(1) 사회성 발달

애착(attachment)은 영아와 보호자 사이의 긍정적 애정 관계를 의미하는 것으로, 이것을 바탕으로 추후 외부 환경에 적응하고 원만한 대인관계를 형성할 수 있는 능력을 갖게 된다. 영아의 애착은 항상 주양육자와 가까이 하려 하고, 주양육자를 독점하려는 경향을 나타내는데, 그렇게 함으로써 주양육자와 보다 친근하게 된다. 영아는 부모로부터 음식물을 얻고 그들이 편안하게 감싸 주기를 바라는데, 이것이 애착을 조장하는 한 요인이 된다(이현수, 1984: 69). 에인스워스(Ainsworth, 1974)는 사회적 애착의 발달단계를 〈표 5-2〉와 같이 4단계로 설명하였다. 그에 따르면 애착 형성의 가장 결정적인 시기는 3~6개월로 친숙한 몇 사람에게만 선택적 반응을 보이고 영아가 낯가림을 하는 시기이며, 7개월경에는 타인에게도 능동적으로 신체적 접근을 하며, 9개월 이후 부모와 분리되기 싫어하는 분리불안이 나타난다고 한다.

부모와 영아의 애착 정도는 가정마다 다르다. 영아에 대한 부모의 승인

표 5-2 사회적 애착발달의 4단계

단계	시기	특성
1	출생 후~2개월	영아는 빨기, 젖 찾기, 쥐기, 웃기, 응시하기, 껴안기, 눈으로 따라가기 등을 통해 주양육자와 친밀감을 유지한다.
2	3~6개월	영아는 낯선 사람보다는 친밀한 대상에게 더 잘 반응한다.
3	7개월~걸음마기	영아는 애착 대상과의 물리적 접근과 접촉을 추구한다.
4	걸음마기 이후	영아는 친밀감의 욕구를 충족시키기 위해 다양한 행동으로 애착 대상의 행동에 영향을 미친다.

출처: Newman & Newman(1987). *Development Through Life: A Psycho-social Approach*. IL: Dorsey Press, p. 167.

과 영아의 다양한 의사 전달에 응하는 능력은 안정애착을 형성하는 데 매
우 중요하다. 부모의 애정과 거부의 표현 방식은 영아의 자기 확신과 지
지에 대한 욕구 충족에 영향을 미친다. 주양육자와 영아 간의 애착 관계
에 관한 연구에 의하면 애착의 유형을 다음 〈표 5-3〉과 같이 네 가지로
분류할 수 있다.

애착은 단순한 행동을 표현하는 것만이 아니라 특정한 관계의 특성을
나타내는 내부의 표시다. 안정애착을 형성한 영아는 자신이 접촉하는 것
을 주양육자가 받아들일 것이라고 확신한다. 그렇다고 해도 주양육자가
반복적으로 영아가 접촉하려고 애쓰는 것을 거절하면 불안정애착인 회피
애착이 형성될 수 있다. 만약 양육자가 어떤 때는 영아가 접근하는 것을
허용했다가 또 어떤 때는 막거나 거부하거나 심지어는 혼낸다면 이중적
인 불안정한 관계를 형성하게 된다.

영아기에 형성된 애착 유형은 전 생애를 통해 지속되고, 타인과의 관계
에서도 일반화된다. 특히, 애착 관계에 대한 인지적 표상은 배우자에 대

표 5-3   애착의 유형

유 형		특 성
안정애착		주위를 탐색하기 위해 주양육자로부터 쉽게 떨어지지만 낯선 사람보다 주양육자에게 더 관심을 보이며, 주양육자와 함께 있을 때 친밀한 관계를 유지한다.
불안정 애착	회피애착	주양육자에게 별로 반응을 보이지 않으며, 주양육자가 방을 떠나도 울지 않고, 주양육자가 돌아와도 피하거나 접촉하려고 하지 않는다.
	저항애착	주양육자가 방을 떠나기 전부터 불안해하고, 주양육자가 방을 나가면 심한 불리불안을 보이며, 돌아와서 안아 주어도 안정감을 얻지 못하고 분노하면서 소리를 지르거나 밀어내는 등 저항을 보인다.
	혼란애착	주양육자와 재결합했을 때 굳은 표정으로 반응을 보이거나 주양육자가 안아 주어도 먼 곳을 쳐다보는 등 불안정애착의 가장 심한 형태다.

한 기대에 영향을 미친다. 성인의 애정 관계는 영아기 애착과 많은 점에서 동일한 특성을 가질 수 있다.

양육 관계는 또한 애착 표시의 정교화로 이해할 수 있다. 영아기 때 안정애착을 경험했던 성인은 자신의 자녀에게 보다 편안하게 응하고 반응하는 것으로 보인다. 양육자의 애정 관계의 특성이나 양육행동이 영아의 애착의 질을 전적으로 결정하는 것은 아니지만, 아주 어렸을 때의 애착 관계가 보다 성숙하고 친밀한 관계를 발전시켜 나가는 데 기본적인 구조가 된다는 것은 확실해 보인다.

(2) 낯가림과 격리불안

낯가림(stranger anxiety)은 영아가 낯선 사람에 대해 불안반응을 나타내는 현상으로, 대개 생후 6~8개월경에 나타난다. 이러한 낯가림은 특정인에 대한 애착 형성의 표시이며, 영아의 탐색행동과 밀접한 관련이 있다. 낯선 사람에 대한 영아의 저항반응에는 개인차가 있어서 어떤 영아는 낯선 사람이 출현하면 자신의 부모에게 매달리면서 낯선 사람이 안아 주는 것을 거부하는가 하면, 또 다른 영아는 낯선 사람과의 접촉에 의해 경직되거나 아니면 그저 낯선 사람의 얼굴에서 시선을 돌리는 반응을 보인다.

한편 격리불안(separation anxiety)은 영아가 대상과 분리될 때, 특히 부모와 분리될 때 나타내는 불안반응이다. 격리불안은 생후 9개월경에 나타나기 시작해서 15개월경에 절정에 이르고 차차 감소된다. 격리불안은 낯가림과 함께 부모에 대한 애착 강도의 중요한 지표다. 정상적이거나 안정애착을 형성한 영아는 부모와 분리되면 슬퍼하고 불안해하며 심한 울음반응을 나타낸다.

(3) 정서발달

정서란 일반적으로 자극에 직면하여 발생하거나 자극에 수반되는 여러 가지 생리적 변화, 눈에 보이는 행동 등의 반응을 말한다. 영아기의 정서에는 두 가지 기능과 목적이 있다. 첫째는 영아의 상태를 양육자 혹은 다른 사람에게 알림으로써 영아를 보살피게 하는 기능이다. 둘째는 특정 자극에 대하여 특정한 행동을 하도록 동기를 부여하는 데 있다. 정서를 표현할 수 있는 영아의 능력이 생득적인가 하는 질문에 대하여 대부분의 연구자들은 영아기 초기에 이미 거의 모든 정서 표현이 가능하며, 시간의 경과에 따라 그것들이 더욱더 분명해지고 잘 조직화된 신호로 변화한다고 주장한다(장휘숙, 2001: 308-318). 한편, 영아는 성인과 마찬가지로 다른 사람의 정서를 자신의 행동반응을 결정하는 데 길잡이로 삼는데, 이를 '사회적 참조'라고 한다. 사회적 참조는 대개 모호한 상황에서 발생하는데, 이때 부모의 얼굴 표정은 영아에게 어떻게 행동해야 하는지를 알려 주는 길잡이 역할을 한다.

출생 후 영아의 정서 상태는 흥분, 혐오, 불쾌감을 나타내다가 3개월이 지나면 놀람, 분노, 슬픔의 정서를 가진다. 이후 6개월이 지나면서 공포의 정서를 가진다. 이 시기부터 영아는 정서와 관련된 얼굴 표정을 분간하기 시작하며, 다른 사람의 정서에 영향을 받는다. 영아기의 정서발달을 인간의 기본 정서인 행복, 기쁨, 분노, 슬픔, 공포 등을 통해서 살펴보기로 한다.

① 행복과 기쁨

출생 직후부터 신생아는 렘수면(rapid eyes movement: REM) 동안과 어머니의 부드러운 접촉이나 소리에 반응하여 미소를 짓는다. 생후 1개월 말경에는 흥미로운 모습을 보게 되면 미소 짓기 시작하고, 생후 6주부터 10주 사이에 사람의 얼굴에 대한 사회적 미소가 나타난다. 생후 3개월경에 이르면 영아는 사람과의 상호작용에서 가장 많은 미소를 짓는다. 미소 짓기에서 나타나는 빠른 변화는 영아의 지각 능력의 발달과 일치한다.

첫 웃음은 생후 3~4개월경에 나타난다. 6개월경에 이르면 영아는 주로 친숙한 사람과 상호작용할 때 미소 짓고 웃음을 터뜨리는데, 이것은 부모와 영아 간의 유대를 강화한다.

② 분노와 슬픔

신생아는 배고픔이나 고통스러운 의학적 처치, 체온의 변화 또는 너무 많은 자극이나 너무 적은 자극과 같은 불유쾌한 경험에 반응하여 괴로움을 나타낸다. 시간이 지남에 따라 영아는 더 광범위한 상황에서 분노를 표현하기 시작한다. 특히, 양육자가 자신을 불쾌하게 하거나 불편하게 할 때 영아는 강한 분노를 나타낸다. 즉, 분노는 양육자가 영아의 불편을 덜어 주도록 하는 강력한 사회적 신호의 기능을 한다.

생후 4~6개월부터 2년 사이에 분노의 빈도와 강도가 증가하고, 그 이후부터 점차 감소한다. 2세까지 분노가 증가하는 이유는 인지 능력과 운동 능력의 발달 때문으로 보고 있다. 인지 능력의 발달은 영아가 고통스러운 자극을 유발하고 목표 달성을 방해하는 주체를 더 잘 인식할 수 있도록 한다. 또한 운동 능력의 발달은 자신을 방어하고 장애를 극복하는 데 강한 에너지를 요구하는 분노의 표출을 가능하게 한다. 그러나 2세 이후부터 영아가 언제 분노를 표출하고, 언제 억제해야 하는가를 학습하게 됨으로써 분노 표출의 빈도와 강도는 점차 약화된다. 한편, 슬픔의 표현은 고통이나 짧은 분리 혹은 대상물의 제거에 반응하여 일어나지만 분노보다는 덜 빈번하게 나타난다. 슬픔은 양육자와 영아 간의 의사소통이 심각하게 손상받을 때 가장 흔하게 일어나며, 극단적인 슬픔은 양육자와 분리된 영아에게서 관찰될 수 있다.

③ 공포

공포는 영아기 초기에는 거의 나타나지 않으며 분노와 마찬가지로 생후 1년 후반기에 나타난다. 심리학자들에 의하면 인간이 경험하는 최초의 공포는 생후 6~8개월경에 나타나는 낯선 사람에 대한 공포(혹은 낯가림)라고 한다. 낯가림은 영아가 낯선 사람과 양육자를 식별할 수 있는 인지적 발달의 결과로 나타난다. 그러나 인지 능력이 보다 발달하여 위협적인 인물과 위협적이지 않은 인물을 효과적으로 구별할 수 있게 되면 낯가림은 감소한다. 영아는 양육자 이외의 다른 성인은 물론 친숙하지 않은 성인과도 상호작용해야 하기 때문에 낯가림의 감소는 영아의 발달에 도움이 된다.

영아의 정서 표현 능력은 타인의 정서를 인지하고 해석하는 능력과 밀접하게 연관된다. 생후 3개월경의 영아는 얼굴 표정의 변화는 물론 목소리를 통해 전달되는 정서적 메시지에 반응할 수 있다. 생후 7~10개월경에 이르면 영아는 목소리의 정서 상태와 말하는 사람의 얼굴 표정을 연결할 수 있다. 이제 영아는 개인의 정서 표현이 의미를 가질 뿐 아니라 구체적인 사물이나 사건에 대한 의미 있는 반응이라는 것을 인식한다. 영아는 1세경에 양육자의 정서 표현을 바탕으로 낯선 사람을 회피할 것인가 혹은 친숙하지 않은 장난감을 가지고 놀 것인가 등의 여부를 결정한다. 영아는 양육자가 미소를 띠면 다가가고, 긴장된 모습을 보이면 움츠린다.

4) 사회복지실천 과제

사회복지사는 영아의 정상적인 발달과정을 이해함으로써 잠재적인 발달 지체나 발달상의 문제를 조기에 사정할 수 있고, 미래에 발생할 수 있는 어려움을 최소화하거나 예방하도록 도울 수 있다. 예를 들어, 언어 문제를 조기에 진단한다면 부모나 선생님은 영아에게 좀 더 특별한 치료를 제공할 수 있을 것이다. 이 영아는 성장할 수 있는 더 나은 기회를 갖게 될 뿐 아니라 또래와 좀 더 잘 어울릴 수 있게 된다.

(1) 선천성 질병 및 장애의 조기 진단

사회복지사는 영아의 신체적 발달과 관련하여 선천성 질병과 장애 문제에 대해서 관심을 가져야 한다. 영아가 유전적 요인 또는 출산과정상의 문제로 신체 내부기관의 결함, 선천성 질병 또는 신체적 장애를 갖고 있는 경우에는 생존에 필요한 여러 가지 기능을 수행하는 데 어려움을 겪을 수 있으며 부모와의 상호작용에도 많은 제한을 받게 된다. 따라서 사회복지사는 이러한 선천성 질병이나 장애가 있는 영아에게 조기 치료 또는 교육이나 훈련을 받을 수 있는 기회를 제공해 줄 수 있다. 이와 더불어 사회복지사는 장애아를 둔 부모나 가족에게 원조 서비스를 제공하여 부모의 고통과 가족 구성원 간의 갈등을 완화시키는 데 도움을 줄 수 있다.

(2) 양육 형태와 애착

애착은 영아와 양육자 사이의 긍정적 관계를 의미한다. 양육자가 영아의 신호에 민감하고 영아의 욕구에 바로 반응해 준다면 영아는 안정애착을 형성하게 되지만, 양육자가 영아의 욕구에 반응하지 않거나 거부하는 경향이 있다면 영아는 불안정애착을 형성하게 된다. 불안정애착이 형성된 영아의 양육자는 대개 영아의 신호에 반응하지 않고 영아와 신체적인 접촉을 거의 하지 않는다. 이들은 영아와 상호작용할 때 영아에게 화를 내거나 과민 반응을 보이기도 한다. 이와 같은 양육자의 양육행동은 아동의 기질에 상당한 영향을 미치게 된다. 사회복지사는 이러한 양육자를 대상으로 영아 양육방법을 훈련함으로써 개입이 가능하다.

또한 보육시설에 영아를 맡기는 젊은 부부를 위해 보육시설의 질 높은 프로그램을 개발하는 것이 필요하다. 양육자의 보육의 질이 높을 때 영아는 인지적·언어적 발달을 보다 안정적으로 이루었고, 또래와 긍정적이고 유능한 상호작용을 보였으며, 행동 문제가 적게 나타나는 것으로 보고된다. 특히, 15개월 때 민감성과 반응성이 낮은 양육자를 둔 영아가 질 낮은 보육시설의 상황에 놓일 때는 불안정애착을 형성할 가능성이 높은 것으로 나타났다.

(3) 심리 · 사회적 위기

심리 · 사회적 위기란 개인의 요구와 사회적 기대 사이에 야기되는 긴장 상태를 의미하는데, 영아기의 심리 · 사회적 위기는 부모, 특히 어머니와의 관계에서 경험된다. 영아는 부모로부터 따뜻함과 애정을 경험하며 자신의 욕구가 일관되게 충족되기를 바란다. 영아의 욕구가 일관되게 충족되고 부모로부터 가치 있는 존재로 대우를 받게 되면 영아는 신뢰감을 형성할 수 있다. 한편 불신은 영아 자신의 욕구 충족에 대한 불확신과 신체적 혹은 심리적인 위안을 얻을 수 없을 것이라는 영아 자신의 무능력감에서 유래한다. 부모는 영아의 욕구 상태를 이해하지 못하여 적절하게 반응하지 못하는 경우가 많기 때문에 영아의 욕구를 충족시키지 못하고 이로 인해 영아는 환경을 불신하게 될 수 있다. 그러므로 사회복지사는 부모 혹은 양육자에게 영아와 적절한 상호작용을 할 수 있도록 교육 프로그램이나 정보를 제공해 줄 수 있다.

3. 유아기(걸음마기, 3~4세)

자유로운 독립보행이 가능하게 되는 유아기에는 무한한 지적 호기심을 충족시키기 위해 많은 탐험과 학습을 하게 된다. 유아기(걸음마기)의 두드러진 특징은 활동성이다. 이 시기의 유아는 대단히 바쁘다. 끊임없이 이야기하고 움직이며 계획을 세운다. 또한 부모로부터 사회화 교육을 받고, 이를 바탕으로 향후 사회적 행동의 기준이 되는 가치관을 학습하게 된다. 이 단계에서는 주체성이 확립되기 시작한다. 이전의 시기에 시작되었던 대인관계 및 사회적 관계에 대한 믿음과 불신 그리고 가치관의 확립 등은 향후 독립된 인격체로서의 성장과 정신적인 성숙의 밑거름이 된다.

1) 신체적 발달

만 2세 이후가 되면 그 이전까지 급속하게 증가하던 발달 속도가 감소하기 시작하여 사춘기 이전까지 그 속도 그대로 유지된다. 유아는 여전히 머리가 크고 가슴이 좁으며 배불뚝이인 데다가 다리는 땅딸막하다. 유아의 신장은 매년 5~6cm 정도 증가하며 체중도 신장의 증가 경향과 유사하게 매년 2~3kg 정도 증가한다. 2세 이후부터 사춘기 이전까지 체중과 신장에서의 남녀 차이는 거의 없는 것이 보통이다.

이 기간에 유아의 근육과 골격의 움직임은 더욱 유연해지고 균형을 잘 잡을 수 있게 되어 행동이 빨라지고 민첩해진다. 동시에 손과 팔을 사용하여 기어오르고, 여러 가지 사물을 조작한다. 유아의 운동발달은 장난감에 의해 촉진될 수 있다.

유아의 걸음걸이는 3세가 되면 보다 세련되고 지속적이며 효과적인 걸음으로 변화한다. 기저귀의 제거는 걸음마의 진보에 중요한 역할을 한다. 걸음마가 보다 안정된 형태의 보행으로 변화됨에 따라 유아는 새로운 기술을 습득하게 된다. 즉, 뛰고 달리는 것이 가능해진다. 유아의 달리는 능력은 계속 발달된다. 처음에는 달리는 기술이 게임을 위한 필수적인 요소라는 것을 인식하게 된다. 이 기간에 유아는 수영, 스케이트, 썰매 그리고 춤과 같은 다양한 형태의 운동을 접하게 된다. 특별히 중요한 의미를 갖는 운동 가운데 하나는 세발자전거 타기다. 세발자전거는 그 자체가 가진 잠재적 속도, 가역성, 회전 능력 그리고 경적 때문에 유아에게 큰 기쁨을 준다. 이것은 신체운동의 기쁨과 스릴을 느끼게 해 주며 기계를 이용한 수송의 중요성을 깨닫게 해 준다. 세발자전거, 두발자전거 그리고 자동차 간의 관계를 통해 유아는 자신을 아동이나 성인과 동일시하게 된다. 세발자전거가 갖는 심리적인 중요성은 가족으로부터의 독립과 또래집단과의 보다 증가된 동일시를 상징한다(김태련 외, 1997: 126).

2) 인지적 발달

(1) 인지발달

유아는 이 시기에 눈에 보이지 않는 사물이나 행동을 상징(symbol)을 사용하여 이해하기 시작한다. 사물에 대한 개념이 발달하고 숫자, 색, 종류 등을 인식하기 시작하지만, 그 개념이 충분치 못하여 지나치게 자기중심적으로 생각하는 경향이 있다. 또 논리 · 언어 · 상징 능력을 통해서 '이차과정 사고(secondary process thinking)'를 시작한다. 유아는 놀이를 통해서 현실의 경험을 상징화하고 그 경험을 통해서 새로운 지식을 습득한다. 놀이는 유아의 소망이나 감정의 행동화를 지연하는 연습이 되고, 고통스럽고 충격적인 경험을 나름대로 보상하려는 자신의 환상을 해소하는 통로가 된다. 이 시기의 유아는 단순하고 반복적인 놀이를 하는 경우가 많으며, 다른 사람과의 협동놀이는 아직 불가능하다.

4세경에는 '형태 항상성'[1]은 성인과 유사하지만 '크기 항상성'[2]은 8세경에 가서야 완전해진다. 피아제(Piaget)는 이 시기를 인지발달 단계 중 전조작기(pre-operational stage)에 해당된다고 보았으며 모방, 상징놀이, 언어기술의 획득이 가능하다고 보았다. 그러나 유아는 가역성(reversibility) 개념이 아직 획득되지 못하여 동그란 찰흙을 길게 늘여 놓으면 다시 동그랗게 만들 수 있다고 생각하지 못한다. 또한 언어 습득이 중요한 시기로 두 단어 문장의 사용이 가능하고 자신의 요구를 말할 수 있다.

(2) 언어발달

유아의 연령이 증가함에 따라 언어의 사용이나 이해도 점차 증가한다. 2~3세경에 이르면 세 단어 이상을 사용하여 문장을 만들 수 있다. 3세경에는 부정문이나 복수형에 대한 개념을 갖게 되며, 특히 '싫어' '아니'와

---

1) 물체를 보는 위치가 바뀌어도 같은 형태로 지각하는 것
2) 물체와의 거리가 변해도 같은 크기로 지각하는 것

같은 부정적 의미의 문장을 많이 사용한다(정옥분, 2003: 263).

단어나 문장을 습득하는 시기에는 개인차가 있지만 대부분의 아동은 언어 획득 시에 동일한 발달단계를 거친다. 사용하는 단어의 수는 유아기에 빠른 속도로 증가한다. 문장의 길이도 길어져서 3~4세경에는 서너 개의 단어로, 유아기 말에는 예닐곱 개의 단어로 구성된 문장을 구사하게 된다.

3) 심리·사회적 발달

(1) 자아개념과 주도성

이 시기에는 특히 신체적 움직임이 활발해지고, 유아는 어른으로부터 가해지는 행동 규제와 제한에 의해 많은 긴장을 경험하게 된다. 예를 들면, 2세가 지난 유아는 달리는 것을 즐거워하며 어디서나 뛰어다니려고 하지만, 아이의 성장이 사랑스러우면서도 타인에게 방해가 되는 것을 막으려는 부모는 통제를 가하게 된다. 이 과정에서 유아는 자기중심적 존재로부터 상호 관계적인 존재로 성장해 가며, 사회적 규범을 지켜야 하는 사회적 존재로서의 자아개념을 습득하게 된다. 그러나 지나친 통제와 억압은 낮은 자존감과 자기효능감은 물론 부정적인 자기상을 형성하게끔 한다(Ashford, 2001: 275).

유아기 후반이 되면 자신의 신체적 특성과 고유성을 인식하기 시작하면서, '내 마음대로' 하는 것보다는 '나 스스로' 하는 주도적인 행동에 더 관심을 갖게 된다. 에릭슨(Erikson)은 이 시기를 '유희기'라고 규정하고, 놀이를 통해서 주도성을 형성하게 된다고 하였다. 이 시기에는 특정 목표를 달성하기 위해 노력함으로써 주도성이 형성되는데, 지나친 처벌이나 무시는 좌절감과 죄의식을 갖게 한다는 것이다. 이 단계의 위기를 성공적으로 극복하지 못하는 경우에는 목표를 수립하고 추구하려는 목적의식이나 용기가 없어지게 된다는 것이다(강문희 외, 2007).

(2) 자기통제력의 발달

자기통제력은 장기적인 목표 달성을 위해 순간적인 욕구와 행동, 즐거움과 만족을 지연하는 능력, 유혹에 저항하는 능력, 충동을 억제하는 능력으로 구성된다. 2~3세경에는 본격적인 자기통제가 시작되며 스스로 자신의 행동을 통제하게 된다. 걸음마기에는 무엇이든 혼자서 해 보려 함으로써 환경에 대한 통제를 시도하는데, 예를 들면 배변훈련을 통해 자기통제력을 획득하게 된다. 또한 부모의 언어적 설명이나 벌에 의해 분노를 통제하는 방법을 학습하게 되는데, 부모의 분노 통제행동을 모방하여 분노 통제방법을 발달시킨다.

① 유혹 저항 능력의 발달

유아가 과업을 달성하기 위해 일시적인 즐거움을 가져다주는 대상의 유혹을 뿌리칠 수 있는 능력으로, 3~4세경부터 입학 전 아동기까지 발달한다. 이를 확인하기 위해서 장난감 금지기법을 사용해 볼 수 있다. 유아가 장난감을 보거나 생각하는 것이 장난감을 갖고 놀고 싶어 하는 욕구를 억제하는 것을 어렵게 한다는 것을 알고 장난감으로부터 자신을 분리시키려는 방략을 사용하게 되는데, 이를 '자기 이탈 방략'이라고 한다. 또는 스스로에게 소리 내어 타이르는 방법으로, '과제 지향 방략'과 '유혹 억제 방략'을 사용하는데, 이를 '언어적 자기 교시 방략'이라고 한다. 장난감을 통해서 이 두 가지를 시험해 봄으로써 유아가 유혹에 저항하는 능력을 확인해 볼 수 있다.

② 만족 지연 능력의 발달

보다 큰 만족과 보상을 얻기 위해 순간의 즐거움을 가져다주는 욕구를 억제하거나 자신이 이행하고자 하는 행동을 통제하고 지연시키는 능력을 말한다. 즉, 즉각적인 만족을 지연시킨 후에 얻게 되는 큰 만족에 대해 더욱 신뢰한다.

③ 충동 억제 능력의 발달

성급한 감정, 정서, 행동, 판단, 선택 등을 자제하고 통제하는 능력으로 충동 억제 능력의 네 가지 형태는 다음과 같다.

- **행동 억제**　　하던 행동을 중단하거나 행동을 금지하는 지시에 따른다.
- **정서 억제**　　격렬한 분노를 참는 등 감정과 정서를 통제한다.
- **결론 억제**　　충동적인 판단을 삼가고 신중하게 숙고한다.
- **선택 억제**　　단기간 내에 만족할 수 있지만 만족이 적은 보상을 포기하고, 좀 더 기다려야 하지만 더욱더 큰 만족을 가져다줄 보상을 선택한다.

(3) 성역할의 인식

30개월 정도 된 유아는 남자 또는 여자의 의미를 알게 되며, 성 정체성(gender identity)이 형성되기 시작한다. 18개월이 되면 어른과 자신의 신체구조의 차이에 대해 호기심을 보이기 시작하고, 22개월 무렵에는 자신의 성기를 가지고 노는 성기 놀이(genital play)를 시작하는 경우도 있다. 또한 다른 사람의 성기에 호기심이 많아진다. 만 2세가 되면 사람마다 성기가 있다는 사실, 그래서 무엇이 남자와 여자를 구분 짓는지를 이해하기 시작한다. 이러한 경험을 거쳐 자연스럽게 남아는 아버지의 행동을, 여아는 어머니의 행동을 흉내 내게 된다. 부모는 출생 직후부터 자녀를 성별에 따라 다르게 키우기 시작한다. 그리고 유아는 모방, 보상, 벌을 통해 자신이 속한 문화권에서 적합하다고 결정된 성적 행동을 하게 된다. 남아는 총싸움을 하고, 여아는 인형놀이를 하는 등 놀이도 성별에 의해 결정되는 경향이 있다.

(4) 배변훈련과 수면

만 24개월에 26%, 30개월에 85%, 36개월에 98%의 유아가 낮 동안에 대소변을 가리게 된다. 배변훈련은 가족 내의 일반적인 훈련양식을 반영하는데, 부모가 지나치게 엄격할 경우, 다른 양육방식에서도 처벌적이고 제한적인 성향을 보일 수 있다. 낮 동안의 소변 조절 능력은 30개월 정도가 되면 완성이 되고, 대체로 여아가 남아보다 빨리 가리기 시작한다. 대소변의 완전한 조절 능력은 4세경이면 가능하게 되며, 평균적으로 배변훈련에 걸리는 시간은 약 3개월 정도다. 대부분 소변보다는 대변을 더 빨리 가린다. 야간의 대변 가리기, 주간의 대변 가리기, 주간의 소변 가리기, 야간의 소변 가리기 순서로 훈련이 된다. 2세경의 유아는 잠드는 데 평균 30분 정도 걸리므로 잠자리에 들기 전에 얼러 주는 것이 필요할 수 있으며, 대부분의 유아는 낮잠 2시간을 포함하여 하루 평균 12시간 정도 잔다.

4) 사회복지실천 과제

(1) 아동학대 예방

유아기뿐만 아니라 이후에도 발생할 수 있는 아동학대 문제는 사회복지실천에서 관심을 가져야 할 중요한 부분이다. 아동학대란 부모나 양육자가 권위나 태만으로 18세 이하의 자녀에게 고의적으로 신체적·정신적 상해를 입히는 것을 의미한다. 아동학대는 무관심이나 방임 혹은 유기에 의해서도 일어날 수 있다(장휘숙, 2001: 421). 아동학대는 아동의 자기통제력, 감정이입과 동정심, 자기개념과 사회적 기술의 발달을 저해한다. 특히, 신체적 학대를 받은 아동은 지나치게 수줍어하고 두려워하며 근심하는 동시에 때로는 지나치게 공격적으로 화를 낸다. 이들은 인지발달 또한 저조하여 시간이 지남에 따라 학업 실패를 경험하고, 심각한 우울증, 또래 관계의 어려움, 약물 남용, 비행과 같은 심각한 적응 문제를 나타낸다.

사회복지사는 아동학대 예방을 위해서 폭력가정, 빈곤가정 등 아동학대 가능성이 높은 가정을 미리 파악해 두고 부모를 대상으로 사회교육을 실시할 수 있다. 또한 규칙적인 가정방문과 전화 통화를 통해서 위기의 가족이 고립되지 않도록 하고, 역할놀이 같은 프로그램을 통해서 부모에게 대안적 양육기술을 알려 줄 수 있다. 미국의 경우 부모가 극단적인 상황에 처했을 경우 자녀를 맡길 수 있도록 위기보육원을 설립하여 아동학대를 예방하는 데 일조하고 있다.

(2) 영양 결핍과 질병

왕성한 신체발달을 통해서 영아에서 아동으로 성장하는 유아기는 영양 결핍이나 질병 등에 주의를 기울이고 지속적으로 관심을 가져야 할 사회복지 분야다. 모유를 일찍 뗀 후 청결하지 않은 저질의 우유로 만든 분유 등을 먹일 경우 유아에게 단백질 결핍 또는 영양실조가 발생할 수 있다. 심각한 영양실조가 오랜 기간 지속될 경우, 그 결과가 치명적이지는 않더라도 유아의 신체적 · 인지적 · 사회적 발달에 해로운 영향을 미친다(곽금주 외 공역, 2006: 158). 걸음마기 유아가 영양 불균형 상태에 이르거나 질병에 걸리면 또래보다 신체적 성장이 지연되고, 운동 능력이 뒤떨어지면서 또래와의 상호작용에서 고립될 가능성이 높아진다. 따라서 사회복지사는 부모의 빈곤이나 무지 등으로 발생되는 영양 결핍에 대해서 점검할 필요가 있으며, 유아의 발달단계에 관심을 두고 상태를 파악하여 적절한 영양 공급이 이루어질 수 있도록 자원과 정보를 제공해 주어야 한다.

걸음마기의 운동발달과 관련되어 나타날 수 있는 문제는 과잉행동 및 주의력 결핍 장애(attention deficit hyperactivity disorder: ADHD)와 공격성이다. 사회복지사는 이러한 유아에게 적절한 프로그램의 제공 및 임상적 개입을 할 수 있다.

제6장

아동기

1. 학령 전기(아동 전기, 5~6세)

학령 전기(preschool childhood)는 만 5～6세까지의 시기로, 이 시기에는 부모나 가족과 많은 시간을 보내던 아동이 유치원에 입학하는 등 생활환경이 확대되고 변화됨에 따라 보다 복잡한 사회적 영향을 받게 된다. 특히, 또래집단과의 접촉을 통해 사회적 기술을 본격적으로 습득하고, 사물에 대한 호기심이 증가하며, 직관적 사고 능력이 발달하고, 유아기(걸음마기)에 특징적으로 나타났던 반항적 활동은 점차 반항적 사고로 대치되어 간다.

1) 신체적 발달

학령 전기의 아동은 이전 발달단계보다 성장 속도가 느려지는데, 만 5세경 아동의 신장은 출생 시의 약 2배에 달하는 108cm 정도이며, 6세경에는 5cm 정도 더 성장한다. 체중은 5세경에는 출생 시의 5배 정도인 약

18kg에 달하며, 6세경에는 19~20kg에 이른다. 그리고 6세경에는 영구
치가 한두 개 나기 시작한다.

아동은 신체적 협응 능력이 발달하여 이동 능력이 발달함에 따라 이전
보다 광범위하게 환경을 탐색할 수 있다. 또한 신체적인 모습이 균형을
잡아 나가는 시기로, 머리가 차지하는 비율이 줄어들면서 성인의 모습과
비슷해진다. 그리고 대근육과 소근육의 기본적인 운동기능이 거의 발달
하여 달리기, 줄넘기, 높이뛰기, 한 발로 뛰기, 자전거 타기, 등산, 수영,
스케이트 등 거의 모든 운동 기능을 수행할 수 있게 된다. 또한 더 강해지
고 민첩해지며 균형 감각이 발달된다(김연진 외, 2005: 284).

2) 인지적 발달

(1) 직관적 사고의 발달

학령 전기는 전조작기에 해당되는 시기로서 피아제(Piaget)는 이 시기
를 세분하여 '직관기'라고 명명하였다. 이 시기의 아동은 그들이 경험하
는 사물과 사건을 표상하기 위하여 많은 개념을 형성하지만 그것들은 아
직까지 불완전하고 부정확하다. 또한 추론 시에 부분적인 논리를 적용할
수 있을 뿐이며, 그들의 사고는 현재 보고 듣는 것에 의해서 결정된다. 직
관기는 불완전한 분류 능력, 전도 추리, 중심화 경향, 불가역성, 자기중심
성 등의 특징적 사고를 나타낸다.

불완전한 분류 능력은 상위개념과 하위개념을 뚜렷하게 구별하지 못하
는 것을 말한다. 전도 추리는 사물이나 사건의 추론 시에 단지 개별적 특
성만을 고려하여 추리하는 것을 말한다. 예를 들면, 아동에게 "태양이 살
아 있니?"라고 질문할 때 "살아 있어요."라고 대답하는 이유를 물어보면
"움직이니까요."라고 대답하는 경우다. 중심화 경향(concentration)은 하
나의 측면에만 주의를 기울이고 다른 중요한 차원은 무시하는 경향을 말
하는 것으로, 만약 동일한 질량의 찰흙을 다른 모양으로 보여 주면 한쪽

이 '더 길기 때문에' 또는 '더 높기 때문에' 다른 한쪽이 더 많다고 생각하는 경향을 보인다. 불가역성(irreversibility)은 일련의 논리나 사건을 원래의 상태로 되돌릴 수 없다는 것을 의미한다. 아동은 찰흙의 모양이 변형되었을 때 다시 이전의 모양으로 되돌릴 수 있다는 것을 인지하지 못한다. 자기중심성(egocentrism)은 자기 조망에 의한 세계를 제외하고 타인의 관점이나 역할을 인지하거나 고려하지 못하는 것을 말한다.

(2) 도덕성의 발달

학령 전기 아동은 가족과 지역사회의 도덕적 규칙을 내면화하며, 그 규칙에 따라 행동한다. 심리학자들은 아동의 도덕성 발달에 관한 문제들 중 하나인 내면화 과정이 어떻게 일어나는가에 관심을 갖고 연구하였으며, 이에 대한 다양한 견해가 있다.

① 학습이론

학습 이론가들은 도덕적 행동을 환경적 보상과 처벌에 대한 반응으로 간주하였다(Aronfreed, 1968). 만약 어떤 행동이 보상을 받게 되면 반복될 가능성이 증가하는 반면, 무시당하거나 처벌을 받게 되면 반복될 가능성이 감소될 것이다.

한편 사회학습 이론가들은 도덕적 행동의 학습에 대해 또 다른 이론을 제시하였다. 그들은 아동이 부모와 같은 모델의 행동을 관찰함으로써 도덕적 행동을 학습한다고 주장하였다(Bandura, 1977). 다른 사람을 도와주는 행동을 하는 모델을 관찰함으로써 아동은 원조행동을 학습하고, 비행의 부정적 결과를 관찰함으로써 비행을 억제하는 것을 학습한다.

② 인지발달이론

피아제(1948)는 아동의 도덕적 판단은 타율적 도덕성에서 자율적 도덕성으로 발달한다고 주장하였다. 그는 걸음마기부터 학령 전기의 아동은 타율적 도덕성에 의존하여 도덕적 판단을 내린다고 주장하였다. 즉, 이 시기의 아동은 규칙을 특정 권위자에 의해 주어진 고정불변의 것, 반드시 지켜야 하는 것으로 간주하며, 행동의 옳고 그름을 자신이 입게 되는 손해 정도나 처벌 여부에 따라 판단한다. 따라서 이 시기에 부모를 포함한 양육자는 아동이 수행해야 할 올바른 행동에 대한 정의를 내리고, 이러한 행동을 수행하도록 요구하는 것이 바람직하다.

피아제 이후의 인지발달 이론가들은 아동의 도덕 판단 능력이 일정한 단계를 거치면서 발달된다는 피아제의 주장을 받아들여 도덕적 사고의 발달단계를 기술하였다. 콜버그(Kohlberg, 1977)는 도덕적 갈등 상황에 따라 도덕성 발달단계를 〈표 6-1〉과 같이 세 가지 수준의 6단계로 구분하였다. 콜버그의 도덕성 발달단계에 따르면, 걸음마기와 학령 전기 아동은 전인습적 도덕기 수준에 해당한다고 할 수 있다.

표 6-1　콜버그의 도덕성 발달단계

수준 및 단계		도덕성 발달 특성
전인습적 도덕기	1단계	보상과 처벌의 기준에 따라 행동을 판단한다.
	2단계	자신이나 사랑하는 사람에게 이익이 되는 정도에 따라 행동을 판단한다.
인습적 도덕기	1단계	권위적 인물의 승인 정도를 바탕으로 행동을 판단한다.
	2단계	사회적 법률이나 규칙을 지지하는 정도에 따라 행동을 판단한다.
후인습적 도덕기	1단계	개인의 권리를 존중하고 사회계약을 유지하는 정도에 따라 행동을 판단한다.
	2단계	시대와 문화를 초월한 보편적 원리에 근거하여 행동을 판단한다.

출처: Kohlberg(1977). *Assessing Moral Stages*. MA: Harvard University.

③ 정신분석이론

정신분석이론에서는 4~6세경에 오이디푸스콤플렉스(Oedipus complex) 또는 엘렉트라콤플렉스(Electra complex)를 해결하는 과정에서 동성의 부모를 동일시함에 따라 도덕성이 발달한다고 본다. 즉, 아동의 성적 충동과 공격적 충동이 부모의 훈육에 의해 통제되는 과정에서 아동은 부모의 도덕적 기준을 내면화하게 되고, 양심과 초자아가 발달하게 된다고 주장한다.

3) 심리 · 사회적 발달

(1) 성역할 고정관념

학령 전기의 아동은 성과 관련된 사회적 역할에 관심을 나타내고, 자신의 성에 걸맞은 행동을 하려고 한다. 이 시기의 아동은 장난감, 의복, 가정용품, 직업, 게임 그리고 색상까지 성과 관련시킨다. 활동과 직업에 대한 아동의 성역할 고정관념은 5세까지 거의 완전히 확립된다. 아동이 갖는 엄격한 성역할 고정관념은 성으로 이분된 사회에서 흔히 관찰되는 다양한 행동을 쉽게 이해할 수 있게 해 준다. 한번 형성된 성역할에 대한 고정관념은 그 강도가 약화되기는 하지만, 일생 동안 지속되는 것이 보통이며, 이 고정관념은 자신과 타인을 분류하고 판단하는 기준이 되기 때문에 중요하다.

(2) 자기개념의 발달

유아기에 일단 말을 하기 시작하면, 유아의 자기개념이 형성되기 시작한다. 2세경에 일부 유아들은 인칭대명사를 사용해 자신과 타인을 구분한다. 학령 전기 아동의 자기개념은 매우 구체적이다. 자신의 심리적 특성이나 내적인 것을 표현할 수 있는 아동은 극소수지만 '좋다' '나쁘다' '친절하다' '좋지 않다' 와 같은 단어를 사용하여 다른 사람을 기술할 수 있다(Sigelman, 2003: 287).

(3) 집단놀이

학령 전기의 아동은 부모를 벗어나서 또래와의 접촉이 많아지고, 형제자매나 또래와 놀면서 경쟁하고 협력하는 방법을 배우며, 이를 통해 사회적 발달이 촉진된다. 아동은 또래와의 집단놀이를 통해 협동과 상호작용의 즐거움을 경험하고 역할 관계의 상호성을 학습한다. 아동은 또래와의 집단놀이에서 상호 간의 역할을 바꿔 가며 수행해 봄으로써 다양한 역할을 경험하게 된다. 놀이를 통한 역할 경험은 아동의 자기중심성을 극복하도록 돕기 때문에 대단히 유익하다.

한편 어린 아동은 우정에 대한 명확한 개념을 가지고 있지는 않지만, 친구를 사귀고 친구 간에 애정과 유대가 생기면서 함께 있기를 원하며 동시에 함께하고 무엇인가를 공유한다. 이 과정에서 아동은 자기 노출(self-disclosure)을 하게 되고, 이를 통해 우정을 배우고 나누게 된다. 일반적으로 아동은 처음 만난 다른 아동과 친구가 되고 서로 우정을 나눈다(Gottman, 1983). 학령 전기의 아동은 구체적인 물건의 교환이나 또래와의 협력 활동을 통해서 우정을 경험한다. 그들은 다른 사람의 느낌이나 생각이 자신의 것과 다를 수도 있다고 생각하지만, 사회적 책임을 해석하는 데는 대단히 자기중심적인 성향을 보인다. 이에 따라 학령 전기 아동의 우정은 유지되기 어렵고 극단적인 좌절의 원인이 되기도 한다.

4) 사회복지실천 과제

아동은 일찍부터 공격성을 나타낸다. 형제자매나 또래와의 상호작용이 증가할수록 아동의 공격적 행동은 더욱더 빈번해진다. 아동이 공격적 행동을 할 때 어른이 중재하고 대안을 제시하면, 그것은 아동에게 중요한 학습 경험이 되고 친사회적 행동을 촉발하는 계기가 되기도 한다. 학령 전기에 나타나는 공격적 행동을 제지하지 않고 방치하면, 아동의 도덕성과 자기통제의 발달에 지속적인 결함을 초래하고 반사회적 생활양식을 형성시킬 수 있다. 따라서 사회복지사는 공격성 발달에 영향을 미치는 요인들과 공격성을 감소시키기 위한 중재기법에 대한 관심을 가지고 대안을 강구해야 한다.

아동의 공격성을 자극하는 요인으로는 우선 문제가 많은 가족과 부모의 잘못된 양육방식, 즉 애정 철회 기법이나 물리적 방법에 의한 훈육 또는 일관성 없는 훈육 등은 학령 전기부터 청소년기에 이르기까지 남녀 모두의 반사회적 행동과 높은 관련성이 있고, 도덕성의 내면화와 자기통제의 발달을 저해하는 것으로 나타났다. 또래집단의 분위기가 우호적이고 협조적이기보다는 긴장이 많고 경쟁적일 때 아동의 적대적 행동이 더 많이 나타난다. 또 가족의 낮은 사회경제적 수준과 불건전한 주변 환경은 아동이나 청소년을 일탈된 또래와 쉽게 접촉하게 하고 반사회적 또래집단에 가담하게 함으로써 공격적 행동을 증가시킬 수 있다.

공격성을 감소시키기 위한 중재기법은 '예방적 중재기법'과 '치료적 중재기법'으로 구분할 수 있다. 아동의 공격성을 감소시킬 수 있는 예방적 중재기법으로는 다음과 같은 것이 있다.

- 부모는 자신이 아동의 중요한 행동모델이라는 사실을 인식하고 신체적 처벌의 사용을 제한해야 한다.
- 텔레비전이나 인터넷의 폭력 장면에의 노출을 엄격히 제한하고, 아동이 불가피하게 폭력 장면에 노출될 때는 폭력을 사용해서는 안 된다는 것을 아동에게 주지시켜야 한다.
- 아동이 공격적 행동을 할 때 부모는 단호히 금지시켜야 한다. 만약 그렇게 하지 않는다면, 아동은 공격적 행동을 은연중에 승인하는 것으로 해석할 수 있다.
- 부모는 아동이 공격적 행동을 하거나 시도하려 할 때, 비폭력적인 대안행동을 제시해 주어야 한다.
- 부모는 아동의 공격적 행동을 억제하기 위해 유도기법에 의한 훈육

과 생략훈련을 실시할 수 있다. 생략훈련이란 바람직하지 않은 행동을 하지 않았을 때 보상을 주는 방법으로, 바람직하지 않은 행동을 계속하면 보상을 제거하는 소거와는 구별된다. 예를 들어, 생략훈련은 부모가 일정 기간을 정해 놓고 아동이 싸우지 않으면 보상을 주기 때문에 소거보다는 더 장기간 바람직하지 않은 행동을 억제할 수 있다.

아동의 공격적 행동을 완화하기 위한 치료적 중재기법으로는 사회학습이론에 기초한 중재기법과 사회인지적 중재기법이 있다. 사회학습이론에 기초한 중재기법은 가족의 파괴적인 상호작용을 중단시킴으로써 아동의 공격성을 감소시키고자 한다. 패터슨(Patterson, 1982)의 부모훈련 프로그램은 치료자가 부모의 부적절한 양육방식을 관찰기법과 사회모델기법으로 중재하는 것으로서 인지행동주의적 부모훈련 영역을 개발하였다. 한 가지 중재기법을 예로 들면, 강한 부정적 정서를 어떻게 조절할 것인지에 대해 부모와 아동이 대화하도록 함으로써 아동은 내재화된 통제를 발달시킬 뿐만 아니라, 아동의 언어 지체를 완화할 수 있도록 한다. 그 결과, 훈련 실시 수주 내에 아동의 반사회적 행동이 감소되고 부모는 아동을 더 긍정적으로 지각하며 그 효과는 일 년 이상 지속된다고 한다.

사회인지적 중재는 공격적인 아동의 사회인지적 결함과 왜곡에 관심을 갖는다. 예를 들어, 공격적인 아동이 사회적 단서를 해석하는 과정에 문제가 있다면, 아동을 비적대적인 사회적 단서에 주의를 기울이도록 훈련시킨다. 조망 수용 능력(특정 상황에서 타인이 생각하는 것을 추론하는 능력)의 훈련도 반사회적 행동을 완화하는 데 활용할 수 있다. 공격적인 아동의 조망 수용 능력이 개선되면, 상대방에 대한 공감적 관심이 증가하고 사회적 단서에 대한 보다 정확한 해석이 가능해지므로 공격적 행동은 감소될 수 있다.

2. 학령기(아동 후기, 7~12세)

1) 신체적 발달

이 시기에는 신체 각 부위의 비율이 달라진다. 얼굴 면적이 전체의 10%로 줄어들고 뇌는 성인의 95% 정도로 발달된다. 치아는 유치가 영구치아로 바뀌기 시작하고, 이에 따라 입의 모양이 달라지고 얼굴의 하부가 커지면서 아동의 모습이 차차 사라진다. 신체 크기는 전반적으로 초등학생의 경우, 여아가 남아에 비해서 크다. 11~14세의 여아는 같은 연령의 남아에 비해 더 크고 몸무게도 더 많이 나간다. 또한 여아(10~12세)가 남아보다 먼저 사춘기에 도달한다. 사춘기가 되어 성적으로 성숙해지면 외모에서 남녀의 차이가 뚜렷하게 나타나는데 이는 생식기관, 즉 난소와 고환이 발달함에 따라 성호르몬이 활발하게 분비되기 때문이다.

2) 인지적 발달

피아제와 인헬더(Piaget & Inhelder, 1969)는 아동이 학령기에 이르면 유아기와 학령 전기의 사고와는 질적으로 다른 새로운 형태의 사고가 출현한다고 주장하고, 그것을 '구체적 조작적 사고(concrete operational thought)'라고 명명하였다.

조작(operation)이란 정보의 전환을 이해하는 정신 능력으로서 가역적 정신활동이다. 환경에 대한 아동의 적응방식은 초기에는 직접적이며 조작을 포함하지 않는다. 그러나 초등학교에 입학한 아동들은 구체적인 환경 혹은 현상을 조작할 수 있게 된다. 구체적 조작기의 아동은 행동의 수행 없이 정신적 사고가 가능하다. 예를 들어, 운동장에 어지럽게 널려 있는 공들을 크기에 따라 배열한다거나 암산으로 덧셈과 뺄셈을 하는 것을 들 수 있다.

구체적 조작기의 아동은 많은 개념적 기술을 점차적으로 획득하게 된다. 대표적으로 보존기술(conservation skills), 분류기술(classification skills), 조합기술(combination skills)이 있다.

- **보존기술**   보존기술이란 물체의 외형이 변하더라도 그 물체에 무엇인가를 더하거나 빼지 않는다면 물체의 양은 그대로 보존된다는 것을 판단할 수 있는 능력을 말한다.

- **분류기술**   물체를 공통의 속성에 따라 분류하고 통합할 수 있는 능력으로 대상과 대상 간의 공통점과 차이점 및 관련성을 이해함으로써 획득하게 된다.

- **조합기술**   더하기, 빼기, 곱하기, 나누기 등 수를 조작하는 능력을 말한다.

3) 심리 · 사회적 발달

(1) 자아존중감의 발달

아동기에 자신의 행동평가에 가장 큰 영향을 미치는 요인 중의 하나가 자아존중감이다. 자아존중감이란 자아개념의 하위요인으로 자기 자신에 대한 개인적 가치감이나 긍정적 평가를 의미한다. 자아존중감은 성장기 동안의 경험을 통해 형성되어 간다. 특히, 아동기에는 학교에서의 성공이나 실패 경험이 자아개념 및 자아존중감의 형성에 중요한 영향을 미친다.

아동기의 자아존중감은 근면성 및 열등감의 발달과 밀접한 관계가 있다. 아동이 새로운 것에 호기심을 갖고 사회에서 필요한 기본 기술을 익혀 나가는 과정에서 물질적 보상을 얻거나 부모의 칭찬을 들으면 근면성과 높은 수준의 자아존중감을 형성하게 된다. 그러나 어떤 일에 성공보다는 실패를 더 많이 경험하고 그 결과 부정적인 평가를 더 많이 받으면 열등감과 낮은 수준의 자아존중감을 형성하게 된다. 자아존중감이 높은 아동은 모든 일에 솔선수범하고 능동적으로 행동하지만, 자아존중감이 낮으면 새로운 과제에 직면했을 때 불안을 경험하게 되고 행동화하는 데 주저하게 된다.

(2) 또래집단

이 시기의 아동은 또래와의 상호작용을 통해 동일한 문제에 대한 다양한 견해가 존재할 수 있다는 것을 인식한다. 아동은 또래와 함께 놀이를 함으로써 사회적 규칙과 또래집단의 압력에 민감하게 반응할 수 있으며, 동시에 동성 친구들과 더 많은 친밀감을 경험하기도 한다. 또래집단과의 상호작용은 아동으로 하여금 자기중심성에서 탈피하여 융통성 있는 성인의 사고에 접근하도록 도와준다.

(3) 학교생활

학교는 사회에서 필요로 하는 지식과 그 사회의 가치관 및 규범을 사회 구성원에게 전수하는 기관이다. 아동은 학교생활을 통해 사회화 과정을 겪게 되며, 또한 학교는 아동의 잠재력을 계발시키고 창의성을 길러 준다. 아동은 학교에서 또래 혹은 교사와의 관계를 통해 많은 영향을 받게 된다.

교사는 아동의 올바른 사회성 발달을 위해 노력하는데, 이 과정에서 아동에게 다양한 영향을 미치게 된다. 교사의 언행은 아동에게 모방의 대상이 되기도 한다. 아동에 대한 교사의 태도는 아동의 자아개념은 물론 성취동기와 학업 성취에 많은 영향을 준다. 또한 아동은 또래와의 건전한 관계를 통해 발달을 촉진할 수 있다. 반면 또래나 집단과의 불건전한 관계는 여러 가지 행동상의 문제를 유발할 수 있다. 따라서 아동이 또래와 건전한 관계를 형성할 수 있도록 부모와 교사의 관심이 필요하다.

아동은 학교의 교육과정에서 많은 어려움에 직면하게 되는데, 반복훈
련을 받음으로써 문제를 해결하는 방법을 학습하게 된다.

(4) 단체놀이

학령기의 아동은 단체의 성공을 개인의 성공만큼 중시하기 때문에 단
체놀이를 선호한다. 아동은 단체놀이를 통해 개인의 목표가 단체의 목표
에 종속된다는 것을 알게 되며, 노동 분배의 원리를 배울 뿐만 아니라 경
쟁을 학습하게 된다.

단체놀이는 게임보다 일반적으로 더 복잡하다. 야구, 축구와 같은 단체
놀이는 심판을 필요로 하고 준수해야 할 복잡한 규칙이 있다. 단체의 구
성원들은 단체의 성공이나 실패에 대한 개인적인 책임감을 느끼고, 단체
의 성공을 위해 서로 의지하며 힘이 약한 구성원을 돕는다. 그러나 만약
한 아동이 단체의 패배에 결정적인 영향을 미쳤다면, 심한 경우 조롱을
당하거나 단체로부터 추방당할 수도 있다.

아동은 단체의 구성원들이 하나의 과업을 서로 나누어 맡음으로써 단체
의 과업이 달성될 가능성이 높아진다는 것을 인식하게 된다. 이를 통해 아
동은 노동 분배의 개념을 배우게 된다. 더 나아가 한 아동이 다른 아동보다
역할을 더 잘 수행할 수도 있다는 역할 분배의 의미도 학습하게 된다.

단체놀이는 아동에게 경쟁의 본질과 승리의 중요성에 대해 가르친다.
실패의 고통을 알고 있는 아동은 단체의 패배에 따른 고통을 회피하고자
최선을 다하게 된다. 이러한 경험을 통해서 아동은 내집단과 외집단 간의
적대 관계 개념을 이해하게 되고, 사회적 상황을 경쟁으로 볼 수 있게 된
다. 다음 〈표 6-2〉는 내집단과 외집단에 대한 아동의 보편적인 태도다.

내집단과 외집단 사이에서 나타나는 특성은 모든 인간 사회에서 볼 수
있는 일반적인 것이다. 집단에 대한 응집력과 소속감은 그 집단의 생존을
지지하는 행동으로 나타난다. 아동은 내집단에 적용되는 도덕적 원리가
외집단에는 적용되지 않는다는 것도 배우게 된다.

표 6-2	단체놀이에 대한 아동의 태도	

내집단	외집단
• 집단의 목표와 가치에 기여한다. • 집단의 목표를 위해 개인적인 목표는 포기한다. • 집단 구성원으로부터 피드백과 도움을 받고 활용한다. • 보다 큰 체계 내의 한 부분으로 자신의 역할에 대한 가치와 상호 의존을 인식한다. • 집단의 승리는 개인적인 만족감을 주고 패배는 좌절과 우울감을 준다.	• 경쟁의 결과는 승리 혹은 실패다. • 다른 집단은 '적'이다. • 다른 집단을 이기기 위해서 최선을 다해야만 한다. • 집단 간에는 적대적일 수밖에 없다. • 다른 집단을 돕는 것은 비윤리적이다.

출처: Newman & Newman(1987). *Development Through Life: A psycho-social Approach*. IL: Dorsey Press, p. 301.

4) 사회복지실천 과제

학령기 아동은 학교생활을 통해 새로운 지식을 배우고, 대인관계의 폭을 넓히게 되며, 단체활동의 경험 속에서 경쟁의 원리도 배운다. 사회복지사는 아동이 적절한 환경에서 보호받으면서 신체적, 정서적 그리고 심리 · 사회적으로 건전한 발달을 도모할 수 있도록 지지와 지원을 아끼지 말아야 한다.

(1) 발달장애

발달은 유전적 요인뿐만 아니라 환경적 요인에 의해서도 많은 영향을 받는다. 발달장애란 18세 이전의 아동에게 발달상 문제가 되는 신체적 · 감각적 · 인지적 문제를 통틀어 말한다. 사회복지사는 각 장애에 대한 다양한 프로그램과 지원을 통해 아동이 조기에 장애를 극복하거나 완화하도록 도움을 줄 수 있다. 발달장애의 유형으로는 정신지체, 학습장애, 언어장애, 자폐성장애, 주의력 결핍 및 과잉행동 장애, 정서장애, 품행장애

등이 있다. 이 중 학습장애, 주의력 결핍 및 과잉행동 장애, 품행장애에 대해서 살펴보기로 한다.

① 학습장애

아동기에는 공식적 학교교육을 통한 인지발달이 매우 중요하다. 그러나 뚜렷한 생리학적 문제가 없음에도 불구하고 학습에 어려움을 겪는 아동이 있다. 이처럼 평균 이상의 지능을 가졌으면서도 학업성취도가 낮은 경우를 '학습장애(learning disability)'라고 한다. 학습장애의 원인은 주로 중추신경계의 기능장애로 보나 학습과정에서의 좌절과 실패의 경험이 많아서 발생되는 경우도 있으며, 학령기에 확실하게 나타나는 경우가 대부분이다. DSM-IV에서는 학습장애의 하위 범주로서 읽기장애, 산수장애, 쓰기장애, 특정한 영역의 학습이 불가능한 학습장애 등 네 가지 장애를 들고 있다.

학습장애가 있는 소아나 청소년이 학교를 중퇴하는 비율은 약 40%로 보고되고 있다. 학습장애가 있는 성인은 직장생활과 사회생활의 적응에서 심각한 어려움을 겪을 수 있다.

② 주의력 결핍 및 과잉행동 장애

주의력 결핍 및 과잉행동 장애(attention deficit hyperactivity disorder: ADHD)의 원인은 아직까지 명확하게 규명되지는 않았으나 유전이 약 20%를 차지하고, 뇌손상을 입은 경우에도 발생한다고 보고되고 있으며, 부모의 양육방식이 원인이 되기도 한다. ADHD 아동은 들떠 있으며 자리에 차분히 앉아 있지 못하고 잠시도 주의를 집중하기가 어렵다. 초등학생의 3~5%가 이 장애를 가지고 있으며, 소녀보다 소년에게서 더 빈번하게 나타난다.

③ 품행장애

품행장애란 아동이 반사회적·공격적·도전적 행동을 반복적이고도 지속적으로 행하는 것을 말한다. 품행장애는 가족 내 불화와 학교생활 적응의 실패 등 흔히 좋지 않은 사회환경과 연관되어 있으며, 남자에게서 더 흔하다. 진단의 근거가 되는 행동으로는 과도한 다툼, 괴롭힘, 타인이나 동물에게 가하는 잔인한 행동, 심한 기물 파손, 방화, 도둑질, 계속되는 거짓말, 무단결석과 가출 등이 있다. 이 장애를 가지고 있는 아동은 성인이 되어 반사회적 성격장애를 보일 가능성이 높다.

(2) 자녀 양육방식과 성취동기

지속적인 목표 지향적 행동을 유도하는 성취동기는 개인의 수행에 대한 평가가 중요시될 때 나타나며, 이는 부모의 양육방식과 관련이 있다. 윈터바텀(Winterbottom, 1958)은 8세와 10세 소년 29명을 대상으로 언어적 자극에 따른 아동의 반응을 분석하고, 어머니와의 면담을 통해 자녀 양육방식(회상을 바탕으로)을 조사하였다. 성취동기 수준이 높은 집단의 어머니는 낮은 집단의 어머니보다 동일한 행동을 더 이른 시기에 요구하는 경향이 있었다. 또한 성취동기 수준이 높은 집단의 어머니는 아동의 행동을 보다 긍정적으로 평가했으며, 아동의 기대 충족에 대해 보다 강한 보상을 주는 경향이 있었다. 특히, 신체적 애정 표현을 빈번하게 사용하였다. 한편 맥클레랜드와 필론(McClelland & Pilon, 1983)은 너무 이른 연령에서 독립성을 강조하는 자녀 양육방식은 성취동기의 발달에 바람직하지 못하다는 연구 결과를 제시하였다.

부모의 양육방식과 함께 성취 지향적 역할모델은 아동의 성취동기를 자극한다. 아동의 높은 성취동기는 수행을 증가시킬 뿐만 아니라 사회와 국가의 발전을 위해서도 중요하다.

- **제7장** •

청소년기

에릭슨(Erikson)은 정체감 대 역할 혼란의 중심적 갈등으로 통합되는 단일적 단계로서 약 11~21세를 청년기로 간주하였다. 그러나 사춘기에서 시작하여 고등학교 졸업으로 끝이 나는 청년기의 초기 단계는 18세 이후부터 약 3~4년간의 후기 단계와는 다른 특성을 가지고 있다.

역사적으로 청소년이란 용어가 등장하기 시작한 것은 그리 오래되지 않았다. 농경사회에서는 어른 아니면 아이로 구분했으며, 청소년이라는 개념은 존재하지 않았다. 그러나 19세기 이후 산업화로 교육받은 노동력을 필요로 하게 되고 이로 인해 학교교육의 의무화 등이 이루어지면서 청소년기의 아동은 노동시장에 유입되지 않고 경제활동에서 제외되는 특권을 누리게 되는데, 이러한 요인들이 본격적으로 청소년기를 인식하게 되는 계기가 되었다(홍봉선 외, 2007). 청소년(adolescence)의 어원은 라틴어의 'adolescere'에서 유래하였으며 '성장하다' 또는 '성숙에 이르다'라는 의미를 내포하고 있다. 스탠리 홀(G. Stanley Hall)은 1904년 『청소년기(Adolescence)』라는 저서를 통해 과학적이고 경험적인 방법으로 청소년기를 연구하였다. 그는 인간발달을 유아기, 아동기, 전청소년기, 청소년기의 네 단계로 나누고 청소년기는 사춘기를 기점으로 하여 22~25세 사이에 비교적 늦게 끝난다고 보았다. 그는 또한 '질풍노도(storm and stress)의 시기'라는 말로 청소년기의 특징을 표현하였다.

청소년기의 시작과 종결 시기는 시대와 사회에 따라 다른데, 최근의 많은 학자들은 생물학적으로 시작되어 사회적으로 끝난다고 주장한다. 즉, 청소년기는 사춘기의 출현으로 성적인 성숙이 이루어지면서 시작되고, 그들이 속한 사회의 기대와 기준에 따라 끝난다는 것이다. 우리나라의 경우 만 20세를 성인으로 인정하고 있다. 「청소년보호법」(2008. 2. 29 개정)에서는 청소년을 만 19세 미만인 자로 규정하고 있고, 「청소년기본법」(2008. 2. 29)에서는 만 9세 이상 24세 이하인 자로 규정하고 있으며, 유엔에서는 15~24세로 정하고 있다. 이와 같이 청소년의 정의에 대한 일반적인 합의는 없지만, 공통적인 것은 이 시기가 아동에서 성인으로 전환하는 시기이며, 과거에 비해 그 기간이 상당히 길어졌다는 것이다(허혜경 외, 2002: 15).

헤비거스트(Havighurst, 1972)는 청소년기를 대략 13~22세경으로 규정하고 있는데, 그가 제시한 청소년기의 발달과업은 다음과 같다.

- 자신의 체격을 인정하고 자신의 신체를 효과적으로 사용하는 것을 인식한다.
- 같은 연령대의 남녀 간에 좀 더 새롭고 성숙한 관계를 확립하는 것을 배운다.
- 신체의 변화와 남성 또는 여성으로서의 사회적 역할이 무엇인지 학습한다.
- 부모와 다른 성인들로부터 정서적으로 독립한다.
- 경제적 독립의 필요성을 느낀다.
- 자신의 직업을 선택하며, 이를 준비한다.
- 유능한 시민으로서 갖추어야 할 지적 기능과 개념을 획득한다.
- 사회적으로 책임 있는 행동이 요구되며, 이를 실천한다.

- 결혼과 가정생활을 준비한다.
- 행동의 지침이 될 수 있는 가치관과 윤리체계를 습득한다.

이 책에서는 청소년기를 청소년 전기(13~18세)와 청소년 후기(19~24세)로 나누어 살펴보고자 한다. 청소년 전기에는 급속한 신체적 변화와 인지적 발달을 경험하고, 청소년 후기에는 자아정체감 확립과 성인생활을 준비하기 위한 여러 과제에 집중한다. 이 시기에는 아동과 성인의 이중적인 성격을 띠므로 이들을 '주변인' 혹은 '중간인'이라고 부르기도 한다.

프로이트(Freud)의 발달단계 중 청소년기는 생식기에 해당하며, 2차 성징이 나타나고, 무의식 세계에 있던 성적 에너지가 의식 세계로 드러난다. 또한 이성교제를 함으로써 남근기 때 부모에게 느꼈던 성적 관심은 사라지고 성숙한 성적 태도를 가지게 되며, 청소년기 말에는 부모와 좀 더 자주적인 관계를 형성할 수 있게 된다.

안나 프로이트(Anna Freud)는 『자아와 방어기제(The Ego and the Mechanisms of Defence)』에서 사춘기의 시작으로 야기되는 불안을 해소하기 위해 청소년이 방어기제를 어떻게 사용하는지를 설명하고 있다. 그녀는 청소년기에 특히 중요한 방어기제로 금욕주의와 지성화를 꼽았다. 금욕주의는 성욕에 대한 두려움에서 비롯되는 것으로 철저한 자기 부정을 의미한다. 청소년기의 금욕은 본능적 욕구에 대한 불신에 기인하는 것이며, 이 불신은 성욕뿐만 아니라 모든 욕망을 억제하고 원초아를 완전히 무시한다. 지성화는 종교나 철학, 문학 등의 지적 활동에 몰입함으로써 성적 욕망에서 벗어나고자 하는 방어기제다(정옥분, 1998: 41).

에릭슨은 청소년기를 11~21세 정도로 보았으며, 그의 발달이론에서 청소년기는 '자아정체감 대 역할 혼란 시기'에 해당한다. 그는 전 생애의 발달 주기에서 청소년기가 중요한 시기라고 보았으며, 이 시기에 획득해야 할 발달과업을 자아정체감의 확립이라고 보았다. 그는 정체감 확립을 위해 청소년기가 질풍노도의 시기가 될 수도 있지만, 반드시 질풍노도의 시기를 겪어야만 자아정체감을 확립하는 것은 아니라고 보았다. 에릭슨은 아동기 때의 환경과는 다른 보다 큰 틀에서 특정한 요구에 얽매이지 않은 상태에서 원하는 것을 자유롭게 함으로써 정체성을 확립할 수 있는 유예 기간이 필요하다고 주장하였다(Erikson, 1968: 128).

1. 청소년 전기(13~18세)

1) 신체적 발달

청소년기에 가장 뚜렷하게 나타나는 것은 신체적 변화다. 특히, 청소년기에 나타나는 가장 핵심적인 신체적 발달은 성적으로 성숙하는 사춘기(puberty)에 이루어진다. 이 시기에는 신체기관 각 부위의 성숙과 발달에서 성별 차이가 뚜렷하게 나타난다. 여자의 경우는 8~12세, 남자의 경우는 11~16세에 뚜렷한 변화가 생긴다. 이 시기에는 호르몬의 활발한 분비로 성적 성숙이 이루어져 외관상 남녀의 생리적 특징인 2차 성징이 이루어진다. 또 영아기 이후에 주춤했던 성장 속도는 청소년기에 들어서면서 급격히 증가된다. 신장과 체중이 현저하게 증가하고 뇌의 비약적 성장이 이루어지는데, 이를 '성장 급등(growth spurt)'이라고 한다. 신체적 성장과정은 개인차가 크다.

성적 성숙과 성장 급등은 청소년에게 심리적, 사회적으로 영향을 미치면서 청소년은 체형에 대한 불만, 성적 관심에 대한 부끄러움, 호기심, 월경에 대한 불쾌감, 급속한 성적 성숙, 제반 신체적 발달에 따른 정신적 변화 등으로 인해 정서적으로 불안정한 시기를 보내게 된다. 물론 여기에서도 개인차가 존재하지만 대부분의 청소년은 이러한 변화를 성인이 되기 위해 겪는 과정으로 이해하고 큰 어려움 없이 이겨 낸다.

(1) 성장 급등

아동의 신체는 청소년기를 거치면서 신장이 증가하고 근육이 발달함에 따라 성인의 신체적 형태에 가까워진다. 남자의 신장 증가는 21세까지 지속되며, 14세경에 가장 급속하게 성장한다. 성장 급등이 이루어지는 시기에 청소년의 키는 소년이 일 년 동안 10cm 정도, 소녀가 8cm 정도씩 성장하여 18~19세가 되면 평균적으로 소녀는 약 161cm, 소년은 173cm가 된다(대한소아과학회, 2007). 체중 증가도 현저하게 일어나는데, 이 시기는 신장이 급격히 증가하는 시기와 비슷하다.

신체 성장의 성차로서 두드러지게 나타나는 현상은 소녀는 사춘기 동안 계속적으로 신체의 지방질이 증가되기 때문에 '둥근' 외모를 갖게 되는 반면, 소년은 일반적으로 체지방을 잃게 되므로 보다 '모가 난' 외모를 지니게 된다. 또한 소년은 남성호르몬인 안드로겐(androgen)의 분비가 증가되면서 어깨뼈가 커지고 어깨가 넓어지며, 소녀는 여성호르몬인 에스트로겐(estrogen)의 증가로 골반 부위가 넓어진다.

청소년의 성장 급등 현상은 신체의 다른 부위에서도 현저하게 나타난다. 두개골은 보다 어른스러운 모습을 갖게 되며 아래턱과 코가 길어지고 팔다리에 비해 손발이 커 보인다.

(2) 성적 성숙

청소년기의 가장 중요한 발달은 성적 성숙이다. 이 시기에 성호르몬의 생성과 분비가 일어나며 그 결과 급격한 신체적·성적 성숙을 경험한다. 여성이 남성보다 2년 정도 더 일찍 사춘기에 들어선다. 이 시기에 너무 빠르거나 늦게 성적 발달이 이루어지면 심리적인 측면에 영향을 받게 된다. 활발한 성호르몬의 생성과 분비로 발생되는 여드름, 비만, 과도하거나 빈약한 유방 등은 의학적으로는 크게 문제되지 않지만 심리적인 영향을 미친다.

여성의 초경은 대체로 체중과 연관이 있다. 몸무게가 45~47kg이 되었을 쯤에 초경을 시작하는 것이 일반적이며, 월경이 계속되기 위해서는 체중의 17% 이상이 지방으로 구성되어 있어야 한다. 따라서 체중 증가에 지나치게 관심을 가지고 다이어트를 하여 저체중이 되거나, 지나친 운동으로 체지방이 부족할 경우 월경이 잠시 중단되기도 한다.

사춘기에 나타나는 2차 성징을 살펴보면, 남성은 고환과 음낭, 음경이 커지고, 음모와 액모가 발생하며, 턱수염이 나고 정자의 생산이 증가되며, 변성기와 몽정 등을 경험하게 된다. 남성의 성적 성숙의 표시는 특별히 없으나 보통 사정 능력이 그 지표가 된다. 여성의 경우 유방이 발달하고, 자궁과 질이 커지며, 음모와 액모가 발생하고, 골반이 확대되며, 초경이 시작된다. 여성의 경우 초경은 성적 성숙의 첫 신호라 할 수 있다. 여성은 초경을 시작한 후 일 년 내지 일 년 반 동안은 수태가 불가능하고, 남성도 사정을 경험하는 초기에는 정자의 활동력이 부족하므로 생식기능이 불완전하다.

2) 인지적 발달

청소년기의 인지발달은 아동기의 적극적 발달에 이어 본격적으로 발달된다. 청소년기 초에는 과도기적 현상으로 아동기적 행동이 많이 나타나지만, 청소년기 중반부터는 인지적 기능이 논리적 사고, 추상적 사고, 이상, 형식적 추리, 문제해결적 사고, 비판적 사고 등의 발달로 나타나게 되며, 이 시기의 사고발달 과정을 통해서 성인과 유사한 사고양식을 가지게 된다.

(1) 형식적 조작

청소년은 아동과는 다른 방식으로 세계에 대한 개념을 형성하기 시작한다. 피아제(Piaget)는 청소년기 사고의 특성을 형식적 조작 능력이라고 기술하였다. 청소년은 이제 자신의 지각과 경험보다는 논리적 원리에 의

해 지배되기 때문에 보다 추상적인 사고가 가능해지며 이전에는 불가능
했던 사건에 대한 가설을 설정할 수 있게 된다. 형식적 조작적 사고는 다
음과 같은 능력을 포함한다.

- 고도의 추상 개념을 사용할 수 있다.
- 가설을 설정하고 미래의 사건을 예측할 수 있다.
- 모든 가능한 개념의 조합을 고려할 수 있다.
- 몇몇 관련된 변인을 동시에 다룰 수 있다.

(2) 자기중심성

형식적 조작기의 청소년은 타인의 생각이나 관점을 추론할 수 있지만,
자기 몰두로 잘못된 가정을 하기 쉽다. 아동기의 자기중심성이 타인이 자
신과 상이한 관점을 갖고 있다는 것을 인식하지 못하기 때문에 나타나는
것이라면, 청소년기의 자기중심성은 자신의 사고나 상위 인자에 대해 사
고할 수 있는 발달된 인지 능력 때문에 나타난다고 볼 수 있다.
10대의 청소년은 자신을 마치 상상의 청중(imaginary audience) 앞에 서 있
는 존재로 생각하는 경향이 있기 때문에 자의식이 강하다. 청소년은 자신
에 대한 타인의 견해에 지나치게 관심을 갖는 동시에 자신의 감정이나 욕
구는 타인의 그것과 비교될 수 없는 독특한 것이라고 생각한다. 따라서 청
소년 자신의 사고는 성인의 사고와는 비교될 수 없으며, 성인은 자신을 이
해할 수 없다고 생각한다. 청소년기의 자기중심성은 11세 무렵에 나타나
기 시작하여 15세 무렵에 정점에 도달했다가 다양한 대인관계 경험을 통
해 객관적인 이해가 이루어지면서 사라지게 된다(김혜원, 2004a: 134).

(3) 도덕성의 발달

아동기에서 시작된 초자아의 발달이 계속됨에 따라 청소년기에는 도덕
적으로 더욱 성숙해진다. 그 특징으로 죄책감을 처리하는 방략이 발달하

게 된다. 도덕성의 발달은 도덕적 모델의 모방과 강화에 의해 이루어지며, 이 과정을 통해 청소년은 도덕적으로 행동했을 때와 행동하지 않았을 때 초래되는 결과를 인식할 수 있고, 자신의 도덕적 행동에 대한 타인의 반응을 예상하고 고려할 수 있게 된다.

최홍만(2000)의 연구에 의하면 우리나라 고등학생의 도덕성 발달 수준은 콜버그(Kohlberg, 1963)의 도덕성 발달 6단계 중 3단계인 '착한 아이 지향'으로 나타났다. 이는 옳은 행위란 타인을 기쁘게 하고 도와주는 행위이며, 타인에게서 인정받는 행위를 기준으로 삼는 단계다. 구본행과 김을교(2003)의 연구에 의하면 우리나라 중·고등학생의 도덕성을 건전성, 정직성, 신뢰성, 책임성, 준법성으로 구분하여 보았을 때, 건전성은 높게 나타난 반면, 책임성, 정직성, 신뢰성은 보통으로, 준법성은 낮게 나타났다. 성별로는 여학생보다 남학생의 건전성이 비교적 높게 나타난 반면, 신뢰성은 남학생에 비해 여학생이 다소 높게 나타났다. 다른 도덕성의 유형에 비해 준법성이 낮은 것은 우리 사회에서 법을 제대로 지키지 않아도 큰 문제가 되지 않고, 때로는 법을 지키는 것이 더 손해를 볼 수도 있다는 것을 주위에서 보아 왔기 때문일 수도 있겠다(이춘화, 조아미, 2004: 149).

3) 심리·사회적 발달

헤비거스트(1972)에 의하면 청소년기는 개인의 신체적·정서적 성숙이 이루어지는 시기로서 가장 중요한 심리·사회적 과제는 자아정체감의 확립이라고 하였다. 그 밖의 과제로는 또래 이성과의 건강한 관계 형성, 적절한 성역할, 부모나 기타 성인들로부터 정서적으로 독립하는 것, 일련의 가치 및 윤리체계를 획득하는 것이 있다.

(1) 사회성의 발달

청소년기가 되면 가정에서 보내는 시간보다 친구들과 보내는 시간이 증가하면서 부모와 접촉하는 시간이 점차 줄어든다. 청소년은 자기주장이 강해지면서 권위주의에 거부감을 표현하는 경향이 증대되고, 이에 따라 부모와의 관계에서 갈등이 많아진다. 행동에는 일관성이 없어서 의존과 자립처럼 서로 양립할 수 없는 욕구가 강하게 나타나는 것이 특징이다.

청소년은 학령 전기나 학령기의 아동보다 좀 더 구조화되고 통합된 또래집단을 형성한다(Newman & Newman, 1992). 이 시기에는 다른 어느 때보다도 또래집단의 영향을 많이 받는다. 청소년은 집단 구성원이 되는 것만으로 만족하지 않고 구성원들로부터 인정받으려는 욕구가 강하며, 자신의 판단과 다른 경우에도 집단 구성원의 의견을 따르는 경향이 있다. 생각하는 것뿐만 아니라 머리 모양, 음악 취향, 언어, 옷차림까지도 서로 닮아 가는데, 이것이 바로 또래문화다. 또한 자아 항상성이 싹트기 시작하면 집단에서 벗어나 옷차림과 언어 등에 개성이 나타나고 자신만의 흥미가 생기며 주관을 갖게 된다(이현수, 1990: 77).

(2) 교우 관계

아동기와 달리 청소년기가 되면서 부모와 성인으로부터의 지지보다 또래로부터의 지지와 이해가 더 필요하게 되면서 이를 통해 사회성이 발달한다. 청소년기에는 교우 관계를 통해 또래와 상호작용하는 방법을 배우고, 사회적 행동을 통제하며, 자기 나이에 알맞은 기능과 흥미를 발달시키고, 비슷한 문제와 감정을 공유하는 기회를 갖게 된다. 특히, 이성에 대한 관심이 많아지면서 이성 교제에 흥미를 갖게 된다. 청소년기의 동성 혹은 이성 또래와의 관계는 후에 성인이 되어 사회생활이나 직장생활 혹은 이성과의 교제를 할 때 기본 바탕이 된다. 청소년기에는 아동기보다 교우 관계에 더 의존하는 경향이 있으며 동성의 무리가 교우 관계의 중심을 이루고, 이성 교제는 주로 집단 내에서 이루어진다. 이성 간의 친밀한 관계는 청소년기에야 비로소 성취된다고 볼 수 있다.

(3) 정서적 발달

청소년기에는 격하고 변화가 극심한 정서를 경험한다. 낙관성과 비관성, 자긍심과 수치심 그리고 사랑과 증오 등의 극단적인 정서를 경험하는 것이 일반적이다. 청소년기에는 부모, 형제자매 혹은 친구와는 다른 정서를 경험함으로써 그들과 분리된 별개의 존재라는 것을 인식하기 시작한다.

극단적인 정서 변화는 청소년기에 요구되는 역할 변화와 그에 따른 적응 문제의 복잡성에 원인이 있다고 본다. 한 가지 좋은 예로 우리나라의 경우, 입시에 대한 부담으로 청소년이 심한 불안과 긴장을 경험하게 된다. 이 시기의 주요 발달과제는 자신의 정서 변화에 대한 인내심을 기르는 것이라고 할 수 있다. 자신의 격한 감정을 받아들이고 이러한 감정 상태에 과민하게 반응하지 않음으로써 스스로를 이해하고자 노력하는 것이다. 감정 표현이나 수용에 엄격하여 자신의 강한 감정 상태에 대해 수치심을 느끼고 표현을 지나치게 억제하면 사회적 고립이나 부적응행동을 가져올 수 있다. 한편 충동적이고 감정 표현이 격한 청소년은 자극에 즉각적인 반응을 보이게 되는데, 흔히 비행으로 이어지기도 한다.

(4) 자아정체감의 확립

인간의 발달단계 가운데 청소년기는 가장 외롭고 번민이 많은 시기라고 할 수 있다. 나는 누구인가? 무엇을 할 것인가? 나는 미래에 어떻게 될 것인가? 어제의 나와 오늘의 나는 같은 인물인가? 등 자신에 대해 많은 의문을 갖게 된다. 에릭슨(1968)은 이 같은 질문에 답하는 과정에서 청소년은 자아정체감을 형성해 간다고 보았다. 자아정체감은 갑작스럽게 형성되는 것이 아니고 조금씩, 부분적으로 그리고 점차적으로 형성되어 간다.

에릭슨은 자아정체감의 기초는 생의 초기에 이미 형성되며, 자아정체감의 형성은 청소년기에 시작되어 전 생애를 통해 계속되는 과업이라고 주장하였다. 자아정체감의 형성에 포함되는 세 가지 요소는 다음과 같다. 첫째,

자기 자신이 과거로부터 현재까지 동일한 존재라는 것을 알아가는 과정을 통해 자신을 내적 동일성(inner sameness)과 일관성(consistency)을 가진 존재로 지각해야 한다. 둘째, 사회 문화 속에서 함께 살아가고 있는 타인이 자신에 대해서 일관성과 동일성을 지각하고 있다는 것을 알아야 한다. 셋째, 내적·외적 일관성이 일치되는 자신감(confidence)을 가져야 한다. 자아정체감은 자신감으로 발전하게 되며, 이 자신감은 한 개인이 지각하는 내적 동일성과 일관성을 타인에게서 확인받을 때 획득된다.

짐 마르시아(Jim Marcia)는 에릭슨의 심리발달론에 근거한 연구를 통해 청소년이 정체감의 위기에 적응하는 네 가지 주요방법을 발견하였다(Berzonsky, 2000: 21). 다음 [그림 7-1]은 마르시아(1980)가 에릭슨의 정체감 형성 이론을 위기와 수행이라는 두 차원에서 분석한 것으로, 네 가지 범주로 이루어져 있다. 여기에서 '위기'는 자신의 가치관에 대한 재평가 기간을 의미하고, '수행'은 계획, 가치, 신념 등에 대한 능동적 의사 결정의 결과를 의미한다.

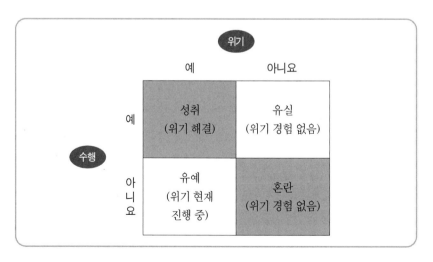

[그림 7-1] 마르시아의 자아정체감의 네 가지 범주

출처: 정옥분(2007). 전생애 인간발달의 이론(개정판). 서울: 학지사, p. 432.

① 정체감 성취

자기성찰을 하는 데 많은 시간을 보내고 스스로 목표, 가치관, 인생을 선택하는 것을 말한다. 이 유형은 많은 노력을 기울인 후 개인화된 가치관을 발전시키고 자신의 직업을 결정한다. 정체감을 성취하는 것은 네 가지 범주 가운데 가장 유익한 것으로 여겨진다.

② 정체감 유실

정체감의 위기를 한 번도 겪어 보지 못한 사람이 이 유형에 속한다. 폭넓은 자기 탐구를 하지 않고 부모 혹은 중요한 타인으로부터 목표, 가치관, 책임 등을 취한 청소년은 다방면에 걸친 격동이나 불안과 같은 것을 경험해 보지 못하고 성인기에 들어서게 된다. 이들은 직업이나 가치관에 관한 결정은 비교적 일찍하는 편이다. 이러한 결정은 자신이 아닌 타인에 의해, 대부분은 부모에 의해 이루어진다. 정체감의 유실은 성장하고 변화할 수 있는 여러 기회가 차단되었다는 것을 의미한다.

③ 정체감 혼란

직업에 대한 목표나 확고한 가치관이 없는 청소년이 여기에 속한다. 이들은 정체감의 혼란을 넘긴다고 하더라도 결코 이 문제를 해결하지 못한다. 이들은 자존감이 낮고 결의가 약한 것이 특징이다.

④ 정체감 유예 혹은 일시적 정지

현재 활발하게 자기 탐구를 하고 있지만 아직 확실한 개인적 개입이 이루어지고 있지 않은 상태를 말한다. 이들은 정체감의 위기에 직면해 있으면서 위기를 겪는 동안 극심한 분노를 경험하지만 여전히 개인의 가치관 확립이나 직업 선택을 하지 못한 사람들이다. 이 범주에 속한 사람들은 이러한 문제를 해결하기 위해 계속해서 맹렬하게 버둥거린다. 이들은 의사결정을 피하기보다는 계속해서 이 문제를 거론한다. 이들은 자신들이 무엇을 믿어야 하고, 무엇을 해야 하는가에 대해 격려하지만 대립적인 감정을 가지는 특징이 있다. 예를 들어, 이 범주에 속한 사람은 신의 존재와 같은 종교적인 문제에 대해 심한 논쟁을 벌이기도 한다. 이들은 매우 비판적이지만 해결할 수 없는 문제에 대해서만 그러하다.

4) 사회복지실천 과제

청소년기의 사회적 욕구는 자아정체감 확립과 성에 대한 올바른 이해 그리고 부모로부터의 독립 등의 가치관 형성과 관련된다. 청소년기의 사회적 발달과 관련된 대표적 문제는 청소년 비행이다. 이것은 일탈행동 또는 청소년 범죄와 유사한 의미이며, 사회 또는 집단에서 규정하는 규범이나 규칙을 위반하는 일체의 행위다. 그리고 청소년기의 성적 성숙에서 비롯되는 성 문제로는 미혼 부모 문제, 성폭력 문제 등이 있다. 술, 담배 등의 약물 남용, 집단 따돌림, 가출, 학업 중단 등도 청소년기에 겪게 되는 문제다.

여기서는 사회복지실천 분야로 청소년 전기에 겪게 되는 심리적 부적응 문제와 일탈행동, 폭력, 중독 등에 관하여 다루고자 한다.

(1) 심리적 부적응 문제

청소년 전기에 나타나기 쉬운 대표적인 심리적 부적응 문제로는 다음과 같은 것들이 있다.

① 불안장애

일시적으로 불안을 느끼는 것이 아니라 불안을 유발하는 자극이 사라진 뒤에도 극심한 불안이 지속되거나, 일반적으로 불안이 유발되지 않을 만한 상황에서도 불안이 고조되거나 불안으로 인해 일상생활에 심한 지장을 받는 경우 심리적 부적응으로 분류된다.

② 우울장애

우울장애는 특히 청소년기에 두드러지게 나타나는 대표적인 정신건강 문제다. 우울장애의 발병은 빠르면 아동기부터 시작되며, 14세경까지는 그리 높지 않다가 청소년기나 성인 초기부터 증가하는 것으로 알려져 있다.

③ 자 살

성인의 자살은 계획하여 행동으로 옮기는 심사숙고형인데 반해, 청소년의 자살은 충동적인 경우가 많다. 그러므로 청소년이 자살 충동을 느끼는 결정적 시기에 누군가가 함께해 주고, 문제해결을 돕는 것만으로도 자살이 많이 줄어들 수 있다. 우리나라와 같이 입시 위주의 교육이 이루어지는 환경에서는 학업으로 인한 스트레스가 자살 충동의 촉발요인으로 작용하고 있다.

④ 반항장애와 품행장애

반항장애와 품행장애는 아동기와 청소년기 혹은 유아기부터 나타나는 행동장애로서 이 장애를 가진 아동과 청소년은 주변 사람들을 괴롭히고, 못살게 굴며, 공격하고, 희생시킨다. 이들은 극심한 정도의 파괴적인 행동을 하고, 반복적인 절도, 공격, 강간 등 대부분의 청소년에게서는 극히 드물게 나타나는 반사회적 행동을 반복한다. 반항장애와 품행장애는 상당한 공통점이 있지만, 품행장애는 반항장애에 비해 더욱 자주 심각한 발달적·법적 결과를 가져온다.

⑤ 정신분열증

정신분열증적인 행동은 정상적인 적응과 대인관계를 상당한 정도로 방해하고, 정신분열증으로 진단받은 아동이나 청소년은 정상적인 성취도 수준에서 뒤처지는 경우가 많다. 정신분열증의 증상은 양성 증상과 음성 증상으로 나눌 수 있다. 전자는 정상적인 기능이 왜곡되거나 과도하게 나타나는 것인 반면, 후자는 정상적인 기능이 상실되거나 감소하는 것을 말한다.

청소년기에 시작되는 정신분열증의 발병 경로는 분명하지 않은데, 이진단을 받은 청소년은 주의력이나 운동-지각, 기타 신경발달상의 문제를 나타낸 적이 있거나 지나친 걱정, 수줍음, 기분 변화, 공격성 등을 나타낸 전력이 있는 경우가 많다. 그러나 잠복기를 거쳐 발병하기보다는 갑자기 발생하는 경우가 더 일반적이다.

⑥ 섭식장애

섭식, 비만, 신체상과 관련된 문제 또한 청소년이 경험하는 문제들이다. 섭식장애는 체중 증가에 대한 지나친 두려움이나 마른 몸매에 대한 강한 욕구, 다이어트에 대한 과도한 집착, 계속해서 굶거나 약을 먹는 등 부적절한 체중 조절행위를 말한다. 섭식장애의 대표적인 유형은 거식증과 폭식증이다.

거식증 환자는 체중과 몸매에 대한 개념이 일반 사람에 비해 상당히 왜곡되어 있고, 체중이 증가하는 것을 자기통제의 실패라고 생각한다. 거식증은 섭식을 계속 거부함으로써 끝내 죽음에 이르게 하는 심각한 심리장애다. 거식증의 초발 연령은 평균 17세이며, 위험 연령은 14~18세다.

신경성 과식증이라 불리는 폭식증 환자는 폭식행동이 특징이며, 엄청난 양의 음식을 먹고 바로 설사제나 이뇨제를 복용하거나 단식 혹은 과도한 운동을 한다. 폭식증 환자는 극도로 마르지는 않고 대개 평균 혹은 평균 이상의 체중을 보인다. 폭식증 환자는 자신의 비정상적인 섭식행동을 지각하고 있으며, 폭식을 멈출 수 없는 자신에 대해 두려워하고, 그렇게 하는 자신을 비난하고 우울해한다. 이들은 대부분 폭식 기간에 일일 기준 섭취량의 두 배 가까이 되는 칼로리를 섭취한다.

청소년의 체중 감량에 대한 관심은 매우 높다. 김복희 등(2002)은 2001년 초·중·고등학생 총 426명을 대상으로 '초·중·고등학생들의 다이어트 교육 실시에 따른 인식 변화에 관한 조사' 를 실시하였는데, 조사 결과 초등학생의 25.7%, 중학생의 30.9%, 고등학생의 45.7%가 체중 감량을 시도해 본 적이 있다고 응답하였고, 체중 감량을 시도한 경험은 연령이 증가하면서 함께 증가하는 경향을 보였다. 이와 같이 청소년은 체중 감량에 대한 관심은 높지만, 이에 대한 정확한 정보의 부족으로 부적합하고 비과학적인 방법으로 시도하여 건강을 해치는 경향이 있다. 이들은 체중 감량이 지나쳐 거식증과 같은 섭식장애로 발전하기도 하며, 성장에 필요한 영양의 부족으로 발육 부진을 겪기도 한다. 따라서 체중 감량에 대한 올바른 교육이 요구된다.

(2) 청소년 비행

우리나라에서는 '청소년 문제' 하면 비행을 떠올릴 정도로 비행 문제는 청소년기의 사회적 발달과 관련된 대표적인 문제다. 청소년 비행(delinquency)이란 일탈행동 또는 청소년 범죄와 유사한 의미로 사용되는 것으로, 사회 또는 집단에서 규정하는 규범이나 규칙을 위반하는 일체의 행위를 말한다. 우리나라에서는 청소년 비행을 예방하기 위하여 1997년부터 「청소년보호법」을 시행하고 있으나, 대중매체의 선정성, 유흥업소의 증가, 인터넷을 통한 음란물 접촉, 비디오방 등 청소년 유해 환경은 갈수록 증가하는 추세다. 청소년 비행은 학업에 대한 압박감, 가족 갈등 및 가정폭력 등과 밀접한 관계가 있다.

우리나라의 청소년 비행에 대한 대책은 보호관찰, 교정교육, 갱생보호 등 주로 사후 대책에 집중되어 있다. 따라서 비행을 예방하기 위한 근본적인 해결 방안을 강구해야 할 필요성이 있다.

청소년의 일탈행동에 대한 다음과 같은 연구들이 있다. 전국 10대(만 10~19세) 청소년 남녀를 대상으로 한 1993년 연구(김문조 외, 1994: 104)에 의하면 10대 청소년의 약 70%가 학교 공부가 지겨울 때가 많다고 응답해 과도한 공부에 대한 압력이 실제로 증명되었다. 이들을 대상으로 일탈 성향적 행위 경험을 관측한 결과 '거짓말' '상소리'는 거의 일상적 수준으로 나타났고 '커닝' '주먹싸움' '음주' 순으로 높은 수준의 경험 비율을 보였다. 이러한 일탈행위의 경험 비율은 나이가 들면서 크게 증가하는 것으로 나타났다. 또한 공부에 대한 압력이 일탈을 부추기는 요인으로 확인되었는데, 거의 모든 비행에서 성적이 열등할수록 일탈 경험 비율이 높게 나타났고, 특히 커닝, 결석, 흡연에서 그 차이가 두드러졌다. 한편, 10대 청소년의 40% 정도가 가출과 자살 충동을 느낀 적이 있다는 사실에서 청소년 비행 충동의 심각성을 엿볼 수 있다.

청소년기의 일탈행동에 영향을 미치는 요인으로는 학업 스트레스 외에 부모의 부적절한 양육 태도도 손꼽혔다. 2003년 서울에 위치한 중학교, 인문계와 실업계에 재학 중인 학생들을 대상으로 실시한 '가정폭력 요인과 가족구조 요인이 남녀 학생 청소년의 비행에 미치는 영향'에서 신혜섭(2005)은 부모의 학대가 남녀 청소년 모두에게 비행에 영향을 주는 가장 중요한 요인임을 지적하고, 부모의 학대를 방지하기 위한 부모교육이나 가족 지원 프로그램이 청소년 비행의 예방에 기여할 것이라고 제안하였다.

이러한 연구 결과들을 통하여 예방적 차원의 접근이 중요하다는 것을 확인할 수 있다. 청소년의 공부에 대한 압박을 해소할 수 있도록 학교 사회사업 서비스를 활성화한다거나 가족치료적 접근을 통해 비행 발생 이전에 가족 간의 갈등을 완화 및 해소해 주는 방안을 제시할 수 있다. 한편 건전한 인터넷 활용의 필요성에 대한 홍보 및 교육을 강화하고 음란성, 폭력성을 띠는 인터넷게임이나 사이트를 차단하는 등 효과적인 법적·제도적 장치를 마련하는 것도 좋은 해결 방안이 될 수 있다.

(3) 청소년 폭력

청소년 폭력은 청소년기에만 국한되는 현상이 아니라 일반적으로 아동기의 성격 특성에서 비롯되어 청소년기를 거쳐 성인기까지 지속된다는 점에서 심각성이 더 크다고 하겠다. 9～17세의 비행 청소년 500명을 대상으로 한 조사에서 이들 중 80%가 이후 8년 만에 다시 폭력행동으로 수감되는 결과를 보였으며, 반사회적 행동을 보이는 성인의 대다수가 과거에 반사회적 청소년이었다는 연구 결과들은 청소년기의 폭력적 행동이 성인기의 반사회적 폭력행동과 인격장애의 가장 강력한 예측 요인임을 보여 준다. 따라서 청소년 폭력은 사회의 규범을 파괴시킬 뿐만 아니라 인간 생애 전체에 걸쳐 지속적인 영향을 미치는 문제행동으로 보아야 한다. 청소년의 공격성은 신체적 공격, 즉 다른 사람이나 또래에 대한 잔인한 행동이 주를 이루지만, 언어적 학대나 성인에 대한 부정적이고 가학적인 태도를 통해 나타나기도 한다. 청소년은 불안감 때문에 모호한 상황이나 낯선 장면에서 다른 사람의 의도를 실제보다 더 적대적이고 위협적인 것으로 잘못 해석하는 경향이 있고, 그 결과 쉽게 분노하고 흥분하며, 이것이 공격적 행동으로 이어지기도 한다. 따라서 청소년 폭력에 대한 실태와 특성, 그 원인을 조사하여 적절한 대응책을 강구할 필요가 있다.

(4) 인터넷 중독

인터넷 중독은 청소년이 장시간 동안 인터넷을 사용함으로써 정신건강을 해치고 대인관계의 장애를 가져오는 일련의 문제행동을 말한다. 인터넷을 통한 가상공간에서의 삶은 특히 청소년의 정체감을 크게 위협하는 요인으로 지적되고 있다. 많은 청소년들이 현실적 자아와 가상공간에서의 자아(이상적 자아) 간의 혼동을 경험하게 되며, 장기적인 혼동 상태를 겪게 되면서 부정적 정체감을 형성하거나 정신적 장애, 즉 자기 파괴나 존재감 상실, 무력감과 우울감, 자살 충동 등을 더 많이 경험할 가능성이 있다.

(5) 여 가

청소년기는 신체발달이 가장 급격히 이루어지는 시기로 건강한 신체발달을 위해서는 적당한 운동이 필수적임에도 불구하고, 우리나라 청소년의 경우 입시 위주의 교육으로 체력 단련을 위해 자발적으로 운동할 수 있는 시간과 공간이 절대적으로 부족한 실정이다. 2000년도에 한국청소년개발원에서 실시한 '전국 청소년 생활 실태 조사'에 따르면, 여가활동으로 전자게임이 가장 많았고, 인터넷 사용, 텔레비전 시청과 라디오 청취, 음악 감상, 영화나 비디오 감상 순으로 높게 나타났다. 그러나 실제로 희망하는 여가활동은 여행이 가장 높게 나타나서 여가의 현실과 이상 간의 괴리가 존재함을 보여 주고 있다. 청소년의 여가활동을 활성화하기 위해서는 청소년 인프라의 구축이 필요하다. 또한 청소년 전용공간과 시설이 확보되어야 하며, 지역 공동체의 모든 구성원들이 함께 어울릴 수 있는 지역 단위 스포츠 시설의 확충, 청소년 여가 프로그램의 활성화, 학부모 교육, 교사 연수를 통한 청소년 여가 지도, 학교 내 여가 시설 확충 등을 통해 청소년 여가활동의 양적 확대뿐만 아니라 질적 확대를 도모해야 할 것이다.

♬ 서태지와 아이들의 〈교실 이데아〉

됐어 (됐어) 됐어 (됐어)
이제 그런 가르침은 됐어
그걸로 족해 (족해) 이젠 족해 (족해)
내 사투로 내가 늘어놓을래

매일 아침 일곱 시 삼십분까지
우릴 조그만 교실로 몰아넣고
전국 구백만의 아이들의 머릿속에

모두 똑같은 것만 집어넣고 있어
막힌 꽉 막힌 사방이 막힌
널 그리곤 덥썩 우릴 먹어삼킨
이 시커먼 교실에서만
내 젊음을 보내기는 너무 아까워

좀 더 비싼 너로 만들어주겠어
네 옆에 앉아 있는 그 애보다 더
하나씩 머리를 밟고 올라서도록 해
좀 더 잘난 네가 될 수가 있어

왜 바꾸지 않고 마음을 조이며 젊은 날을 헤맬까
바꾸지 않고 남이 바꾸길 바라고만 있을까

국민학교에서 중학교로 들어가면
고등학교를 지나 우릴 포장센터로 넘겨
겉보기 좋은 널 만들기 위해
우릴 대학이란 포장지로 멋지게 싸버리지
이제 생각해봐 대학! 본 얼굴은 가린 채
근엄한 척할 시대가 지나버린 건
좀 더 솔직해봐 넌 알 수 있어

2. 청소년 후기(19~24세)

청소년 후기는 다양한 역할을 위한 선택이 요구되는 시기다. 이 시기에 청소년은 개인적 가치와 목표를 설정하고 정체감을 확립한다. 또한 직업과 배우자를 선택하고 개인의 도덕적 가치관과 정치적 이념을 정립한다.

1) 신체적 발달

청소년 후기의 건강 상태는 체력이나 지구력 면에서 최고조에 달한다. 많은 청소년들이 자신의 양호한 건강 상태가 지속될 것이라고 믿기 때문에 좋지 못한 건강 습관에 빠질 가능성이 높다. 청소년기의 흡연이나 음주, 약물 남용은 건강을 저해하는 주요 원인이다. 신체적 수행 능력은 대체로 19~26세에 정점에 도달한다. 운동선수들의 기록을 보면, 일반 운동은 25세 전후, 마라톤은 27세 전후, 수영은 18~20세에 우승자가 가장 많다(허혜경 외, 2002).

2) 인지적 발달

피아제는 청소년기와 성인기의 인지 능력의 비교에서 청소년기부터 중년기까지는 사고 수준에 차이가 거의 없고, 성인의 논리적 사고는 점차 능숙해지기는 하지만 새로운 종류의 능력이 발달된다고 생각하지 않았다. 성인은 그가 획득한 성숙과 경험을 바탕으로 보다 빠르게, 정확하게 추론할 수는 있으나 새로운 방식의 추론은 가능하지 않은 것으로 생각하였다.

3) 심리 · 사회적 발달

(1) 부모로부터의 독립

부모로부터의 독립은 청소년에게서 일어나는 두드러진 사회적 변화 가운데 하나다. 청소년은 부모로부터 독립하여 자립적 생활을 영위하기 위해서 사회적으로 요구되는 다양한 기술, 즉 일상생활 기술, 성숙한 신체 관리, 인간관계 기술, 자율적 판단 능력과 수행 능력을 습득하게 된다. 청소년은 자기 탐색을 하며 자신의 존재를 확인하고 진로에 대해 고민하면서 현실을 점점 더 사실적으로 파악하기 시작한다. 청소년기에는 자기중심적이었던 대인관계에서 벗어나 상대방과의 관계를 이해하기 시작하며 자신의 존재와 위치를 자각하고 재정의하고자 노력한다. 자아정체감을 확립하기 위한 갈등과 인간관계를 형성하고 적응해 나가는 과정은 이 시기의 중요한 과업 중 하나다. 대부분의 경우 청소년 전기에서 청소년 후기로 가면서 정서적으로 더 안정적이며, 사회적으로도 잘 적응하는 경향이 있다.

한편 부모로부터 독립하는 과정에서 대부분 양가감정(ambivalence)을 갖는 것이 보통이다. 즉, 독립과 자율성에 대한 갈망과 함께 분리에 대한 불안감과 의존감이 공존하게 된다.

(2) 성역할 정체감

성역할 정체감이란 사회가 그 성에 적절하다고 인정하는 특성이나 태도 혹은 흥미와 동일시하는 것을 의미한다. 여성과 남성은 분명히 다른 신체조건을 가지고 태어난다. 이에 따라 성역할 정체감의 개념은 '남성적' 혹은 '여성적'으로 분류되어 왔다. 남성은 남성적 성역할 정체감을, 여성은 여성적 성역할 정체감을 발달시킬 것으로 기대된다.

청소년기에 이르기까지 성에 대한 정체감이 재개념화되고 확고해지는데, 이것은 다음 네 가지 경험에 의해서 이루어진다.

- 아동기에 이루어진 친밀한 동성 친구와의 경험은 적절한 성역할에 대한 규범을 알게 해 준다.
- 청소년 전기에 일어나는 신체적 변화를 자신의 성역할 정체감에 통합한다. 청소년은 자아개념에 남자 또는 여자로서의 성인의 신체를 통합해야 한다.
- 청소년기의 호르몬의 변화가 생식기능과 더불어 성적 충동을 갖게 한다.

- 청소년기를 거치면서 성인 남자와 여자에게 주어지는 성역할에 대한 사회적 기대를 접하게 된다.

(3) 성적 사회화

청소년기에 성 정체감이 확고해지는 과정을 '성적 사회화'라고 한다. 성적 사회화는 여성학의 입장에서 다양한 논란의 소지가 되고 있다. 로트(Lott), 맥카몬(McCammon)과 그의 동료들은 정형화된 성역할이 여성뿐만 아니라 남성에게도 불리하다고 지적한다. 우선 여성에게 불리한 점은 다음과 같다.

- 여성에게 불리한 대우와 낮은 처우(같은 일을 하고도 남성보다 더 낮은 임금을 받는다.)
- 여성의 부정적인 자기개념 형성(전통적인 성역할은 남성에 비해 여성에게 더 부정적인 개념을 가지게 하여 직업에서의 성취를 방해한다.)
- 여성의 낮은 결혼 만족도(여성이 남성보다 더 많은 시간과 에너지를 가사에 쏟아붓기 때문에 결혼 만족도가 남성보다 낮다.)
- 여성 스스로 남성의 관점에서 자신을 평가(시간이 흐름에 따라 외모의 변화와 호르몬의 감소는 여성으로 하여금 남성에게 여성으로서 낮은 평가를 받게 된다는 생각으로 심한 스트레스를 받는다.)

또한 남성에게 불리한 점은 다음과 같다.

- 돈을 많이 버는 것이 남성다움의 척도가 되어 압박으로 작용
- 감정 표현의 자제에 대한 압력(남자는 울어서는 안 되며 강하고 확고해야 한다고 교육받는다.)
- 성취, 경쟁, 감정의 억압과 같은 전통적인 남성의 역할에 대한 강조로 남성의 수명 단축(약 7년)

(4) 직업 선택 시 고려 사항

직업 선택은 자신의 인생을 책임지는 중요한 일이다. 이는 단순히 생계 수단을 결정하는 것뿐 아니라 사회에 대한 공헌과 가정에 대한 책임을 포괄하기 때문에 심사숙고하여 선택해야 한다. 한 개인의 직업은 자신의 사회적 역할을 대변하게 되고, 개인의 정체감을 표현하기 때문에 물질적인 보상보다는 보람과 자부심, 사회적 공헌에서 만족감을 가질 수 있는 직업 선택이 매우 중요하다.

청소년기의 종료 시점은 주로 직업을 갖게 되는 시기로 보는 것이 일반적이다. 피아제와 인헬더(Piaget & Inhelder)는 청소년이 직업을 갖게 될 때 비로소 성인이 된다고 보았으며, 직업을 가짐으로써 이상적 개혁가에서 성취자로 전환된다고 하였다. 즉, 직업은 형식주의적인 위험성으로부터 벗어나 현실적이 되도록 해 준다는 것이다. 그러므로 직업 선택을 위한 준비는 청소년이 성인이 되기 위한 중요한 과제라고 하겠다. 청소년이 직업을 선택할 때 중요하게 고려해야 할 점으로 다음과 같은 것들이 있다.

① 개인적 특성

직업 선택 시 개인적 특성은 매우 중요하다. 가장 좋아하는 교과목은 무엇인가? 자신이 가장 흥미 있어 하는 분야는 무엇인가? 자신의 성격에 적합한 직업은 무엇인가? 자신의 신체적 특성에 적합한 직업은 무엇인가? 등은 직업을 선택할 때 중요한 고려 사항이다. 대부분의 직업 이론가는 성격에 적합한 직업을 선택하는 것을 매우 중요하게 본다. 개인의 성격을 평가할 때는 개인의 우세한 특질, 우세한 욕구 그리고 우세한 가치 등을 확인해야 한다.

그리고 개인의 태도와 능력을 현실적으로 평가하는 것이 중요하다. 적성에는 지각-운동 협응 능력, 창조성, 예술적 또는 음악적 재능, 기계적 능력, 성직자적 자질, 수학적 능력 그리고 설득적인 재능 등이 포함된다.

청소년은 직업을 결정할 때 반드시 자신의 흥미를 고려해야 한다. 사업, 학문, 국제적 업무, 농업, 사회과학 등 흥미의 목록은 참으로 다양하다. 흥미는 변하기는 하지만 상당히 안정적인 경향이 있으며, 직업 선택시 확실히 고려되어야 한다.

② 직업적 특성

개인에게 적합한 직업을 결정하기 위해서는 직업에 관한 정보가 필요하다. 직업에 관한 정보는 인터넷 검색이나 도서관의 직업 문헌 등 다양한 경로를 통해 유용한 정보를 얻을 수 있다. 직업에 대한 정보를 얻는 데 다음과 같은 사항이 포함되어야 한다.

- 일상적인 업무와 그에 따른 책임은 무엇인가? (일의 본질)
- 작업 환경이 즐거운가, 아니면 불쾌한가? (작업 여건)
- 입사를 하기 위해서 어떤 교육과 훈련이 요구되는가? (입사 요건)
- 입사 시 봉급과 평균 수입 그리고 최대 기대 수입은 얼마인가? (가능한 수입)
- 사회 지위는 어느 정도 되며 그것에 만족하는가? (가능한 지위)
- 승진이 잘되는가? 어디까지 승진이 가능한가? (승진 기회)
- 이 직업을 통해 개인적인 만족을 채울 수 있는가? (직업 만족)
- 장래에 이 직업 영역의 공급과 수요가 적절히 형성될 것인가? (미래)

4) 사회복지실천 과제

고등학교 졸업 이후부터 성인기에 들어서기 전까지 청소년은 자신의 직업과 사회적 역할에 대해 고민하고 준비하는 과정에서 정체감을 확립해 나간다. 성인기 진입을 앞둔 청소년의 취업 기회 상실, 즉 실업 문제는 정체감 혼란과 사회에 대한 불신감을 불러올 수 있는 중요한 요인이다. 청소년이 직업을 갖지 못한다는 것은 그들이 경제력을 갖추지 못한다는 사실 이외에도 사회의 구성원으로서 정당하게 참여할 수 없음을 뜻하므로 커다란 사회문제로 간주된다. 이에 따라 사회복지사는 청소년이 자신의 직업 적성을 정확히 이해하고, 이를 바탕으로 취업 준비를 할 수 있도록 직업적성검사, 직업상담 등의 적절한 서비스를 제공하고, 취업 시기에 놓인 청소년을 위해서 취업알선 서비스 등을 실시할 수 있다.

사회복지사는 직업 세계로 첫발을 내딛기 위해 준비하는 청소년이 직장 내에서 원만한 대인관계 형성, 직장생활과 개인생활의 균형 유지 문제 등에 적절히 대응할 수 있도록 정보를 제공하고, 직장생활의 적응을 위한 지원을 지속적으로 해야 할 것이다.

• 제8장 •

성인기

1. 성인 초기(25~39세)

성인 초기는 어른으로서의 역할을 하는 시기로, 경제적인 독립과 가계를 책임지고 꾸려 가야 하는 시기다. 성인 초기의 주요 과업은 직업의 안정과 결혼으로 가정을 꾸리는 것이다. 우리나라의 경우 남성은 군복무 기간이 있어 독립하여 자신의 가정을 갖는 시기가 여성보다 늦다. 물론 고등학교 졸업 후 바로 직장생활을 시작하고 빨리 결혼을 하는 경우도 있고, 상급 학교에 진학하여 학업에 열중하느라 결혼을 늦추는 경우도 있다. 그러나 대체로 현대사회에서는 전문적인 기술을 요하는 직업이 증가하고 있는 추세여서 교육을 받는 기간이 길어지면서 초혼 연령도 높아지고 있다. 우리나라의 경우 평균 초혼 연령이 계속 증가하고 있어 2007년 현재 평균 초혼 연령은 여성 28.1세, 남성 31.1세다(통계청, 2008).

대부분의 경우 성인 초기에는 신체적 기능이 최고조에 달하며 또한 이 시기를 정점으로 쇠퇴하기 시작한다. 따라서 건강에 대한 관심이 점점 증가하게 된다. 로버트 헤비거스트(Robert Havighurst)는 '발달과업' 이라는 개념을 처음으로 제안했는데, 발달과업이란 각 발달단계마다 개인이 환경에 적응하는 데 요구되는 기술이나 능력을 말한다. 만약 한 단계에서 발달과업의 성취가 만족스럽지 못하면 다음 단계의 발달에 지장을 받기 때문에 발달과업은 개인의 성공적 적응 여부를 평가하는 기준이 된다. 헤비거스트가 제시한 성인 초기의 발달과업은 배우자 선택, 배우자와 함께 생활하는 방법의 학습, 가정 꾸리기, 자녀 양육, 가정관리, 직장생활 시작, 시민의 의무 완수, 마음이 맞는 사람들과 사회적 집단을 형성하는 것 등으로 그가 결혼과 직업을 이 시기의 중요한 과업으로 꼽고 있음을 알 수 있다.

성인 초기에 겪게 되는 성인의 역할은 도전일 수 있고 또한 큰 부담일 수 있다. 성인 초기의 특징과 사회복지실천에서 관심을 가져야 할 문제들에 대하여 살펴보기로 한다.

1) 신체적 변화

인간의 신체는 25～30세 때 가장 강건하며, 30세가 지나면 신체적 기능이 감퇴하기 시작하여 손이나 손가락의 동작도 점차 둔감해진다. 시각, 촉각, 후각, 미각 등은 20세경에 최고에 달했다가 40세 정도부터 점점 나빠지기 시작한다. 육체적인 힘은 25～30세 때 최고조에 이르고, 이후 점진적으로 쇠퇴하나 대부분의 신체적 능력과 기술은 규칙적으로 사용하기만 하면 그 기능이 청소년기 이후에도 지속된다. '건강은 건강할 때 지켜야 한다.'는 말이 있듯이 성인 초기에 이러한 신체적 건강 상태를 유지하기 위해서는 규칙적인 운동과 적절한 영양 공급이 필요하다. 규칙적인 운동을 하고 적절한 영양이 공급되었을 경우에는 신체적 기능과 건강을 유지할 수 있지만, 그렇지 않을 경우에는 건강이 점점 쇠퇴하게 된다. 특히 과도한 스트레스, 흡연과 음주 등은 성인 초기의 건강 유지에 매우 해롭다.

2) 인지적 변화

인간의 인지발달은 대략 25세경부터 하강 곡선을 그리는 것으로 알려져 있다. 인간은 나이가 들어 감에 따라 기억력, 추리력, 문제해결력 등이 저하되는데, 이러한 능력 저하의 원인은 정보처리 속도의 저하, 복잡한 정신적 자극에 대한 조작 능력의 저하 등에 따른 것으로 설명되고 있다. 그러나 연령이 증가함에 따라 인지 기능의 쇠퇴가 거의 없거나 매우 적으며, 인지 기능의 쇠퇴가 있다고 하더라도 각 기능에 따라 변화 정도가 다르다는 주장도 있다.

연령의 증가와 함께 시각-운동적 협응 능력과 같이 쇠퇴하는 인지 기능이 있는가 하면, 결정지능과 시각화 능력과 같이 안정성을 얻거나 성장하는 영역도 있다. 이와 같이 지적 발달의 이중적 현상은 헵(Hebb, 1949), 카텔(Cattell, 1971), 혼과 호퍼(Horn & Hofer, 1993)의 이중적 지능 개념의 변용을 통해 보다 쉽게 설명될 수 있다. 지능의 이중적 구조 개념을 인지적 발달심리학적 개념과 혼합하여 '인지적 기제(cognitive mechanics)'와 '인지적 활용(cognitive Paradigmatics)'으로 구분했을 때, 인지적 기제는 뇌의 중추신경의 신경생리학적 기능을 반영하는 것이고, 인지적 활용은 개인의 사회적 · 문화적 환경 속에서 획득한 지식을 의미하는 것으로 이해된다. 카텔과 혼의 지능이론에 의하면, 유동지능은 인지적 기제의 측면 또는 기본적 정보처리 과정으로서의 지능이라고 할 수 있는데, 이 유동지능은 전 생애적 발달과정에서 25세까지 급격한 상향 곡선을 그리다가 25~30세를 전후하여 완만한 하향 곡선을 그리게 된다고 한다. 한편 결정지능은 인지적 활용의 측면 또는 문화적 지식으로서의 지능이라고 할 수 있는데, 이 결정지능은 25세까지 유동지능과 같은 상향 곡선을 그리다가 25~30세를 전후하여 상승세가 거의 멈추고, 그 이후는 현상을 유지하거나 지극히 미세한 상승세를 보인다고 한다. 지식에 기초하는 결정지능은 적어도 60대가 될 때까지는 유의미한 하향적 추세를 보이지 않는다.

고도로 숙련된 전문가들의 경우, 지능의 활용 영역에서는 연령의 증가에도 불구하고 지능이 발달될 수 있다.

3) 심리 · 사회적 변화

성인기는 직업을 통한 자기 개발과 자아실현이 매우 중요한 시기다. 레빈슨(Levinson, 1978)은 성인 초기의 발달과업으로 비전(꿈)을 가져야 한다고 보고 자신을 인도해 줄 수 있는 멘터를 발견하고, 자신의 경력을 풍부히 하며, 친밀한 관계를 형성할 것을 제시하였다. 에릭슨(Erikson)은 이 단계의 중요한 심리 · 사회적 과제로서 '친밀감 대 고립감'을 제시하였다. 개인은 다른 사람과 함께 나누고, 타협하고, 희생하는 것을 배우면서 관계 속에서 친밀감을 형성해 나간다고 가정하였다. 반면 개인이 연약한 자아를 보호하기 위해 벽을 쌓을 필요가 있다고 느낄 때 고립감을 형성하게 된다. 성인 초기의 주요 발달과업은 결혼과 직업이라고 할 수 있으므로 이를 중심으로 살펴보기로 한다.

(1) 결 혼

결혼은 가족이 형성되기 위한 첫 번째 절차다. 남녀가 만나 결혼을 통해 가족이라는 공동체를 형성하게 되는데, 현대사회에서의 결혼은 부부관계가 한평생 지속되는 것이라기보다는 두 사람의 관계가 지속될 때까지를 의미하기도 한다. 우리나라의 이혼율은 계속해서 증가하여 2003년에 55%까지 증가했다가, 이후 감소세로 들어서면서 2013년 현재 34.7%로 나타나고 있다(통계청, 2014). 우리나라 가족의 특징을 보면 초혼 연령이 계속해서 높아지면서, 이로 인해 자녀를 갖는 시기도 함께 늦어지고 있다. 2008년 현재 출산율은 1.18명으로 자녀 수가 줄어들고 있고, 핵가족 형태의 가족이 보편화되었다는 것을 알 수 있다.

① 배우자 선택 시 고려 사항

성인이 된 남녀는 배우자를 선택하여 결혼하게 된다. 전통사회에서는 집안끼리 중매를 통해 배우자를 결정하는 것이 보편적이었지만, 현대사회에서는 사랑을 전제로 한 연애결혼이 더 보편적이다. 즉, 배우자 선택 시 본인의 의사가 더 중요시된다. 자신에게 보다 적합한 배우자를 선택하기 위해 고려해야 할 전제 조건에는 어떤 것들이 있는가? 배우자가 자신과 함께 조화로운 관계를 유지할 수 있을 만큼 서로 충분히 공유하는 영역이 있어야 하겠다. 두 사람이 조화를 이루어야 하는 영역으로는 다음과 같은 것들이 있다.

- 여가활동
- 상대방의 요구에 대한 조화
- 성적 조화
- 직업관과 가족의 목표
- 서로에게 기대하는 역할
- 종교, 생활방식, 정치적 가치, 자아실현의 가치
- 의사소통

적합한 배우자의 선택은 건강하고 행복한 가정을 이루는 전제 조건이 된다. 배우자 선택 시 고려해야 할 사항을 살펴보면 다음과 같다.

- 배우자는 본인이 원하는 사람이어야 한다. 결혼생활은 끊임없는 감정 교환의 연속이므로 서로 감정적 접근을 원하고 호감이 있어야 하며 감정의 교환이 가능해야 한다.
- 배우자는 본인이 필요로 하는 사람이어야 한다. 배우자를 통해서 경제적으로나 정서적으로 안정감을 가질 수 있어야 하며, 원하는 생활수준을 유지할 수 있어야 한다. 감정의 교환은 비교적 잘 이루어지나

경제적 안정을 유지할 수 없다면 생활에 위험이 따르게 된다.
- 배우자는 현실적으로 선택이 가능한 지위에 있어야 한다. 서로 간에 차이가 많이 나는 환경 수준이나 서로 멀리 떨어져 있어 현실성이 없는 사람은 선택하지 않는 것이 현명하다.

〈표 8-1〉은 배우자를 선택하는 과정에 대한 다양한 이론을 요약한 것이다.

표 8-1 배우자 선택 이론

이 론	내 용
근접성 이론	학교나 직장 등 지리적으로 가까운 사람을 배우자로 삼게 될 가능성이 크다.
이상형 배우자 이론	자신이 바라는 특성과 특질을 이상적으로 갖춘 사람을 선택한다.
가치의 일치이론	자신의 가치와 의식적 또는 무의식적으로 일치하는 사람을 선택한다.
동형 배우자 이론	자신과 유사한 인종, 경제적 · 사회적 특징을 지닌 상대를 선택한다.
보완형 욕구이론	자신에게 부족한 특성을 지닌 상대를 선택하거나 자신이 원하는 유형이 될 수 있도록 도와줄 수 있는 사람을 선택한다.
조화이론	자신을 이해하고 받아들이며 유사한 인생철학을 지니고 있어서 원활한 의사소통이 가능한 상대를 선택한다.

② 결혼에 대한 적응

결혼에 대한 비현실적 기대, 역할 기대의 차이, 직업, 경제력, 부적절한 의사소통, 인척과의 문제, 성적인 문제, 질투, 성장배경의 차이 등은 결혼생활의 적응에 장애요인이 될 수 있다. 부부간에는 사회계층적 · 문화적 배경의 차이로 여러 가지 결정을 내릴 때 서로 간에 타협이 요구되는데, 이로 인하여 긴장과 갈등이 유발될 수 있다. 결혼 초기에 부부는 결혼생활에서 서로에게 허용하는 한계를 깨달아야 하며, 동시에 어느 정도의 자유를 느낄 수 있어야 한다.

③ 자녀의 출산과 양육

자녀의 출산과 양육은 결혼생활에서 중요한 부분을 차지하는 동시에 주요한 스트레스 요인으로 작용하기도 한다. 자녀의 출산이 결혼에 대한 만족도를 낮추기도 하는데, 이는 자녀의 출산에 따른 책임감, 역할의 분담, 자녀에게 맞춘 일과 등이 원인이 된다. 그러나 다음과 같이 자녀를 가짐으로써 얻게 되는 긍정적인 면도 있다(유영주 외, 1996).

- 자녀는 가정의 장래이므로 부모는 자녀를 키움으로써 새로운 흥미와 관심이 확대된다. 그들의 성장과 교육에 관계되는 경제적인 문제와 아울러 사회적인 문제에 관심을 갖게 된다.
- 부모는 자녀를 키움으로써 부모감(父母感)이라는 만족감을 갖게 된다. 이것은 계속 유지되며, 죽은 후에라도 후손을 남긴다는 감정적인 안정감, 만족감 등으로 부모만이 느낄 수 있는 행복이다.
- 생활을 개선하거나 반성해 보는 기회를 갖게 된다. 자녀에게 모범이 되고, 그들이 올바르게 살도록 하기 위해서는 부모 자신이 올바른 태도를 가져야 하기 때문이다.
- 자녀는 부모로 하여금 다른 사람을 지도하고 조정하는 능력을 기를 수 있도록 한다. 부모는 자녀를 지도하면서 계속해서 문제에 봉착하게 되는데, 이때마다 신속한 판단과 가치 선택이 필요하다. 이러한 반복은 부모에게 확실한 신념과 가치관을 갖도록 한다.
- 자녀는 부모에게 생에 대한 의미를 부여해 준다. 부모는 자녀를 키워 봄으로써 인간의 출생부터 성장에 이르는 과정을 간접적으로 경험하게 되고 이를 통해 삶의 의미를 깨닫는다.

영화 속으로

캐치 미 이프 유 캔

　희대의 사기꾼 프랭크 주니어의 사기극은 아버지에게서 비롯된 것이었다. 부모의 이혼으로 무작정 가출한 후 그는 남을 속이는 데 천부적인 능력을 보여 주는데, 이러한 재능은 사실은 마음에 드는 여자 앞에서 슬쩍 목걸이를 꺼내 '당신에게 어울리는 목걸이를 주웠다'라는 아버지의 유혹 기술에서 전수받은 것이다. 어린 시절 아들은 아버지를, 딸은 어머니를 알게 모르게 동일시하며 성장한다. 자녀에게 줄 수 있는 가장 부모의 훌륭한 선물은 무엇일까?

(2) 직업

　성인 초기는 현실적인 삶을 꾸려 나가기 위해 직업활동을 통해서 개인의 능력을 발휘하여 사회적인 성공 기반을 마련하는 시기다. 이 과정에서 도덕적·사회적·경제적·정치적 제반 능력을 발달시키게 된다. 직업 선택과 적응 및 유지는 이 시기의 중요한 발달과업 중 하나다.

① 직업 선택과 개인의 성격 특성

　직업 선택은 청소년기 후기와 초기 성인기 사이의 몇 해 동안에 결정되는 것이 아니라 상당한 기간 계속된다는 전제하에 긴즈버그(Ginzberg, 1972)는 직업 선택이 3단계 과정을 거친다고 보았다. 첫 번째 단계는 환상적 시기(fantasy period)로 청년기 이전에 여러 가지 직업적 역할을 경험해 보는 단계로서 현실적 문제를 고려하지 않고 놀이를 통해 다양한 직업 역할을 수행해 보는 시기다. 두 번째 단계는 시험적 시기(tentative period)로 개인의 흥미, 능력, 가치를 직업 기회와 부합시키기 시작하는 단계다. 세 번째 단계는 현실적 시기(realistic period)로 젊은 성인이 다양한 종류의 직업을 적극적으로 탐색하고, 특정 직업에 개입하며 대안을 좁히고, 마지막

| 표 8-2 | 개인의 성격 유형과 직업의 관계 |

성격 유형	성격 특성	직업 특성
현실적 유형	돈이나 지위, 권력을 중요시한다. 기계적 수공 능력이 뛰어나고 운동 능력이 발달되었으나 대인관계 기술은 부족하다.	건축 근로자, 농장 경영
탐구적 유형	새로운 아이디어를 도출할 수 있는 능력이 있고 과학적 활동을 중요시한다. 수학과 과학 능력은 뛰어나나 지도자의 자질은 부족하다.	학문 연구
예술적 유형	음악, 미술, 연극, 문학 작품으로 자신의 느낌을 표현하기를 좋아한다. 스스로를 직관적이고 동조하기 싫어하는 사람으로 지각한다.	시각예술, 청각예술, 행위예술
사회적 유형	다른 사람과 함께 일하는 것을 좋아하고 스스로 타인을 이해하고 돕는 능력을 지니고 있다고 판단한다.	사회복지사, 교사, 상담원
기업가적 유형	경제적으로 성공하고 조직적 목표를 달성하기 위하여 다른 사람들을 다루는 직업을 선호한다. 스스로 사교적이고 리더십이 있으며 뛰어난 언어 구사력을 지니고 있다고 판단한다.	사업가, 기획자, 부동산업
관습적 유형	구조화된 환경을 선호하고 질서 정연하고 체계적으로 정리하기를 좋아한다. 동조적 성격과 우수한 사무 능력을 지니고 있다고 지각한다.	회계사, 은행원, 회사원

출처: 장휘숙(2004). 청년심리학. 서울: 박영사, p. 274.

으로 특정 직업에 다소 영구적으로 개입하는 시기다.

긴즈버그는 최근 그의 이론을 수정하여 직업 선택에 대한 의사 결정 시기를 성인기까지 연장하였고 직업발달 단계도 일생을 통해 나타난다고 하였다. 홀랜드(Holland, 1985)는 각 개인이 선택하는 직업과 개인적 성격 요인의 관계를 광범위하게 연구하여 성공적인 직업 선택은 특정한 성격 특성과 이 특성이 표현될 수 있는 직업과의 조화를 필요로 한다고 주장하였다. 홀랜드는 여섯 가지 기본적인 성격 유형을 측정하는 자기탐색검사 (Self-Directed Search: SDS)를 개발하고 〈표 8-2〉와 같이 각 성격 유형에 상응하는 직업 특성을 제시하였다.

그러나 그가 제안한 것처럼, 개인의 성격요인만을 기초로 직업을 선택한다면 다음과 같은 문제가 발생할 수 있다. 첫째, 개인의 흥미와 능력은 계속 발달하고 변화하며, 개인은 직업이 요구하는 방향으로 변화하므로 성인 초기에 자신에게 부적합하다고 생각했던 직업이 자신에게 가장 적합한 직업이 될 수 있다. 둘째, 성격요인만을 중요시하다 보면 개인의 직업 결정에 영향을 미치는 다른 요인들을 간과할 수 있다. 따라서 직업 선택은 개인의 특성이나 선호, 사회적 영향 간의 상호작용의 결과로 이루어져야 할 것이다.

② 직업에의 적응

스턴버그(Sternberg)는 직업적 성공을 예측하는 지능은 '자신을 관리하고, 동료들을 관리하고, 자신의 이력을 관리하는 능력' 이라고 주장하였다. 즉, 일의 세계에서 성공하는 사람들은 효율적인 업무 수행 능력으로 생산성을 높일 줄 알고, 동료들과 원만한 관계를 유지하며, 리더십을 발휘하고, 직업상의 규칙과 흐름에 민감하게 자신을 조율할 줄 안다는 것이다.

김애순(2005: 277)은 직장생활에서 성공적으로 적응하기 위해서 중요한 것으로 직무 능력에 대한 자신감, 대인관계 능력, 올바른 직업적 가치관을 들고 있다.

- **직무 능력**   요즘과 같이 급속히 변화하고 있는 직업 세계에서는 아무리 대학에서 전문적인 교육을 받았다고 하더라도 새로운 것을 순발력 있게 학습할 수 있는 능력과 기존의 지식을 새로운 상황에 적용할 수 있는 융통성이 필요하다. 그러나 일단 직업 세계에 들어가면

시간적인 여유가 충분하지 않은 만큼, 학창 시절에 다양한 경험과 폭 넓은 공부를 할 필요가 있다.

• **대인관계 능력**   대인관계 능력 또한 직무 능력 못지않게 중요하다. 동료들과의 관계가 좋으면 서로 유익한 정보를 교환할 수 있고 동료 애도 맛볼 수 있지만, 동료들과 갈등 관계에 있으면 스트레스로 인해 업무에도 지장을 줄 뿐더러 정신건강에도 해가 된다. 직업 세계에서 성공하는 사람들은 다른 사람의 이야기를 경청하고 이해할 뿐만 아 니라 자기 표현력도 높다고 한다. 이러한 대인관계 능력은 선천적인 것이 아니라 특별한 훈련과 평소 노력으로 개발될 수 있다.

• **올바른 가치관**   직업 세계에서 가장 우선시해야 할 가치관을 정립 하는 것이 중요하다. 지나치게 경쟁적이거나 성취에만 급급하다 보 면 주위에 불필요한 적을 많이 만들 수 있다. 직장생활은 하루 이틀 하다가 끝나는 일이 아닌 만큼 경쟁과 승부보다는 인화와 협동이 더 좋은 무기가 될 수 있다.

회사의 골칫거리 찰러리맨!!

Child + Salary man의 합성어로 사회생활에서 겪는 갈등과 어려 움을 스스로 해결하지 못하고 부모에게 의지하는 사람을 의미하는 말 이다. 부모의 과잉보호 속에서 성인이 되어서도 부모에게 의지하여 스 스로 문제를 해결하지 못하고 부모들이 직접 나서는 사례가 많아지면 서 등장한 신조어다.

4) 사회복지실천 과제

성인 초기의 주요 과업인 결혼을 중심으로 사회복지실천 분야를 살펴보기로 한다. 사회복지사는 미혼의 남녀가 올바른 이성 교제를 할 수 있도록 정보와 기회를 제공할 수 있으며, 예비부부교실 등을 운영하여 신혼부부의 결혼생활 적응과 가족 계획 수립을 지원하고, 부부상담을 통해 부부 갈등의 해결을 지원함으로써 부부간에 친밀한 관계가 유지되도록 도울 수 있다. 특히, 최근 들어 조기 이혼율이 매우 높은 만큼 사회복지사는 젊은 부부들의 이혼을 사전에 예방할 수 있는 부부상담 프로그램을 보다 강화해 나가야 한다. 한편 처음으로 자녀를 출산한 부모들은 자녀 양육기술이 미흡하고, 자녀 양육과 관련된 역할 분담 문제 등으로 갈등을 경험할 가능성이 높다. 따라서 사회복지사는 임산부 교실, 부모 역할훈련 프로그램 등을 실시하고, 필요에 따라서는 가정봉사원 등을 파견하여 산후조리를 원조하거나 자녀 양육을 지원할 필요가 있다. 이와 아울러 부모의 이혼 등으로 편부모가족이 된 자녀들에 대한 양육지원사업을 실시하거나 자녀 양육에 어려움을 겪는 맞벌이 부부의 자녀 양육을 지원하는 다양한 사업을 실시할 수도 있다. 또한 결혼 연령이 늦어짐에 따라 출산 연령도 높아지고 있고, 직장과 양육의 병행에 따른 어려움으로 출산을 미루는 경우가 증가하면서 고령 출산에 따른 미숙아와 조숙아의 비율이 높아지는 만큼, 노산의 위험성에 대한 홍보와 안심하고 자녀를 맡길 수 있는 저렴한 탁아시설 확대 등에도 사회복지사가 개입할 수 있다.

2. 중·장년기(40~60세)

중년기는 경제적인 안정과 다양한 삶의 경험을 통해 지혜를 터득하고 사회적, 가정적으로 중요한 역할을 수행하는 시기이므로 '인생의 황금기'라고 할 수 있다. 그러나 중년기에는 쇠퇴의 징후가 나타나며 개인적 삶이 위축되고 다음 세대로 전수를 생각해야 하는 시기이기도 하다. 중년 기에는 생물학적·사회학적·직업적 변화를 경험하게 되고, 가족 주기에 도 변화가 일어나는 시기로 '중년의 위기'를 맞기도 한다. 또한 외모는 물론 감각기관과 신체 내부 기능 및 생식 기능에서도 노화의 징후가 나타 나기 시작하는 시기다.

중년기에 관한 구체적인 개념을 최초로 발전시킨 사람은 융(Jung)이 다. 그 이후 뉴가르텐(Neugarten, 1963), 베일런트(Vaillant, 1977), 레빈슨 (1978), 굴드(Gould, 1978) 등에 의해 집중적인 연구가 이루어져 성인기 발달에 대한 다양한 통찰을 제공하였다.

융은 40세경에 시작되는 중년기를 인생의 전반기에서 후반기로 바뀌는 전환점으로 보고 매우 중요하게 다루었다. 중년기는 새로운 변화의 길로 접어드는 시기다. 융은 전 인생주기를 통한 지속적인 성장과 발달, 자아 실현을 강조하면서, 특히 '개별화'라는 개념으로 인생주기의 후반기에 발생하는 발달과업을 설명하고, 개인의 인생에서 근본적인 변화는 40세 경에 이루어진다고 보았다.

에릭슨은 8단계 중 7단계인 '생산성 대 침체감'의 단계가 중년기에 속 한다고 하였는데, 이 시기는 인생의 여러 측면에서 안정되고 성숙된 시기 로 단순히 자신과 자기 세대의 이익과 번영에만 관심을 쏟는 것이 아니라 후손과 미래를 위해 보다 나은 세상을 만드는 데 헌신하는 기간이다. 대 부분의 경우, 자신이 지닌 자원이나 기술, 재능 등을 활용하여 젊은 세대 의 생활의 질을 향상시킬 의무가 있다고 느끼기 시작하며, 사회적·개인 적 공헌을 하고자 하는데, 이러한 공헌은 개인의 가치관과 목표에 따라 각기 다양한 방식으로 표현된다.

레빈슨(1978)은 개인의 인생주기에는 출생에서 사망에 이르기까지 개 인적·문화적 차이를 초월한 보편적 유형이 있다고 보았다. 레빈슨은 융 의 이론을 토대로 하여 성인의 심리·사회적 발달과정을 설명하는 '인생

계절론 모델'에서 '생애 구조(life structure)'라는 개념을 사용하였는데, 이것은 일정한 시기에 개인의 생활에 내재화된 유형이나 설계를 의미한다. 중년기(40~45세)의 주요 과업은 성인 초기의 생애 구조에 대한 평가, 중년기에 대한 가능성 탐구, 새로운 생애 구조 설계를 위한 선택 등이다. 또한 기존의 생애 구조에 대한 의문 제기와 평가를 통해 자신의 생애 구조를 변화시키고 발전시켜 나가는 과업에 당면하게 된다. 이 과정에서 개인은 상실감과 고통을 경험하기도 하나 동시에 자유로움과 융통성 있는 가치관을 폭넓게 발전시킬 수 있다. 또한 레빈슨은 중년기 생애 구조의 형성을 위한 근거로 젊음/늙음, 파괴성/창조성, 남성성/여성성, 애착/분리 등 자아 내면에 공존하는 양극성을 통합해 나갈 것을 제안하였다. 이 양극성의 통합과 생애 구조의 조정을 통해 개인은 보다 성숙해지고 외부 환경과의 상호작용이 효율적으로 이루어진다고 보았다.

굴드(1978)는 35~45세를 중년기로 보고, 지금까지 자신을 지배해 왔던 그릇된 관념과 환상을 극복하고, 인생의 부정적인 측면을 수용하는 변형과정을 통해 성장이 이루어진다고 하였다. 굴드는 성인기를 5단계로 구분하여 각 단계별로 그릇된 가정을 제기하고 이를 극복함으로써 성장이 실현된다고 주장하였다.

1) 신체적 변화

중년기에는 에너지의 급속한 투입을 요하는 일보다 지구력을 요하는 작업에서 더 능력을 발휘할 수 있다. 40대 초반에는 신진대사의 저하로 대부분 체중이 증가하기 시작한다. 또한 청소년기까지는 사고가 사망의 가장 큰 원인이었지만, 중년기에는 질병으로 인한 사망률이 높아진다. 중년기의 성인은 질병을 조기에 발견하고 치료받기 위해 정기적인 건강검진을 받을 필요가 있다. 사회복지사는 때때로 중년기의 가장이 건강을 상실함으로써 곤경에 처한 가족들을 대하게 되며, 이러한 가족들을 위해 자원을 연결해 주는 일을 한다.

또한 중년기에는 감각도 쇠퇴한다. 시각은 원시가 되며, 청각도 예민성을 상실하기 시작한다. 외모의 변화도 나타나는데, 피부의 탄력성이 줄어들고 주름이 생기기 시작한다. 따라서 이 시기에는 규칙적인 운동과 식이요법을 통해 건강을 유지하도록 해야 한다.

생식 기능도 중년기부터 변화가 나타난다. 중년기는 많은 사람들이 자신을 재조명해 보는 시기인 만큼, 이러한 변화는 심리적으로 중요한 의미를 갖는다. 여성은 폐경을 경험하게 되는데, 이에 수반하여 생리적 변화가 일어나는 기간을 '갱년기'라고 한다. 폐경은 보통 51세경에 일어나며, 어떤 여성은 36세에 또 어떤 여성은 50대 중반에 경험하는 등 개인차가 존재한다. 월경이 완전히 멈추면 에스트로겐과 프로게스테론의 수치가 감소하고, 생식기관과 성적 기능도 변화한다.

여성과 달리 남성은 생식기관의 변화로 인한 생리적인 사건은 겪지 않

표 8-3 굴드의 성인기의 5단계

연 령	단 계	극복해야 할 그릇된 가정
16~21세	부모로부터의 독립기	나는 늘 부모에게 속해 있으며 부모의 세계를 따르고 믿는다.
22~28세	성인기 시작	의지와 인내를 바탕으로 부모의 방식대로 행하면 좋은 결과가 있을 것이다. 좌절감, 혼돈감에 빠지거나 혹은 단순히 대처해 나갈 수 없을 때는 부모가 옳은 길을 제시해 주고 도와줄 것이다.
29~34세	성인기(자아 출현기)	인생은 단순하고 통제할 수 있는 것이며, 나의 인생에서 모순이나 양면성은 존재하지 않는다.
35~45세	중년기	이 세상에 악이나 죽음은 없으며, 모든 위험은 파괴되어 없다.
46세 이후	중년기 이후	이전 단계에서의 그릇된 가정을 모두 극복하고 진정한 자아를 찾는 시기다.

출처: 김명자(1998). 중년기 발달. 서울: 교문사, p. 48.

지만, 정자의 수가 표준보다 감소하고 발기 능력이 떨어지게 된다. 정자
생산량은 25~60세에 약 30% 감소하지만, 80세까지도 정자가 생산될 수
있다.

2) 인지적 변화

중년기에 단기기억 능력은 쇠퇴되기 시작하지만, 장기기억 능력은 변
화를 보이지 않는다. 경험이나 학습과 무관하게 생물학적으로 결정되는
'타고난 지능'을 말하는 유동지능은 10대 후반에 절정에 도달하고 성년
기에는 중추신경 구조의 점차적인 노화로 떨어지기 시작한다. 그러나 학
교교육과 일상생활의 학습 경험에 의존하는 결정지능은 성인기에서의 학
습의 결과로 생의 말기까지 계속 발달한다. 존 혼(John Horn)은 결정지능
은 적어도 70세까지는 안정적이거나 계속 발달하고, 유동지능은 35~40
세부터 떨어지기 시작한다고 주장하였다.

3) 심리 · 사회적 변화

중 · 장년기에는 가족 구성원들의 성장과 발달을 지원할 수 있는 안정
된 가정환경을 조성해야 한다. 즉, 중 · 장년기에 이른 부모는 가족 구성
원의 욕구, 기호, 기술이나 재능의 차이를 인정하고 적절하게 반응할 수
있는 능력을 갖추고, 그들에게 기술이나 재능을 개발할 수 있는 적절한
기회를 제공해 주어야 한다. 이러한 가정환경을 조성하기 위해서 중 · 장
년기의 부모는 가족 구성원의 지위에 따라 책임과 권리를 공평하게 배분
하고 가족의 생활과 관련해 합리적인 의사 결정을 할 수 있는 능력을 갖
추어야 한다.

(1) 부부 관계 유지

활기찬 결혼생활을 유지하기 위한 최소한의 세 가지 조건이 있다 (Newman & Newman, 1987). 첫째, 부부는 개인적인 성장과 부부로서의 성장 모두에 전념해야 하며, 이를 위해 서로 변화해야 한다. 부부는 서로에 대한 돌봄과 수용의 수준은 유지하면서 태도, 욕구, 관심은 기꺼이 바꿀 수 있어야 한다.

둘째, 부부는 효과적인 대화체계를 개발해야 한다. 효과적인 대화체계를 가지지 못한 많은 부부들이 분노가 쌓여서 해결할 수 있는 기회를 갖지 못하고 이혼에 이르는 경우가 많다. 일반적으로 부인이 먼저 대화를 시도하지만, 남편이 그것을 따르지 않는다. 사이가 좋고 만족하는 부부는 서로의 문제에 귀를 기울이고 염려한다. 반면에 불만족스러운 부부는 문제를 회피하거나 서로를 비난하며, 문제를 인정하기보다는 서로에 대한 불평과 비난의 수위를 높인다.

셋째, 갈등을 건설적으로 활용해야 한다. 부부가 동등한 지위를 갖고 서로의 개별성을 인정하는 활기찬 결혼생활에서도 갈등은 존재한다. 부부는 이러한 갈등을 이해하고, 차이를 수용하며, 갈등을 해결하기 위한 전략을 개발해야 한다. 부부 중 한쪽이 불평하거나 불쾌하게 행동한다면 다른 쪽에서는 그러한 행동을 수용해야 한다. 고통을 겪는 부부의 경우 부정적인 견해가 부정적인 반응을 초래하는 것을 볼 수 있다. 가정 내에서의 갈등과 공격성의 수준이 직장이나 공동체에서보다 더 높게 나타나기도 한다. 그럼에도 불구하고 만족하는 부부는 분노의 영향이 최소화되고 서로를 이해하기 위해 꾸준히 노력한다.

(2) 부부 의사소통의 기본 유형

호킨스(Hawkins, 1989)는 부부간의 의사소통 유형을 다음 [그림 8-1]과 같이 네 가지로 설명하였다.

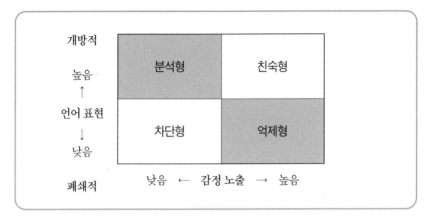

[그림 8-1] 호킨스의 부부 의사소통 유형

① **차단형**

문제를 숨기거나 회피하고 명백하게 언어로 표현하지 않으며 감정 노출을 거의 하지 않는다. 가벼운 농담이나 날씨에 관한 이야기 등 자신의 개인적인 문제와 상관없는 내용으로 상대방과의 관계를 유지하려 한다.

② **억제형**

감정적인 노출이 잘 일어나 화가 나 있거나 감정적으로 격양된 상태임을 쉽게 알 수 있으나 명확한 언어로 표현하지 않는다.

③ **분석형**

언어 표현을 많이 하되 자신의 감정 노출보다는 주로 사실에 대한 분석적인 지적이나 문제의 다양한 측면을 탐색하여 제시한다.

④ **친숙형**

정서적인 노출이 잘 이루어지며 이것을 직접적인 언어로 잘 표현한다.

호킨스의 부부 의사소통 유형 중 친숙형이 부부간의 가장 원만하고 효율적인 유형이라 하겠다. 부부가 결혼생활을 통해 경험하게 되는 제반 문제에 대해서 사실적인 지적뿐만 아니라 문제에 대한 자신의 솔직한 감정을 대화로 풀어 나가는 유형이 바로 친숙형이다. 결국 부부간의 효율적인 의사소통을 위해서는 효율적인 말하기 및 듣기 능력과 더불어 솔직한 자기 노출이 중요하다고 할 수 있다.

(3) 가정의 운영

가정은 개인의 성장과 정신건강을 촉진하는 환경을 제공하는 잠재력을 가지고 있다. 그러한 환경을 꾸리는 것이 바로 중년기의 과업이다. 풍요로운 가정 환경을 조성하는 것은 가족의 욕구와 자원을 조직화하는 어른의 능력에 따라 좌우된다. 효과적인 가정의 운영은 몇 가지 관리기술을 요하는데, 이를 살펴보면 다음과 같다(Newman & Newman, 1987).

① 가족 구성원의 욕구와 능력 평가

대부분의 가정은 세대 간 연령의 폭이 넓다. 이에 따라 중년기의 성인은 가족의 고유한 욕구, 기호, 기술, 재능 등을 파악해야 할 필요가 있다. 가족 구성원 간의 차이가 나이에 따른 세대 차이일 수도 있고, 각 연령별 특성에 의한 것일 수도 있다. 따라서 가정의 관리를 책임지고 있는 사람은 가족 구성원들의 욕구의 차이를 이해하고 각자의 다양한 욕구에 기꺼이 반응해야 한다.

② 결정 능력

가정 운영에서 이루어지는 결정에는 '무엇을 먹을 것인가' 라는 단순한 문제에서부터 '아이를 가질 것인가, 몇 명이나 가질 것인가' '주택을 구매할 것인가' 와 같은 장기적이고 중요한 문제에 이르기까지 다양하다. 효과적인 가정 운영을 위해서는 삶의 모든 영역에서 합리적인 결정을 내리는 능력이 필요하다. 가정 내에서 권력이나 책임의 분배 정도에 따라 남성이 결정권을 갖는 경우, 여성이 결정권을 갖는 경우, 어른이 결정권을 갖는 경우, 가족이 공동으로 결정권을 갖는 경우 등 네 가지 유형으로 나누어 볼 수 있다.

③ 시간 조직화

가정을 성공적으로 운영하는 데 필요한 또 다른 요인은 가족의 시간을 효율적으로 조직화하는 것이다. 시간의 조직화는 생활 습관 및 직업과 밀접하게 관련되어 있다. 시간을 조직화하는 것은 일상적인 생활뿐만 아니라 한 주, 한 달, 일 년, 발달단계, 생애 단위로 계획할 수 있어야 한다.

④ 목표 설정

가정 운영은 현재뿐만 아니라 미래에 대한 설계도 요구한다. 미래의 목표에 대해 생각할 때는 삶에서 추구할 만한 가치가 있는 것은 무엇인지를 평가해야 한다. 어떤 사람은 부를 획득하는 것, 또 어떤 사람은 명예를 얻는 것, 또 다른 사람들은 마음의 평화를 인생의 목표로 삼을 수 있다. 가족의 목표 설정은 3단계로 설명될 수 있는데, 1단계에서는 가족을 위한 현실적인 삶의 목표를 설정한다. 그리고 2단계에서는 목표 달성을 위해 구체적인 단계를 전개한다. 마지막으로 3단계에서는 삶의 목표를 향한 진행과정을 계속하여 평가한다.

⑤ 그 밖의 사회 구조와 관계 확립

장년기의 성인은 가족과 다른 사회적 집단(가족 밖에 존재하는 개인, 확대가족 구성원, 다른 가족들, 직업 관련 집단 등)의 유대를 확립하여야 한다. 가장은 다양한 사회구조와 가치 있고 만족스러운 관계를 유지하는 동시에 가족이 지나친 외부의 요구에 시달리지 않도록 보호할 수 있어야 한다.

(4) 자녀 양육

부모는 아동의 발달과제에 맞는 적절한 자녀교육 및 훈육방식을 선택적으로 활용할 수 있는 능력이 있어야 한다. 부모는 아동기 자녀들을 위해서 규칙을 설정하고 자녀들이 이에 순응하도록 훈육하고 자녀들에게 원조자, 교육자로서의 역할을 수행해야 한다. 자녀의 요구에 부응하기 위해서 부모는 새로운 상황에 민감하고 융통성이 있어야 한다. 특히 청소년기 자녀를 둔 부모는 자녀의 건강한 자율성 및 독립성을 성장시키기 위하여 자녀와의 관계를 조정하고 자주 대화 시간을 가짐으로써 자녀의 생각과 견해를 수용하고, 지나친 간섭이나 통제보다는 스스로 판단할 수 있도록 지원하는 것이 필요하다. 한편 이 과정에서 부모는 자신들의 권위를 유지할 수 있어야 한다.

부모가 자녀 양육에서 어려움을 겪게 되는 영역에는 다음과 같은 것들이 있다.

- 자녀에 대한 신체적 보호와 물질적 제공
- 훈육과 순종의 확보
- 부모와 자녀 간의 친밀한 관계 형성
- 자녀의 외부 관계에의 적응
- 자녀의 행동에 대한 관용과 인내

자녀를 양육하는 것은 부모에게 많은 스트레스를 초래함과 동시에 부모의 인격발달을 촉진하는 역할도 한다.

4) 사회복지실천 과제

중년기는 한 개인에게 부과된 과업을 거의 완수하고 사회적 책임자의 위치에 있는 원숙한 시기다. 성공적으로 과업을 완수한 경우에는 사회적,

경제적으로 충만한 위치에 있겠지만, 과업에 실패하고 절망과 두려움에 빠지게 되는 경우도 많다. 한 가족의 가장이 실직, 이혼, 빈곤, 건강 문제 등의 어려움을 겪는 경우에는 모든 가족 구성원이 어려움을 겪게 되며, 특히 자녀가 청소년일 경우에는 일탈행위에 빠질 위험이 높다.

사회복지사는 이혼, 별거 등으로 가족 해체의 위험이 있는 위기가정을 위해서 가족상담을 제공하고, 빈곤가정이나 가정 해체가 발생한 한부모 가정의 생활 안정을 위해 사회복지 급여를 포함한 제반 서비스를 받을 수 있도록 연계해 줄 수 있다. 또한 실직 가장을 위해서는 고용보험 등 실직자 재취업 관련 프로그램과 정보를 제공할 수 있으며, 구직과 창업 등 직업 재활에 참가하도록 유도할 수 있다.

또한 중년기는 각종 성인병이 나타나기 시작하는 시기다. 사회복지사는 성인병 예방을 위한 건강교육과 만성질환이나 장애가 발생했을 경우, 간병인이나 제도적 서비스 등의 지원을 할 수 있다.

제9장

노년기

노년기(old age)는 인생의 마지막 발달단계로서 이 시기의 시작 연령에 대해서는 아직까지도 이견이 존재하나 65세 이후를 노년기로 보는 것이 일반적이다. 노년기는 사람에 따라서 대단히 생산적이고 정력적으로 남은 인생을 마무리 지을 수 있는 시기인가 하면, 신체적 쇠퇴나 지적 능력의 상실 및 질병으로 어둡고 고립된 기간이 될 수도 있다. 최근에는 평균 수명이 증가함에 따라 많은 노인들이 건강하고 활기 있고 활동적으로 생활함에 따라 60~85세를 '젊은 노인'이라 부르기도 한다. 그러나 노년기 후반에 이르면 일부를 제외하고 대부분의 노인은 신체적 · 정신적 기능의 감퇴를 경험하게 되고, 이에 따라 이 시기를 '노쇠기(senescence)'라고 하기도 한다.

노화 현상은 특정 나이에 갑자기 발생하는 것이 아니라 중년 이후부터 서서히 진행된다. 노화에 따라 신체의 여러 부분이 변하게 되는데, 이러한 퇴화가 일어나는 속도는 개인에 따라 차이가 있다. 여기서는 노년기를 전기와 후기로 나누어 그 시기마다 신체적 · 인지적 · 심리 · 사회적 변화와 사회복지실천 과제에 대해서 살펴보고자 한다.

1. 노년 전기(61~75세)

1) 신체적 변화

노화(aging)란 정상적 성장과 발달의 한 과정으로 연령 증가에 따라 인간 유기체에서 일어나는 생리 및 신체, 심리, 사회적인 측면의 쇠퇴나 무기력화 현상이라 정의할 수 있다. 이 중 신체적 노화란 연령의 증가에 따라 일어나는 신체 구조적 및 신체 내적 기능의 변화를 의미한다. 이 시기에 들어서면 얼굴의 표피는 점차 얇아지고, 주름이 지며, 제2차 성징이 점차 위축되어 성별의 특징이 사라지게 된다. 골격은 뼈의 경화, 철분의 퇴적, 뼈대 구조의 변화가 나타나고, 신장이 줄며, 근육은 탄력성을 잃고 섬유소가 증가한다. 또한 감각기관의 능력이 감퇴하고 자극에 둔감해지며, 뇌의 무게가 줄고 뇌공은 팽창하며 피질조직은 좁아진다. 신체 기능상의 변화도 뒤따르는데, 자율적 조정 능력이 감퇴하여 동작이 느려지고 동작 사이의 조정이 잘 이루어지지 않아 행동이 서툴고 어색하며, 지능이나 기억력 등 정신 능력의 감퇴가 일어난다.

신체 내부의 장기는 40세부터 중량이 감소하지만, 심장은 말초혈관의 동맥경화에 의한 심장 비대, 지방분의 증가 등이 원인이 되어 오히려 중량이 늘어난다. 따라서 심박출량과 심장박동 능력이 떨어지면서 노년기에는 각종 심장질환에 걸릴 가능성이 높아진다. 노년기는 치아 결손, 소화효소 분비량의 감소, 위 근육의 약화 등으로 소화 기능이 감퇴된다. 그리고 폐용적의 감소로 폐 속에 잔기량이 증가하여 기관지 질환이나 호흡기 질환에 걸릴 가능성도 높아진다. 심장 기능의 저하와 혈관 기능의 저하는 혈액순환에 방해를 가져와 혈압의 상승을 가져오고, 이에 따라 동맥경화나 혈관성 치매에 이를 가능성 또한 높아진다.

2) 인지적 변화

노년기의 인지발달 양상은 일반적 지능과 기억의 발달로 대별하여 감퇴를 중심으로 하는 초기 연구와 지속적 발달을 주장하는 후기 연구가 있다. 이 같은 연구들에 의하면 노년기의 지적 능력의 변화 양상은 큰 폭의 개인차를 보이며, 개인에 따라 감퇴 속도가 매우 빠르거나 느리게 나타난다. 이러한 개인차는 건강, 성격, 교육 수준, 문화적 환경 등의 특성에 의해 결정된다.

대부분의 노인은 기억력의 감퇴로 망각 증세를 호소한다. 노년기에는 단기기억과 장기기억 능력 모두 감퇴하나 단기기억보다 장기기억의 능력 감퇴가 서서히 이루어진다. 노년기에 상위기억(metamemory) 능력의 감퇴가 일어나는지의 여부는 논란의 대상이며, 최근의 기억보다는 오래된 과거의 기억을 잘한다고 알려져 있다.

3) 심리 · 사회적 변화

(1) 심리적 변화

노인들은 성적 행위를 하는 것이 성인기 전체에 걸쳐서 인간관계의 중요한 측면이라고 말한다. 어떤 연령이건 간에 건강한 성인은 성관계를 갖고 즐길 자격이 있다. 더구나 그러한 욕망은 감소하지 않는다. 그러나 불행하게도 우리 사회에는 노인은 성적 행위를 할 수 없다는 그릇된 믿음이 있다. 많은 젊은이들은 자신들의 조부모의 성적 행동을 받아들이기가 쉽지 않다. 일반적으로 여성 노인이 성적 관계를 갖지 않는 것은 사회적으로 인정하는 파트너를 찾지 못해서다. 여성 노인이 성에 대한 관심이 없어서가 아니라 그들이 성적 욕망을 표현하는 것을 주변에서 더 이상 허용하지 않기 때문이다.

(2) 사회적 변화

노인은 신체 기능의 퇴화를 경험함과 동시에 가정과 사회에서의 위치 변화와 직장생활의 은퇴 등 사회적인 변화를 경험하게 된다. 노년기가 되면 가족 부양에 대한 의무와 책임은 줄어들고, 사회적 기술이나 능력이 떨어지며, 동기가 위축되고, 기회가 감소한다. 연령이 증가할수록 취업의 기회가 감소하게 되고 대우가 나빠짐에 따라 성격이나 동기도 변질되어 실직한 노인은 취업한 노인보다 지적으로 열등해지고 의욕이 상실되는 등 훨씬 일찍 노화하는 경향이 있다.

(3) 성격의 변화

노년기에는 신체적인 노쇠를 경험하면서 생의 종말감과 건강을 되찾을 수 없으리라는 절망감을 느껴 욕구 불만이나 정서적 혼란을 경험하게 된다. 또한 은퇴나 퇴직 등으로 사회적 역할이 박탈됨에 따라 무능력감을 느끼고, 이에 따른 무료함으로 불안감과 조급함을 느끼게 된다. 사회에서 노인을 어떻게 보느냐에 따라 노인의 성격 변화도 영향을 받게 된다. 노인의 대표적인 성격 특성은 보수성, 자아 경시, 내향성, 무감각, 불안, 순교적 정신, 과잉 의존성 등으로 나타난다.

(4) 역할 변화에 대한 적응

① 조부모의 역할

첼린과 퍼스텐버그(Cherlin & Furstenberg, 1992)는 1985년 조부모를 대상으로 전국 조사를 실시하여 다음과 같이 세 가지 유형으로 조부모상을 분류하였다.

- **원거리형**　원거리형 조부모는 상징적인 존재로서 가끔씩 손자녀를 본다. 지리적으로 손자녀와 멀리 떨어져 있기 때문인데, 감정적으로

도 거리감을 갖게 된다.

- **손자녀와 놀아 주는 형**　조부모의 가장 일반적인 유형으로 손자녀와 자주 만나고 그들과 함께 어울리면서 즐긴다. 부모의 역할은 거의 하지 않으며, 돌본다는 개념보다는 놀아 주는 역할을 한다. 자식의 자녀 양육에는 간섭하지 않는다.

- **관여형**　부모와 같은 역할을 하는 유형으로 손자녀와 놀아 주는 형의 조부모처럼 이들도 손자녀와 자주 만나고 놀아 주기도 하지만, 차이점은 손자녀를 키우고 조언을 하며 손자녀의 생활에 실질적인 역할을 담당하는 것이다.

② 배우자 사별

노년기에 배우자를 잃고 혼자가 되었을 때 노인들은 다양한 정신적·육체적 문제를 겪게 된다. 일반적으로 여성의 평균수명이 더 높기 때문에 배우자가 사망한 뒤 재혼하지 않은 경우 여성 노인이 홀로 사는 기간은 그만큼 늘어난다. 이와는 달리 대부분의 남성 노인은 새로운 파트너를 사귀고 사회적 만남을 시도한다. 또한 퇴직으로 인해 수입이 줄어들었다 하더라도 남성 노인이 여성 노인에 비해 재정적으로 더 안정적이다.

③ 퇴직자의 역할

퇴직은 노년기에 어느 정도 예측된 사건이므로 사전에 준비를 충실히 할수록 퇴직에 대한 적응이 순조롭다. 퇴직자의 역할에 대한 적응은 대개 다음의 단계를 거쳐 나간다.

- **퇴직 전 단계**　퇴직 전 단계에는 아직 퇴직이 먼 단계와 퇴직이 근접한 단계가 포함된다. 퇴직이 가까워지면 다음의 두 가지 중요한 일이 일어난다. 첫째, 자신의 직업과 수행했던 사회적 상황을 분리하기

시작한다. 둘째, 자신의 퇴직이 어떠할 것이라는 것에 대해 꽤 구체적인 환상을 가지게 된다.

- **허니문 단계**   퇴직자는 전에는 시간이 없어서 하지 못했던 일들을 계획하며 행복감에 젖는다. 여행을 가는 것이 이 단계에서 나타나는 공통적인 특징이지만, 이 단계를 거치지 않는 사람들도 많다. 이 단계를 거치기 위해서는 긍정적인 성향과 경제력이 뒷받침되어야 한다.

- **퇴직이 일상생활로 자리 잡는 단계**   일상적인 생활이 만족스러운 경우 퇴직생활에 잘 적응하고, 안정을 찾는다. 퇴직 전에 직장 외의 활동이 활발했던 경우 퇴직생활에 적응하기가 쉬워진다.

- **휴식과 긴장 완화의 단계**   퇴직 후 매우 활동적인 허니문 단계와는 대조적으로 활동이 저조한 시기다. 그러나 활동량의 감소는 일시적인 현상이고, 충분한 휴식과 긴장 완화 후에 다시 활동을 재개한다.

- **각성 단계**   퇴직생활에 적응하기가 쉽지 않은 사람들도 있다. 소수의 사람들은 일단 허니문 단계가 지나면 생활이 지루해지기 시작한다. 또 만약 퇴직생활이 기대했던 것과 다르다면, 실망하거나 각성하거나 심지어는 우울해지기도 한다. 퇴직 전의 환상이 비현실적이었다면, 퇴직자는 더욱더 공허함을 느끼게 된다.

- **새로운 방향 설정 단계**   휴식과 긴장 완화 단계 혹은 퇴직으로 허탈감을 느꼈던 일부 사람들은 새로운 방향을 설정하는 단계를 거치게 된다. 이 단계에서 퇴직자들은 자신들의 조건에 맞는 현실적인 대안을 찾는다.

- **일상의 단계**   변화된 일상에 대처하는 방법을 갖게 되는 단계다. 안정적인 퇴직생활을 하는 사람일수록 잘 발달된 선택의 기준을 가지고 있어서 생활에 편안하게 대처해 나가고 예측할 수 있다.

• **퇴직의 종결 단계**　　어떤 사람들은 퇴직자의 역할이 자신의 생활과 무관하기도 하다. 일부는 또 다른 직장으로 복귀하기도 하지만, 대부분 질병과 장애로 퇴직자의 역할에 그림자가 드리워지게 된다.

(5) 성공적인 노화이론

① 활동이론(Activity Theory)

활동이론에서는 신체적, 정신적으로 활동을 많이 하면 할수록 더 성공적인 노인이 된다고 주장한다.

② 이탈/은퇴 이론(Disengagement Theory)

커밍과 헨리(Cumming & Henry, 1961)가 만든 '이탈(disengagement)'이라는 용어는 중년기의 다양한 역할과 사회적 관계에서 점차로 물러나면서 노년기에 접어드는 과정을 언급하고 있다. 즉, 성공적인 노화는 사회적 지위와 역할의 유지를 통해서가 아니라 그러한 지위나 역할의 이탈을 통해서 이루어진다고 보았다.

③ 사회재편입이론(Social Reconstruction Syndrome Theory)

저스맨(Zusman, 1966)의 '사회적 붕괴현상(social breakdown syndrome)'에서 발전된 이론으로 저스맨은 사회적 붕괴는 노인에 대한 낙인의 결과라고 지적하였다. 카이퍼스와 벤스톤(Kuypers & Benston, 1973)은 이러한 노인에 대한 잘못된 정의의 고리를 끊기 위한 방법으로 다음 세 가지를 제시했다. 첫째, 사회는 노인에 대한 비현실적인 기준과 기대감에서 벗어나야 한다. 둘째, 노인에게 필요한 사회복지 서비스를 제공해야 한다. 셋째, 노인은 자신들의 생활을 좀 더 효율적으로 관리할 수 있는 건설적인 방법을 찾아야 한다.

(6) 죽음에 대한 태도

죽음은 생명체의 생물학적 종말 그 이상의 것이다. 그것은 단순히 죽음을 맞이한 개인에게만 영향을 미치는 것이 아니라 많은 사람들에게 영향을 미치는 사회적 사건이다. 사망한 사람의 배우자, 자녀, 친구들이 심각하게 영향을 받을 뿐 아니라, 만일 그가 지도자라면 그의 죽음은 한 정치적 시대의 종말을 고하거나 항거의 시작이 되는 사건일 수도 있다.

인간의 죽음에 대한 태도는 아동기에 시작되어 노년기에 이르기까지 장기간에 걸쳐 형성되는데, 노년기에는 죽음이 인생의 자연스러운 부분이라는 사실을 인정할 수 있게 된다. 이러한 죽음에 대한 태도는 개인이 자아 통합 단계에 이르게 되면, 자신이 살아온 인생을 수용하고 두려움 없이 죽음에 직면하는 능력이 높아진다. 그러나 절망에 이르는 경우에는 죽음을 수용하지 못하고 타인과 사회를 원망하며 우울증 경향을 보인다.

죽음을 맞이하는 과정에 대한 가장 영향력 있는 연구는 정신의학자 퀴

표 9-1 **퀴블러-로스의 죽음 적응 단계**

단 계	설 명
1단계: 부인	• 환자는 자신이 죽음에 임박했다는 현실을 부인한다. • 죽음의 부인은 새로운 현실에 적응하는 직접적인 에너지를 갖는 시간을 준다.
2단계: 분노	• 환자는 개인적인 희망과 계획이 중지되는 것에 분노한다. • 분노의 표현은 환자가 다른 단계로 이동하도록 해 준다.
3단계: 타협	• 환자는 죽음의 현실을 신 혹은 가족과의 타협을 통해 피하고자 한다. • 환자는 점차로 실태를 파악하게 된다.
4단계: 우울	• 환자는 지금까지 해 온 것과 자신이 잃게 될 것을 생각하며 슬퍼한다. • 환자는 이해하는 쪽으로 움직이고 다른 사람들과 접촉한다.
5단계: 수용	• 환자는 조용해지고 보다 자신감을 보이며, 현실적이 되고 공포와 분노를 덜 나타낸다.

출처: Kübler-Ross(1995). *On Death and Dying*. NY: Macmillan.

블러-로스(Kübler-Ross, 1969)에 의해 이루어졌다. 그녀는 죽음을 맞이하는 수백 명의 사람들을 관찰·면담한 결과 자신이 죽음에 임박했음을 깨닫는 순간부터 죽음에 이르는 순간까지 5단계의 심리적 과정을 다음 〈표 9-1〉과 같이 제시하였다.

4) 사회복지실천 과제

인구의 고령화는 전 세계적으로 보편적인 현상이다. UN(2007)에 의하면 100세인 남녀 대비 평균 1 : 3.8에 비해 우리나라는 1 : 8.2로 OECD 국가 중 가장 높았고, 남녀 수명 격차 또한 6.2년으로 일본의 7.1년 다음으로 수명 격차가 높았다. 이에 따라 우리나라는 노인 인구의 증가와 노인의 욕구 다양화에 따른 적극적인 대안 강구와 계획이 절실히 요구되는 실정이다.

노년기의 욕구로는 육체적 보호와 자기 개발을 위한 기회 증진, 삶의 정리 등이 있다. 노년기의 사회문제는 노인의 전형적인 네 가지 어려움, 즉 빈곤, 질병, 고독과 소외, 역할 상실 문제와 연관된다. 이는 소득 보장 문제, 건강 문제, 배우자와 친구의 죽음 등에 따른 정서적 고독감, 은퇴에 따른 역할 상실 문제 등으로 나타나게 된다.

사회복지사는 노인이 겪게 되는 이 같은 문제의 해결을 위해 적절한 대책을 수립해 나가야 한다. 우선 기능 손상과 만성질환으로 인한 신체적 약화로 일상생활이 불가능한 노인을 위해서 보호와 수발, 정서적 지지, 의료비 지원 및 간병, 의료시설 활용 등의 서비스를 제공해 줄 수 있다. 또한 경제적 어려움에 처한 노인을 위해 각종 제도적 지원(예: 기초노령연금)을 찾아 연계해 주고, 노인의 여가활동을 위한 프로그램 개발과 퇴직한 전문 인력을 자원봉사 인력으로 활용하는 방법을 통해 고독과 소외 문제를 해결할 수 있을 것이다.

2. 노년 후기(76세 이후)

1) 신체적 변화

건강 문제가 있는 인구의 비율은 노화에 따라 계속 증가한다. 건강 상태의 네 가지 지표인 사망률(mortality), 질병률(morbidity), 장애(disability), 활력(vitality)은 노화에 따라 영향을 받는다. 신체적 기능의 저하로 질환의 회복은 노화가 진행되면서 점점 어려워지며, 만성질환으로 변화하는 경향을 보인다.

노인의 건강 변화는 이미 성인 초기부터 서서히 진행된다. [그림 9-1]은 연령에 따른 다섯 가지 신체 기능의 변화, 즉 콜레스테롤 수치, 심장박동 수, 신장 기능, 근력, 폐활량을 조사한 것이다. [그림 9-1]에서 제시하

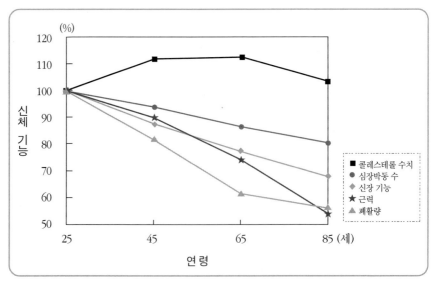

[그림 9-1] 연령에 따른 신체 기능의 변화

출처: *Newsweek*(1990. 3. 5). pp. 44-47; Aiken(ed.) (2002). *Attitudes and Related Psychosocial Constructs. Sage Publications*, p. 28. 재인용

는 것처럼 성인 초기 이후 여러 가지 신체적 기능이 급격히 변화하는 것을 볼 수 있다. 이러한 변화로 중년기 초기에는 신체적 기능이 절정일 때에 비해 약 20% 저하된다. 적당한 운동과 영양 섭취, 긍정적인 생활방식이 노화율을 늦출 수 있다(Aiken, 2002).

2) 인지적 변화

노년 후기에는 정보를 과정화하는 속도와 같은 인지적 능력이 떨어지는 경향이 있으나 경험의 축적을 통해 습득된 능력은 유지된다. 노년 후기의 인지적 능력의 유지는 여러 가지 변수에 의해 영향을 받는다.

3) 심리·사회적 변화

에릭슨(Erikson)은 인간발달의 8단계 중 마지막 단계를 '자아 통합 대절망 단계'라고 하였다. 자신이 살아온 생을 돌아보면서 자부심을 느끼고 남은 생도 후손에게 귀감이 되는 일을 하다가 생을 마감하겠다는 생각을 할 때 자아 통합을 이루지만, 자신이 살아온 삶에 만족하지 못하고, 남은 생도 다를 것이 없다고 비관하면 자신에게 분노하고 주위 사람과의 관계도 원만하지 못하여 고립되는 현상이 나타날 수 있다. 노인의 고립감과 외로움은 삶에 대한 희망을 포기함으로써 자살로 이어지기도 한다. 2004년 우리나라 노인 4,000여 명이 스스로 목숨을 끊었다. 이는 OECD 국가 가운데 가장 높은 수치다. 노인 자살의 가장 큰 원인은 우울증이 80%로 가장 큰 비율을 차지하였다.

(1) 심리적 적응을 위한 세 가지 비결

펙(Peck)은 노년기의 희망 차고 기쁜 삶은 다음의 세 가지 주요 심리적 적응을 통해서 이룰 수 있다고 주장하였다. 첫째, 직업 역할 몰두에서 자기 분화로의 변화에 적응한다. 퇴직은 생활이 결정적으로 변화하는 것이기 때문에 새로운 역할을 몸에 익혀야 한다. 둘째, 육체적 몰두에서 육체적 초월로의 변화에 적응한다. 노인은 신체적인 기능이 퇴화하고 이에 따라 각종 질환에 노출된다. 많은 노인들은 대부분 건강 상태와 외양에 몰두하지만, 일부 노인들은 이러한 염려를 초월하여 생을 즐기고자 노력한다. 이렇게 초월한 사람들은 일반적으로 사회적 관계 혹은 건설적인 정신 활동으로 만족과 행복을 추구한다. 셋째, 자기 몰두에서 자기 초월로의 변화에 적응한다. 이들은 죽음을 자연스러운 과정으로 받아들이고, 여생을 보다 의미 있게 보내기 위한 준비와 노력을 해야 한다.

(2) 성공적인 노화와 성격 유형

뉴가르텐(Neugarten), 헤비거스트(Havinghust) 그리고 토빈(Tobin)은 70~79세의 노인을 대상으로 한 연구를 통해서 성격 유형과 역할 활동이 생활 만족도에 중요한 요인이 된다는 것을 발견했다.

표 9-2 성격 유형과 역할 활동 그리고 생활 만족도의 관계

성격 유형		역할 활동	생활 만족도
통합형	재구성형	높음	높음
	집중형	중간	높음
	이탈형	낮음	높음
무장 방어형	유지형	높음 또는 중간	높음 또는 중간
	위축형	낮음 또는 중간	높음 또는 중간
수동적 의존형	원조 요청형	높음 또는 중간	높음 또는 중간
	냉담형	낮음	중간 또는 낮음
해체형		낮음	중간 또는 낮음

출처: Neugarten(1968). *Middle Age and Aging: A Reader in Social Psychology*. University of Chicago Press.

① 통합형

통합형의 노인은 융통성이 있으며 손상되지 않은 인지 능력과 통제 능력을 유지하고, 새로운 자극에 대해 개방적이다. 통합형에는 재구성형, 집중형, 이탈형이 있다.

- **재구성형**　은퇴한 후에도 자신의 시간과 생활양식을 재구성하여 모든 분야의 활동에 적극적이고 일상생활에 잘 적응한다.

- **집중형**　활동적이고 생활에 잘 적응하지만 여러 분야에 관심을 분산시키지 않고, 한두 가지 역할에만 선택적으로 몰두하여 거기서 만족을 얻는다.

- **이탈형**　신체가 건강하고 생활 적응 수준도 높지만 스스로 자청해서 활동하는 일은 거의 없고, 자기 충족적 생활에만 집중하며 조용히 지낸다.

② 무장 방어형

무장 방어형은 불안에 대한 방어와 함께 야망적이고 성취 지향적인 성격 유형으로, 유지형과 위축형으로 나뉜다.

- **유지형**　심리적 적응은 비교적 잘하지만, 노화 방지를 위해 왕성하게 활동하고 활동을 중지하면 빨리 늙게 될 것을 두려워하여 활동에 얽매인다.

- **위축형**　신체적 쇠약과 감각 기능의 퇴화와 같은 노화의 위협에 사로잡혀 별다른 사회적 접촉 없이 폐쇄적으로 살아간다.

③ 수동적 의존형

다른 사람에게 의존하고 일생 동안 수동적인 행동을 보이는 성격 유형으로, 원조 요청형과 냉담형으로 나뉜다.

- **원조 요청형**　한두 사람의 가족이나 친지에게 의존하며 중간 정도의 생활 만족도를 유지한다.

- **냉담형**　신체적 건강을 유지하기 위한 활동 외에는 거의 하지 않아 무기력하고 무감각해진다.

④ 해체형

자신의 감정을 통제하지 못하고, 사고과정의 퇴보가 있는 등 심리적 기능에 문제가 있는 성격 유형이다.

4) 사회복지실천 과제

노인은 보통 만성질환을 가지고 있어서 특히 노년 후기에는 건강 문제와 의료비에 대한 문제로 어려움을 겪게 된다. 노년 후기의 만성질환과 기능 상실은 장기간의 보호를 요하기 때문에 지속적인 의료비 부담, 간병, 의료시설 활용 등의 어려움이 따르며, 이러한 문제들을 다루기 위한 사회복지정책이 요구된다. 사회복지와 관련된 노인을 위한 서비스로는 사례관리 서비스, 개인상담 및 가족상담, 죽음에 대한 상담, 노인주간보호 서비스, 위기개입 서비스 등이 대표적이다.

특히 장애 노인의 경우, 장애연금이나 장애인등록제도 등의 사회복지제도가 있음에도 불구하고, 정보의 부족으로 서비스를 제대로 받지 못하는 경우도 있다. 그러므로 분야별로 제공되는 사회복지 서비스에 쉽게 접할 수 있는 체계적인 안내와 정보 제공에 관한 네트워크의 정비 및 장애 노인의 자조모임과 같은 집단 활동이 활성화될 수 있도록 하는 데 사회복지사의 관심과 지지가 필요하다. 특히, 장애 노인의 경우 주기적인 조사를 통해 특정 장애가 시간의 경과에 따라 어떻게 진전되고 있는지 파악하여 적절한 서비스를 제공하는 것이 바람직하다.

우리나라의 심각한 노인 문제 중 하나는 노인 학대 문제다. 우리나라는 노인 학대에 대한 인식이 부족하고 노인의 인권에 대한 이해 정도가 낮다. 이처럼 노인 학대를 노인의 생존권 문제로 보고 즉각적인 위기 개입을 해야 함에도 불구하고 낮은 의식 수준으로 이에 대한 대책이 아직 미비하다. 이를 위해 노인 학대와 관련해 우리 실정에 맞는 개념 규정과 함께 이에 대한 예방 교육 및 통합 사례관리 서비스 체계의 구축이 필요하다. 아울러 노인 학대 방지 관련법의 제정으로 노년기의 위기에 대처할 수 있도록 지원해야 한다.

 영화 속으로

YOUNG@HEART

73세부터 93세까지의 노인들로 구성된 노인 합창단.
그들이 부르는 것은 로큰롤!!
'나는 노래하고 싶다.' '나는 무대에 서고 싶다.'
이 욕망이 노쇠한 육체를 넘어서 그들을 반짝이게 한다.

제3부
체계 수준에 따른 사회환경의 이해

제10장 체계이론

제11장 가 족

제12장 집 단

제13장 조 직

제14장 지역사회

제15장 문 화

● 제10장 ●

체계이론

1. 사회체계이론

사회체계이론은 다양한 체계 간의 상호작용을 강조하는 개념이다. 사회체계이론은 광범위한 상징의 의미를 포괄하고, 개인, 집단, 조직, 지역사회 간의 관계를 강조하며, 세상을 이해하는 데 필요한 폭넓은 시각을 제공하기 때문에 다양한 현장에 적용할 수 있다. 특히, 사회복지는 개인과 환경 내 여러 시스템 간의 상호작용에 초점을 두고 '환경 속의 인간'이라는 관점을 유지해 왔기 때문에, 사회체계이론은 사회복지사가 사회환경 내에서 인간의 행동을 폭넓게 이해하고 가치 중립적인 태도를 갖도록 한다. 사회체계적 관점은 오스트리아 출신의 생물학자 루드비히 폰 베르탈란피(Ludwig von Bertalanffy)가 제시한 일반체계이론의 관점을 적용한 것이다. 일반체계이론은 전체성의 과학으로 비유되는 질서이론이다. 이 이론에서 체계는 상호 의존적이며 상호작용을 하는 부분들로 구성된 전체 또는 부분들 간에 관계를 맺고 있는 일련의 단위다. 즉, 체계는 인과적인 관계 속에서 직·간접적으로 관련된 구성요소들의 복합체이며, 각 구성요소들은 어떤 특정한 기간 내에서 안정적으로 다른 구성요소와 관련되어 있다. 체계의 구성요소 간 상호작용은 구성요소의 개별적 특성과 발견되지 않는 총체적인 특성을 포함하고 있다. 그러므로 구성요소들 간의 상호 관계는 부분들의 집합 이상의 전체를 창조한다. 일반체계이론은 인간을 통합된 하나의 체계로 간주한다. 즉, 인간을 생리적 · 심리적 · 사회적(Biopsychosocial) 측면에서 각각 분리된 존재로 보지 않고 통합된 전체로서 기능하는 것으로 간주한다.

- **체 계**   체계(system)가 기능적으로 완전체가 되기 위해서는 구성요소 전체가 질서 있게 상호 연관성이 있어야 한다. 기본적으로 사람으로 구성되어 사람에게 영향을 주는 사회체계로, 하나의 거대한 국가, 공공복지 서비스 담당부서 또는 부부 등이 이러한 체계의 예가 될 수 있다. 개방체계(opened system)는 다른 체계와 에너지, 정보, 자원 등을 상호 교류하는 체계이며, 폐쇄체계(closed system)는 다른 외부체계와 상호 교류가 없거나 또는 교류할 수 없는 체계다. 모든 체계는 개방체계와 폐쇄체계의 연속선상에 존재한다.

- **경 계**   경계(boundaries)란 체계의 내부와 외부를 구분하는 폐쇄된 테두리로서 체계 내부로의 에너지 흐름과 외부로의 유출을 규제한다. 경계의 기능은 그것의 환경으로부터 체계를 구분하는 것이며, 기능 수행을 방해하는 환경의 영향력으로부터 체계의 부분들을 보호하는 것이다. 체계의 경계는 환경 내에서 투입과 산출의 교환을 위해 항상 투과성을 허락한다. 경계는 부모와 자녀 간에도 존재할 수 있다. 부모는 가정을 유지하며 자녀들에게 지원과 양육을 제공한다. 경계가 반드시 장벽을 의미하는 것만은 아니며, 일정한 경계를 가지면서도 두 체계 간의 경계를 넘어 에너지를 교환할 때 그들은 연결될 수 있다.

- **하위체계** 하위체계(subsystem)는 이차적 또는 종속적인 체계로서 큰 체계에 속하는 보다 작은 체계로 이해할 수 있다. 하위체계는 지정한 경계에 따라 구분하는 보다 큰 전체 체계의 일부다.

- **항상성** 항상성(homeostasis)은 비교적 안정적이며 지속적인 균형 상태를 유지하기 위한 체계의 경향을 말한다. 항상성은 체계의 일관성을 유지하려는 기능으로서 만약 체계의 균형을 깨려는 것이 있다면 적응하기 이전의 안정성을 회복하려고 할 것이다. 항상성의 기능은 체계에 안정을 줄 뿐만 아니라 외부의 정보를 적절히 통제함으로써 혼란과 무질서로부터 체계를 보호하며, 미래에 대한 예측을 가능하게 함으로써 체계의 구성원들에게 안정과 편안함을 제공한다.

- **역할** 역할(role)은 특정한 사회적 관계에 있는 개인에게 기대하는 문화적인 행동 유형이다(Norlin & Chess, 1997). 체계 속의 개인은 그 체계에서 특정한 역할을 맡는다. 예를 들어, 한 사람의 사회복지사는 다양한 체계와 관련되어 있기 때문에 여러 가지 역할을 수행한다. 가정에서는 배우자와 부모의 역할을 맡고 직장에서는 사회복지관협회 지부의 사무국장이나 대학원생, 그 밖에 교회나 성당의 전례단 역할을 맡을 수도 있다.

- **관계** 관계(relationship)는 둘 또는 그 이상의 사람이나 체계 사이의 상호 정서적 교류, 역동적 상호작용, 감정·인지·행동의 관련성을 뜻한다(Barker, 1999). 예를 들어, 클라이언트와 전문적인 관계를 갖는 사회복지사는 클라이언트의 욕구를 충족시키기 위해 의사소통하며 상호작용한다. 관계는 어떠한 규모의 체계 사이에도 존재할 수 있는데, 클라이언트는 특정 기관과 관계할 수 있으며 기관은 또 다른 기관과 관계할 수 있다.

- **투입** 투입(input)은 에너지, 정보, 의사소통을 다른 체계로부터 유

입하는 것을 의미한다. 어떤 담임교사는 학부형에게서 자신의 아이가 아토피가 심하다는 이야기를 듣는다. 또 어떤 복지관의 가족지원팀에서는 사회복지공동모금회로부터 기금을 받는다. 이 모든 것이 투입이다.

• **산 출**   산출(output)은 투입한 것이 체계과정을 거친 후 얻는 것을 말하는데, 예를 들어 가정폭력 상담자는 100시간의 상담교육 후 산출된다. 산출은 사회복지의 성과(outcome)와는 다르다. 산출은 과정의 결과를 지칭하는 일반적인 용어이며, 성과는 목적의 평가를 위해 측정하는 특정 변수다.

• **환 류**   환류(feedback)는 투입의 특수한 형태이며, 자신이 수행한 것에 관한 정보를 체계가 받는 것으로 부정적 환류(negative feedback)와 긍정적 환류(positive feedback)가 있다. 부정적 환류는 체계의 이탈을 수정하거나 변화시키는 것을 말한다. 예를 들어, 클라이언트에 대한 사회복지사의 개입이 적절하지 못한 것에 대해 지도감독자가 지적할 수 있으며, 그 결과 사회복지사는 자신의 관점을 수정하고 클라이언트의 성장을 위하여 개입 방향을 재설정할 수 있다. 긍정적 환류는 체계가 한쪽 방향으로 계속 이탈되어 가는 것을 말한다. 개입할 그 누구도 없는 상황이라면 부부싸움이 심각해져 이혼으로 치달을 수도 있을 것이다. 긍정적 환류는 엔트로피가 증가하는 체계에서 나타나기 때문에 이러한 상황이 변화되지 않는다면 체계는 결국 안정 상태를 위협받게 될 것이다.

• **공유 영역**   공유 영역(interface)이란 서로 다른 체계나 조직이 접촉하거나 의사소통하는 지점이다(Barker, 1999). 이는 두 체계가 함께 공존하거나 체계 간의 교류가 일어나는 곳으로, 어떤 대상 체계가 상위체계나 하위체계와 교류하면서 만들어지는 독특한 상호작용의 유

형 혹은 공유된 경계이기도 하다. 경계와 공유 영역의 다른 점은 경계가 체계의 정체성을 유지하기 위해 필요한 것이라면, 공유 영역은 서로 다른 두 체계가 공통의 이익이나 관심을 추구하기 위해 필요하다는 점이다(Norlin & Chess, 1997). 공유 영역은 모든 체계들 간의 상호작용에서 나타날 수 있다.

• **분 화**   분화(differentiation)는 단순한 형태에서 보다 복잡한 형태로 변화하려는 체계의 경향을 말한다. 관계, 상황, 상호작용 등은 시간이 지나면서 보다 복잡해지는 경향이 있다. 예를 들어, 한 개인의 분화는 그가 원가족으로부터 정서적으로 얼마나 분리 혹은 독립했는가 하는 것과 관련이 있다. 우리는 살면서 매일매일 새로운 것을 경험하고, 새로운 정보를 얻고, 새로운 방법을 찾는다. 시간이 흐르면서 가족의 삶은 점점 더 복잡해지기 때문에 가족 간의 상호작용도 더욱더 다양해진다.

• **엔트로피**   엔트로피(entropy)는 체계가 해체하는 방향으로 진행되는 경향이다. 어떤 것도 영원히 존재하지 않는다. 사람은 나이가 들고 결국 죽음을 향해 나아간다. 엔트로피는 체계 내에 질서, 형태, 분화가 없는 무질서한 상태로 폐쇄체계의 특징과 관련이 있다. 즉, 체계가 서서히 무질서와 혼돈의 상태를 향해 나아가는 것, 또는 체계 내에 유용하지 않은 에너지의 정도를 나타낸다. 그러나 실제로 완전한 폐쇄체계가 존재하지 않듯이 완전한 엔트로피 상태는 존재하지 않는다.

• **네겐트로피**   네겐트로피(negentropy)는 엔트로피와 반대로 체계가 성장하고 발달하는 방향으로 진행되는 과정이다. 즉, 체계 내에 질서, 형태, 분화가 있는 상태를 말한다. 체계 외부로부터 에너지를 유입함으로써 체계 내부에 유용하지 않은 에너지가 감소된다.

- **동등결과성**   동등결과성(equifinality)이란 여러 가지 다른 방법으로 동일한 결과를 얻을 수 있다는 사실을 일컫는다. 예를 들어, 한부모가족이라고 해도 한부모가족이 된 배경이나 원인은 다를 수 있다. 또 사회복지사는 가족을 위해 다양한 곳으로부터 필요한 자원을 확보할 수 있다. 기초수급자 선정, 주거 제공, 보조금, 개인 후원금 등이 있을 수 있으며, 그중 가능한 대안을 선택한다.

2. 생태체계적 관점

생태체계적 관점은 카렐 저매인(Carel Germain)에 의해 1973년 『사회사업(Social Work)』에 소개되었다. 이 관점은 체계이론보다 덜 추상적이고 보편적인 인간의 경험과 더 밀접하게 연결된 개념을 제공하였다. 저매인과 기터맨(Gitterman)은 사람과 환경이 얼마나 밀접한지를 나타내기 위해 '사람 : 환경'으로 표기했는데, 이것은 '환경 속의 인간'이라는 사회복지의 세계관과 일치한다. 브론펜브레너(Bronfenbrenner, 1979)는 『인간발달의 생태학(The Ecology of Human Developement)』에서 활동하고 성장하는 인간과 그들의 환경 간에 일어나는 생애과정 전체에 걸친 발달 및 상호 적응에 관해 다루었다. 생태학적인 환경은 개인에게 영향을 미치는 즉각적인 상황으로, 개인이 반응하는 대상이나 그가 얼굴을 마주 보고 상호작용하는 사람들을 초월한 보다 확대된 개념으로 정의된다. 본질적으로 생태체계적 관점은 체계이론에서 파생한 것으로, 보다 구체적인 세계관을 제공한다. 체계이론이 보다 폭넓은 시각을 갖는 반면, 생태체계적 관점은 개인과 가족체계를 보다 강조하는 경향이 있다.

- **사회환경**   사회환경(social environment)은 인간을 둘러싼 조건, 상황, 대인적 상호작용 등을 포함한다. 개인은 생존과 성장을 위해 환

경과 효과적으로 상호작용해야 한다. 사회환경은 사회나 문화에서 형성하는 물리적 환경(예: 주택, 직업, 법, 사회규범)과 개인이 접촉하는 체계(예: 가족, 친구, 직장, 집단, 정부)를 포함한다. 보건, 복지, 교육제도 등의 사회제도 역시 사회환경의 또 다른 측면이다.

• **상호작용**　　상호작용(interaction)은 인간이 환경 속의 사람들 혹은 체계와 의사소통하고 관계 맺는 것을 말한다. 상호작용은 무엇인가를 전달하거나 교환하는 것이기 때문에 활동적이고 역동적이며, 긍정적이거나 부정적일 수 있다.

• **에너지**　　에너지(energy)란 인간과 환경 사이에 적극적으로 개입하는 자연 발생적인 힘으로, 투입이나 산출의 형태를 나타낸다. 투입이란 인간의 삶 속으로 받아들이는 에너지다. 우리에게 주어진 역할을 수행하기 위해서는 영양의 투입이 필요하다. 산출은 반대로 에너지가 인간의 삶에서 빠져나가는 것이다. 자원봉사자가 호스피스 병동 환자의 정서적 안정을 위해 많은 시간과 정성을 쏟는 경우가 여기에 해당한다.

• **공유 영역**　　생태체계적 관점의 공유 영역은 체계이론의 그것과 유사하다. 즉, 개인과 환경이 상호작용하는 지점을 말한다. 적절한 상호작용으로 변화하기 위해서는 사정 단계에서 이 공유 영역의 개념을 명확히 다루어야 한다. 청소년 자녀의 학교 적응에 문제가 있다고 요청한 가족상담에서 실제 문제는 부부간의 의사소통 단절에 있다는 것을 발견했다면, 의사소통의 어려움이라는 실제 문제가 가족 구성원들에게 영향을 미치는 공유 영역이다. 만일 공유 영역에 대한 사정이 잘못되었다면, 많은 시간과 에너지를 낭비할 수 있다. 생태체계적 관점에서는 개인과 가족 등 소집단에 관한 공유 영역을 강조한다는 점에서 체계이론과 다르다.

- **적 응**   적응(adaptation)이란 주변의 환경조건에 맞추어 조절하는 능력으로 변화를 의미한다. 한 개인이 효과적으로 기능하기 위해서는 새로운 조건과 환경에 따라 변화하고 조절되어야 한다. 적응과정에서 인간은 환경에 영향을 받으며, 환경도 인간의 영향을 받는다. 인간은 성공적으로 적응하기 위해 자신의 환경을 바꾼다. 적응은 개인과 환경 모두를 포함하는 쌍방의 과정이라고 볼 수 있다.

- **대 처**   대처(coping)란 적응의 한 형태로 문제를 극복하기 위해 노력하는 것을 의미한다. 적응이 긍정적 또는 부정적인 새로운 조건에 모두 반응하는 것이라면, 대처는 부정적인 경험을 다루는 방법이다. 중요한 대처기술로, 적절하게 기능하는 데 필요한 여러 형태의 정보, 계획 수립에 필요한 기술, 감정통제 기술, 욕구통제 기술, 문제 상황에 접근하는 다양한 방법을 찾고 각 대안의 장단점을 평가하는 기술을 들 수 있다. 사회복지사는 클라이언트가 대처기술을 개발하도록 도울 수 있다.

- **상호 의존**   상호 의존(interdependence)은 한 개인이 다른 사람이나 집단에 서로 의지하는 것을 말한다. 빠른 속도로 변화하는 현대사회에서 인간은 생존하기 위한 상호 의존 관계에 있다.

3. 환경체계모델

환경체계모델에는 미시체계, 중간체계, 외체계, 거시체계가 포함된다. 체계 수준은 [그림 10-1]과 같으며 각 체계의 개념과 특징을 살펴보면 다음과 같다.

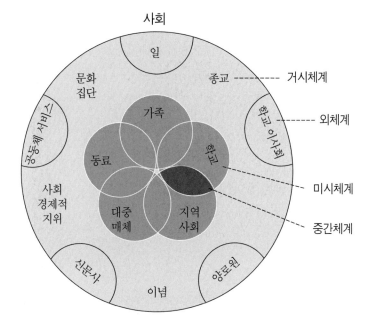

사회

일

종교 ------- 거시체계

문화
집단

학교 이사회 ------- 외체계

가족

동료

학교 ------- 미시체계

대중
매체

지역
사회 ------- 중간체계

공동체 서비스

사회
경제적
지위

신문사

양로원

이념

[그림 10-1] 체계적 관점에서의 환경체계

출처: Bronfenbrenner(1979). *The Ecology of Human Development*. MA: Harvard University Press.

1) 미시체계

미시체계(microsystem)는 개인에게 가장 인접한 수준의 환경으로 정의
된다. 이는 친밀한 사회환경 속에서 매일매일 겪게 되는 상황과 직접 접
촉하는 물리적 환경 내에서 경험하는 상황이다. 미시체계 내에서 부모,
형제자매, 친구, 교사와 같은 사회 인자 간에는 대부분 직접적인 상호작
용이 이루어진다. 개인은 환경의 영향을 받는 수동적인 존재가 아니라 환
경을 구성하는 능동적인 주체다. 미시체계의 변화는 개인의 성숙과 발달
뿐만 아니라 부모, 교사, 또래친구 등 함께 상호작용하는 사람들과 미시
체계를 구성하는 환경에 의해 일어난다. 건강한 미시체계는 호혜성에 기
반한다. 부모는 자녀의 합리적인 요구를 받아들이고, 자녀는 부모의 합리

적인 요구를 존중함으로써 미시체계의 질을 높인다.

2) 중간체계

중간체계(mesosystem)는 미시체계들 간의 상호작용을 의미한다. 즉, 하나의 미시체계에서 일어나는 일이 다른 미시체계와 상호 관련되어 있으며, 그들 간에 상호작용하는 것을 말한다. 가정생활과 학교생활, 가정생활과 친구 관계, 가정생활과 종교생활 등의 상호작용을 예로 들 수 있다. 일반적으로 이 체계들 간의 관계가 밀접하면 할수록 개인의 발달은 순조롭게 진행된다. 그러나 미시체계와 중간체계 간에는 다음과 같은 문제가 발생할 수 있다. 첫째, 각각의 미시체계가 각기 다른 가치관을 표방할 때는 잠재적인 위험이 따른다. 또래집단은 음주, 흡연, 조기 성행위를 영웅시하는 반면, 부모나 학교에서는 이러한 행동에 대해 처벌하는 것을 예로 들 수 있다. 둘째, 극도로 빈약한 중간체계 내에는 미시체계들 간 의미 있는 연결이 거의 없다. 자녀의 친구를 알지 못하는 부모를 예로 들 수 있다. 중간체계에서 한 개인은 자녀, 친구, 학생, 연극단원 등 동시에 다중적 역할을 수행한다.

3) 외체계

외체계(exosystem)는 개인이 직접 참여하지는 않지만 그 개인에게 영향을 미치는 사회적 환경을 의미하는 것으로 학교제도, 언론매체, 정부기관, 교통시설, 통신시설, 의료기관, 직업 세계 등이 포함된다. 이러한 외체계의 환경은 개인의 행동에 영향을 미친다. 예를 들면, 고용주는 직장의 거의 모든 조건을 결정한다. 따라서 고용주가 조직에 대해 어떤 결정을 하느냐에 따라 한 개인의 미시체계와 중간체계에 막대한 영향을 미칠 수 있다. 학교의 정책을 결정하는 교육제도는 청소년에게 중요한 의미를 가지게 된다. 따라서 교육제도에 대한 결정이 청소년의 최대 이익을 염두에 두고 이루어지는지 살펴볼 필요가 있다.

4) 거시체계

거시체계(macrosystem)는 미시체계, 중간체계, 외체계에 포함된 개인이 살고 있는 문화적 환경까지 포함하며, 개인이 속한 사회의 이념이나 제도의 일반적인 형태로서 정치, 경제, 사회, 법, 문화, 관습, 가치관 등을 통해 개인에게 영향을 미친다. 거시체계는 일반적으로 다른 체계보다 안정적이지만, 때로는 사회적 변화(예: IMF 체제, 2008년 금융 위기)에 따라 변할 수 있다(Elder & Caspi, 1988). 거시체계는 사회 관습과 유행으로 가치관이 표현된다. 언론은 인기 있는 드라마의 주인공을 흥미로운 기사로 다루며 미의 기준을 제시하기도 하고, 양성평등 시대의 여성상을 제시하면서 거시체계의 경향을 확인해 주는 역할을 하기도 한다.

4. 사회복지실천 과제

체계이론은 인간행동을 이해하는 데 개인의 행동에 초점을 두는 데서 벗어나 개인이 관계하는 체계 내 구성원들 간의 역동적 상호작용에 초점을 두어 인간을 보다 폭넓게 이해하는 데 기여하였다. 시포린(Siporin, 1975)은 체계이론이 인기를 잃고 생태학이론으로 대치되고 있다고 비관적인 관점을 피력한 반면, 개인과 체계의 상호 영향을 이해하는 데 중추적 역할을 한다고 보는 견해도 있다(Kearney, 1986). 일반체계이론은 과학으로부터의 지식을 인간행동을 이해하는 데 활용할 수 있는 분석도구로 전환할 수 있다는 유용성을 제시해 주었으며, 생태체계적 관점은 환경의 제요소들과 끊임없이 상호 교류하는 인간의 적응적이고 친화적인 특성을 설명해 주고 있다. 생태체계적 관점은 일반적인 체계의 구조와 성질을 설명해 주는 고도로 추상화된 일반체계이론에 생태학의 인간주의적이고 실천적인 차원을 더하여 사회복지실천을 위한 이론 틀로서 유용성을 갖는다. 그러나 이 관점은 실천모델이 아닌 관점의 차원이기 때문에 문제의 사정 단계까지는 유용한 준거 틀이지만, 실제 개입에 필요한 기술은 제시해 주지 않기 때문에 적절한 실천모델의 개발이 요구된다.

제11장

가 족

　'정상 가족은 없다.' 라는 슬로건에서 '가족은 없다.' '가족주의는 야만적이다.' 라는 선언에 이르기까지 가족을 둘러싼 온갖 움직임이 등장하고 있지만, 아직도 가족은 우리 사회의 심장이며, 개인이 성장하고 발달하는 데 가장 큰 영향을 미치는 환경체계다. 좋은 부모 밑에서 성장한 사람을 복이 많은 사람이라고 하는 것은 비단 우리 문화만이 아닌 것처럼 가족은 개인의 발달적 측면뿐만 아니라 사회적 측면에서도 중요한 개념으로 작용한다. 아동은 가족 내에서 기본적인 사회화가 이루어지며, 가족의 변화는 곧 집단, 조직, 지역사회, 나아가 전체사회에까지 영향을 미칠 수 있다. 한 가족의 문제는 이미 한 가족의 문제가 아니라 전체 사회문제와의 연속선상에서 해결 능력을 필요로 하기 때문이다. 따라서 사회복지사가 다양한 문제와 상황에 처해 있는 클라이언트를 효과적으로 지원하기 위해서는 한 개인에게 가장 일차적이고 직접적인 환경인 가족체계를 이해하는 것이 매우 중요하다.

1. 가족의 정의

1) 가족의 개념

가족의 개념은 문화와 시대 그리고 학자의 관점에 따라 다양하게 정의되고 있다. 전통적인 관점에서의 가족은 '적어도 두 세대 이상을 포함하는 구성원들로 이루어진 집단'으로, 흔히 아버지가 가족의 생계를 부양하고 어머니는 집에서 가사를 돌보며 자녀를 양육하는 핵가족에 초점을 둔다.

미국의 인류학자 머독(Murdock, 1949)은 가족을 '사회적으로 인정받는 성적 관계를 유지하는 최소한 두 명의 성인 남녀와 한 명 이상의 자녀들로 이루어진 집단'으로 규정하였다.

레비-스트로스(Levi-Strauss)는 "가족은 결혼으로부터 출발하며 부부와 그들의 자녀로 구성되지만 여기에 다른 근친자가 포함될 수 있으며, 가족 구성원은 법적 유대, 경제적·종교적 권리와 의무, 성적 권리와 금기, 애정, 존경 등의 다양한 심리적 정서로 결합되어 있다."라고 정의하여 가족의 사회·심리적 측면을 강조하였다. 또한 기든스(Giddens)는 혈연성, 동거성, 합법적 혼인성 등은 점차 약화되므로 가족 구성원 간의 정서적 유대와 관계성에 기반한 가족의 정체성을 강조하였다.

이러한 가족의 개념은 사회적 변화에 따라 가족의 기능과 형태의 변화가 요구되고 있으며, 더 나아가 '가족'이라는 용어 대신에 '식구' 또는 '주거 공동체(domestic community)'라는 용어까지 등장하고 있는 현실이다. 월시(Walsh, 1998)는 '가족 구성원에 누가 포함되는가' '가족을 정의하는 데 누가 의미 있는 사람인가' '가족을 통해서 수행되는 역할과 관계의 의미는 무엇인가'를 파악하는 것이 중요하다고 강조하였다.

이렇듯 어느 사회, 어느 시대에서든 가족은 다양한 형태로 존재해 왔으며, 최근 삶의 다양성을 인식하는 변화가 일어나고 있는 우리 사회에서 사회복지사가 그 다양성을 어떻게 받아들일 것인가에 대한 성찰이 필요한 시점이다.

2) 가족의 기능

가족의 기능이란 가족이 수행하는 역할, 행위로서의 가족의 행동을 의미하며, 행동의 결과는 가족 구성원의 욕구 충족과 사회의 유지 및 존속에 영향을 미친다. 그러나 이에 대한 학자들의 강조점은 다르다. 머독(1949)은 가족의 주요 기능을 성적 기능, 경제적 기능, 출산 기능, 교육 기능으로 분류하였고, 함인희(1993)는 여성학적 관점에서 경제 공동체, 성행위와 출산 통제, 자녀 양육과 사회화, 사회보장, 정서적 유대 및 여가, 지위 계승, 가사, 성역할 사회화의 기능을 제시하였다.

미국사회사업가협회(NASW, 1987)에서는 사회복지의 개념을 아동의 사회화 및 가족 구성원의 만족과 신체적, 정신적으로 건강할 수 있는 환경의 제공을 가족의 최대 기능으로 정의했다. 또한 재스트로(Zastrow, 2000)는 인구 생산 기능, 아동 양육 기능, 사회화 기능, 성적 행동의 통제 기능, 가족 애정의 원천 기능을 제시했다. 그리고 월시(1998)는 정서적 공동체로서의 가족의 기능을 가족 구성원 간 상호 관여, 신뢰체계 공유, 가족 구성원의 개별화, 외부체계와의 상호작용으로 정리하여 다음 [그림 11-1]과 같이 나타냈다.

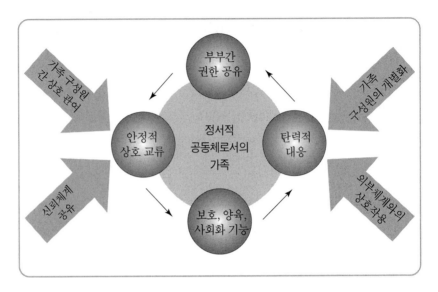

[그림 11-1] 월시의 정서적 공동체로서의 가족 기능

3) 사회체계로서의 가족

(1) 사회체계로서의 가족에 대한 시각

- 가장 기본적이며 일차적인 환경
- 시대가 변해도 사회를 지탱하는 기본 구조
- 가족의 본질과 중요성은 계속 유지
- 한 개인의 문제를 그를 둘러싼 전체로서의 가족이라는 맥락에서 이해
- 가족 내의 문제는 특정 구성원의 문제라기보다 가족 전체의 문제이며, 그 구성원은 단지 '가족의 문제를 표출시키는 사람'으로 간주

(2) 사회체계로서의 가족에 대한 기본 개념

① 기능적 혹은 역기능적 가족체계

기능적 가족체계
- 가족 구성원에게 지속적인 발달의 기회를 제공하는 가족
- 기능적인 가족의 목표: 높은 자존감, 개인의 선택, 철저한 책임감, 화합

역기능적 가족체계
- 가족 전체가 어느 구성원의 희생을 묵과하는 경우
- 자녀들이 부부간 갈등의 희생자가 되는 경우
- 자신의 역할을 회피하기 위해 다른 구성원을 갈등 상황으로 끌어들이는 경우
- 자신의 욕구 충족을 위해 다른 구성원을 도구로 이용하는 경우(예: 부모의 성학대)

② 가족의 항상성

- 가족 내의 균형을 이루려는 항상성 기제
- 가족 내에 형성된 부적절한 관계 유형을 지속하기 위해 문제를 가진 어떤 대상이 계속 필요하게 되고 구성원이 희생되는 경우도 가족 내의 균형을 유지하려는 의도에서 비롯됨

③ 가족의 규칙

- 가족의 규칙은 구성원의 행동에 영향을 미침
- 구성원의 역할 및 기대와 관련하여 명확한 규칙도 있지만, 불명확하고 암시적인 규칙도 존재함

④ 가족 신화

- 가족 구성원이 지키는 신념 내지 기대
- 가족 내의 항상성 유지를 위해 필요함

⑤ 가족 내 하위체계

- 가족 내 하위체계는 구성원 개개인임
- 하위체계 간 개방적인 의사소통이 많을수록 건강한 가족임

⑥ 가족의 경계

- 가족체계의 경계가 명확할수록 건강한 가족 기능을 유지함
- 명확한 경계선은 경계를 유연하게 함으로써 융통성을 발휘함

4) 가족의 형태

오늘날 전통적인 핵가족 형태에 들어맞는 가족은 얼마나 될까? 앞으로
의 기대 수명은 100세라고 한다. 지금까지 자녀를 낳아 기르는 기간이 가
정생활의 핵심이었다면, 그 기간은 가족적 삶의 일부분에 지나지 않게 되
었다. 젊은이든 노인이든 1인 가구가 증가 추세에 있고, '부부 + 자녀'
가구의 비중 또한 감소하고 있다. 그동안 자녀 출산과 관련된 핵가족을
구성하는 것이 13~20년간의 가족 프로젝트였다면, 이제 어린 자녀가 없
는 생애주기를 어떻게 구성할 것인가를 고려할 때가 되었다. 사회 전체적
으로 다양한 가족이 출현하고 있고, 동시에 한 사람의 생애를 통해 다양
한 형태의 가족 관계가 만들어지고 있음을 또한 보게 되었다.

현대에서 가족은 마치 도구로서 정의되기도 하지만 문화나 사회경제적
지위와 무관하게 가족은 일정한 범위의 구조들을 포함하고 있다. 가장 보

편적인 가족구조는 다음과 같다.

(1) 주가족

사람들은 성장하여 결혼과 동시에 자신이 태어난 가족(주가족, 원가족)을 떠나 새로운 가족을 형성하게 된다. 대부분의 경우 개인은 최소한 이두 가족을 모두 경험하며 결혼과 동시에 주가족보다는 생식가족에 더 충실하고 관심을 많이 갖는다.

(2) 생식가족

생식에 의한 가족은 본인의 선택과 국가의 인정을 바탕으로 하여 관계를 발전시키고 자녀를 갖는 부부로 구성된다. 생식가족에서 부부는 이성혹은 동성으로 구성될 수 있으나 생식은 부부간의 성관계 혹은 인공수정이나 대리모와 같이 보조적인 생식기술을 통해 이루어진다.

(3) 확대가족

확대가족은 둘 혹은 그 이상의 가족 단위를 포함한다. 일반적으로 확대가족은 조부모를 포함하며, 때때로 이모, 삼촌, 사촌들도 그 구성원에 포함된다.

(4) 혼합가족

혼합가족 혹은 재혼가족은 적어도 이전 혼인 관계에서 생긴 최소 한 명의 자녀와 함께 사는 재혼한 부부로 구성된다. 재혼한 부부는 이전 혼인관계에서 얻은 자녀 외에 둘 사이에서 새롭게 자녀를 가질 수 있다.

(5) 입양가족

입양이란 법률에 의해 부모와 자녀의 관계를 맺는 것을 의미하며, 입양가족이란 생식에 의하지 않고, 법적·사회적 관계를 통해 친부모-친자와 동등한 관계를 형성하게 된 가족을 말한다.

(6) 위탁가족

위탁가족의 부모는 일정 기간 다른 사람의 자녀를 양육한다. 위탁아동이 그 가정에서 지내는 기간은 며칠에서 아동기 전반에 이르기까지 다양하다. 대부분의 위탁가족은 위탁센터와 공식적으로 협의하여 이루어지지만 친구나 친척 등 비공식적인 관계에 의해서도 이루어질 수 있다.

(7) 한부모가족

한부모가족은 이혼, 사별, 별거, 유기 등에 의해 양친 중의 한쪽과 그 자녀로 이루어진 가족을 말한다. 2009년 통계청 자료에 의하면 우리나라의 한부모가족은 150만 가구에 이르고 있다.

(8) 노인가족

인구의 고령화가 전 세계적으로 보편적인 현상이 되면서 노인만으로 구성된 가족이 100만 가구에 이를 만큼 현격하게 증가하는 추세다. 새로운 노인상으로 출현한 통크족(two only no kids: TONK)은 자녀에게 부양받기를 거부하고 부부끼리 독립적으로 생활하는 노인 세대를 일컫는다. 이처럼 사회적 변화와 함께 고소득, 고학력의 건강하고 젊은 노인들은 생활에 대한 만족을 경험하고 있는 반면, 저소득층 노인들의 삶은 더욱 어려워지고 있다.

5) 가족의 생활주기

가족은 상대적으로 예측 가능한 방식으로 성장하고 변화하기 때문에 가족을 이해하는 데 유용한 방법의 하나로 각 발달단계를 검토할 수 있다. 가족의 생활주기는 인간의 생애주기와 마찬가지로 가족의 탄생에서 소멸에 이르기까지 일련의 단계가 있고, 이들 단계마다 과업이 있다는 것을 전제로 한다. 모든 가족이 이 생활주기의 단계를 거치며, 그 적응과정에서 많은 스트레스를 경험하는데, 스트레스가 심할 경우 가족 문제를 일으킬 수 있다. 따라서 가족이 어떤 생활주기의 단계를 어떻게 거쳐 왔고, 현재는 어느 단계에 있으며, 그 적응 상태는 어떠한지에 대한 평가가 이루어져야 한다.

[그림 11-2]에서 보는 것처럼 가족체계 내에서 가족이 경험하게 되는 스트레스는 수평적 · 수직적 차원 모두에서 일어난다. 개인의 수직적 축은 생물학적 유전, 선천적 기질, 장애 등에 의해 형성되며, 수평적 흐름은 삶에 대한 개인의 감정, 인지, 대인관계 그리고 신체적 발달과 관련된다. 개인의 선천적 기질은 경직된 행동으로 구체화되거나 혹은 광범위하고 융통성 있는 다양성을 갖게 한다.

가족 수준에서의 수직적 축에는 가족의 역사와 유형이 있다. 이것은 일차적으로 정서적 삼각관계의 기제를 통해 세대 간에 전수되는 관계와 기능의 유형이다. 여기에는 모든 가족의 태도, 금기 사항, 기대, 명명화 그리고 성장에 부과되는 문제 등이 있다. 가족 수준에서의 수평적 흐름이란 시간에 따른 가족의 생활주기의 변화와 전환을 극복해 나가는 것을 의미한다. 이러한 수평적 흐름은 예측 가능한 발달상의 스트레스 요인과 예측 불가능한 사건으로 구성된다. 이러한 일상적인 사건의 압력은 서로에게 영향을 미칠 뿐만 아니라 가족체계에 혼란을 초래하는 수직적 축과도 상호작용한다.

가족의 생활주기상에서 어떤 문제는 가족의 발달상 어느 가족이나 겪을 수 있고, 어떤 문제(예: 폭력, 알코올중독)는 특정 가족에서만 일어날 수 있다. 이처럼 다양한 생활주기의 상황에서 가족 구성원이 떠나기도 하고 새 가족 구성원이 들어오기도 한다. 예를 들어, 아이가 태어나거나 조부모나 계부모가 가족에 들어올 때 새 하위체계와 새로운 연합이 형성되며, 이럴 때 가족 내의 힘과 위계의 배열이 바뀔 수 있다. 또한 가족 구성원이

연속되는 생활주기를 통해 진보하고 새로운 발달과업을 맞아들임에 따라
개인은 새 역할은 받아들이고 다른 역할은 포기해야 할 수도 있다. 가족
의 생활주기에 영향을 주는 변수로는 별거와 이혼, 부모의 사망, 한부모
의 양육, 혼합가족, 조부모의 양육, 문화적 변인 등을 들 수 있다. 가족의
생활주기에서 '적응'은 중요한 개념이다. 가족의 '적응력'이란 가족이
일시적이거나 발달적인 긴장 상태에 대처하여 가족의 힘의 구조, 역할,
규칙 등을 변화시킬 수 있는 능력이나 유연성의 정도를 의미한다.

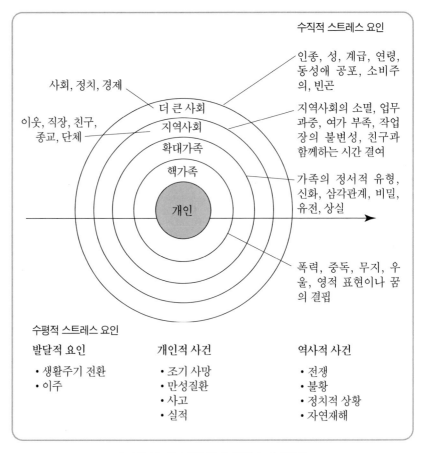

[그림 11-2] 가족의 스트레스 순환(예)

출처: Carter & McGoldrick(1998). *The Expended Family Life Cycle: Individual, Family and Social
Perspectives* (3rd ed.). Allyn & Bacon.

표 11-1	가족생활주기	
가족생활주기	전환의 정서적 과정: 주요 원리	가족 지위의 이차적 변화
1. 결혼 전기	자신에 대한 정서적 · 재정적 책임 수용	• 원가족으로부터의 분화 • 친밀한 이성 관계의 발달 • 일과 재정적 독립 측면에서 자신을 확립
2. 결혼 적응기	새로운 체계의 수용	• 부부체계의 형성 • 배우자를 포함한 확대가족 및 친구와의 관계 재정비
3. 자녀 아동기	새로운 가족 구성원의 수용	• 부부체계에 자녀를 위한 공간 만들기 • 자녀 양육, 재정, 가사에 공동 참여 • 부모, 조부모 역할이 포함되도록 확대가족과의 관계 재정비
4. 자녀 청소년기	자녀의 독립과 조부모의 허약함을 고려하여 가족 경계의 융통성 증가	• 청소년 자녀가 가족체계에서 출입이 자유롭도록 부모와 자녀의 관계 재정비 • 중년기 부부의 결혼생활 및 진로 문제에 재초점 • 노인 세대를 돌보기 위한 준비
5. 자녀 독립기	가족 구성원의 증감 수용	• 부부체계를 2인군 관계로 재조정 • 성장한 자녀와 부모와의 관계를 성인 대 성인의 관계로 발전 • 사돈과 며느리, 사위, 손자녀가 포함되도록 관계 재정비 • 부모 또는 조부모의 무능력과 죽음에 대처
6. 노년기	역할 변화 수용	• 신체적 쇠퇴에 직면하면서 자신과 배우자의 기능과 관심사를 유지 • 다음 세대가 중추적 역할을 하도록 지원 • 자신의 지혜와 경험이 활용될 수 있는 여지 마련 • 배우자, 형제, 친구의 죽음에 대처하면서 자신의 죽음을 대비하여 삶을 되돌아보고 통합

출처: Carter & McGoldrick(1998). *The Expended Family Life Cycle: Individual, Family and Social Perspectives* (3rd ed.). Allyn & Bacon.

또한 가족의 발달과업은 가족 구성원이 가족생활주기에서 성장하는 데 직접적인 영향을 미친다. 가족이 발달과업을 성공적으로 성취할 경우 만족감과 성취감을 얻을 수 있고, 다음 단계의 과업을 성공적으로 이끌 수 있다. 반면에 가족이 발달과업을 성공적으로 성취하지 못하는 경우 좌절감, 절망감, 열등감 등을 경험할 수 있고, 다음 단계의 발달과업 수행이 어려워질 수 있다. 이것은 개인과 가족의 발달과업 수행에의 성공이나 실패의 경험이 개인의 성격 형성과 가족의 기능 및 성장에 큰 영향을 미친다는 것을 말해 준다.

2. 우리나라 가족의 변화

우리 사회의 가장 기본적인 단위는 가족이었다. 일본은 가족주의와 국가주의, 중국은 가족주의와 개인주의가 병행하지만, 우리나라는 가족주의 하나로 시종일관하였다. 부계 중심의 혈연 계승을 중요시하는 가부장적인 대가족 제도는 가족의 영속성과 가족중심사상에 기반을 둔 철저한 가족주의적 가치관으로 가계의 계승, 봉제사, 효도, 가문의 번영, 재산 확대 등이 가족의 중요한 가치가 되어 왔으며, 모든 행동의 결정에도 가족이 준거 틀이었다. 그러나 현대사회에서는 호주제가 폐지되고 「가족관계등록 등에 관한 법률」(2007)의 제정을 통해 다양한 가족 형태를 수용하는 사회의 포용성이 증대되고, 평등한 가족 문화가 확산되면서 결혼은 늦게하고, 자녀는 적게 낳고, 이혼에 대해서는 허용적인 경향이 가속화되고 있다. '황혼 이혼'이라 불리는 노년의 이혼까지 새로운 사회적 이슈로 부상하고 있다. 산업화 과정과 그에 따른 가족의 변화를 삼사백 년에 걸쳐 점진적으로 이루어 온 서구와는 달리, 우리나라 사회는 이를 삼사십 년만에 겪어 낸 것이다. 도시화 비율은 83%, 평균수명은 이제 80세를 넘어서고 있고, 대부분의 사람들은 자신의 원가족과 결혼해서 이룬 가족이 다른 형태를 지니고 있으며, 앞으로도 또 다른 가족 형태에서 살아갈 가능성이 매우 높다. 평균 가구 수는 자녀 수의 감소 및 노부모와 동거하는 가족의 감소로 매년 줄어들고 있고, 결혼을 늦추거나 하지 않는 젊은이들과 더불어 독거노인 가구가 늘어나면서 1세대 가구와 단독가구가 증가하여 가족 구조가 단순화되는 경향이 두드러지고 있다.

3. 미래 가족에 대한 전망

세계화의 흐름이 직접적으로 가족에 미친 영향이나 1997년 후반에 밀어닥친 외환 위기는 개인적 차원뿐만 아니라 상당수의 가정에서 가족 해체로 이어지기도 했다. 여성 가구주 가구, 이혼율 및 미혼율의 증가 등은 우리 사회의 가족에서 부부 관계의 지속성이 약화되고 있음을 보여 준다. 변화 없는 일상과 가족을 이야기하는 것은 어려운 일이 되어 버렸다. 어른 두 명의 애정을 중심으로 한 배타적 공간으로 압축되는 가정은 보상에 대한 기대 없이 상대방에게 무조건적으로 관심을 갖는 진정한 사랑으로 채워지는 꿈의 공간이다. 검은 머리 파뿌리 되도록 영원히 함께 잘살아 보자던 서약을 지키며 손잡고 산책하는 노부부의 아름다운 모습은 이제 쉽게 찾아볼 수 없을 듯하다.

2013년 현재 매일 884쌍이 결혼하는 반면, 315쌍은 이혼하고 있다(통계청, 2014). 이는 2008년 기준으로 매일 946쌍이 결혼하고 341쌍은 이혼했던 것에 비해 일반적인 결혼관이 다소 변화하고 있음을 보여 준다. 결혼 연령 또한 30대 이상 결혼이 증가하는 추세에 있고 독신을 선호하는 미혼 남녀도 점차 증가하고 있다.

오늘날의 가족 관계는 권위주의적인 관계가 아니라 가족 구성원 모두가 인격을 가진 개인으로서 평등하게 존중되는 민주적인 관계로 변화하고 있다. 더불어 사회의 분화에 따라 가족의 형태도 매우 다양화되는 시점에서 가족의 정의를 새롭게 내려야 할 때인지도 모른다.

4. 가족과 사회복지실천

사회복지실천에서 가족에 대한 접근은 모든 가족이 사회적 체계라는 사고에 근거한다. 이러한 관점은 그동안 개인의 문제로 받아들여졌던 문제들을 관계와 사회적 상호작용이라는 측면에서 파악할 수 있게 한다. 가족은 가족 구성원 개개인뿐만 아니라 집단, 조직, 지역사회 등 그들이 상호작용하는 광범위한 환경체계에까지 영향을 미치므로 사회복지사는 가족의 문제를 다룰 때 '어떤 일이, 왜 일어나는가'가 아니라 '무슨 일이 일어나고 있는가'에 관심을 두고 개입해야 한다. 더불어 사회복지사는 실천의 대상인 가족이 갖는 다양한 유형과 특징에 대해서 충분히 파악하고, 가족이 직면한 복잡한 문제와 상황을 체계적인 관점에서 사정할 수 있어야 한다. 이를 바탕으로 가족의 문제를 효과적으로 해결할 수 있는 전문적인 지식과 기술을 충분히 갖추는 동시에 성적 · 인지적 관점에서 사회적으로 형성된 성역할과 가족 역동성을 가족 구성원이 이해하도록 도우며, 가족 구성원들이 효과적인 선택을 할 수 있도록 가족의 역량을 강화해야 한다.

현대사회에서 핵가족이 증가하는 이유

현대사회에서 핵가족이 증가하는 이유는 다음과 같다. 첫째, 인구밀도가 높은 도시에서 대가족이 함께 살 수 있는 주택의 확보가 어렵기 때문이다. 둘째, 직업이 다원화, 전문화된 사회에서는 농업사회에서의 공동 생산의 필요성이 적어졌기 때문이다. 셋째, 사회 변화의 속도가 빠른 현대사회의 도시생활에서 대가족을 이끌고 공동 생활을 영위한다는 것은 경쟁사회에서 낙오되기 쉽기 때문이다.

즉, 전통적 가족제도로부터 핵가족 제도로의 변화는 사회환경의 변화에 따른 결과라고 할 수 있다. 이러한 사회 변화는 현대인에게 많은 편리함을 가져다주었으나, 다른 한편으로는 인간 소외, 인간 경시 풍조, 부양 의식의 변화, 파괴된 가정, 개인화 등 많은 문제를 가져왔다. 결국 핵가족화는 인간에 대한 평가 기준을 변화시켰다. 과학기술의 발달이 사회구조의 변화를 가속화하면서 효율과 능률을 강조하는 가운데 인간의 가치를 사회적 역할이나 업적에 따라 평가하게 되면서 교육 수준이 낮고 경제력이 없는 사람은 무시되는 풍조가 만연해졌다. 이러한 현실에서 사회복지사는 클라이언트에게 어떻게 개입해야 할 것인가를 유심히 생각해 보아야 할 것이다.

제12장

집 단

인간은 태어나면서부터 집단 속에서 사람들과 관계를 맺으며 상호작용을 통해서 성장해 간다. 개인은 가족과 학교, 직장, 동호회 등을 통해 대인관계의 기초가 되는 사회적 기술을 터득하고, 사회적 규범을 습득하며, 자아정체감을 형성해 나간다. 사회적 존재인 인간의 성장과 발달에 영향을 미치는 집단을 이해하기 위해서 집단은 중요하게 다루어져야 할 영역이다.

1. 집단의 정의

1) 집단의 개념

체계로서 집단이란 '한 개인으로서 서로를 인식하고 상호작용하며, 사회적 실체로서 집단에 대한 의식을 공유하고, 집단 구성원들의 행동에 영향을 받으며, 자연적이고 표현적인 행동이 지배적인 두 명 이상으로 구성된 사회조직의 한 형태'로 정의된다(Norlin & Chess, 1997). 하트포드

(Hartford, 1971)는 '집단이란 두 사람 이상이 공동의 목적 혹은 인지적·감정적·사회적 측면에서 관심을 공유하면서 집단의 기능을 위해 규범을 만들고, 행동을 위한 목표를 수립하며, 응집력을 발전시키는 체계'라고 정의하였다.

이와 같이 집단은 서로 관련되어 있는 사람들의 테두리 내에서 개인적 욕구를 해결하고, 구성원 간 의미 있는 상호작용을 통해 자아개념을 정립하고 확장하고 변화시키며, 유기적인 관계를 맺는 체계라고 할 수 있다.

2) 집단의 유형

(1) 사회적 관계에 기초한 집단 유형

① 쿨리의 사회적 관계에 따른 유형

- **일차집단(primary group)**　　혈연과 지연을 중심으로 자연 발생적으로 형성된 집단으로 가족, 또래집단 등을 들 수 있다. 정서적으로 친밀한 관계 속에 개개인의 개별성이 조화를 이루어 개인의 자아가 바로 집단의 공동 목표, 즉 '우리'라는 개념으로 발전한다.

- **이차집단(secondary group)**　　구성원 간에 인간적으로 대면하는 기회가 제한되거나 거의 없으며, 서로의 이해관계에 의해 특정 역할과 목표를 갖고 관계를 맺는다. 인간관계는 형식적인 수준에서 형성되고 수단적인 관계로 이용될 수 있다. 군대집단을 예로 들 수 있다.

② 퇴니에스의 사회적 관계에 따른 유형

- **공동사회(게마인샤프트, gemeinschaft)**　　집단 구성원의 자발적 의지, 자연적, 정서적으로 결합된 본질 의지로 형성된다.

- **이익사회(게젤샤프트, gesellschaft)** 이념적·인위적 감정, 충동, 욕망의 통일된 인간 의지인 선택의지로 형성된다. 사회가 점차 산업화, 정보화됨에 따라 구성원 간에 인위적이고 계약적인 결합, 즉 판매자와 구매자 같은 관계로 변화된다.

(2) 자연집단과 형성집단

자연집단(natural group)과 형성집단(formed group)은 집단의 구성 동기에 기초한 분류다. 자연집단은 자연 발생적으로 만들어진 집단으로 공식적인 지원체계가 없다. 또래집단과 같은 집단의 특성으로 설명될 수 있으며 일차집단과 유사하다. 반면 형성집단은 이차집단과 유사하며 특정위원회나 팀처럼 일정한 목적을 갖는다. 이 집단은 공식적인 규칙과 과업을 갖게 되며, 설정된 목적을 달성하기 위해 역할에 의해 구조화되고 지위에 의해 층화된다.

(3) 개방집단과 폐쇄집단

개방집단(open-ended group)과 폐쇄집단(close-ended group)은 구성원의 가입과 탈퇴의 자율성 여부에 따른 구분이다. 개방집단은 구성원의 가입과 탈퇴가 자유로워 새로운 구성원이 들어올 때마다 집단에 새로운 생각과 신념, 가치관이 유입될 수 있는 장점이 있는 반면, 일정 수준 이상의 목적을 달성하거나 구성원에 대한 개별화를 이루는 데는 한계가 있으며 구성원들의 성장이 정체되거나 불안을 유발할 수 있다.

폐쇄집단은 구성원의 자격을 분명하게 설정한 후 집단을 구성하여 처음부터 끝까지 일정하게 운영되는 집단으로 새로운 구성원이 중간에 추가될 수 없다. 집단은 가능한 한 지속성을 유지하고 응집력을 조장하여 구성원들에게 안정감을 제공한다. 또한 집단의 공동 목표와 개별 목표를 모두 효과적으로 달성할 가능성이 높으나, 집단 운영과정에서 중도 탈락이 발생하면 집단과정이 심각한 영향을 받을 수 있다.

(4) 성장집단과 치료집단

성장집단(growth group)은 구성원들에게 자신과 타인에 대한 생각, 감정, 행동을 인식하고 확장하며 변화할 수 있는 기회를 제공함으로써 개인의 잠재력을 최대한 발휘할 수 있도록 한다. 성장집단은 심리·사회적 건강을 향상시키는 데 초점을 두며, 집단을 개인의 성장 기회로 활용하려는 사람들로 구성된다. 가톨릭의 참부부집단(marriage encounter: ME), 여성을 위한 의식향상 집단(consciousness raising: CR), 청소년을 위한 진로탐색 집단, 은퇴 후 생애 설계에 초점을 맞춘 노인집단 등이 여기에 속한다.

치료집단(therapy group)은 구성원들의 행동 변화와 개인적 문제의 해결 및 상실된 기능의 회복을 돕는다. 집단은 전문가에 의해 치료집단에 적합한지에 대한 사정(assessment) 후 공통적인 문제를 경험하고 있는 사람들로 구성된다. 집단 지도자는 전문가, 권위적 인물, 변화 매개인으로서 역할을 수행하게 되며, 집단 구성원 개개인의 치료 목표를 구체적으로 수립하여 이를 달성하도록 돕는다. 정신보건센터의 심리치료 집단, 단주 및 단도박 집단, 금연집단 등이 여기에 해당된다.

(5) 지지집단

지지집단(support group)은 집단이 자치력을 증가시켜 자조(self-help)와 상호 지지(mutual support)로 작용하는 집단으로, 구성원들이 생활상의 사건에 유연하게 대처하고 효과적으로 적응할 수 있도록 원조하는 데 목적을 둔다. 지도자의 역할은 자조와 상호 지지를 통해서 대처기술이 향상되도록 동기화하며, 미래에 대한 희망을 촉진하는 것이다. 지지집단은 공동의 욕구를 충족시키고, 공동의 장애와 고통을 극복함으로써 개인적으로 바람직한 변화를 가져오기 위한 상호 부조를 목적으로 구성되었으므로 구성원 간의 유대가 빨리 형성되며, 자기 표출의 정도가 높다. 지지집단은 개인적인 접촉이나 친숙한 집단행동을 통해 역기능을 예방하는 중요한 역할을 담당함으로써 동일시의 대상이 되기도 한다. 지지집단의 작업은 구성원들이 공통의 관심사 안에서 문제에 직면하여 서로를 강화하기 때문에, 혼자가 아니라 같은 배에 타고 있음을 확인하는 나눔의 과정이기도 하다. 한부모 집단, 암환자 가족집단, 정신장애인 집단 등을 예로 들 수 있다.

(6) 교육집단

교육집단(education group)은 구성원들에게 지식, 정보 또는 기술의 향상을 제공한다. 구성원들의 자기 표출보다는 전문가의 강의 형태 또는 구성원들 간의 토의로 학습이 이루어진다. 집단은 공통의 관심사를 가진 사람들로 구성되며, 집단 지도자는 최상의 학습 효과를 얻도록 구성원의 지식, 기술, 경험 등을 고려하여 집단을 구성한다. 가톨릭의 선택(배우자)집단, 예비부부 및 신혼부부 집단, 위탁가정 부모집단, 장애인 자녀를 둔 부모집단 등을 예로 들 수 있다.

(7) 사회화 집단

사회화 집단(socialization group)은 사회적 관계에서 어려움을 겪는 사람들을 대상으로 사회생활에서 효과적으로 기능하기 위해 필요한 사회기술을 학습하거나 사회적으로 수용되는 행동을 익히는 데 목적을 두고 있다. 사회화 집단은 게임, 역할 연습, 레크리에이션, 여가 활동 등 특정 프로그램 활동에 참가하여 결속력을 다지며, 대인관계 기술을 향상시킨다. 사회화 집단은 사회기술 훈련집단(예: 자기 표현 훈련집단), 생활시설에서 구성원들의 역할 · 책임 · 권리를 분명히 하기 위한 자치집단, 스카우트 활동, 캠핑, 스포츠 활동 등을 주요 활동으로 하는 여가집단으로 구분된다.

3) 집단의 특성

• 두 사람 이상의 서로 인지할 수 있는 확실한 구성원이 존재한다.

- 서로가 한 집단이라고 생각하는 집단의식, 즉 '우리' 의식이 있다.
- 구성원들 간에 공동의 목적의식을 공유한다.
- 구성원들이 집단의 목적을 달성하기 위해 서로의 도움을 필요로 하며 상호 의존하고 협조한다.
- 구성원들 간에 의견을 나누고 영향을 주고받는 등 상호작용한다.
- 하나의 유기체로서 통일된 방식으로 행동하는 경향이 있다.

2. 집단의 형성과 발달

집단에 대한 아이디어를 구성원들 간에 공유함으로써 형성된 집단은 시간이 지남에 따라 집단의 내부구조, 의사소통과 상호작용의 형태, 응집력, 사회적 통제, 문화 등이 형성되며 변화되어 간다. 사회복지사는 집단의 발달단계별 특성을 이해하고 관찰과 사정을 통해 집단 구성원에게 적합한 개입방법을 사용할 수 있다. 다음은 갈런드, 존스 그리고 콜로드니(Garland, Jones, & Kolodny, 1976)의 5단계 모델이다.

- 1단계(친밀 전 단계): **접근과 회피 행동**　구성원들은 책임지기, 타인과의 상호작용, 프로그램의 활동 참여를 망설이는 것 등으로 집단에 소속되는 것에 주저하는 반응을 보이며, 사회적 지위나 역할을 자신의 잣대로 규정하거나 지적 토론에 집중하는 경향을 보인다. 또한 중심인물로서의 사회복지사를 동일시의 대상으로 삼아 의사소통을 한다.

- 2단계(권력과 통제 단계): **변화의 시간**　구성원들은 상황을 이해하고 예상할 수 있게 되면서 관계의 틀을 구성하고자 노력하지만, 대립과 분화가 일어나고 고립된 구성원들의 탈락 현상이 나타나면서 사회적·감정적 역할을 담당할 수 있는 공식적인 구조가 형성된다.

- **3단계(친밀 단계): 친밀한 관계의 발전**　구성원들 사이에 갈등이 사라지고 개인의 성향과 경험의 차이를 인지하기 시작하면서 상호 신뢰하는 분위기가 형성된다. 또한 집단의 문화, 양식, 가치체계에 따라 집단의 특성이 나타나면서 집단에 수용되는 일련의 행동 양식과 규범이 자리 잡기 시작한다.

- **4단계(분화 단계): 집단의 정체성 발달과 내적 준거 틀**　집단이 문제를 해결하기 위해 필요한 분화를 협상하는 단계다. 사회적 감정과 과업 수행과의 균형을 이룬 집단이 이 단계에 이르며, 개인과 집단의 욕구는 조화를 이루게 된다. 집단은 그 자체의 관습과 구조를 형성하며 집단으로서의 준거 틀을 형성하고 집단 중심의 기능이 이루어진다.

- **5단계(종결 단계): 분리**　종결 단계에서 다른 구성원에게 분노를 표출할 수 있으며, 시간제한이 있었던 집단의 구성원들은 분리불안으로 사회복지사에게 더욱 의존적이 될 수도 있다. 종결은 집단이 달성한 것을 평가하고 집단에서 배운 것을 확고히 하는 시간이다. 새로운 출발을 향하고 있는 구성원들에게서 두려움, 희망, 미래, 다른 사람에 대한 관심 등이 표출되기도 한다.

3. 집단과 사회복지실천

인간은 성장해 가는 동안 다양한 집단을 경험하게 된다. 인간은 집단을 떠나서는 생활할 수 없으며 성장과 발달을 가져올 수도 없다. 급격한 사회 변화로 인해 사회적 소외, 소속감의 상실, 가족 기능의 저하와 같은 문제에 직면해 있는 현대인에게 집단은 직 · 간접적으로 영향을 미치는 중요한 체계다. 집단의 사회복지실천은 의도적으로 집단의 경험을 제공하여 다양한 욕구를 충족시키고, 개인의 문제해결 및 자기 성장을 가져올 수 있도록 하는 전문적인 노력이다. 집단 구성원은 상호 간에 영향을 미침으로써 변화를 경험하고, 집단은 구성원 개개인의 활동에 의해 변화된다. 집단은 또한 다른 집단에 의해 영향을 받으며, 지역사회나 국가의 기대, 가치관, 문화 등에 영향을 받는다. 집단을 이끄는 사회복지사는 실천의 대상인 집단의 다양한 유형과 특징에 대해 전문적인 지식과 기술을 습득하여 집단 구성원이 직면한 복잡한 문제와 상황을 체계적인 관점에서 사정하고, 효과적으로 해결할 수 있도록 부단히 노력하여 성장과 변화를 꾀해야 한다.

제13장

조 직

인간은 사회적 동물로서 조직을 떠나서는 생활할 수 없다고 해도 지나친 표현이 아닐 것이다. 조직 안에서 사람들은 교감하고 교류하면서 공동작업을 통해 살아간다. 사람들은 대부분 가족이라는 조직보다도 더 많은 시간을 외부 조직과 관계를 맺으며 살아간다. 때문에 일터라는 조직 내에서의 직무 만족은 개인의 전 생애 만족과 직결되기도 하며, 반대로 조직 내에서의 좌절은 개인의 삶을 좌절시키기도 한다. 그러므로 사회복지사가 어떤 목적을 달성하기 위해 발전되거나 설립된 경계를 뚜렷이 확인할 수 있는 사회적 단위로서의 조직을 이해하는 것은 사회복지실천에서 효율성을 높이기 위한 필수 사항이다.

1. 조직의 정의

1) 조직의 개념

개별 클라이언트에게 영향을 미치는 네 가지 주요 거시체계—문화

(culture), 조직(organization), 제도(institution), 지역사회(community)—
는 모두가 상호 연관성을 가지고 미시체계에 영향을 미친다. 그중 조직은
공통 목표를 위해 함께 일하는 집단으로 일정한 규모와 구조를 가지며,
이에 속한 사람과 속하지 않은 사람, 즉 구성원의 자격을 명확히 규정하
고 있다. 체계론적 관점에서 볼 때 조직구조란 특정의 역할이 부여된 조
직체계 구성요소 간의 유형화된 상호작용이라고 정의할 수 있다. 여기에
서 특정 역할이란 다른 사람이나 제도 또는 사회가 구성요소에 대해 기대
하는 바를 뜻한다. 파슨즈(Parsons, 1960)는 조직을 특정한 목표를 추구하
기 위해서 의도적으로 구축한 사회적 단위(혹은 인간집단)로 보고 회사, 군
대, 학교, 병원, 교회, 교도소 등이 여기에 속하며 부족, 계급, 인종집단,
친목집단, 가족은 제외된다고 정의한다. 사회학자 밀즈(Mills)는 조직을
'권위에 의해 등급을 매기는 역할체계'로 정의하였다. 조직 구성원은 조
직의 목적 달성을 위해서 필요하거나 유용한 행동만 할 것으로 기대된다.
즉, 조직에서 구성원은 자신에게 주어진 역할만을 수행할 뿐 개인적으로
하고 싶은 일은 하지 않는다. 이러한 역할들은 분화되고 위계화되어야 하
며, 위계상의 순서가 경우에 따라 바뀔 수는 있어도 기능의 우선순위는
정해져 있다. 이러한 개념을 종합해 보면 조직은 구체적이고 명백한 목
표와 목적을 달성하기 위해 구성원들이 비교적 좁은 행동 범위에 그들 스
스로를 제한하고, 권위와 위계적 통제의 형태로 제각기 권력을 행사하
며, 체계의 목표에 순종하고 규정된 역할에 충실한 사회체계로 정의할
수 있다.

2) 조직의 특성

(1) 특정 목적

조직은 구성원들 간에 명시적으로나 암묵적으로 합의된 공통의 목적을
달성하고자 노력하며, 이러한 목적은 조직이 실현하고자 하는 하나의 바

람직한 상태다. 특히, 조직은 특정한 목적을 명확하게 설정해야 구체적인
활동 계획을 세울 수 있으며, 조직을 편성하거나 관리할 수 있게 된다. 조
직(예: 학생회)의 목표가 명확할수록 구성원들은 조직을 위해 더욱 적극적
으로 행동할 수 있다.

(2) 분화

분화(differentiation)는 조직이 특정한 기능을 효율적으로 수행할 수 있
도록 영역별로 나눈 형태를 말한다. 조직이 목적을 달성하기 위해서는 구
성원 간에 업무가 적절하게 분배되어야 하며, 합리적인 조정이 있어야 한
다. 구성원들에게 업무 수행에 대한 권한이 적절히 위임되었을 때 그들에
게 안정감과 만족감을 제공할 수 있다.

(3) 권력과 통제

권력은 힘을 사회적 상황에 도입하는 능력으로서 조직의 질서를 유지
하는 데 필요하다. 권력이 없으면 조직도, 질서도 존재할 수 없다. 조직이
다른 사회체계들과 다른 특성 중 하나는 권력을 명시한다는 것이다. 즉,
조직은 권력을 가시적으로 나타내고 제도화한다. 조직을 성공적으로 이
끌기 위해서는 구성원들에 대한 통제가 유지되어야 한다. 조직은 다른 사
회체계보다 더욱 통제가 필요하며, 이것은 계획적이고 신중하게 이루어
져야 한다. 통제에는 신체적 · 물질적 · 상징적 통제가 있으며, 이들은 조
직환경에 적절하게 활용되어야 한다.

(4) 지도력

지도력(leadership)은 주어진 상황에서 조직의 목적을 달성하기 위해서
구성원들을 조정하여 참여를 촉진하도록 영향력을 미치는 과정 혹은 동
기부여하는 기술이나 능력을 말한다.

카츠와 칸(Katz & Kahn, 1978)은 지도력이란 조직 구성원의 업무를 수

행하는 데 요구되는 수준을 초월하는 정도의 성과를 내려는 노력을 불러일으키는 영향력이라고 정의한다. 즉, 지도력은 상급자의 지위에 따른 권력 및 공식적 권한에 의한 영향력과 구분되는 것으로, 조직 구성원의 자발적인 노력을 불러일으키는 영향력으로 이해해야 한다는 것이다. 조직에서의 지도력은 조직의 목적 달성과 구성원의 역할행동에 크게 변화를 가져올 수 있으므로 조직환경에서 훌륭한 지도력을 발휘할 필요가 있다.

(5) 구조

조직은 특정한 목적을 달성하기 위해서 체계적인 구조를 가지고 있다. 조직이 업무를 기획하고 수행하며 통제하기 위해서 기반을 이루는 구조는 구성원들에게 전문적으로 업무를 분화하고 조직의 질서를 유지할 수 있도록 한다. 일반적으로 조직구조는 분화와 관련된 복잡성(complexity), 과업의 표준화와 관련된 공식화(formalization), 의사 결정의 공식적 권한과 관련된 집권화(centralization)의 내용을 담고 있다.

(6) 책임성

조직은 목적을 달성하기 위해서 구성원들에게 일정한 업무를 부여하며 담당 업무에 대해서 책임을 지도록 한다. 조직은 구성원들의 인간관계보다는 오히려 업무 관계를 통해서 책임성을 바탕으로 상호작용하도록 한다. 책임성은 구성원들에게 자신이 조직을 위해서 무엇을 해야 하는가를 인식하도록 하며 조직의 발전에 기여할 수 있는 기초가 된다.

3) 조직의 목표

조직은 특정한 목표를 달성하기 위하여 구축된 사회체계 또는 인간집단이다. 네스게보레(Nesgebore, 1985; 이효선, Garz, 2006 재인용)는 인간을 위한 서비스 기관이 추구하는 세 가지 목표를 다음과 같이 제안하였다. 첫째, 사회적 돌봄으로 사람들의 삶을 향상시켜 그들의 잠재력이 최대한 발휘되도록 환경을 변화시키는 데 최고의 목표를 둔다. 예를 들면, 맞벌이가족의 자녀들에게 최선의 환경을 보장하기 위해 지역아동센터의 허가와 급식 등 구체적인 서비스를 제공해 주는 것이다. 둘째, 사회적 통제로 사회적으로 이상한 행동을 하는 개인의 행동을 통제하거나 자신의 삶을 향상시키고 잠재력을 최대화하기 위하여 다른 사람들의 삶을 방해하는 사람들을 통제하는 데 직접적인 목표를 둔다. 아동학대에 대한 확증이 구체적으로 드러났을 때 부모에 대한 법적인 제재를 취하는 것 등을 예로 들 수 있다. 셋째, 갱생으로 개인을 변화시켜 그들의 삶의 질을 향상시키거나 잠재력을 최대한 이끌어 낼 수 있도록 기회를 제공하는 데 목표를 둔다. 아동학대 부모의 행동을 변화시키기 위해 학대 부모를 위한 집단상담에 참여하도록 기회를 제공하는 것을 예로 들 수 있다. 이와 마찬가지로 조직은 궁극적인 목적과 실천 목표가 있으며, 또한 궁극적인 목적은 동일하더라도 조직의 에너지 혹은 자원의 양 등 조직의 상황에 따라 실천 목표는 변화될 수 있다.

4) 조직의 유형

사회복지 조직은 학교, 병원, 정신건강센터, 공공부조 부서 등과 같은 일종의 휴먼 서비스 조직으로, 사회복지 관점에서 공적 정부조직(예: 복지기관, 경찰), 비영리조직(예: 월드비전, 한국복지재단, 굿네이버스, 사회복지공동모금회), 영리조직(예: 주식회사)으로 구분할 수 있다.

(1) 사회적 기능에 따른 유형

파슨즈(1960)는 조직이 사회적 필요성을 충족시키기 위해서 경제조직(예: 산업체), 정치조직(예: 정당, 국회, 행정기관), 통제조직(예: 사법기관, 경찰, 군대, 정신병원) 및 사회조직(예: 종교단체, 교육기관)으로 구분되어 그 기능을 수행해야 한다고 주장하였다. 여기서 사회적 필요성이란 적응 (adaptation), 목표 달성(goal attainment), 통합(integration), 형태 유지 (pattern maintenance)를 말한다.

(2) 통제 형식에 따른 유형

에치오니(Etzioni, 1975)에 따르면 모든 조직에는 고위 관계자와 하위 관계자가 포함되어 있으며, 고위 관계자는 하위 관계자에게 권력을 행사함으로써 조직의 목적을 달성하도록 통제한다. 고위 관계자가 이용할 수 있는 세 가지 권력은 물리적 힘을 사용하는 강제적 권력, 물질적 보상을 사용하는 보상적 권력, 도덕적인 설득 혹은 사회적 수용의 보장을 사용하는 규범적 권력이 있다. 이 세 가지 권력 중 어느 것을 사용하느냐에 따라 다음과 같이 조직을 구분할 수 있다.

① 강제적 조직

강제적 조직(coercive organization)은 구성원들의 의사와 관계없이 조직의 목적을 달성하기 위해 강제적으로 통제하는 조직으로 주요 권력의 형태는 억압이고, 대부분의 구성원들은 소외감을 느끼며, 행동에 제약을 받는다. 교도소, 군대, 폐쇄병동 등을 예로 들 수 있다.

② 공리적 조직

공리적 조직(utilitarian organization)은 구성원들이 실리적인 목적하에 소속되며 돈과 같은 인센티브를 사용하여 조직의 목표를 달성하도록 한다. 구성원들 또한 자신의 이익을 위해 조직에 가입하기 때문에 조직의 목표를 어느 정도 지지하는 경향이 있으며, 보상이 매력적일수록 더욱더 개입한다. 회사, 은행, 경제단체 등이 이에 속하며, 가입과 탈퇴가 자유롭다.

③ 규범적 조직

규범적 조직(normative organization)은 흔히 자발적 협회(voluntary association)라 불리며, 조직의 주요 권력 형태는 규범이다. 구성원들의 개입은 도덕적이며 조직에 높은 귀속감을 가지고 있다. 종교단체, 정당, 자원봉사단체 등이 이에 속한다.

④ 혼합조직

현실적으로 한 가지 유형의 권력에 의존하는 조직은 없다. 대부분의 조직에서 앞의 세 가지 권력이 각기 다양하게 복합적으로 사용되는데, 교도소는 재활 프로그램을 통한 규범적 권력을 사용할 수 있지만 강제적인 권력에 의존하며, 회사는 구성원들을 고무하기 위해 독려할 수는 있지만 그들의 참여는 주로 임금에 의존하게 된다.

2. 조직운영이론

1) 관료제

관료제(bureaucracy)는 막스 베버(Max Weber)에 의해 확립된 개념으로서, 계층적 조직구조를 갖고 있으며 합리적인 지배가 제도화된 조직 형태를 말한다. 관료제는 권위의 위계구조, 규칙과 규정, 사적 감정 배제, 분업과 전문화, 경력 지향 및 능률을 강조하는 특성을 지니고 있다. 베버의 관료제는 대부분의 조직경영의 바탕이 되고 있을 정도로 현재까지 그 영향력이 크다. 관료제는 기능적 합리성에 따라 편성되기 때문에 능률적으로 업무를 처리할 수 있는 장점을 가지고 있다. 즉, 정해진 규칙과 절차에 따라 운영되기 때문에 객관성, 일관성, 예측성을 확보할 수 있으며, 공식적으로 정해진 구조에 따라 움직이게 되므로 안정성과 질서를 유지시켜

준다. 반면 형식주의, 무사주의, 비밀주의, 사적 인간관계 및 창의성의 저
하 등 역기능적인 현상이 나타날 수 있다.

2) 과학적 관리론

과학적 관리론(Scientific Management)을 창시한 테일러(Taylor)는 엔지
니어로서 공장에서 직원들이 주요 업무를 효율적으로 수행하는 방안을
강구하는 과정에서 그 이론적 토대를 마련했다. 즉, 조직 내 직원의 업무
를 과학적으로 분석하고 이에 관한 지식을 적극적으로 활용한다면 조직
의 효율성은 극대화될 수 있다고 보았다. 효율은 조직과 관련된 기본적인
개념이며, 최소의 투입에 따른 최대의 생산량으로 정의될 수 있다. 조직
의 효율성과 생산성을 향상시키기 위한 과학적 관리방법으로 목표 설정,
직무의 과학적 분석, 관리 원칙 수립, 경제적 보상의 단계로 진행시킬 수
있다. 그러나 과학적 관리론은 조직 구성원을 단지 기계의 부품처럼 취급
하고 인간의 개성과 능력을 고려하지 않는 오직 조직의 생산성 향상을 위
한 최고의 방법만을 추구하는 수단이라는 측면에서 비판을 받아 왔다. 그
럼에도 불구하고 조직의 효율성과 생산성 극대화라는 관리과학의 효시로
서 자리매김하여 오늘날까지 지대한 영향을 미치고 있다.

3) 인간관계이론

인간관계이론(Human Relations Theory)은 메이요(Mayo, 1933)와 그의
동료들이 미국 시카고 지역에 위치한 서부전기회사의 호손 공장의 실험
적 연구에 의해 개발된 조직이론이다. '공장의 작업조건(예: 조명 밝기)이
생산성에 어떤 영향을 미치는가'에 관한 연구에서 조직의 목표 달성에는
기술적 요인보다 더욱 중요한 사회적 요인인 직원 간의 인간관계에 보다
큰 관심을 두어야 한다는 점이 강조되었다. 즉, 생산성 향상은 근로조건

과 환경이 아니라 동료와 상사의 인간관계에 의해 좌우된다는 것이다. 이 때 조직의 인간관계는 비합리적이며 정서적인 요소에 따라 이루어지고, 조직 내 비공식적 집단이 개인의 태도와 생산성에 영향을 미치며, 경제적인 동기에 입각한 합리적인 행동보다는 비경제적인 동기인 심리적·사회적 욕구에 따라 행동한다는 연구 결과를 제시했다.

4) X 이론, Y 이론, Z 이론

X 이론과 Y 이론은 매슬로우(Maslow)의 욕구이론을 토대로 미국의 사회심리학자 맥그리거(McGregor)가 발전시켰다. X 이론은 권위적인 경영방식으로 결과는 신통치 않으며, Y 이론은 참여적인 경영방식으로 고용인들을 성장·발달시킨다고 지적하고 있다. Z 이론은 오우치(Ouchi, 1981)가 미국의 기업보다 일본 기업의 생산성이 월등하게 높다는 것을 전제로 하여 미국에서 일본식 경영을 하는 것을 가리키는 말이다. Z 이론은 집단적 가치와 전체에 대한 관심, 장기적인 평가와 승진, 순환보직, 종신고용, 상관에게 결재받는 품의 등과 같은 특성을 지니고 있다. 또한 경영자와 노동자 간의 신뢰와 경영가족주의를 바탕으로 인간관계에 대한 민감성과 친밀감을 강조하고, 평생고용에 대한 회사 측의 공약으로 신뢰감과 강한 의무감으로 업무에 최선을 다하며, 작업환경을 집단화하고, 노동자 간 상호작용을 장려하여 소외감을 감소시킨다.

3. 조직과 사회복지실천

개인들로 구성된 사회체계로서의 조직은 사회적 환경과 상호작용하면서 생존해 나간다. 즉, 조직은 끊임없이 환경 변화를 선택적으로 흡수하면서 사회환경에 적응하며, 사회환경은 조직 내 개인이나 집단의 행동에 직·간접적으로 영향을 미친다. 이와 같이 조직과 사회는 상호 의존적이며, 조직은 사회를 떠나서 존립할 수 없고, 사회는 조직의 업적을 통해서 변화된다. 사회복지 조직은 본질적으로 사회복지사를 비롯한 다양한 전문가로 구성된 조직으로서 기관에 대한 충성심보다는 클라이언트와 전문가 집단에 대한 충성심을 강조하는 경향이 있지만, 조직의 계급으로 야기되는 문제에 사회복지사는 관심을 가질 필요가 있다고 란넬로(Iannello, 1992)는 제시하고 있다. 이를 위해 사회복지사는 환경에 대한 의존성이 다른 조직보다 크게 영향을 미치는 사회복지실천 현장에서 조직 내 구성원들의 관심과 이해를 유지시키고, 보다 큰 사회적인 환경의 중요하고 복잡한 상호작용을 총체적인 관점에서 인식하여야 한다. 또한 끊임없이 일어나는 사회의 수많은 도전과 조화를 이루기 위해 의사소통 기술, 대인관계 기술, 문제해결 기술을 발전시켜 나가야 할 것이다.

표 13-1 **조직과 집단의 공통점과 차이점**

	조직	집단
차이점	• 목적이나 임무를 완수하기 위해 특화되고 상호 의존적인 행동에 관여하는 사람들의 집합체 • 공식적 상·하위 관계, 노동의 정교한 분배, 투명하게 형성된 구조 등의 특성을 지님 • 조직이 실현하고자 하는 미래의 이미지가 현재의 행동을 통제하고 행동과 반응에 강력한 영향력을 미치는 힘이 됨	• 공동 목표를 달성하기 위해 구성원 간 상호 의존하고 구성원 간에 서로 잘 알며, 대면에 의해 상호작용하는 두 명 이상의 개인 • 집단의 구성원은 조직의 구성원에 비해 자율적으로 활동함 • 개인적으로 성취할 수 없는 목적을 달성하기 위해 집단에 가담함
공통점	• 인간에 의한 집합체로 특정 목표와 문화를 지님 • 집단의 목표가 뚜렷하고 집단 구성원의 결합과 집단 역동이 강한 소집단은 조직과 유사한 점이 많음	

● 제14장 ●

지역사회

지역사회란 공동체 의식을 가지고 상호 교류하며 생활하는 인간집단으로 주로 지역을 단위로 하는 사회다. 지역사회는 유대 관계의 형태, 규모, 기능 등에 따라 다양하게 구분할 수 있으며, 사회화, 생산·분배·소비, 사회통제, 상호 통합, 상부상조의 기능을 수행한다. 지역사회는 가족, 집단, 조직과 같은 하위체계와 사회나 문화와 같은 상위체계의 사이에서 중간자의 역할을 하면서 클라이언트에게 중요한 영향을 미치는 사회체계이기 때문에 사회복지사에게 중요한 실천 영역이다.

1. 지역사회의 정의

1) 지역사회의 개념

지역사회란 일반적으로 '일정한 지리적 영역 안에서 사회적 상호작용을 통해 공동의 연대감을 느끼는 인간집단' 으로 정의된다. 워렌(Warren, 1963)은 '지역적인 수준에서 사람들의 욕구를 충족시키기에 적절한 주요 사회 기능을 수행하는 사회적 단위와 체계의 연합'이라고 정의하였다. 사회과학 문헌에서 제시하는 지역사회의 정의는 두 가지 속성이 있음을 보여 준다. 하나는 지역사회란 다른 지역과는 다른 특수성과 분리성을 나타내는 물리적 지리성과 지역적 경계를 가지며, 다른 하나는 사회적·문화적 동질성, 합의성, 자조성 혹은 다른 형태의 집단행위와 상호작용을 갖는다는 것이다. 즉, 지역사회는 지리적 영역(예: 생활 권역, 물리적 자원), 사회적 상호작용, 사회적 관계 및 공동의 연대감으로 구성된다.

2) 지역사회의 기능

지역사회가 수행하는 기능이란 자녀 양육, 물자의 생산·분배·소비, 여가 등을 포함하는 인간의 활동을 의미한다. 모든 지역사회가 공통적으로 수행하는 주요 기능에 대해서 길버트와 스펙트(Gilbert & Specht, 1974)는 다섯 가지로 나누어 설명하였다.

(1) 생산·분배·소비

지역사회 주민들이 일상생활을 영위하는 데 필요로 하는 재화와 서비스를 생산하고 분배하며 소비하는 과정과 관련된 기능을 말한다. 이러한 기능은 지역사회 내 기업을 비롯하여 정부기관, 전문기관, 종교 및 교육기관을 통해서 이루어진다. 이러한 관계망은 지역사회 전체 차원에서 구성원들이 어느 정도 자립할 수 있는가를 결정짓고, 건강한 생활을 영위하는 데 필요한 재화와 서비스를 어느 정도 제공받을 수 있는가를 결정한다.

(2) 사회화

사회가 공유하는 일반적 지식과 사회적 가치, 행동 양태를 사회 구성원에게 전달하는 기능을 말한다. 이러한 과정을 통해서 구성원들은 다른 지역사회 구성원들과 구별되는 생활양식을 터득하게 되는데, 이 과정은 개인의 유년 시절부터 가정을 중심으로 하여 평생 계속된다.

(3) 사회통제

지역사회가 구성원들에게 사회규범(예: 법, 도덕, 규칙)에 순응하게 하는 기능을 말한다. 지역사회는 사회규범을 준수하도록 하는 일정한 강제력을 행사하며, 강제력(coercive power)이 결여된 경우 사회질서가 파괴되어 비행과 범죄가 만연하는 사회해체 현상이 나타날 수 있다. 주로 정부가 사법권과 경찰력으로 사회통제를 담당하지만 가정, 학교, 종교단체 등도 부분적으로 이 기능을 담당한다.

(4) 사회통합

사회체계(social system)를 구성하는 사회단위 조직 간의 관계와 관련된 기능을 말한다. 특정 제도의 구성원이나 전 사회체계의 구성원은 상호 충성해야 하며, 사회체계가 정상적으로 기능하기 위해서 어느 정도의 결속력(solidarity)과 도덕성(morale)을 갖추어야 한다. 사회화가 개인이 어떻게 행동해야 할 것인가를 가르쳐 주는 수단이라면, 사회통제는 그러한 행동을 하도록 지배하고 강조하는 수단이고, 사회통합은 사람들 스스로 규범을 준수하며 바람직한 행동을 통해 자발적으로 참여하는 것을 말한다. 종교단체와 가정, 학교, 사회단체 등이 이 기능을 담당한다.

(5) 상부상조

지역 주민이 갑작스러운 질병이나 사고를 당한 경우, 기존의 사회제도로는 기본욕구를 충족할 수 없을 때 필요한 사회적 기능을 말한다. 전통사회에서는 가족과 친척, 이웃, 자선단체와 같은 일차적 집단이 이 기능을 담당했으나, 현대사회에서는 정부와 민간 사회복지단체, 종교단체 등이 전담하고 있다.

| 표 14-1 | 사회적 제도와 일차적 기능 |

제 도	일차적 기능
가족	사회화
종교	사회통합
경제	생산 · 분배 · 소비
정치	사회통제
사회복지	상부상조

3) 지역사회의 구분

지역사회를 유형화하는 방법은 다양하나 일반적으로 인구의 규모, 경제적 기반, 정부의 행정구역, 인구 구성의 사회적 특수성으로 나누는 던햄(Dunham, 1970)의 기준을 사용한다. 그 특성을 살펴보면 다음과 같다. 첫째, 인구 분포에 따른 구분은 대도시(서울, 부산, 대구, 인천, 대전, 광주, 울산), 중소도시(강릉, 청주, 목포, 군산, 오산 등), 군 지역(홍천, 평창, 무주, 고흥 등)과 같은 작은 부락 등의 구분에서 흔히 볼 수 있는 지역사회의 형태를 말한다. 둘째, 경제적 기반에 따른 구분은 공업도시, 광산촌, 어촌, 관광지, 공업단지 등의 구분에서 볼 수 있다. 이러한 분류는 주민들의 경제생활뿐만 아니라 사회 · 문화적 특성을 파악하고자 하는 인류학적인 조사 연구에서 흔히 사용된다. 셋째, 정부의 행정구역에 따른 구분은 특별시, 광역시, 도, 시, 군, 구, 읍, 면, 동 등으로 지역사회를 구획하는 것으로서, 일차적으로 인구의 규모가 중요시되지만 반드시 인구의 규모에 따라 비율적으로 구분되지는 않는다. 넷째, 인구 구성의 사회적 특수성을 기준으로 한 지역사회의 구분은 도시 저소득층 지역, 외국인촌(예: 서울의 이태원), 장애인 밀집지역, 차이나타운, 영구임대 아파트 단지 등에서 볼 수 있는 것처럼 지역사회 구성원 대다수의 경제적 · 인종적 특성을 중심으로 지역을 유형화하는 것이다.

2. 지역사회와 사회복지실천

사회복지는 전통적으로 개인과 가족, 집단을 강조해 왔지만 지역사회 또한 사회복지실천의 장(場)으로서 중요한 의미를 갖는다. 지역사회는 구성원들에게 지대한 영향을 미치는 환경체계임과 동시에 구성원들의 공통적인 욕구를 충족시키고, 문제를 해결하며, 사회화를 촉진하고 문화를 전달한다. 따라서 구성원들의 삶의 질을 향상시키기 위한 방안으로 지역사회의 영향력과 자원, 가치와 규범, 전통 등을 이해하고 고려하면서 사회적 연계망을 구축하여 활동을 전개해 나가는 사회복지사들은 보다 다양한 역할을 통합적으로 담당해 나갈 수 있도록 폭넓은 시각을 가지기 위해 노력해야 한다.

> **사 례** **똑똑 도서관**
>
> 파주 지역의 아파트에 거주하던 한 30대 남성이 이웃 아줌마들과 어울리다 자연스럽게 아파트 입주자 대표를 맡게 되었다. 그는 이웃과의 소통이 단절된 삭막한 아파트 단지를 살아 숨 쉬는 공동체로 변화시키기 위해 하나씩 하나씩 작은 실천을 해 나갔다. 그러한 실천 중 하나인 '똑똑 도서관'은 건물을 갖춘 형태가 아니라 아파트 주민 개개인이 사서가 되어 자신의 집에 있는 도서의 목록을 홈페이지에 올려놓고 서로 책을 빌려 주고 빌려 보게 하는 방식으로 운영된다. 그리고 이 과정을 통해 서로 담소를 나누면서 서먹서먹했던 이웃 간의 관계가 훨씬 더 가까워지게 되었다. 똑똑 도서관은 현재 신림점과 대전점이 개관했으며 앞으로는 전국 네트워크로 확장해 갈 계획이다. 똑똑 도서관의 아이디어는 2012년 민주화운동기념사업회가 개최한 시민교육박람회에서 최우수상을 수상했다.

● 제15장 ●

문 화

　　문화란 인간이 집단을 이루어 살아가는 삶이며, 그 삶이 표현하는 행위와 행위를 이루어 내는 전체 과정의 사고와 그에 관련된 삶의 현상이며, 합의된 행동 기준을 낳는 원천이다. 문화는 개인을 비롯하여 가족, 집단, 조직, 지역사회에 영향을 미치는 거시체계로서 세대 간에 전승되면서 사회의 모든 구성원에게 영향을 미치는 것이기에, 이 문화의 영향을 간과하고 인간의 행동, 가족, 집단, 조직, 지역사회를 이해한다는 것은 불가능하다. 특히, 21세기에 들어서면서 다른 문화권에서 발생하는 사건도 불과 몇 시간 안에 공유하는 세계화의 흐름 속에서 지역 간, 국가 간 문화 교류는 정보통신 기술의 발달과 함께 어우러져 이제 세계가 하나의 범주 안에 있다고 해도 지나친 표현이 아닐 것이다.

1. 문화의 정의

1) 문화의 개념

문화에 대한 정의는 광범위하여 사람에 따라 강조하는 부분이 다르지만, 사람들의 생활방식과 관련된 것으로서 의식주를 포함하여 사회생활, 경제생활, 종교생활 등의 전개방식과 관련된 생활의 모습이다. 타일러 (Tylor)에 의하면 문화란 지식, 신념, 예술, 도덕, 법, 관습과 사회의 구성원인 인간에 의해서 습득된 여러 능력과 습관 등이 포함된 복합체다. 이광규(2006)에 의하면 문화는 인간이 소유한 능력의 소산으로서 생활하는 관습의 전체다. 문화는 특정한 인간집단이나 지역에서 특징적으로 나타나는 생활양식으로서 선천적으로 가지고 태어나는 것이라기보다는 후천적으로 특정 사회에서 성장하는 과정에서 익혀 나가는 것이다. 이것은 인간의 생존을 위한 필수적인 요소이며, 거의 무의식적으로 인간의 행동과 사고에 영향을 미친다. 또한 문화는 한 사회의 전체 생활양식으로서 특정한 민족이나 사회가 오랫동안 수많은 시행착오를 거듭하면서 이룩한 역사적 산물로서의 생활의 지혜다.

2) 문화의 특성

문화는 일반적으로 사회 구성원들 간에 공유되며, 생득적이라기보다는 인간이 사회 속에서 성장하면서 학습을 통해 습득한 것으로 한 세대에서 다음 세대로 전승되어 나타난다. 아울러 문화 간 충돌에 의해 새로운 문화가 창조되기도 하고, 모든 영역에 걸쳐 전체적으로 영향을 미치며, 지속적으로 변화한다.

(1) 학습성

문화는 특정한 사회에서 살아온 사람들의 삶의 궤적으로, 성장하면서 학습된 것이다. 즉, 인간의 탄생과 함께 선천적으로 타고난 것이 아니라 성장과정에서 학습을 통해 후천적으로 획득된 것이다. 즉, 문화는 사회적으로 전승된 전통이나 유산과 같은 형태로서 개인의 문화에 큰 영향을 미치는 거시체계라고 할 수 있다.

(2) 보편성

문화의 보편성이란 모든 사회에 공통적인 문화 형태가 있음을 말한다. 모든 사회에 존재하는 복잡한 체계의 언어, 가족의 가치나 규범이 포함된 가족체계, 혼인제도, 종교 등은 모든 사회의 보편적인 문화 유형이다. 사람들은 독특한 개인으로서 존재하지만 국가, 조직, 가족 구성원들이 추구하는 문화를 수용함으로써 공통의 문화를 지닌다. 문화는 정치, 경제, 사회와 상호작용하면서 형성되는 것이기에 한 사회의 문화의 특징을 파악하기 위해서는 그 사회가 처해 있는 총체적 사회의 성격을 인식하는 것으로부터 출발해야 한다.

(3) 상징성

문화의 상징성은 모든 문화가 외형으로 드러나는 것 외에 내포하는 의미가 따로 있듯이, 사람들의 경험을 해석하고 행동을 유도하며 규제하는 의미와 상징의 체계로서 문화를 정의하는 것이다.

(4) 역동성

문화의 역동성은 문화가 고정되어 존재하는 것이 아니라 특정 문화 내에서뿐만 아니라 문화 간 교류가 이루어지는 것을 의미한다. 문화의 역동성은 문화 마찰(culture conflict), 문화 변용(culture modification), 문화 상대주의(culture relativism), 문화 사대주의(culture flunkeyism)와 같은 용어에서도 엿볼 수 있다. 문화는 시간의 흐름에 영향을 받아 새로운 문제를 제기하며, 새로운 문제는 변화된 행동과 신념에 적응해야 하기 때문에 문화는 역동적일 수밖에 없다.

(5) 다양성

문화의 다양성은 국가, 지역, 개인별로 지니는 다양한 문화에서 짐작할 수 있듯이 인간 사회의 문화 형태가 매우 다양함을 의미한다. 문화적 다양성이 증가하는 사회복지실천 현장에서도 경험할 수 있듯이 사회복지사는 문화에 대한 균형 잡힌 시각을 견지하기 위해 노력해야 한다.

3) 문화의 기능

(1) 사회화

문화의 사회와 기능은 인간에게 세상을 인식하는 지침을 제공한다. 즉, 개인의 성격을 형성하고 변화시키며, 다양한 생활양식을 내면화시켜 개인이 사회에 적응하면서 살아갈 수 있도록 돕는다.

(2) 욕구충족

문화는 개인의 생리적 욕구와 심리적 욕구를 충족시켜 준다. 즉, 다양한 생활양식을 통해서 의식주와 같은 개인의 기본욕구를 충족시켜 주며, 개인이 다양한 문화와 접하면서 사회적으로 안정감을 가지고 살아갈 수 있게 한다.

(3) 사회통제

문화는 개인의 행동에 대한 규제와 사회악의 제거를 통해 사회통제의 기능을 수행한다. 즉, 문화는 개인의 행동양식을 규정하기 때문에 개인이 대인관계와 사회생활에서 자신의 행동이 타인에게 어떤 영향을 미치는

지, 타인의 반응이 어떠할지를 예측하게 함으로써 적절히 행동할 수 있게 한다. 또한 문화는 도덕, 관습, 신앙 등을 통해 사회의 안정과 질서에 악영향을 미치는 문제들을 제거하거나 조절하는 기능을 수행한다.

(4) 사회존속

문화는 사회를 유지시키고 존속시키는 데 필수 불가결한 요소다. 문화가 없는 사회는 존재할 수 없으며, 사회가 없는 문화 또한 존재할 수 없다. 사회가 계속해서 존재할 수 있는 것은 사회가 문화를 학습하고 전승하여 새로운 구성원들에게 필요한 생활양식을 전승해 주기 때문이다.

2. 우리나라 문화의 특성

현대사회의 급변하는 다양한 환경 속에서 사회문화적 인식 자체도 많이 변화되었다. 우리나라 고유의 문화를 전승하고, 나아가 새로운 문화를 창조하는 데 영향을 미친 요인으로 쌀농사 중심의 농경사회와 기후, 유교문화, 민간신앙, 가문을 중시하는 부계 중심의 가족제도 등을 들 수 있다.

1) 정 문화

정(情)은 인간의 희(喜), 노(怒), 애(哀), 락(樂), 애(愛), 오(惡), 욕(慾)과 같은 칠정(七情)의 모든 감정을 통틀어 일컫는 말이지만, 한국인의 정은 주어진 대상에 직·간접적 접촉과 공동 경험을 통해 무의식적으로 형성된 일종의 정신적 유대감이라고 할 수 있다. 이 같은 정은 뚜렷한 목적 없이 장기간 함께하는 경험으로 형성되기 때문에 정을 바탕으로 한 행동은 의도성이 약하고 규범에 의한 책임이나 의무를 지니지 않는다. 따라서 정을 통한 인간관계를 바람직한 관계로 여기는 정서 때문에 우리나라 사람은 상호 의리를 중시하고 배신행위를 가장 금기시한다. 그러나 정으로 맺어진 사이에서는 사회정의나 원칙주의가 지켜지기 어렵다.

2) 한 문화

한(恨)은 삶의 존재방식과 현실적 삶이 불일치할 때 생성된다. 인간은 홀로 존재하는 것이 아니라 항상 다른 사람들과 함께 조직(예: 가족, 사회, 국가)을 이루며, 그 조직의 구성원으로서 존재하고, 조직은 구성원에게 기본적인 개념의 틀을 제공한다. 이러한 인생 여정에서 개인의 욕구 충족이나 의지의 좌절로 인생의 파국에 대처하는 강박적인 마음 자세와 상처가 의식적, 무의식적으로 얽힌 복합체라고 할 수 있다. 즉, 한은 자신의 불행에 대해 후회하는 감정과 부당하다는 엇갈린 심리가 결합된 감정 상태로 정의된다. 우리 민족의 고유한 정서로서 한을 내세우게 된 시대적 배경으로 많은 학자들이 끊임없는 외침(外侵)에서 오는 고통, 정치적 억압, 사회계급 제도, 여성에 대한 억압 등을 말하고 있다. 이청준의 「서편제」, 황석영의 『장길산』, 김소월의 「진달래꽃」, 최명희의 『혼불』, 장사익의 「찔레꽃」, 박경리의 『토지』 등 문학작품에서 만나게 되는 슬픈 정서는 한의 밑바탕을 이룬다.

3) 눈치와 체면 문화

'개떡같이 말해도 찰떡같이 알아들어라!' 라는 말이 있다. 다시 말해, 겉으로 드러난 자료가 불충분해도 그 이면에 숨어 있는 진실을 꿰뚫어 보라는 말이다. '눈치 없다.' '눈치껏 해라!' '눈치가 있으면 절에 가서 젓국을 얻어먹는다.' 는 말처럼 눈치는 우리나라 사람들의 대인관계에서 나타나는 중요한 특징이며 필수적인 기술이기도 한다. 그러다 보니 대중음식점에 가면 '물은 셀프!' 라는 어정쩡한 표현 앞에서 그 누구도 이의를 제기하지 않는다.

　이와 같은 맥락에서 우리나라 사람들의 체면 의식은 상황에 따라 자신의 참모습이나 속마음과 다르게 행동함으로써 자신 또는 상대의 지위나 명분을 높이거나 유지하려는 현상으로 볼 수 있다. 남산골 샌님이 저녁거리가 없어서 걱정하는 아내의 모습을 뻔히 보았음에도 벗이 찾아오니 호기도 당당하게 "여보, 술상 내오시오!"라고 말하는 모습에 군소리 없이 치렁치렁한 머리를 팔아 술상을 차리는 아내의 모습, 남 보기에 깨끗한 입성이 중요하다고 강조하는 의식주 문화 등은 결국 체면 문화에서 비롯되는 것으로 지나치게 체면을 차리면 위선적으로, 안 차리면 체통이 떨어진다고 생각하는 우리나라 사람들의 독특한 사회·심리적 기제가 작용하고 있다.

4) 가족주의

　가족주의(familism)란 일체의 가치가 가족집단의 유지 및 기능과 관련을 맺어 결정되는 사회의 조직 형태를 말한다. 우리나라 사람에게는 가족 이상의 중요한 집단이 없다. 그래서 집안에서 자식을 꾸짖을 때도 "이놈, 족보에서 네 이름을 지워 버리겠다."라고 말하면 가장 큰 위협이 된다. 가문에서 퇴출된다는 것은 사회적 죽음을 의미한다. 또한 대부분의 사람들은 "나를 욕하는 것은 참아도 우리 아버지를 욕하는 것은 못 참는다!"라며 소리 높인다. 아버지란 자신의 혈통을 의미한다. 우리나라 사람에게 혈통은 자기보다 더 중요한 것이다(최준식, 2000). 우리의 일상 언어에서 자연스럽게 사용하는 '우리'라는 표현은 감정적 연대감, 정, 친밀감, 동질감, 유대감을 강조하고 있다. 사회는 가족의 확대판이 되어 우리는 모두 한 가족인 것처럼 길에서 낯선 이를 부를 때도 '아저씨' '아줌마'라는 호칭을 쓴다. 21세기에 들어서면서 새로운 가족 형태가 나타나고 전통적인 가족의 개념이 붕괴되었다 하더라도, 효(孝)는 우리 민족이 세상 끝날 때까지 지니고 가야 할 덕목이 아닌가 싶다. 인간에게 가족은 그 중요성을 아무리 강조해도 지나치지 않은데, 인간이 결국 마지막으로 의지할 수 있는 것은 가족이기 때문이다. 물론, 가족을 대신할 수 있는 공동체도 같은 의미를 지닌다.

5) 연고의식과 동류의식

우리나라 사람은 혈연, 지연, 학연과 같은 연고주의를 바탕으로 누구든 처음 만나자마자 연결고리를 찾아야 안심이 되고, 공통점이 발견되면 친밀감 형성에 가속이 붙는다. 오죽하면 '한 치 걸러 두 치에서도 연결고리가 찾아지지 않으면 그 관계는 무시해도 좋다!' 는 말까지 나오게 되었을까 하는 생각이 든다. 그러나 이 같은 현상은 '인맥이 만사' 가 될 경우 인맥 지향은 인간 지향이 아니라 권력 지향으로 변질됨으로써 자신과 동등한 사람이든 열등한 사람이든 한데 묶는 인맥 공간은 사라지고, 높은 곳을 향해 나아가려는 '인맥 만들기' 를 번성하게 한다(류승호, 1995). 또한 우리나라 사람들의 내면에 자리 잡은 동류의식은 상대방과 나를 동질화하려는 의식으로 "친구 따라 강남 간다" 는 말이나 뚜렷한 목적의식 없는 동호회 활동은 동류의식을 잘 반영해 주는 예다.

3. 문화와 사회복지실천

문화는 사회의 생활양식으로서 인간의 행동에 영향을 미치는 상위체계다. 우리 사회를 구성하는 사회적·문화적 요인이 다문화 친화적으로 변화되어 가는 모습은 이미 보편적인 현상이 되고 있다. 또한 글로벌 사회의 경험이 많아질수록 자국의 문화, 역사, 언어에 대한 지식의 한계를 자각하게 된다. 새롭게 등장하는 로하스족(lifestyles of health and sustainability:

LOHAS), 웰빙 문화, 환경운동처럼 이제 자유화, 민간화, 세계화 (liberalization, privatization, globalization: LPG)의 공격에서 생존하기 위해 우리 문화에 적합한 사회복지실천 관련 이론과 기술 및 적용방법에 대한 연구가 필요한 때다. 사회복지사 또한 클라이언트(개인, 가족, 집단, 조직, 지역사회 등)의 문화적 역량을 향상시키기 위한 노력이 필요하다. 삶의 행복은 무릇 문화의 향유에서 비롯된다. 문화는 삶의 질을 결정하기 때문이다.

::: **참고문헌**

강봉규(1994). 발달심리학. 서울: 정훈출판사.

곽금주, 정윤경, 김민화, 박성혜, 송현주 공역(2006). 아동발달심리학(10판). 서울: 박학사.

권석만 역(2007). 아론 벡. 서울: 학지사.

김경돈, 이온죽(1995). 서울조사방법론. 서울: 박영사.

김동배, 권중돈(1999). 인간행동이론과 사회복지실천. 서울: 학지사.

김만두(1993). 사례관리실천론. 서울: 홍익재.

김만두, 한혜경(1993). 현대사회복지론. 서울: 홍익재.

김명자(1998). 중년기 발달. 서울: 교문사.

김문조, 권이종, 김선업(1994). 한국 10대 청소년의 의식구조: 생활세계적 접근. 서울: 삼성복지재단.

김복희, 이행신, 장영애, 김초일, 서희재(2002). 특별기획: 한국인을 위한 식생활 지침. 대한지역사회영양학회.

김성순(1990). 고령화 사회의 복지행정. 서울: 홍익재.

김애순(2005). 청년기 갈등과 자기이해. 서울: 시그마프레스.

김연진, 이경화, 송주미, 장미경(2005). 유아·아동발달. 서울: 동문사.

김운태(1984). 조직론. 서울: 박영사.

김종옥(1988). 가족과 가족치료. 서울: 법문사.

김종옥, 김현옥(1993). 집단사회사업방법론. 서울: 홍익재.

김충기, 김현옥(1993). 상담과 심리치료의 원리와 실제. 서울: 성원사.

김태련(1994). 노년학. 서울: 교문사.

김태련, 장휘숙(1997). 발달심리학(3판). 서울: 박영사.

김태련, 장휘숙(1994). 발달심리학(2판). 서울: 박영사.

남세진(1986). 집단지도방법론. 서울대학교출판부.

남세진, 조흥식(1995). 한국사회복지론. 서울: 나남출판.

류승호(1995). 사이버스페이스에서의 자아와 공동체. 창작과 비평, 95, 338-352.

류승호(1995). 한국사회 이야기주머니. 서울: 녹두.

문진수 외(2008). 2007 한국 소아 청소년 성장도표. 대한소아과학회.

박성연(2006). 아동발달. 파주: 교문사.

서봉연 외(1998). 발달심리학: 아동발달. 서울: 중앙적성출판사.

송명자(1995). 발달심리학. 서울: 학지사.

손명희 외(2009). 인간행동과 사회환경. 서울: 창지사.

안향숙, 박정은(1994). 정신의료사회사업. 서울: 홍익재.

엄신자(2007). 인간행동과 사회환경. 서울: 인간과 복지.

유영주, 김순옥, 김경신(1996). 가족관계학. 서울: 교문사.

윤 진(1985). 성인 · 노인심리학. 서울: 중앙적성출판사.

이광규(1994). 한민족의 세계사적 소명. 서울: 서울대학교출판부.

이광규(2006). 현대 한국가족의 이해. 서울: 서울대학교출판부.

이인정, 최해경(2007). 인간행동과 사회환경. 서울: 나남출판.

이정균(1981). 정신의학. 서울: 일조각.

이춘화, 조아미(2004). 청소년 성매매의 상습화 예방 및 치료 프로그램 개발연구. 서울:
        한국청소년개발원.

이현수(1990). 심리학의 원리. 서울: 양서원.

이효선, Garz, D.(2006). 인간행동과 사회환경의 이해. 서울: 공동체.

임상사회사업연구회(1991). 임상사회사업기술론. 서울: 홍익재.

임희섭(1980). 한국사회구조의 변화. 한국사회과학연구소.

장인협(1989). 사회사업실천방법론(상 · 하). 서울: 서울대학교출판부.

장휘숙(2001). 아동발달. 서울: 박영사.

장휘숙(2004). 청년심리학. 서울: 박영사.

전병재(1993). 사회심리학. 서울: 경문사.

정옥분 역(1992). 인간발달 2: 청년기, 성인기, 노년기. 교육과학사.

정옥분(1998). 청년발달의 이해. 서울: 학지사.

정옥분(2003). 아동발달의 이론. 서울: 학지사.

정옥분(2007). 전생애 인간발달의 이론(개정판). 서울: 학지사.

정우식(1986). 청소년 문제: 그 실상과 대책. 서울: 삼성출판사.

정은(2009). 여성복지론. 서울: 창지사.

정은, 최일섭(2006). 현대사회복지의 이해. 서울: 공동체.

조현춘, 조현재, 문지혜 공역(2002). 성격심리학(8판). 서울: 시그마프레스.

조흥식, 김혜련, 신혜섭, 김혜란(2006). 여성복지학(2판). 서울: 학지사.

최성재(1987). 노인복지학. 서울: 서울대학교출판부.

최옥채, 전석균, 서미경, 서미은(1998). 인간행동과 사회환경. 서울: 양서원.

최일섭, 최성재(1995). 사회문제와 사회복지. 서울: 나남출판.

최정훈(1982). 지각심리학. 서울: 을유문화사.

최준식(2000). 한국인에게 문화가 없다고? 서울: 사계절출판사.

통계청(2009). 전국 결혼 및 출산 동향에 관한 조사.

함인희(1993). 변화하는 가족과 여성의 지위. 여성연구, 11(2), 79-92.

허혜경, 김혜수(2002). 청년발달심리학. 서울: 학지사.

현경(2001). 미래에서 온 편지. 서울: 열림원.

홍봉선, 남미애(2007). 청소년복지론. 고양: 공동체.

홍숙기(1990). 성격심리학. 서울: 박영사.

Ackerman, N. (1981). Family psychotherapy. In G. D. Erikson & T. P. Hogan (Eds.), *Family Therapy: An Introduction to Theory and Technique.* (pp. 290-300). CA: Brooks/Cole.

Adams, G. R., & Berzonsky, M. D. (2005). *Blackwell Handbook of Adolescence.* Blackwell.

Adler, A. (1931). *What Life Should Mean to You.* Boston: Little, Brown.

Adler, A. (1956). *The Individual Psychology of Alfred Adler.* NY: Basic Books.

Adler, A. (1964). *Social Interest.* NY: Capricorn.

Adler, A. (1969). *The Practice and Theory of Individual Psychology.* NJ: Littlefield, Adams.

Aiken, L. R. (2002). *Attitudes and related psychosocial constructs.* Sage Publications.

Alissi, A. (1980). Social group work: Commitments and perspectives. In A. Alisssi (Ed.), *Perspectives on Social Group Work Practice.* (pp. 78-91). NY: The Free Press.

Allon, C., & Azrin, N. H. (1968). *Token Economy.* NY: Appleton-Century-Croft.

Allport, G. (1955). *Becoming: Basic Consideration for a Psychology of*

Personality. NH: Yale University Press.

Allport, G. (1961). *Pattern and Growth in Personality.* NY: Holt, Rinehart and Winston.

Anderson, H. J. (1976). The family–school interview: An eco-structural approach. *Family Process, 15,* 303–311.

Anderson, J. (1981). *Social Work Methods and Process.* CA: Wadworth.

Anderson, R. E., & Carter, I. (1984). *Human Behavior in the Social Environment.* NY: Aldine.

Ainsworth. M. D., & Bell. S. M. (1974). Mother-infant interaction and the development of competence. In K. J. Connolly & J. Bruner (Eds.), *The Growth of Competence.* (pp. 35–49). NY: Academic Press.

Archley, R. C. (1980). *Retirement and Leisure Participation: Continuity or Crisis? The Gerontologist, 11,* 13–17.

Arlow, J. A. (1979). Psychoanalysis. In R. J. Corsini (Eds.), *Current Psychotherapies* (2nd ed.) (pp. 1–43). IL: F.E. Peacock Publishers, Inc.

Aronfreed, J. M. (1968). *Conduct and Conscience: The Socialization of Internalized Control over Behavior.* academic Press.

Ashford, L. (2001). *Human Behavior in the Social Environment.*

Ayllon, T., & Milan, M. A. (1979). *Correctional Rehabilitation and Management: A Psychological Approach.* NY: Wiley.

Baer, B. L., & Federico. R. C. (1978). *Educating the Baccalaureate Social Worker.* Cambridge, MA: Ballinger.

Baker, E. (1985). Psychoanalysis and a psychoanalytic psychotherapy. In S. J. Lyn & J. P. Garske (Eds.), *Contemporary Psychotherapies* (pp. 19–68). Columbus: Charles E. Merrill.

Bandler, B. (1963). The concept of ego-supportive psychotherapy. In H. Parad & R. Miller (Eds.), *Ego-oriented Casework: Problems and Perspectives.* (pp. 60–73). NY: Family Service Association of America.

Bandura, A. (1969). *Principles of Behavior Modification.* Holt, Rinehart and Winston.

Bandura, A. (1973). *Aggression: A Social Learning Analysis Prentice-Hall Series in Social Learning Theory.* Prentice-Hall.

Bandura, A. (1977). Self-efficacy: Toward a unifying theory of behavior change. *Psychological Review, 84,* 191-215.

Bandura, A. (1982). Self-efficacy mechanism in human agency. *American Psychologist, 37,* 122-147.

Bandura, A. (1986). *Social Foundations of Thought and Action: A Social Cognitive Theory.* Prentice-Hall.

Bandura, A., & Kupers, C. (1964). The transmission of self-reinforcement through modeling. *Journal of Abnormal and Social Psychology, 69,* 1-9.

Bandura, A., & Walters, R. H. (1959). *Adolescent Aggression: A Study of The Influence of Child-training Practices and Family Interrelationships.* Ronald Press Co.

Bandura, A., & Walters, R. H. (1963). *Social Learning and Personality Development.* Holt, Rinehart and Winston.

Bardill, D. R., & Ryan, F. J. (1973). *Family Group Casework.* Washington, D. C.: National Association of Social Workers.

Bargal, D. (1990). Role problems for trainers in an Arab-Jewish conflict management workshop. *Small Group Research, 21,* 5-27.

Barker, R. L. (1999). *The Social Work Dictionary* (4th ed.). Washington, DC: NASW Press.

Barry, W. A. (1970). Marriage research and conflict: An integrative review. *Psychological Bulletin, 73,* 41-54.

Bartlett, H. M. (1970). *The Common Base of Social Work Practice.* NY: Putnam.

Beck, A. T. (1976). *Cognitive Therapy and the Emotional Disorders.* NY: International University Press.

Bem, S. L. (1975). Sex-role adaptability: One consequence of psychological androgyny. *Journal of Personality and Social Psychology, 31,* 56-62.

Bengston, V., & Haber, D. (1983). Sociological perspectives on aging. In D. Woodruff & J. E. Birren (Eds.), *Aging: Scientific Perspectives and Social Issues.* (pp. 72-90). CA: Brooks/Cole.

Berger, R., & Federico, R. (1982). The features and effects of friendship in early adolescence. *Child Development, 53,* 1447-1460.

Berne, E. (1961). *Transactional Analysis in Psychotherapy.* NY: Grove Press.

Berne, E. (1970). *Sex in Human Loving.* NY: Simon and Schuster.

Berzonsky, M. D., & Kuk, L. S. (2000). Identity status, identity processing style, and the transition to university. *Journal of Adolescent Research, 15,* 81-98

Neugarten, B. L. (1963). *Personality in Middle and Late Life: Empirical Studies.* Atherton Press.

Bertalanffy, L. (1968). *General Systems Theory, Human Relations.* NY: Grove Press.

Bertalanffy, L. (1974). The unified theory for psychiatry and behavioral sciences. In S. Feinstein & P. Giovacchini (Eds.), *Adolescent Psychiatry.* (pp. 43-49). NY: Basic Books.

Birren, J. E., & Renner, V. J. (1977). Research on the psychology of aging: principles and experimentation. In J. E. Birren & K. W. Schaie (Eds.), *Handbook of the Psychology of Aging.* (pp. 79-98.). NY: Van Nostrand Reinhold.

Bischof, L. J. (1976). *Adult Psychology* (2nd ed.). NY: Harper and Row.

Bloom, M. (1984). *Configurations of Human Behavior.* NY: Macmillan.

Bowen, M. (1978). *Family Therapy in Clinical Practice.* NY: Jason Aronson.

Bowlby, J. (1973). Affectional bonds: Their nature and origin. In R. S. Weiss (Ed.), *Loneliness: The Experience of Emotional and Social Isolation.* (pp. 38-52). MA: MLT.

Brill, N. I. (1985). *Working with People: The Helping Process* (3rd ed.). New York: Longman.

Brill, N. I. (1997). *Working with People: The Helping Process* (6th ed.). New York: Longman.

Brislin, R. (1981). *Cross Cultural Encounters.* NY: Pergamon Press.

Brody, E. M. (1977). *Long-Term Care of Older People: A Practical Guide.* NY: Human Science Press.

Bronfenbrenner, U. (1979). *The Ecology of Human Development.* MA: Harvard University Press.

Bronfenbrenner, U. (1989). Ecological systems theory. *Annals of Child Development, 6,* 187-249.

Buckley, W. (1967). Systems and entities. In W. Buckley (Ed.), *Sociology and Modern Systems Theory* (pp. 42-66). NJ: Prentice-Hall.

Bugental, J. F. T. (1987). *The Art of the Psychotherapist*. NY: Norton.

Burger, J. M. (2000). *Personality* (5th ed.). Bchnont, CA: Wadsworth.

Butler, R. N. (1963). The life review: An interpretation of reminiscence in the aged. *Psychiatry, 26*, 65-76.

Caroff, P. (Ed.) (1982). *Treatment Formulations and Clinical Social Work*. MD: National Association of Social Workers.

Carter, B., & McGoldrick, M. (1998). *Overview: The Challenging Family Life Cycle-A Framework for Family Therapy*. Allyn & Bacon.

Carter, E. A., & McGoldrick, M. (1980). *The Family Life Cycle: A Framework for Family Therapy*. New York: Gardner Press.

Cartwrigt, D., & Zander, A. (Eds.) (1968). Group dynamics: Research and theory (3rd ed.). *Handbook of Development Psychology*. (pp. 387-402). NJ: Pretice-Hall.

Cattell, R. B. (1971). *Abilities: Their Structure, Growth, and Action*. Houghton Mifflin.

Chatterjee, P. (1984). Cognitive theories and social work practice. *Social Service Review, 64*, 46-59.

Cherlin, A. J., & Furstenberg, F. F. (1992). *The New American Grandparent: A Place in the Family, A Life Apart*. Harvard University Press.

Chess, W. A., & Norlin, J. M. (1988). *Human Behavior and the Social Environment*. Boston: Allyn and Bacon.

Chestang, L. (1972). Character development in a hostile society. *Occasional Paper* (No. 3). Chicago: School of Social Service Administration, University of Chicago.

Cheyne, J. A. (1971). Some parameters of punishment affecting resistance to deviation and generalisation of a prohibition. *Child Dev, 42*.

Chin, R. (1961). The utility of systems models for practitioners. In W. G. Bennes, K. D. Berne & R. Chin (Eds.), *The Planning of Change: Readings in the Applied Behavioral Sciences*. (pp. 90-113). NY: Holt, Rinehart and Winston.

Clausen, J. A. (1975). The social meaning of differential physical and sexual maturation. In S. E. Dragasin & G. H. Elder (Eds.), *Adolescence in the Life Cycle: Psychological Change and Social Context*. (pp. 34-61).

Washington, D.C.: Hemisphere Publishing.

Cohen, J. (1980). Nature of clinical social work. In P. Ewalt (Ed.), *NASW Conference Proceedings: Toward A Definition of Clinical Social Work*. (pp. 23-32). Washington, D.C.: National Association of Social Workers.

Comas-Diaz, L. (1985). Cognitive and behavioral group therapy with Puerto Rican women: A comparison of content themes. *Hispanic Journal of Behavioral Sciences, 7*, 273-283.

Corey, G. (1986). *Theory and Practice of Counseling and Psychotherapy*. CA: Brooks/Cole.

Council on Social Work Education (1992a). Curriculum policy statement for under graduate degree programs in social work education (CPS). Alexandria, VA: CSWE.

Council on Social Work Education (1992b). Curriculum policy statement for master's degree programs in social work education (CPS). Alexandria, VA: CSWE.

Cowan, P. A. (1984). *Piaget with Feeling*. NY: Holt, Rhinehart and Winston.

Coyle, G. L. (1930). *Social Process in Organized Groups*. NY: Richard R. Smith.

Crain, W. C. (1985). *Theories of Development: Concepts and Applications*. Engle-wood Cliffs, N.J.: Prentice-Hall.

Cumming, E., & Henry, W. E. (1961). *Growing Old, the Process of Disengagement*. Basic Books.

David, K. (1949). *Human Society*. NY: The Macmillan Company.

David, L. (1984). Essential components of group work with black Americans. *Social Work with Groups, 7*, 97-109.

Davis, L., & Proctor, E. (1989). *Race, Genders, and Class: Guidelines for Practice with Individuals, Families, and Groups*. NJ: Prentice-Hall.

Davison, G. C., & Neal, J. M. (1986). *Abnormal Psychology: An Experimental-Clinical Approach* (4th ed.). NY: John Wiley and Sons.

De Hoyos, G., & Jensen, C. (1985). The systems approach in American social work. *Social Casework, 66*(8), 490-497.

Devore, W., & Schlesinger, E. G. (1981). *Ethnic-Sensitive Social Work*

Practice. St. Louis: C.V.Mosby.

Dinkmeyer, D. (1975). Adlerian group psychotherapy. *International Journal of Group Psychotherapy, 25*(2), 219–226.

Drekurs, R. (1952). *Fundamentals of Adlerian Psychology*. Chicago: Alfred Adler Institute.

Dunham, R. M. (1970). Conference on the family as a unit of study in social problems: Final report, U. S. Dept. *of Bealth, Education and Welfare*. Office of Education, Bureau of Research.

Dunphy, D. C. (1963). The social structure of urban adolescent peer groups. *Sociometry, 14,* 227–236.

Durkin, H. E. (1972). Analytic group therapy and general system theory. In C. J. Sager & H. S. Kaplan (Eds.), *Progress in Group and Family Therapy*. (pp. 9–17). NY: Brunner/Mazel.

Dusay, J., & Dusay, K. M. (1984). Transactional analysis. In R. J. Corsini (Ed.), *Current Psychotherapies*. (pp. 375–427). IL: P.E. Peacock.

Edwards, E. D., Edwards, M. E., Daines, G. M., & Eddy, F. (1978). Enhancing self–concepts identification with 'Indianness' of American Indian girls. *Social Work with Groups, 1,* 309–318.

Elkind, D. (1974). *Children and Adolescents*. NY: Oxford University Press.

Ellis, A. (1962). *Reason and Emotion in Psychotherapy*. NY: Lyle Stuart.

Ellison, C. W., & Firestone, I. J. (1974). Development of international trust as a function of self–esteem, target status and target style. *Journal of Personality and Social Psychology, 29,* 655–663.

Erikson, E. H. (1963). *Childhood and Society* (2nd ed.). NY: Norton.

Erikson, E. H. (1964). *Insight and Responsibility*. Toronto: George J. McLeod.

Erikson, E. H. (1968). *Identity Youth and Crisis*. NY: Norton.

Erikson, E. H. (1975). *Life History and the Historical Moment*. NY: Norton.

Erikson, E. H. (1982). *The Life Cycle Completed*. NY: Norton.

Evans, D. R., Newcomb, R. G., & Campbell. H. (1979). Maternal smoking habits congenital malformations: A population study. *British Medical Journal, 2,* 30–45.

Evans, R., & Skinner, B. F. (1968). *The Man and His Ideas*. NY: Dutton.

Ewalt, P. (Ed.) (1980). *NASW Conference Proceedings Toward A Definition of*

Clinical Social Work. Washington, D.C.: National Association of Social Workers.

Falck, H. S. (1988). *Social Work: The Membership Perspective*. NY: Springer.

Feist, J., & Feist, G. J. (1998/2002/2006). *Theories of personality* (5th ed). New York, N.Y.: McGraw-Hill Companies, Inc.

Flavell, J. H. (1985). *Cognitive Development* (2nd ed.). NJ: Prentice-Hall.

Foote, N. N., & Cottrell, L. S. (1965). *Identity and Interpersonal Competence*. Chicago: University of Chicago Press.

Fordor, A. (1976). Social work and systems theory. *British Journal of Social Work, 6*(1), 13-42.

Franzier, T. M., Davis, G. H., Goldstein, H., & Goldberg, I. (1961). Cigarette smoking: A prospective study. *American Journal of Obstetrics and Gynecology, 81,* 996-998.

Freud, A. (1965). *Normality and Pathology in Childhood*. NY: International University Press.

Freud, S. (1900/1953). *The Interpretation of Dreams*. London: Hogarth Press.

Freud, S. (1910). *Leonardo Da Vinci: A Study in Psychosexuality*. NY: Random House.

Freud, S. (1922). *Group Psychology and the Analysis of the Ego*. London: International Psychoanalytic Press.

Freud, S. (1960). *The Ego and the Id*. NY: Norton.

Freud, S. (1962). *A Reply to Criticisms of My Paper on Anxiety Neurosis*. London: The Hogarth Press.

Freud, S. (1964). Why War? In J. Strachey (Ed.), *Standard Edition of the Complete Psychological Works of Sigmund Freud* (Vol. 22). London: Hogarth Press.

Freud, S. (1966). *Introductory Lectures on Psychoanalysis*. NY: Norton.

Frick, W. (1971). *Humanistic Psychology: Interviews with Maslow*. Murphy, and Rogers. Ohio: Merrill.

Gagnon, J. H., & Greenblat, C. S. (1978). *Life Designs: Individuals, Marriages, and Families*. IL: Scott, Foreman.

Gambrill, E. (1981). A behavioral perspective of families. In E. Tolson & W. Reid (Eds.), *Models of Family Treatments*. (pp. 58-70). NY: Columbia

University Press.

Garland, J., Jones, H., & Kolodny, R. (1976). *A Model for Stages of Development in Social Work Groups.* Boston: Milford House.

Garvin, C. (1987). *Contemporary Group Work* (2nd ed.). NJ: Pretice-Hall.

Gay, P. (1988). *Freud: A Life for Our Time.* NY: Nortion.

Germain, C. B. (1970). Casework and science: A historical encounter. In R. W. Roberts & R. H. Nell (Eds.), *Theories of Social Casework.* Chicago: University of Chicago Press.

Germain, C. B. (1973). An ecological perspective in casework practice. *Social Casework, 54*(6), 323-331.

Germain, C. B. (Ed.) (1979). *Social Work Practice: People and Environment.* NY: Columbia University Press.

Germain, C. B., & Gitterman, A. (1980). *The Life Model of Social Work Practice.* NY: Columbia University Press.

Germain, C. B., & Gitterman, A. (1986). The life model approach to social work practice revisited. In F. J. Turner (Ed.), *Social Work Treatment.* (pp. 618-643). NY: The Free Press.

Germain, C. B., & Hartman, A. (1980). People and ideas in the history of social work. *Social Casework, 61*(6), 323-331.

Germain, C. B. (1991). Human *Behavior in the Social Environment: An Ecological View.* New York: Columbia University Press.

Gilbert, N., & Specht, H. (1974). *Dimensions of Social Welfare Policy.* Prentice-Hall.

Gilligan, C. (1982). *In A Different Voice.* MA: Harvard University Press.

Ginzberg, E. (1971). *Career Guidance.* NY: McGraw-Hill.

Ginzberg, E. (1972). *Values and Ideals of American Youth.* Ayer Publishing.

Gitterman, A., & Shulman, L. (1986). *Mutual Aid Groups and the Life Cycle.* IL: F.E. Peacock.

Goldenberg, I., & Goldenberg, H. (1980). *Family Therapy: An Overview.* CA: Brook /Cole.

Goldstein, E. G. (1984). *Ego Psychology and Social Work Practice.* NY: The Free Press.

Goldstein, E. G. (1986). Ego psychology. In F. J. Turner (Ed.), *Social Service*

Review, 56, 541–555.

Golembiewski, R. (1962). *The Small Group*. Chicago: University of Chicago Press.

Gottman, J. M. (1983). *How Children Become Friends*. Chicago: University of Chicago Press.

Gould, K. H. (1984). Original works of Freud on women: Social work references. *Social Casework, 65*, 94–101.

Gould, R. L. (1978). *Transformations: Growth and Change in Adult Life*. Simon and Schuster.

Gouldner, A. (1960). The norm of reciprocity. *American Sociological Review, 25*, 161–168.

Green, J. (1982). *Cultural Awareness in the Human Services*. NJ: Pretice-Hall.

Greene, R. R. (1986). *Social Work with the Aged and Their Families*. NY: Aldine De Gruyter.

Greene, R. R., & Ephross, P. H. (1991). *Human Behavior Theory and Social Work Practice*. NY: Aldine de Gruyter.

Hall, C. S., & Lindzey, G. (1957). *Theories of Personality*. NY: Wiley.

Hall, E. T. (1966). *The Hidden Dimension*. Doubleday.

Hamilton, N. G. (1958). A theory of personality: Freud's contribution to social work. In H. J. Parad (Ed.), *Ego Psychology and Casework Theory* (pp. 11–37). NY: Family Service of America.

Harris, T. (1969). *I'm OK–You're OK*. NY: Avon.

Hartford, M. (1971). *Groups in Social Work*. NY: Columbia University Press.

Hartman, A. (1958). *Ego Psychology and the Problem of Adaptation*. NY: International University Press.

Hartman, H. (1964). *Essays on Ego Psychology: Selected Problems in Psychoanalytic Theory*. NY: International University Press.

Havighurst, R. J. (1972). *Developmental Tasks and Education*. NY: David McKay Co.

Havighurst, R. J. (1974). *Developmental Tasks and Education*. NY: David McKay Co.

Havighurst, R. J., & Albrecht, R. (1953). *Older People*. NY: Longmans, Green.

Havighurst, R. J., Albrecht, R. E., & Albrecht R. (1980). *Older People*. Ayer Publishing.

Hawkins, D. L. (1989). A study to determine the relationship between parental perceptions of their preschool child's development and knowledge/application of knowledge factors. Texas Wesleyan University.

Hearn, G. (1958). *Theory Building in Social Work*. Toronto: University of Toronto Press.

Hebb, D. O. (1949). *Organization of Behavior: A Neuropsychological Theory*. Wiley.

Hefferman, J., Shuttlesworth, J., & Ambroseno, R. (1988). *Social Work and Social Welfare*. St. Paul: West Publishing.

Hempel, C. G. (1960). Operationalism, observation and theoretical terms. In A. Danto & S. Morgenbesse (Eds.), *Philosophy of Science*. Cleveland: World Publishing Co.

Herr, J. J., & Weakland, J. H. (1979). *Counseling Elders and Their Families*. NY: Springer.

Hjelle, L. A., & Ziegler, D. J. (1976). *Personality Theories*. London: McGraw-Hill, Inc.

Horn, A., & Hofer, H. (1993). *Insight Guides Czech and Slovak Republics*. Houghton Mifflin Harcourt .

Holland, M. K. (1985). *Using Psychology*. Addison Wesley School.

Hollis, F. (1964). Social casework: The psychosocial approach. In J. B. Turner (Ed.), *Encyclopedia of Social Work*. (pp. 1300-1308). Washington, DC: National Association of Social Workers.

Homans, G. C. (1961). *Social Behavior*. NY: Harcourt, Brace and World.

Horney, K. (1939). *New Ways in Psychoanalysis*. NY: Norton.

Hunter, S., & Sundel, M. (1989). *Midlife Myths*. CA: Sage.

Huttunen, M. O., & Niskanen, P. (1978). Prenatal loss of father and psychiatric disorders. *Achieves of General Psychiatry, 35,* 429-431.

Iannello, K. P. (1992). *Decisions without Hierarchy: Feminist Interventions in Organization Theory and Practice*. Routledge.

James, M., & Jongeward, D. (1971). *Born to Win*. Massachusetts: Addison-

Wesley.

Johnson, H. M. (1960). *Sociology: A Syotematic Introduction*. New York: Harcourt, Brace Janovioh.

Jones, E. (1955). *The Life and Work of Sigmund Freud*. NY: Basic Books.

Jung, C. G. (1946). *Psychologische Typen*. Rascher.

Jung, C. G., & Pauli, W. (1955). *The Interpretation of Nature and The Psyche*. Pantheon Books.

Kadushin, A. (1972). *A Social Work Interview*. NY: Columbia University Press.

Kagan, J. (1984). *The Nature of the Child*. NY: Basic Books.

Kardiner, A. (1967). *The Individual and His Society*. NY: Columbia University Press.

Karls, J. M., & Wandrei, K. (1994). *Person-in-Environment System: The PIE Classification System for Social Functioning Problems*. Washington, D.C.: NASW Press.

Katz, D., & Kahn, R. L. (1966). *The Social Psychology of Organizations*. New York: John Wiley.

Katz, D., & Kahn, R. L. (1978). *The Social Psychology of Organizations* (2nd ed.). New York: John Wiley.

Kazdin, A. E., & Wilson, G. T. (1978). *Evaluation of Behavior Therapy: Issues, Evidence, and Research Strategies*. MA: Ballinger.

Kearney, S. S. (1986). *Children Having Children: Adolescent Pegnancy and Teenage Parents, States Information Center*. Council of State Governments.

Kelly, G. (1955). *The Psychology of Personal Constructs*. NY: Norton.

Kelly, G. (1963). *A Theory of Personality*. NY: Norton.

Keniston, K. (1975). Youth as a stage of life. In R. J. Havighurst & P. H. Erikson (Eds.), *Youth*. Chicago: University of Chicago Press.

Kerr, M. (1981). Family systems theory and therapy. In A. S. Gurman & D. P. Kniskern (Eds.), *Handbook of Family Therapy*. (pp. 226–264). NY: Brunner/Mazel.

Kleemeier, R. W. (1961). Intellectual change in the senior death and the IQ. *Presidential Address*. NY: American Psychological Association.

Klein, A. (1953). *Society, Democracy and the Group*. NY: Whiteside, Inc.

Kluckhorn, C. (1951). Values and value orientations. In T. Parsons & E. A. Shibs (Eds.), *Toward A Theory of Action*. MA: Harvard University Press.

Kohlberg, L. (1963). The development of children's orientations toward a moral order. S. Karger AG, Basel

Kohlberg, L. (1977). *Assessing Moral Stages*. MA: Harvard University Press.

Konopka, G. (1983). *Social Group Work: A Helping Process*. NJ: Prentice-Hall.

Kropotkin, P. (1915). *Mutual Aid: A Factor of Evolution*. London: W. Reinemann.

Kübler-Ross, E. (1960). *On Death and Dying*. NY: Macmillan.

Kübler-Ross, E. (1969). *On Death and Dying*. NY: Macmillan.

Kübler-Ross, E. (1995). *On Death and Dying*. NY: Macmillan.

Lazarus, A. A. (1971). *Behavior Therapy and Beyond*. NY: McGraw-Hill.

LeBon, G. (1895). *The Crowd*. London: Alan Unwin.

Levinson, D. J. (1978). *The Seasons of A Man's Life*. NY: Knopf.

Lewin, K. (1935). *A Dynamic Theory of Personality*. NY: McGraw-Hill.

Liebert, R. M., & Fernandez, L. E. (1969). *Effects of A Friendless Model on Imitation and Prosocial Behavior*. Psychonomic Science.

Lindeman, E. (1939). *Leisure, A National Issue: Planning for the Leisure of A Democratic People*. NY: Association Press.

Linton, R. (1936). *The Study of Man*. NY: Appleton Century Croft.

Luria, A. R. (1978). *Cognitive Development: It's Cultural and Social Foundations*. MA: Harvard University Press.

Maddi, S. (1972). *Personality Theories*. IL: Dorsey Press.

Mahoney, M. J. (1974). *Cognition and Behavior Modification*. MA: Bollinger.

Marcia, J. (1980). Identity in adolescence. In Adelson, J. (Ed.), *Handbook of Adolescent Psychology*. NY: John Wiley.

Martin, G., & Pear, J. (1983). *Behavior Modification: What It Is and How to Do It*. NJ: Prentice-Hall.

Maslow, A. H. (1970). *Motivation and Personality* (2nd ed.). NY: Harper and Low.

Masters, W., & Johnson, V. (1970). *Human Sexuality*. Boston: Little Brown.

Mayo, E. (1933). *The Human Problems of An Industrial Civilization*. New york: Macmillan.

McGregor. D. (1960). *The Human Side of Enterprise*. New York: McGraw-Hill.

Meichenbaum, D. (1977). *Cognitive Behavior Modification: An Integrative Approach*. NY: Plenum.

Mertens, W. (1990). *Einführung in Die Psychoanalytische Therapies*. Stutgart, UA: Kohlhammer.

Meyer, C. H. (1976). *Social Work Practice* (2nd ed.). NY: Free Press.

Miller, J. B. (1973). *Psychoanalysis and Women*. NY: Brunner/Mazel.

Minuchin, S. (1974). *Families and Family Therapy*. Cambridge, MA: Harvard University Press.

Moore, K. L. (1983). *Before We Are Born*. W.B. Saunders Co.

Moreno, T. (1934). *Personality and Social Change*. NY: Dryden.

Murdock, G. P. (1949). *Social Structure*. New York: Macmillian.

Neugarten, B. L. (1968). *Middle Age and Aging: A Reader in Social Psychology*. Chicago: University of Chicago Press.

Neugarten, B. L., & Datan, N. (1973). Sociological perspectives on the life cycle. In P. B. Baltes & K. W. Schaie (Eds.), *Life-Span Development Psychology* (pp. 53–68). NY: Academic Press.

Neugarten, B. L., & Weinstein, K. K. (1964). The changing American grandparent. *Journal of Marriage and the Family, 26*, 199–204.

Newman, B. M., & Newman, P. R. (1992). *When Kids Go to College: A Parents Guide to Changing Relationships*. Ohio State University

Newman, B. M., & Newman, P. R. (1987). *Development Through Life: A Psycho-social Approach*. IL: Dorsey Press.

Newstetter, W. I., Feldstein, M. C., & Newcomb, I. (1938). *Group Adjustment*. Cleveland: School of Applied Social Sciences.

Nixon, H. (1979). *The Small Group*. NJ: Prentice-Hall, Inc.

Norlin, J. M., & Chess, W. A. (1997). Human behavior and the social environment. *Social Systems Theory* (3rd ed.). *Boston: Allyn & Bacon*.

Northen, H. (1982). *Clinical Social Work*. NY: Columbia University Press.

Nye, R. D. (1975). *Three Views of Man: Perspectives from Freud, Skinner and Rogers*. CA: Brooks/Cole.

Olmsted, M. (1959). *The Small Group*. NY: Random House, Inc.

Ouchi, W. (1981). *Theory Z. Reading. Mass.* Addison-Wesely.

Parsons, T. (1960). *Structure and Process in Modern Societies*. IL: The Free Press.

Patterson, G. (1971). *Families: Applications of Social Learning in Family Life*. IL: Research Press.

Patterson, G., Jones, R., & Conger, R. (1975). *A Social Learning Approach to Family Intervention: Families with Aggressive Children*. Eugene, OR: Castalia.

Patterson, R. (1982). *A father's Role in His Child's Development*. University of New South Wales.

Pervin, L. A. (1978). *Current Controversies and Issues in Personality*. NY: Wiley.

Piaget, J. (1936). *The Origins of Intelligence in Children*. University of Michigan Press.

Piaget, J. (1948). *Psychology of Intelligence*. Routledge & Kegan Paul Ltd.

Piaget, J. (1954). *The Construction of Reality in The Child*. Basic Books.

Piaget, J. (1963). *The Child's Conception of the World*. NJ: Littlefield, Adams and Co.

Piaget, J. (1968). *Six Psychological Studies*. NY: Vitage Books.

Piaget, J. (1973). *The Child and Reality: Problems of Genetic Psychology*. NY: Grossman Publishers.

Piaget, J. (1973). *The Psychology of Intelligence*. NJ: Littlefield, Adams.

Piaget, J. (1974). *The Origins of Intelligence in Children*. NY: International University Press.

Piaget, J. (1985). *The Equilibration of Cognitive Structures: The Central Problem of Intellectual Development*. Chicago: The University of Chicago Press.

Piaget, J., & Inhelder, B. (1956). *The Children's Conception of Space*. London: Routlege & Kegan Paul.

Piaget, J., & Inhelder, B. (1962). *The Development of Quantities Natural Childhood: Conservation and Atomism*. Delachaux et Niestlé.

Piaget, J., & Inhelder, B. (1967). *The Child's Conception of Space*. W. W.

Norton.

Piaget, J., & Inhelder, B. (1969). *The Psychology of The Child.* Basic Books.

Pitman, E. (1984). *Transactional Analysis for Social Workers and Counsellors.* London: Routledge and Kegan Paul.

Richmond, M. (1917). *Social Diagnosis.* NY: Russell Sage Foundation.

Rogers, C. R. (1983). *Freedom to Learn for the 80s.* Ohio: Mifflin.

Rogers, C. R. (1951). *Client-Centered Therapy.* Boston: Houghton Mifflin.

Rogers, C. R. (1961). *On Becoming A Person.* Boston: Houghton Mifflin.

Rogers, C. R. (1970). *On Encounter Groups.* NY: Harper & Row.

Rogers, C. R. (1972). *Becoming Partners: Marriage and Its Alternatives.* NY: Delacote.

Rogers, C. R. (1977). *Carl Rogers on Personal Power: Inner Strength and Its Revolutionary Impact.* NY: Delacote.

Rogers, C. R. (1980). *A Way of Being.* Boston: Houghton Mifflin.

Rose, S. (1989). *Working with Adults in Groups: Integrating Cognitive-Behavioral and Small Group Strategies.* SF: Jossey-Bass.

Rutter, M., & Hersov, L. (1985). *Child and Adolescent Psychiatry: Modern Approaches.* Blackwell Scientific.

Satir, V. (1972). *People Making.* CA: Science and Behavior Books.

Scanzoni, L. D., & Scazoni, J. (1981). *Men, Women, and Change: A Sociology of Marriage and Family* (2nd ed.). NY: McGraw-Hill.

Scharff, D. E. (1982). *The Sexual Relationship: An Object Relations View of Sex and the Family.* NY: Routledge.

Schnake, M. E. (1990). *Human Relations.* Merrill Pub. Co.

Schwartz, M. S., & Schwartz, C. G. (1964). *Social Approaches to Mental Patient Care.* NY: Columbia University Press.

Searles, H. F. (1960). *The Nonhuman Environment.* NY: International University Press.

Seligman, M. E. P., & Hager, J. L. (Eds.) (1972). *Biological Boundaries of Learning.* NY: Applenton-Century-Cropts.

Selman, R. L. (1980). *The Growth of Interpersonal Understanding: Developmental and Clinical Analysis.* NY: Academic Press.

Selye, H. (1956). *The Stress of Life.* NY: McGraw-Hill.

Shaw, M. (1976). *Group Dynamics: The Psychology of Small Group Behavior.* NY: McGraw-Hill.

Shaw, M., & Costanzo, P. R. (1982). *Theories of Social Psychology* (2nd ed.). NY: McGraw-Hill.

Sheldon, W. H. (1942). *The Varieties of Temperament.* NY: Harper and Row.

Shilling, L. E. (1984). *Perspectives on Counseling Theories.* NJ: Prentice-Hall.

Shulman, L. (1984). *The Skills of Helping: Individuals and Groups.* IL: Peacock Publishers.

Sigelman, C. K. (2003). *Life Span Human Development.* Wadsworth Publishing.

Siporin, M. (1975). *Introduction to Social Work Practice.* NY: Macmillan.

Skinner, B. F. (1938). *The Behavior of Organisms.* NY: Appleton-Century-Crofts.

Skinner, B. F. (1953). *Science and Human Behavior.* NY: Macmillan.

Skinner, B. F. (1969). *Contingencies of Reinforcement.* NJ: Prentice-Hall.

Skinner, B. F. (1969). *The Technology of Teaching.* NY: Appleton-Century-Crofts.

Skinner, B. F. (1974). *About Behaviorism.* NY: Knopf.

Solomon, B. B. (1976). *Balck Empowerment: Social Work in Oppressed Communities.* NY: Columbia University Press.

Spencer, M. B., & Markstrom-Adams, C. (1990). Identity Processes among racial and ethnic minority children in America. *Child Development, 61,* 290-310.

Spiegler, H. (1976). *Gun Abuse in Ohio.* Governmental Research Institute.

Spiegler, M. D., & Weiland, A. (1976). The effects of written vicarious consequences on observers willingness to imitate and ability to recall modeling cues. *Journal of Personality, 44.*

Stener, C. (1971). *Games Alcoholics Play.* (pp. 3-23). NY: Ablex.

Strean, R. B. (1980). *Helping Couples Change: A Social Learning Approach to Marital Therapy.* NY: Guilford Press.

Stuttgart, S. (1919). Der Samariterstiftung in Stuttgart, Scheufele.

Super, D. E. (1957). *The Psychology of Careers.* NY: Haper and Row.

Taylor, B., & Taylor, A. (1989). Social casework and environmental cognition: Mobility training for community mental health services. *Social Work, 34*, 463–467.

Taylor, S. E., & Brown, J. D. (1988). Illustion and well-being: A social psychological perspective on mental health. *Psychological Bulletin, 103*, 193–210.

Teare, R., & Sheafor, B. W. (1995). *Practice-Sensitive Social Work Education: An Empirical Analysis of Social Work Practice and Practitioners*. Alexandria, VA.: Council on Social Work Education.

Cheyne T. K. (1971). Founders of Old Testament criticism [biographical, descriptive and critical studies, Raritas.

Thomas, A., & Sillen, S. (Eds.) (1972). *Racism and Psychiatry*. NY: Bunner/Mazel.

Thyer, B. (1987). *Treating Anxiety Disorders*. CA: Sage.

Todd, C. (2001). *Legacy of the Dead*. Bantam Books.

Toseland, S. M., & Jones, R. T. (1982). *Behavior Modification in Black Populations*. NY: Plenum.

Vaillant, G. E. (1977). *Adaptation to Life*. Boston: Little, Brown.

Vygotstky, L. S. (1929). The problem of the cultural development of the child. *Journal of Genetic Psychology, 36*, 415–434.

Wadsworth, B. J. (1971). *Piaget's Theory of Cognitive Development*. NY: David McKay.

Walsh, F. (1998). *Strengthening Family Resilience*. Allyn & Bacon.

Warren, R. L. (1963). *The Community in America*. Chicago: Rand Mcnally & Co.

Watson, J. B. (1919). *Psychology from Its Standpoint of a Behaviorist*. Philadelphia: J. B. Lippencott.

Watson, J. B. (1924). *Behaviorism*. New York: W.W. Norton.

Werner, H. D. (1982). *Cognitive Therapy*. NY: Free Press.

Wesley, C. (1975). The women's movement and psychotherapy. *Social Work, 20*(2), 120–124.

Winterbottom, M. B. (1958). *The Relation of Childhood Training in Independence to Achievement Motivation*. NY: Appleton-Century-Crofts.

Wollams, S., & Brown, M. (1979). *TA*. NJ: Prentice–Hall.

Wolpe, J. (1969). *The Practice of Behavior Therapy*. NY: Pergamon Press.

Wood, K. M. (1971). The contribution to psychoanalysis and ego psychology. In H. S. Strean (Ed.), *Social Casework Theory in Action*. (pp. 45–117). NJ: Scarecrow Press.

Woodroofe, K. (1971) *From Charity to Social Work in England and the United States*. Toronto: University of Toronto Press.

Woodruffe, C. (1985). Consensual validation of personality traits: Additional evidence and individual differences. *Journal of Personality and Social Psychology, 48,* 1240–1252.

Yalom, I. (1985). *The Theory and Practice of Group Psychotherapy* (3rd ed.). NY: Basic Books.

Zarit, S. H. (1980). Relatives of the impaired elderly correlates of feeling of burden. *The Gerontologist, 20,* 659–655.

Zastrow, C. H. (1981). *The Practice of Social Work*. Dorsey, Hoewood.

Zastrow, C. H. (2003). *Understanding Human Behavior and the Social Environment* (6th ed.). Wadsworth.

Zastrow, C., & Kirst–Ashman, K. K. (2007). *Understanding Human Behavior and the Social Environment*. Belmont, CA: Wadsworth/Thomson Learning.

Zusman, J. (1966). *Bibliography on Epidemiology of Mental Disorders*. National Institute of Mental Health.

::: 찾아보기

인명

Adler, A. 69

Bandura, A. 107
Beck, A. T. 136
Bertalanffy, L. v. 297
Bronfenbrenner, U. 28, 302

Cattell, R. B. 259

Ellis, A. 143
Erikson, E. H. 56, 231, 240

Freud, S. 33, 233

Hall, G. S. 231
Hartford, M. 326

Havighurst, R. J. 232, 238, 257
Hawkins, D. L. 273
Holland, M. K. 265

Jung, C. G. 78

Kammerer, P. 93
Kohlberg, L. 130, 238
Kübler-Ross, E. 287

Levinson, D. J. 260
Locke, J. 17

Maslow, A. H. 152
Mayo, E. 340

Pavlov, I. 98
Piaget, J. 118, 216, 236

Richmond, M. 33
Rogers, C. R. 160
Rutter 1985 24

Skinner, B. F. 101

Thorndike, E. L. 102

Vaihinger, H. 75

Watson, J. B. 17
Weber, M. 339

내용

가족 신화 314
감각운동기 120
강화 103

개방체계 298
개별적 정체감 58
개인 무의식 81

개인적 정체감 58
거세불안 43
거시체계 29, 307

격리불안 201
결정지능 259
결핍 동기 154
고전적 조건화 98
공동사회 326
관료제 339
관찰학습 108
구강기 41
구체적 조작기 127
그림자 84

남근 선망 44
남근기 42
네겐트로피 301
노화 280

대리적 강화 113
대상 영속성 121
도구적 조건화 102
도덕성 발달단계 132
도식 118, 138
동일시 51
또래집단 225

레질리언스 24
리비도 37

만족 지연 능력 210
무의식 37
무조건자극 99
무조건적 긍정적 관심 165
미시체계 28, 305

반동 형성 49
반향어 198
발달과업 176, 257
발달적 변화 175
배변훈련 42
배우자 사별 283
변별자극 99, 105
보상 51
부정 48
불안정애착 200
비합리적 신념 147

사회제도 24
사회체계이론 297
사회화 24
사회환경 302
삶의 사건 21
상호 결정론 111
상호작용 303
생리적 욕구 156
생식기 46
생태체계적 관점 302
생활양식 73
성격유형검사(MBTI) 95
성장 동기 154
성적 사회화 253
소거 100
소속감과 애정에 대한 욕구
    156
스키너 상자 103
승화 50
실존적인 삶 162

심리·사회적 위기 206
심리·사회적 자아발달 59
심리·사회적 정체감 58
심리·성적 발달단계 40

아니마 84
아니무스 84
아동학대 212
안전 욕구 156
안정애착 200
애착 199
양가감정 42, 252
양심 39
억압 48
에로스 37
에스트로겐 235
엔트로피 301
엘렉트라콤플렉스 44
역동적 무의식 34
역할 혼란 64
역할연기 148
열등감 71
오이디푸스콤플렉스 42
완전히 기능하는 사람 162
외체계 306
욕구단계이론 155
우울장애 244
우월성의 추구 72
원본능(id) 38
원형 83
유동지능 259
의식 36, 80

이상적 자아 39
이익사회 327
이차과정 39
이차집단 326
인생 과업 74
인지적 오류 139
일반주의 사회복지사 23
일반화 99
일차과정 38
일차집단 326
입양가족 315

자기(self) 85
자기강화 112
자기규제 112
자기실현 욕구 154, 157
자기탐색검사 266
자기효능감 113
자동적 사고 137, 143
자살 244
자아 통합 67
자아(ego) 39, 58, 81
자아방어기제 48
자아정체감 58, 240
자아존중감 224
자연적 회복 100
자연집단 327
자유연상 35, 52
자존감 욕구 157
잠복기 46
저항 53
적응 119

전의식 36
전이 53
전조작기 123
점성원칙 59
정신(psyche) 80
정신분열증 244
제3세력의 심리학 151
조건반응 99
조건자극 99
조작적 조건화 102
조직 333
조직구조 336
죽음 적응 단계 286
중간체계 28, 306
지금-여기 55
지도력 335
지역사회 343
지지집단 328
직관적 사고 216
직업 선택 254
집단 325
집단 무의식 82
집단놀이 220

창조적 자기 75
처벌 104
청소년 비행 246
체계 27
초자아 39
출생 순위 76
취소 49
치환 50

친밀감 65

콤플렉스 82
쾌락원리 38

타나토스 37
통찰 53
퇴행 49
투사 49

페르소나 83
평형 119
폐쇄체계 298

하위체계 299
한부모가족 316
합리정서행동치료 144
항문기 42
항상성 299, 313
핵심 신념 138
행동조성 106
현실원리 39
형성집단 327
형식적 조작기 129
환경 속의 인간 16, 19, 26
환경체계모델 304
환류 300
획득 99
효과의 법칙 103
히스테리 34

저자 소개

정 은(Chung Eun)

성균관대학교 불어불문학과(문학사)

이화여자대학교 사회과학대학원 여성학과(문학석사)

숭실대학교 사회과학대학원 사회복지학과(문학석사, 문학박사)

Post-Graduate Training Program in Bowen Family Systems Theory 수료

서울특별시립 보라매청소년수련관 상담실장 역임

꽃동네현도사회복지대학교 사회복지학부 교수 역임

사회복지사 1급 국가고시 출제위원 역임

고려사이버대학교 사회복지학부 정년 퇴임

현 정은가족치료연구소장(www.tafamily.net)

〈자 격〉

한국가족치료학회 슈퍼바이저 제17호

한국가족상담학회 수련감독자 제141호

한국 사티어 부부 · 가족상담 전문가(슈퍼바이저)

〈저서 및 역서〉

가족상담: 모델과 사례(창지사, 2009)

여성복지론(개정판, 창지사, 2009)

가족치료 슈퍼비전의 이론과 실제(공역, 학지사, 2008)

싱글아빠로 살아가기(역, 이너북스, 2007)

현대사회복지의 이해(공저, 공동체, 2006)

인간행동과 사회환경(2판)
Human Behavior and the Social Environment (2nd ed.)

2010년 3월 5일 1판 1쇄 발행
2013년 4월 25일 1판 4쇄 발행
2014년 12월 31일 2판 1쇄 발행

지은이 • 정 은
펴낸이 • 김진환
펴낸곳 • (주) **학지사**
　　　　121-838 서울특별시 마포구 양화로 15길 20 마인드월드빌딩
대표전화 • 02)330-5114　　　팩스 • 02)324-2345
등록번호 • 제313-2006-000265호

홈페이지 • http://www.hakjisa.co.kr
커뮤니티 • http://cafe.naver.com/hakjisa

ISBN 978-89-997-0559-5 93330

Copyright ⓒ 2014 by Hakjisa Publisher, Inc.

정가 18,000원

인터넷 학술논문 원문 서비스 **뉴논문** www.newnonmun.com

이 도서의 국립중앙도서관 출판시도서목록(CIP)은 서지정보유통지
원시스템 홈페이지(http://seoji.nl.go.kr)와 국가자료공동목록시스템
(http://www.nl.go.kr/kolisnet)에서 이용하실 수 있습니다.
(CIP제어번호: CIP2014030520)